Jürgen Kussau · Thomas Brüsemeister

Governance, Schule und Politik

Educational Governance
Band 2

Herausgegeben von

Herbert Altrichter
Xaver Büeler
Thomas Brüsemeister
Ute Clement
Martin Heinrich
Jürgen Kussau
Jochen Wissinger

Jürgen Kussau
Thomas Brüsemeister

Governance, Schule und Politik

Zwischen Antagonismus
und Kooperation

Bibliografische Information Der Deutschen Nationalbibliothek
Die Deutsche Nationalbibliothek verzeichnet diese Publikation in der
Deutschen Nationalbibliografie; detaillierte bibliografische Daten sind im Internet über
<http://dnb.d-nb.de> abrufbar.

1. Auflage Mai 2007

Alle Rechte vorbehalten
© VS Verlag für Sozialwissenschaften | GWV Fachverlage GmbH, Wiesbaden 2007

Lektorat: Stefanie Laux

Der VS Verlag für Sozialwissenschaften ist ein Unternehmen von Springer Science+Business Media.
www.vs-verlag.de

Das Werk einschließlich aller seiner Teile ist urheberrechtlich geschützt. Jede
Verwertung außerhalb der engen Grenzen des Urheberrechtsgesetzes ist
ohne Zustimmung des Verlags unzulässig und strafbar. Das gilt insbesondere
für Vervielfältigungen, Übersetzungen, Mikroverfilmungen und die Einspeicherung und Verarbeitung in elektronischen Systemen.

Die Wiedergabe von Gebrauchsnamen, Handelsnamen, Warenbezeichnungen usw. in diesem
Werk berechtigt auch ohne besondere Kennzeichnung nicht zu der Annahme, dass solche
Namen im Sinne der Warenzeichen- und Markenschutz-Gesetzgebung als frei zu betrachten
wären und daher von jedermann benutzt werden dürften.

Umschlaggestaltung: KünkelLopka Medienentwicklung, Heidelberg
Druck und buchbinderische Verarbeitung: Krips b.v., Meppel
Gedruckt auf säurefreiem und chlorfrei gebleichtem Papier
Printed in the Netherlands

ISBN 978-3-531-15278-3

Inhaltsverzeichnis

Einleitung: Von unilateraler Steuerung zu Handlungskoordination und Governance 9

ZUR ANALYSE VON GOVERNANCE

Thomas Brüsemeister
1. Disziplinäre Sichtweisen zur Governance 23
1.1 Governance aus Sicht der Wirtschaftswissenschaft 24
1.2 Governance aus Sicht der Politikwissenschaft 29
1.3 Governance aus Sicht der Soziologie 37
1.4 Zwischenfazit zu den Nachbardisziplinen 50
1.5 Governance aus Sicht der Erziehungswissenschaft 53

Thomas Brüsemeister
2. Steuerungsakteure und ihre Handlungslogiken im Mehrebenensystem der Schule 63
2.1 Begriffliche Annäherung 63
2.2 Intra- und inter-organisationale Governance 69
2.3 Ebene Zentrale 72
2.3.1 Bildungspolitik 73
2.3.2 Bildungsmonitoring 74
2.3.3 Bildungsverwaltung 79
2.4 Intermediäre Ebenen 82
2.4.1 Bisherige Schulaufsicht 82
2.4.2 Neue Schulinspektion 84
2.5 Ebene der Lehrkräfte 85
2.6 Resümee 92

Thomas Brüsemeister
3. Analysemittel der Governanceforschung 97
3.1 Governance in modernisierungstheoretischer Sicht: Zur Aggregation von Handlungsbeiträgen (Esser) 97
3.2 Akteurkonstellationen: Beobachtung, Beeinflussung, Verhandlung (Schimank) 103
3.3 Organisation/Profession 107
3.4 Internationale Steuerungstrends 114
3.5 Governance-Regime 118

ZUR GOVERNANCEANALYSE VON SCHULE UND POLITIK

Jürgen Kussau
4. **Schulpolitik und Schule: Facetten aus Sicht der Governanceanalyse** 123
4.1 Politische und soziale Koordinationsmechanismen im Schulsystem aus Sicht soziologischer und politikwissenschaftlicher Fragestellungen 123
4.2 Das Schulsystem unter dem Blickwinkel funktionaler, politischer und räumlicher Differenzierung 125
4.3 Governance als politische Koordination in einem Verbundsystem 128
4.4 Zur multiakteuriellen Konstitution der Schule 134
4.5 Intendierte und nicht-intendierte Folgen aus Sicht des Governancekonzepts 138

Thomas Brüsemeister
4.6 Schulische Steuerung im Rahmen von Governance 140
4.6.1 Von Staat zu Governance: Erweiterte und begrenzte Aufgaben 141
4.6.2 „Integrierte" Governancesysteme 144
4.6.3 Herstellen von Prozeduren der Verantwortlichkeit 146
4.6.4 Leistungs- und Störbeziehungen 152

Jürgen Kussau
5. **Dimensionen der Koordination: Hierarchische Beobachtung in einer antagonistischen Kooperationsbeziehung** 155
5.1 Schulische Regelungsstruktur und staatliche Politik 155
5.2 Schulische Regelungsstruktur und Differenzierungsformen 161
5.3 Das Modell des Leistungsaustausches zwischen Politik und Schule 165
5.4 In die Akteurkonstellation eingebaute Merkmale der Regelungsstruktur 171
5.4.1 Regelungsstruktur und Schulautonomie 171
5.4.2 Die politisch nicht majorisierbare funktionale Vetostellung der LehrerInnen 176
5.4.3 Zur Principal-Agent-Beziehung zwischen Politik und Schule 179
5.5 Schulische Akteurkonstellation und Koordination 182
5.5.1 „Intelligente" Koordination durch Intermediäre? 184
5.5.2 „Zusammenwerfen" von Ressourcen vs. rationale Zusammenlegung der Ressourcen 188
5.5.3 Umstellung von Input- auf Outputsteuerung? 190
5.5.4 Das neue institutionelle Arrangement als soziale Innovation 196

5.6	Kontrolle ist gut, Vertrauen ist besser – Zur Unverzichtbarkeit von Vertrauen in schulischen Regelungsstrukturen	198
5.6.1	Beobachtung und Information	198
5.6.2	Beobachtung als Konstellation einer Beobachtung der Beobachtung	201
5.6.3	Information und Vertrauen	204
5.6.4	Personales und institutionelles Vertrauen	208
5.6.5	Institutionelles Vertrauen in das Expertensystem der großflächigen Leistungsuntersuchungen	210
5.6.6	Personales Vertrauen in Externe Evaluation	212
6.	**Beziehungsumbau durch Intermediäre?**	**221**
	Thomas Brüsemeister	
6.1	Audit Society und Berichtswesen	225
6.2	Facetten der Schulinspektionen in Deutschland	239
6.3	Zur Implementierung von Schulinspektion	251
6.3.1	Interessen	252
6.3.2	Normen	257
6.3.3	Identität	259
	Jürgen Kussau	
6.4	Die Schulbehörde zwischen Staat und Gesellschaft	262
6.4.1	Die Milizform der kommunalen Schulbehörden als Ausdruck der Einheit von Staat und Gesellschaft	263
6.4.2	Die kommunale Schulbehörde als „Grenzorganisation"	271
6.5	Eine Momentaufnahme zu den kommunalen Schulbehörden im Wandel	275
6.5.1	Die unbefragte Hinnahme der Veränderung der Schulpflege durch den Kanton	276
6.5.2	Die Schulpflege und ihr Verhältnis zum Schulsekretariat	277
6.5.3	Verfahrenseffizienz	279
	Jürgen Kussau	
7.	**Schulische Veränderung als Prozess des „Nacherfindens"**	**287**
7.1	Schulpolitik und Implementation	287
7.2	Implementation als Prozess des Nacherfindens	290
7.3	Warum gelangt Schulpolitik nur im Weg des Nacherfindens in die Schule?	293
7.4	Implementation und/oder Nacherfindung?	297
	Literaturverzeichnis	305

Einleitung: Von unilateraler Steuerung zu Handlungskoordination und Governance

In diesem Buch tasten wir uns aus dem analytischen Blickwinkel sozialwissenschaftlicher Governanceforschung[1] an ausgewählte Teilthemen der Beziehung zwischen staatlicher Politik und Schule heran.[2] Mit dem Titel *Governance, Schule und Politik – Zwischen Antagonismus und Kooperation* ist dabei zweierlei angedeutet. Zum einen beschäftigen wir uns mit konkreten Beziehungsformen zwischen Schule und Politik. Anhand ausgesuchter Themenbereiche lässt sich erkennen, dass die klassische Beziehung als *antagonistisch* und doch auch als *kooperativ* zu bezeichnen ist. Darüber hinaus müssen neue, gegenwärtige Beziehungsformen problematisiert werden, hier insbesondere Absichten der Bildungspolitik, den Koordinationsrahmen enger zu ziehen, „dichtere" Beziehungsformen zu etablieren, Schulen fester an politische Vorgaben anzubinden. Zum anderen bezeichnet der Terminus *Governance*, dass wir die Analyse solcher Beziehungsformen als Teil der Educational-Governanceforschung begreifen.

Die Autonomisierung der Schulen wird begleitet von *integrativen* Koordinationsprogrammen, die Freiheitsgrade begrenzen, sogar die antagonistische Beziehung aufzuheben beabsichtigen. Unser Thema ist mithin, dem scheinbaren Widerspruch ansatzweise nachzugehen, wie Kooperation in einer antagonistischen Beziehung möglich ist und, wie schlecht und recht auch immer, funktioniert. Antagonismus und Kooperation schließen sich nicht aus; es gibt etwas „zwischen" Antagonismus und Kooperation. Mittels welcher Kooperationsformen sich Staat und Schule „begegnen", diesem Rätsel möchten wir nachgehen. Nach unserer Überzeugung lassen sich mit den analytischen Mitteln der sozialwissenschaftlichen Governanceforschung dafür Hinweise für die Empirische Bildungsforschung geben.

---

1   Literaturnachweise finden sich in den nachfolgenden Kapiteln.
2   Staat und Politik werden hier in bewusster Unschärfe synonym als Formen institutioneller Politik verwendet, wobei wir uns bewusst sind, dass auch in der Zivil- und Marktsphäre Politik nach institutionellen Regeln gemacht wird. Dazu kommt der schillernde Begriff der Mikropolitik, wodurch „Politik" bis in die Familie oder ins Klassen- und Lehrerzimmer reichen kann.

Eine auch im deutschen Sprachraum einsetzende Erforschung von Educational Governance spannt den Aufmerksamkeitsbogen in der „Schulfrage" über den Staat und seine Steuerungsfähigkeiten hinaus (wie es auch in der allgemeinen Governancediskussion zu beobachten ist, die in einer internationalisierten Welt den Nationalstaat an Grenzen seiner Handlungsfähigkeit herangeführt sieht): Die hierarchische Beziehung zwischen Staat und Schule wird „entunilateralisiert" verstanden; überdies richtet die Forschung ihre Aufmerksamkeit auf die wachsende und mittlerweile deutlicher anerkannte Bedeutung der Sphären der zivilgesellschaftlichen Öffentlichkeit und des Marktes als Koproduzenten schulischer Leistungen, und ferner darauf, wie die Grenzen zwischen „staatlich", „öffentlich" und „privat" verschwimmen. Sind generell Praxis und Theorie auf der Suche nach Regulierungs- und Koordinationsformen jenseits von Hierarchie (Staat) und Markt, so bemüht man sich im Schulsektor, Regulierungsformen jenseits der Hierarchie zu finden. Eine Variante, diese Suche begrifflich zu bündeln, ist das Konzept der Governance, das über inneradministrative Veränderungen, wie im New Public Management, hinausweist, vielmehr „gesellschaftlich" ausgerichtet ist, indem es die wachsende Zahl der SpielerInnen nur über veränderte Teilnahmeformen koordinierbar erreichen kann.

Im gleichen Zug rücken Schlüsselkategorien wie Interdependenz, Mehrebenensystem, Koordination und ihre Mechanismen, Beobachtung, Monitoring, Rechenschaftslegung und Verantwortung ins Zentrum der Aufmerksamkeit. Unser theoretisches Erkenntnisinteresse richtet sich darauf, wie die beteiligten Akteure in der „schwierigen" Beziehung zwischen Staat und Schule, deren Komplexität durch Interdependenz- und Institutionendynamiken zunimmt, angesichts von hier nur andeutbaren gesellschaftlichen Veränderungen so zusammenspielen, dass das kollektive Gut Schule entsteht. Schule ist das Ergebnis, auch antagonistischen und „nebeneinander herlaufenden", multiakteuriellen Zusammenwirkens von Politik *und* LehrerInnen – dem Schwerpunkt dieses Buches – sowie zivilgesellschaftlicher und Marktakteure. Neben diesem Untersuchungsschwerpunkt thematisieren wir an verschiedenen Stellen mehr oder weniger intensiv mögliche Veränderungen dieser Beziehungen, wie sie, intendiert oder nicht, als Folge der gegenwärtig vorangetriebenen evaluationsbasierten Steuerung als *dem* neuen schulischen Steuerungsmodus auftreten können.

Governance im schulischen Feld
Das schulische Feld sträubt sich gegen Politik, gegen politische Steuerung, sieht sich „administrativ verstört", stilisiert sich zum „Sonderfall", kappt damit Interdependenz zur Politik – sieht man von der Erwartung einer „automatisierten" Ressourcenausstattung ab. Diese Selbstsicht der Profession steht in einem deutli-

chen Kontrast zur politischen Konstitution einer öffentlichen Schule, die historisch bis heute eine politische „Angelegenheit" ist. Staatliche Politik verweigert systematisch die Anerkennung eines schulischen Sonderfalls und richtet Schulministerien ein, die wie alle anderen Ministerien Politik machen, um die Schule zu gestalten. Diese Konstellation fordert schulische Governanceforschung heraus, indem sie sich sowohl der schulischen Selbststilisierung wie einem rein gouvernementalen Politikverständnis, nicht um einer Neutralität Willen, sondern aus theoretischen Gründen entzieht und stattdessen wechselseitige Angewiesenheit und soziale Mechanismen des Zusammen-, Gegeneinander- und Parallelwirkens zu beschreiben und aufzuklären versucht. Dabei geht Governanceforschung das Risiko ein, sich zwischen alle Stühle zu setzen. Politik ist der Sozialwissenschaft in „herzlicher Skepsis" verbunden, und die Schule könnte sich von einem weiteren, zudem noch staatsnahen Forschungs-„Zugriff" wie Governance ein weiteres Mal „bedrängt" sehen.

Für zahlreiche gesellschaftliche Teilbereiche ist es der Normalzustand, dass Politik regulierend eingreift. Für die öffentliche Schule ist das *politische Interesse* an ihren Leistungen von Anbeginn konstitutiv; die Herausbildung von Nationalstaaten geht mit der Ausbildung und Formierung von Schule einher. Mit ihrer Konstituierung als gesellschaftlicher Einrichtung haben sich gleichzeitig eigenlogische *pädagogische Sinnstrukturen* ausdifferenziert, die nicht, schon gar nicht ohne weiteres, in einer politischen Steuerung der Schule aufgehen. Für die Analyse dieser Beziehung erweist sich das Konzept des Mehrebenensystems als geeignet. Dieser aus der Politikwissenschaft stammende Begriff wurde freilich von dieser Disziplin nicht auf die Schule angewendet und ist deshalb der Empirischen Bildungsforschung überantwortet. Bezogen auf die Schule meint der Begriff Mehrebenensystem, dass eine Vielzahl von Akteuren – Bildungsadministration, Lehrkräfte, Schulaufsicht und Schulinspektion, Eltern, Zivilgesellschaft, Wirtschaft –, die auf verschiedenen institutionellen Ebenen angesiedelt sind, zur Existenz und Reproduktion der Schule mit ihren Leistungen beitragen.

Wenn wir von möglichen Akteurkonstellationen hier vorrangig die Beziehung zwischen staatlicher Politik und Schule umkreisen und damit den Bezugsrahmen von Governance scheinbar wieder einengen, dann hat das damit zu tun, dass mit der (durch das Abhandenkommen der Kirche entstandenen) Dualität von Staat und Schule eine historisch tradierte Beziehungsform besteht, an die sich (kritisch) anknüpfen lässt und die nach wie vor empirisch einen wichtigen und im Augenblick wohl sogar noch zentralen Ausschnitt aus der schulischen Regelungsstruktur repräsentiert. Die Beziehung zwischen staatlicher Politik und Schule zeichnet sich nämlich dadurch aus, dass ihre Veränderung zwar durch internationale Entwicklungen angestoßen ist, sie aber nach wie vor nationalstaatlich oder sogar subnational (von Bundesländern, Kantonen) bestimmt ist. Wir beobachten ein „altes" Politikmodell, in dem gleichzeitig partizipative und koordinative Anforderungen zunehmen, so dass konventionelle staatliche (Schul-)Politik ebenso zu beobachten ist wie staatliche „Hybridisierung". Jedenfalls ist die Beziehung von einer teils beabsichtigten, teils nicht intendierten, teils realen, teils rhetorischen Veränderungsdynamik erfasst. „Alte", bürokratische Steuerung der Schule soll durch eine neue, die evaluationsbasierte Steuerung abgelöst werden, wie sie sich in mehr oder weniger konturierten Umrissen in den deutschsprachigen Ländern abzeichnet.

Steuerung vs. Governance
Mit dem Begriff School-Governance wird ein neues Analysekonzept in die Diskussion um die Schule eingeführt, das in der deutschsprachigen Empirischen Bildungsforschung nicht etabliert ist. Mit diesem Buch möchten wir einen Beitrag der Erläuterung leisten.

Der Begriff Governance erweitert die Perspektive, die bislang vom Begriff der Steuerung besetzt ist, einem Begriff, der schon deshalb verwirrend ist, weil er ebenso die politische Praxis selbst beschreibt wie die sozialwissenschaftliche Analyse anleitet. Der Begriff „Steuerung", der sich etymologisch auf das Steuern (kybernein) eines Schiffs oder auch des Staates zurückführen lässt, verweist auf einen singulären Akteur, einen „Kapitän", der steuert.[3] Damit lässt sich die gerichtete Bewegung einer kollektiven Einheit schwerlich anders denken, als durch die Aktivität eines einzigen Steuermanns hervorgerufen. Leistungen mehrerer „Steuerleute", deren sogar unterschiedliche Bewegungsimpulse trotzdem in eine, wenn auch nicht eindeutig bestimmte, Richtung weisen, sind kaum denkbar. Beiträge der übrigen Schiffsbesatzung sind marginalisiert. Auch die in der Diskussion um die Steuerung der Schule bekannte Metapher der „Orchestrierung der Vielfalt" wird nur dirigiert gedacht. Das Steuerungskonzept ist in seinem Beschreibungs- und Erklärungswert für die Untersuchung der Frage, wie Schule in Betrieb gehalten und weiterentwickelt werden kann, begrenzt, weil LehrerInnen, SchülerInnen, externe Unterstützungsdienste und nicht zuletzt auch schulische „Zubringer", die Eltern, lediglich als Steuerungs*objekte*, ohne eigenständige, sogar eigensinnige Handlungskapazitäten vorkommen. Rückblickend lässt sich indes erkennen, dass selbst der *obrigkeitliche Staat* weder in der Lage war, die öffentliche Schule allein zu begründen, noch zu betreiben.

---

3   Diesen Bedeutungsgehalt schleppt indes auch der Governancebegriff mit sich, wenn der Wortbestandteil *govern* übersetzt wird. Nur wird das Konzept hier anders verstanden.

Mit dem Governancekonzept beobachten und erklären wir ansatzweise, wie die zwei verschiedenen, in sich differenzierten Akteur-„Kompositionen" – die in einer *wechselseitigen Abhängigkeitsbeziehung* zueinander stehen und sich in ihrer Unterschiedlichkeit und den entsprechenden Leistungsbeiträgen ergänzen, konkurrenzieren, indifferent bleiben oder sogar behindern – das kollektive Gut Schule herstellen. Je mehr man im Governancekonzept argumentiert, d.h. ressourcenbezogene („Können"), institutionelle („Sollen") und deutungswirksame („Wollen") Differenzierungen der Akteure innerhalb eines Mehrebenensystems annimmt, desto mehr wird man auf verschiedene Leistungsbeiträge von Akteuren aufmerksam. Wir haben es einerseits mit einer *politischen Steuerung* der Schule, andererseits mit *schulischer Praxis* zu tun. Zusammenhänge zwischen beiden sind nicht nur vielfach ungeklärt, sondern auch im Denkmodell von Steuerung kaum benennbar und wenn, dann vor allem als Abweichung: LehrerInnen setzen politische Vorgaben nicht (angemessen) um, die Politik versorgt die Schule nicht ausreichend mit materiellen und immateriellen Ressourcen. Während in der Steuerungstheorie Dichotomien nahe liegen – zwischen Steuerungssubjekt und -objekt, Steuerungsoptimismus und -pessimismus, Steuerungsgelingen und -scheitern – und daraus auf „Pathologien" geschlossen wird, verweist Governance als analytische Perspektive auf *interdependente Beziehungen* zwischen Politik und Schule, stellt Konstitution und Veränderung der Schule als *kollektive Aufgaben* heraus, die über *Mechanismen* der (Nicht-) Koordination bearbeitet werden.

Hierarchische und funktionale Beziehungen zwischen Politik und Schule
Schule wird weder als eine, gar monopolisierbare, Domäne der Politik, noch als mit Hegemonieansprüchen versehener und wegen seiner Besonderheiten abschottbarer Sozialraum der LehrerInnen verstanden. Wir haben es stattdessen mit einem teils gleich-, teils gegeneinander gerichteten, teils nebeneinander verlaufenden Zusammenwirken verschiedener Akteure mit differenten Rationalitätswerten zu tun. Zwar besteht zwischen staatlicher Politik und Schule eine politisch hierarchische Beziehung, die jedoch in funktionaler Hinsicht als horizontale Beziehung ausgebildet ist. Beide Seiten sind in ihren Interessen, Fähigkeiten und je spezifischen Rationalitätswerten voneinander abhängig. Staat und Schule sind ungleiche, aber gleichrangige und deshalb unersetzliche Akteure – „zwangsverbunden" in einer Beziehung der antagonistischen Kooperation. Sie arbeiten in dem Sinn „zusammen", dass ihre Leistungsbeiträge zu einem, wie auch immer bewertbaren, Ergebnis führen. Konsens ist nicht Voraussetzung für kollektive Handlungsfähigkeit. Vielmehr ist mit unübersichtlich verschränkten kooperativen, aber auch gegeneinander operierenden Handlungs- und Deutungskonstellationen zu rechnen, die trotzdem zu kollektiven, wenn auch vielleicht suboptima-

len, Ergebnissen führen. Die Principal-Agent-Beziehung ist die Geschäftsgrundlage von Staat und Schule, die zwar vermittelt, aber nicht aufgehoben werden kann, solange die Schule öffentlich betrieben wird. LehrerInnen besitzen in dieser Sicht Macht, Bedingungen der Koordination vorzugeben, in die sich andere „steuernde" Akteure einklinken müssen, genau so wie sich Schulpolitik durch die Macht auszeichnet, schulische Akteure durch das Setzen von Handlungsrahmen zu beeinflussen. Das Konzept Governance generiert zudem die Frage, wie in einem Mehrebenensystem „seitwärtige" Funktionen von zivilgesellschaftlichen Akteuren erbracht werden, die in der Perspektive von Steuerung nicht vorkommen oder subordiniert sind.

Damit geht der Governanceansatz über die *politische* Herstellung bindender Entscheidungen hinaus. Gefragt wird, wie politische Entscheide in die Schule gelangen und weiter, welche Wirkungen sie dort entfalten. Die Politikwissenschaft versucht diese Fragen, allerdings nicht im Schulsektor, herkömmlich mit Ansätzen der Implementationsforschung zu erklären. Wenn jedoch die Schule in ihrer *dezentralen Verteilung* in einzelnen Schulhäusern einen unvollständig ausdifferenzierten *Teilsektor* des politischen Systems repräsentiert, greift schon der Implementationsbegriff zu kurz, sofern er einem Modus von Vollzug und Umsetzung politischer Vorgaben verhaftet bleibt. Der aus unserer Sicht entscheidende Unterschied zu anderen Politiksektoren liegt in der Doppelrolle von LehrerInnen. Sie sind einerseits Staatspersonal, das zur Befolgung rechtlicher und politischer Vorgaben verpflichtet ist. Gleichzeitig handelt es sich um Akteure, die professionellen Orientierungen verpflichtet sind, *politischen* Vorgaben *pädagogisch* nicht folgen *können*, vielmehr eine eigene, eigensinnige Praxis in Interaktionszusammenhängen mit SchülerInnen konstituieren und deshalb „gezwungen" sind, politische Zielvorgaben praktisch handhabbar „nachzuerfinden".

Governance und Formwandel der Politik

Wenn es nicht zu hoch gegriffen wäre, könnte der Governanceansatz auf der einen Seite die Politik „aufklären", dass sie nur begrenzt verordnen oder gar „durchregieren" kann, andererseits der Schule vermitteln, dass Politik nicht per se sachunkundig ist, dass die Schule keineswegs so gegängelt ist, wie sie sich selbst sieht. Beide „Seiten" könnten lernen, dass sie einer je differenten Handlungslogik folgen müssen, aber trotzdem bzw. gerade deswegen leistungsfähig sein können. Wäre die interdependente Beziehung nicht (partiell) unterbrochen, würde die Schule entweder politisch kolonisiert – politischen Rationalitätswerten unterworfen – oder umgekehrt die Politik in purer Klientelpolitik pädagogisiert, wobei gerade dieser Gegensatz sich als Sperre für die Dominanz eines Leitwerts erweist. Der Preis der Interdependenz und ihrer nur teilweisen Unterbrechung ist indes in synkretistischen politisch-pädagogischen Rationalitätsvarianten zu finden, die keine Seite „glücklich" machen, weil sie funktionsspezifisches Wachstum bremst. Mit dem Governancekonzept wird nicht geleugnet, dass es empirisch nach wie vor unilaterale staatliche Handlungsformen gibt. Sogar eine Revitalisierung konventioneller hierarchischer Steuerung ist zu beobachten. Der „starke Staat" hat in verschiedenen Politikfeldern, z.B. in der Frage der öffentlichen Sicherheit, der Migrationspolitik oder neuerdings der „null toleranten" (repressiven) Wertedebatte, längst nicht abgedankt. Umgekehrt wird auch nicht behauptet, Heterarchie besetze die Stelle von Hierarchie. Gerade für unseren Erkenntnisgegenstand, die Schule, scheint dies wichtig. Denn die schulische Regelungsstruktur ist weiterhin hierarchisch geprägt. Governanceanalyse nimmt Unilateralismus zur Kenntnis, begnügt sich jedoch nicht damit, sondern fragt nach seinen Voraussetzungen und Folgen und hält ferner Ausschau danach, ob es sich nur um eine Selbstbeschreibung handelt (die freilich ebenfalls nicht folgenlos bleibt, wenn betroffene Akteure antizipierend reagieren). Governanceforschung richtet ihr Erkenntnisinteresse darauf, die Akteure, Mechanismen, Verfahren, institutionellen Arrangements und Deutungsmuster zu erkunden, die wirksam sind, damit das *kollektive Gut* Schule entstehen, verändert und sogar verbessert werden kann. Unter diesem Blickwinkel sind „große Entwürfe" konventionell steuernder Akteure ebenso bedeutsam wie „kleinste" Einzelaktivitäten, wie etwa eine Interaktion zwischen einer Lehrerin und ihren SchülerInnen. Schule ist als „joint action" (Blumer) die Leistung verschiedener Akteure.

Governance: Zur Soziologie von Beziehungsformen
In dem Augenblick, in dem Beziehungen zwischen Politik und Schule behandelt werden, rücken neben den „zuständigen" Disziplinen der Politik- und Erziehungswissenschaft auch Kategorien einer „Beziehungswissenschaft" in das Aufmerksamkeitszentrum, die kollektive Phänomene zu beschreiben und zu erklären beansprucht. Governanceforschung wäre so im Idealfall nicht nur interdisziplinär, sondern sogar transdisziplinär (orientiert bzw. interessiert). Um den Gedanken an einem Beispiel zu illustrieren: In der allgemeinen Systemtheorie werden gesteuerte Regelkreisläufe entworfen und für kybernetisch technologisierbar gehalten. Auch der Begriff Governance hat in seiner Verwendung zweifellos sozialtechnologische Beimengungen. Unserem Verständnis entsprechend sind schulische Regelungsstrukturen jedoch unter der Prämisse interdependenter sozialer Beziehungen zu analysieren. Jeder Handlung wie jeder Steuerung sind soziale Kontextbedingungen sowie Voraussetzungen und Folgen eingeschrieben. Wenn wir uns etwa die derzeit favorisierte evaluationsbasierte Steuerung von

Schulen als, vermutlich erstmaligen, Versuch ansehen, die Beziehung zwischen Politik und Schule in einen eng geschlossenen Regelkreislauf einmünden zu lassen, so liegt ihr die Idee zugrunde, diesen Kreislauf unter Verzicht auf soziale Ressourcen wie etwa Vertrauen „technologisieren" zu können. Während im evaluationsbasierten Steuerungsmodell schon die Tatsache, über ein „Mehr" an Daten zu verfügen, zur Annahme von „Steuerungswirkungen" verleitet, verweist Governance als analytische Perspektive umgekehrt darauf, dass Daten den Filter von interessegeleiteten Deutungsprozessen durchlaufen müssen und ferner durch Daten ohnehin bestehende Schwierigkeiten der Handlungskoordination im Schulsystem weiter anwachsen und eine veränderte Qualität annehmen können, sofern jeder Akteur „doppelt kontingent" Aktions- und Reaktionsstrategien ersinnen kann und damit bestehende Koordinationsmöglichkeiten und -wirkungen verändert.

Governance: Zur Normativität von Beziehungsformen
Setzen wir auf das analytische Potenzial des Governancekonzepts, Beziehungsmuster und Koordinationsformen zu beschreiben und zu erklären, so lassen sich auch normative Verwendungen erkennen. Explizite Normativität findet sich in Konzepten von „good governance". Ob Selbstverpflichtungen mit den Deutungsmustern, Handlungsorientierungen, -rationalitäten und -routinen der Akteure in Einklang stehen bzw. zu bringen sind, wird durch den Wunsch, man möge sich an einem optimalen Regelungsmodell orientieren, überdeckt. Aus Sicht der Forschung relativiert sich dagegen „good governance" nicht nur zu einem Koordinationsmittel neben anderen, das seine Wirkung erst empirisch beweisen muss; vielmehr erscheint die normative Bevorzugung eines Regelungsmodells dazu prädestiniert, erst Recht in der Praxis unterlaufen zu werden. Weil dies für das Schulsystem ohnehin zu gelten scheint – Lehrpläne, bürokratische Regeln, externe Evaluation etc. werden durch interessen- und professionsgeleitete Deutungen abgeändert – haben Konzepte der „good governance" im Erziehungssystem offensichtlich nicht die Bedeutung wie im System der Politik oder der Wirtschaft. Schon die „einflussmächtige" Schulbürokratie hat es nicht geschafft, das schulische Mehrebenensystem nach nur eigenen Regeln laufen zu lassen. Auch neuen evaluationsbasierten Regelkreisläufen wird dies nicht gelingen, da den Konzepten nach eine erhebliche größere Zahl von Akteuren in sie eingebunden sein soll, was allein schon die Komplexität der Regulierungsaufgabe steigen lässt – und Hoffnungen auf rein normative Abstimmungen (Selbstverpflichtungen) so gut wie ausschließt.

Darüber hinaus findet sich mitunter in Regelkreisläufen, besonders evaluationsbasierten Modellen, eine implizite Normativität. Beobachten lässt sich ein instrumenteller Aktivismus der Moderne (Münch), eine stillschweigende Gläubigkeit an technische Instrumente der Evaluierung, an den „Besitz" und die für sich selbst sprechende Wirkungskraft von Daten. Entworfen wird eine Governance-Architektur, in der die „bürokratische Schule" durch eine Vielzahl von Maßnahmen – Autonomisierung und Organisationsentwicklung, Standards und darauf bezogene Testinstrumente, Professionalisierungs- und Führungskonzepte, teilweise auch Wettbewerbselemente – in Bewegung versetzt werden soll. Diese Instrumente werden als *die* Lösung begriffen, eine qualitätshaltige und international konkurrenzfähige Schule hervorzubringen – wozu die bürokratische Steuerung der Schule unmöglich in der Lage gewesen sein soll. Ob aus der Vielzahl der einzelnen Maßnahmen ein *integrativ-koordiniertes* Zusammenwirken der Akteure wird, ob und wie neue Steuerungselemente zusammenpassen, nur indifferent parallel laufen oder sich sogar konterkarieren, wie bestehende Mechanismen der Koordination mit denjenigen der neuen evaluationsbasierten Steuerung einhergehen, welche realen Koordinationsmöglichkeiten und -schwierigkeiten explizit und implizit normativen Konzepten der Governance eigen sind – all dies wird von der noch „jungen" schulischen Governanceforschung als empirisch zu beantwortende Fragen behandelt und theoretisch problematisiert.

Zu den Kapiteln des Buchs
Bei den Beiträgen im vorliegenden Buch handelt es sich einesteils um (überarbeitete) Referate, die wir 2004 und 2005 vor universitären Foren und ministeriellen BildungspraktikerInnen in der Schweiz und in Deutschland gehalten haben. Der andere Teil der Beiträge wurde neu geschrieben. Gewisse Redundanzen in den Texten rühren von den ursprünglichen Anlässen der Textproduktion her.

Im Vordergrund stehen *analytische Konzepte* von Governance, deren Erarbeitung wir für die im Aufbau befindliche Erforschung von Systemen der *Educational Governance* als notwendig erachten. Nach unserer Auffassung wird es in der weiteren Forschung darum gehen, das Mehrebenenkonzept der Schule, d.h. Interdependenzen zwischen verschiedenen schulischen Akteuren und die Mechanismen der Handlungskoordination weiter auszuarbeiten. Dazu hoffen wir, einen Beitrag zu leisten. Wir legen dem Thema *Governance, Schule und Politik – Zwischen Antagonismus und Kooperation* zwar eine Systematik zugrunde, die aus unserer Sicht zentrale Gesichtspunkte behandelt. Wir sind uns jedoch der Selektivität unseres Zugangs bewusst. Sie bezieht sich sowohl auf die Breite – die Beziehungsanalyse wird weitgehend auf die Akteure der politischen Zentralinstanzen und Lehrkräfte begrenzt – wie auch auf die Tiefe, mit der wir diese Beziehung durchdringen. Darin kommen selbstverständlich auch unsere Interessen und Wissenslücken zum Ausdruck. Wir schreiben über ein Thema, dessen theoretische Konturen längst nicht gefestigt sind. Die Perspektive der Handlungskoordination stand in der Empirischen Bildungsforschung bisher nicht im Mittelpunkt des Erkenntnisinteresses; Gleiches gilt für die Bildungssoziologie und erst Recht für die Politikwissenschaften, für die Schule kein Thema ist. Zudem sind Koordinationsprobleme in inhaltlicher Hinsicht vielfältig. Wir finden offensichtlich eine „alte Steuerung" als eingespielte Praxis vor, ebenso wie Elemente einer neuen Steuerung, die schon für sich genommen ein unübersichtliches Konglomerat von Ideen, Absichten, formulierten Zielen, verbindlichen Politikprogrammen und in Erprobung befindlichen Programmteilen bilden, sich jedenfalls noch nicht als selbstverständliche Praxis institutionalisiert haben. Angesichts dieser a-synchronen Gleichzeitigkeit von Status quo und Veränderung berühren unsere Beiträgen beständig Unterschiede zwischen Alt und Neu. Wir haben es empirisch *nicht mehr* mit dem Alten zu tun, jedoch *noch nicht* mit dem Neuen.

Das Buch besteht aus zwei Teilen. Im ersten Teil – *„Zur Analyse von Governance"* – werden ausgesuchte *soziologische Instrumente* zur Analyse von Governance angesprochen. Der zweite Teil – *„Zur Governanceanalyse von Schule und Politik"* – beinhaltet die ausschnittartige *materiale Untersuchung* der bisherigen sowie der sich abzeichnenden antagonistischen Kooperationsbeziehungen von Schule und Politik. Die einzelnen Kapitel sind wie folgt konturiert:

Das Governancekonzept ist für die Empirische Bildungsforschung Neuland. In Kapitel 1 wird deshalb ein Abriss der Verwendung des Konzepts in den Disziplinen der Wirtschaftswissenschaft, der Politikwissenschaft, der Soziologie und der Erziehungswissenschaft gegeben (in der sich das Konzept neuerdings ebenfalls finden lässt).

Kapitel 2 stellt in einem Aufriss ein *Mehrebenensystem* der Schule vor. Verschiedene schulische Steuerungsakteure – von der Bildungspolitik bis zu den Lehrkräften – werden kursorisch skizziert, um einen Einblick in die *differenten intraorganisatorischen Handlungslogiken* verschiedener am Kollektivgut Schule beteiligter Akteure zu erhalten. Inhaltlich wird hervorgehoben, dass aktuelle Versuche der Neufassung der Governance die bestehende antagonistische Kooperation zwischen Zentrale und Lehrkräften kaum verändern.

In Kapitel 3 werden *soziologische Analyseinstrumente* vorgestellt, um Mechanismen der Koordination zwischen Staat und Schule zu untersuchen. Hervorgehoben werden u.a. Aggregationsmodelle handelnden Zusammenwirkens sowie Kategorien der Beobachtung, Beeinflussung und Verhandlung, ebenso wie Spannungen zwischen Profession und Organisation.

Der zweite Teil des Buches (Kapitel 4) beginnt mit einem Rundblick auf die Beziehungen zwischen Schulpolitik, Staat und Schule. Hier werden Fragen der Governance auf das schulische Feld übertragen, insbesondere die „Politikhaltigkeit" des Schulegebens, ein Gesichtspunkt, den Überlegungen gerade zur evaluationsbasierten Steuerung geneigt sind, zugunsten eines technologisierten Regelkreislaufs hintan zu stellen.

Kapitel 5 beschäftigt sich mit Dimensionen schulischer Steuerung im Rahmen des Konzepts von Governance. Angesprochen werden Akteurkonstellationen zwischen Staat und Schule, ihre Ausprägung als Form antagonistischer Kooperation, spezifische Merkmale der schulischen Regelungsstruktur – pädagogische Autonomie, die Vetoposition der LehrerInnen und die Principal-Agent-Beziehung – und das Problem der Ressourcenzusammenlegung, neuerdings durch systematische Schulbeobachtung zu rationalisieren beabsichtigt, und schließlich das Problem der Institutionalisierung jeder Veränderung schulischer Steuerungsformen. Im Ergebnis wird konstatiert, dass die intendierte „Neue Schulsteuerung" (schon auf der Modellebene) weit weniger neu ist als ihre Rhetorik verheißt, stattdessen, freilich angepasste, hierarchische Koordination weiterhin *den* Steuerungsmodus abgibt.

Anschließend wird auf Vertrauen als Ressource eingegangen, die politisch und im Neuen Steuerungsmodell, das auf „messenden Managerialismus" setzt, oft genug übersehen wird. Im Augenblick wird Vertrauen durch systematische Schulbeobachtung in den Hintergrund gerückt; als „weiches" Instrument, so die These, ist es jedoch unersetzlich.

In Kapitel 6 werden ausgewählte *intermediäre* Einrichtungen in den Blick genommen, einerseits neu aufgebaute Schulinspektionen in Deutschland, andererseits bestehende Schulpflegen in der Schweiz. Gerade auf solchen intermediären Ebenen finden sich aktuell die vielleicht stärksten institutionellen Veränderungen der Bildungslandschaft, die insoweit betrachtet werden müssen, wie sie die antagonistischen Beziehungen zwischen Staat und Schule vielleicht dennoch „aufweichen" (entdifferenzieren).

Im abschließenden Kapitel 7 *Schulische Veränderung als Prozess des „Nacherfindens"* führen wir nochmals eine Grundidee unserer vorigen Überlegungen aus, dies teils als Resümee, teils als Anregung und Orientierung für die weitere Analyse. Es wird betont, dass Schule nicht im Modus des politischen Vollzugs verändert wird, sondern Prozesse der Deutung und Sinnerzeugung fundamental sind.

Zur Analyse von Governance

1. Disziplinäre Sichtweisen zur Governance
Thomas Brüsemeister

In den vergangenen ca. fünfzehn Jahren hat es in den Sozialwissenschaften, d.h. vor allem in Politikwissenschaft, Wirtschaftswissenschaft sowie in jüngerer Zeit auch in der Soziologie eine Hinwendung zur Auseinandersetzung mit dem Begriff und dem Phänomen der Governance gegeben. Dies hat mittlerweile in der Politik- und der Wirtschaftswissenschaft zu einer Flut von Publikationen geführt, die sich mit einem heterogenen Feld institutioneller Regulierungen befassen und entsprechend vielfältige Definitionen von Governance geben. Demgegenüber ist ein Governancebegriff in der Empirischen Bildungsforschung erst in Ansätzen entwickelt, wobei es hier nochmals deutliche Differenzen gibt zwischen der schon seit längerem währenden anglo-amerikanischen und der erheblich jüngeren Diskussion in deutschsprachigen Ländern.

Der Begriff „School Governance" aus der internationalen Empirischen Bildungsforschung findet zunehmend auch im deutschsprachigen Raum Beachtung, bedarf aber einer erläuternden Einführung. Vor einer weitergehenden Diskussion ist es deshalb angebracht, zunächst vorzustellen, wie der Begriff in der Wirtschaftswissenschaft, Politikwissenschaft und Soziologie und jüngst auch in der Erziehungswissenschaft verwendet wird. Abgesehen von gelegentlichen Ausblicken auf das Schulsystem werden dabei inhärente Sichtweisen der jeweiligen Disziplinen im Vordergrund stehen, um Facetten des Begriffs Governance anzuführen.

Inhaltlich wird hierbei erkennbar, dass – trotz aller Verschiedenheit der gesellschaftlichen Teilbereiche und Disziplinen – mit dem Begriff Governance analytisch auf ähnliche Kernprobleme reagiert wird: insofern einseitig gefasste Steuerungen durch einen herausgehobenen Akteur an Grenzen stoßen; insofern weder der Staat, noch der Markt, noch die Zivilgesellschaft für sich genommen ein System der institutionellen Regulierung allein bestreiten können; insofern neben einer Steuerung durch ökonomische oder politische Verbände auch zivilgesellschaftliche Beteiligungen Faktoren der Steuerung darstellen.

Für die nun anzusprechenden disziplinären Perspektiven der Wirtschaftswissenschaft, Politikwissenschaft, Soziologie und Erziehungswissenschaft beinhaltet dies, dass Governance offensichtlich eine *Verhältnisfrage* aufwirft, wie eine Gestaltung von Leistungen unter Beteiligung verschiedener Akteure beschaffen sein kann. Hier deutet sich an, dass Wirtschaftswissenschaft, Politikwissenschaft und Soziologie einen ähnlichen Entdeckungszusammenhang wahrnehmen. Die disziplinären Antworten – d.h. die jeweiligen Begründungszusammenhänge – sind freilich verschieden. Wie zu zeigen sein wird, konzentriert sich die Wirtschaftswissenschaft eher darauf, dass trotz der Irrationalität und der schwer steuerbaren Eigendynamik von Marktentwicklungen eine institutionelle Ordnung im normativen Sinne einer „good governance" anzustreben ist. Im Gegensatz zu dieser Normativität verwenden Politikwissenschaft und Soziologie Governance eher als Analysemittel. Die Disziplinen wollen grundlegende Interdependenzen zwischen Systemen und Akteuren erst einmal beschreiben und erklären.

1.1 Governance aus Sicht der Wirtschaftswissenschaft

Da die Wirtschaftswissenschaft historisch gesehen zuerst verschiedene Modelle der Koordination im Rahmen der Begrifflichkeit von Governance herausgearbeitet hat, wird die Behandlung des Governancethemas in anderen Disziplinen mit einem Ausschnitt zur Corporate Governance eröffnet, wie sie in der Wirtschaftswissenschaft diskutiert wird.

Gegenwärtig steht im Rahmen der Globalisierung die Frage an, mit welchen Mitteln der institutionellen Regulierung eine Ökonomisierung des Sozialen sowie ein „umherziehender Raubtierkapitalismus" – der auch im System der Wirtschaft selbst agiert – so gebändigt werden kann, dass er sozialverträglich ist und dabei gleichzeitig seine Ertragsfunktion behält. Diese Frage ist nicht nur von aktueller Brisanz, sondern hat die Entwicklung der kapitalistischen Gesellschaft von Beginn an begleitet. Analysen der „Corporate Governance" berühren den gleichen Sachverhalt, sofern sie für das Wirtschaftssystem und ihre Organisationsstrukturen *Verhältnisse zwischen politischer und ökonomischer Macht* untersuchen, wie Jürgens (2005, 47) betont, dessen Aufsatz hier nachfolgend wiedergegeben sei.

Neben der allgemeinen Bestimmung, dass sich – wie Jürgens hervorhebt – Corporate Governance mit der Verhältnisfrage von politischer und ökonomischer Macht beschäftigt, sieht Jürgens im Einzelnen folgende Problemfelder mit dem Begriff Corporate Governance berührt:

"Corporate Governance behandelt Fragen der Unternehmensverfassung, der Aufgaben und Ziele sowie der Kontrolle der Unternehmensführung. Es ist eines der derzeit am heißesten diskutierten Themen in den Sozial- und Wirtschaftswissenschaften. [...] Die aktuelle Corporate-Governance-Diskussion umfasst Fragen, die von den grundlegenden Zielorientierungen von Unternehmen, ihrer gesellschaftlichen Verantwortlichkeit bis hin zu konkreten Fragen der Regelung und Transparenz der Rechnungslegung, der Anreizsysteme für das Management und der Organisation der Aufsichtsratsfunktionen reichen." (Ebd.)

Vereinfacht gesagt befasst sich die Corporate-Governance-Diskussion – hier bezieht sich Jürgens (ebd.) auf O´Sullivan (2001) – mit der Frage, wie Institutionen das System der Wirtschaft, ihre Ressourcenanhäufung und -verteilung, beeinflussen, welche Arten von Investitionen es gibt und wie die „returns from investment" verteilt werden, was dann nicht nur hinsichtlich der Folgen für Unternehmen, sondern auch bezüglich gesellschaftlicher Folgen untersucht werden soll. Es geht also um Fragen der institutionellen Regulierungen zwischen den Bereichen Ökonomie, Politik und Zivilgesellschaft.

In einem historischen Abriss geht Jürgens dabei auf verschiedene wirtschaftswissenschaftliche Problemstellungen ein, wie z.B. die Konzentration ökonomischer Macht. Zunächst spielte in den USA der 1930er Jahre eine von Berle und Means (vgl. dies., 1968) ausgelöste Diskussion eine Rolle, die die zunehmende Bedeutungslosigkeit von Kleinaktionären gegenüber der Gruppe der Manager, die ihre Eigeninteressen in den Vordergrund stellen konnten, benannte (Jürgens 2005, 48-49). Angesichts dieser, damals von Berle und Means als *Managerial Revolution* bezeichneten Entwicklung – die gemäß Jürgens (ebd., 49) auch ein gegenwärtiger Problemkontext von Corporate Governance ist – muss sich eine Gesellschaft zwischen drei Alternativen entscheiden: „Entweder wird das Recht der Aktionäre wieder verstärkt und das Management der Unternehmen auf die Treuhänderrolle begrenzt [...], oder es wird dem Unternehmensmanagement freie Hand bei der Führung der Unternehmen gegeben [...], oder, so die dritte Alternative, für die sich die beiden Autoren [Berle und Means; TB] [...] aussprechen, das Unternehmen wird in den Dienst gesellschaftlicher Zielsetzungen gestellt" (ebd.).

In weiteren Meilensteinen der US-amerikanischen Debatte wurde dann von Fragen der Trennung von Eigentum und (managerieller) Kontrolle übergeschwenkt auf unternehmensinterne Managementstrukturen (Chandler 1970), die sich u.a. Fragen der inneren Erfolgskontrolle (mittels dezentraler Budgetierung) widmeten (Jürgens 2005, 49f.). Auch im europäischen Zusammenhang wurde die – heute wieder aktuelle – Kontrollproblematik zwischen Eigentümern und Managern zunächst ausgeblendet zugunsten einer innerorganisatorischen Betrachtung, die aus der neoklassischen Modellwelt abgleitet war. Es wurde die

Frage gestellt, wann Unternehmen eher auf die Koordinationsform Markt und Preise, und wann eher auf die Koordinationsform Hierarchie abstellen (Coase 1988). Entscheidend ist dafür nach Jürgens die Art der Vertragsbeziehung: „Die firmeninterne Allokation von Ressourcen ist dann angebracht, wenn langfristige Vertragsbeziehungen vorteilhafter sind – sei es aus Risikogründen, Zukunftsunsicherheit oder aufgrund von Problemen bei der Spezifizierung von Aufgaben" (Jürgens 2005, 51). Des Weiteren wird die frühere Problematik einer Kontrolle des Managements „im Rahmen der Prinzipal-Agenten-Theorie Anfang der 1970er Jahre wieder aufgeworfen" (ebd.). Es geht hierbei um die grundsätzliche Problematik, wie Agenten – im Fall des Wirtschaftssystems die Manager – dazu veranlasst werden können, im Auftrag des Principals – d.h. der Aktionäre – zu handeln. Die Antwort wird in *Verträgen* gefunden, die darauf zielen, „organisatorische Regeln zu vereinbaren, entsprechende Informationen bereitzustellen, die Einhaltung der Regeln zu kontrollieren und ein entsprechendes Anreiz- und Sanktionssystem zu schaffen" (ebd., 51-52).

Darüber hinaus wird die Diskussion von Systemen der Corporate Governance von – in den 1980er Jahren einsetzenden – internationalen Umbrüchen im Rahmen der Aktivierung eines Kapitalmarkts gekennzeichnet, die mit einer Internationalisierung von Anlagestrategien einhergeht. Dabei wird davon ausgegangen, dass diese Umbrüche zum einen im Corporate-Governancesystem der angelsächsischen (Outsidermodell), zum anderen in europäischen Ländern (Insidermodell) unterschiedlich reguliert werden. Zentraler Punkt ist hierbei die Frage, durch welche Arten der institutionellen Regulation Unternehmen und Aktienbesitzer vor der feindlichen Übernahme durch andere Unternehmen geschützt werden, wobei die verschiedenen Regulationsweisen hierbei erstens den Blick öffnen für innerorganisatorische Strukturen, zweitens für die weiter gefassten institutionalisierten Handlungsfelder in verschiedenen Gesellschaften. Bezogen auf das „Insidermodell" Europas sowie das „Outsidermodell" angloamerikanischer Länder notiert Jürgens als einen der entscheidenden Unterschiede, dass in den angelsächsischen Ländern der Aktienbesitz sehr breit gestreut ist, was eine stärkere Disziplinierung über den Governancemechanismus des Marktes beinhaltet, als es in europäischen Ländern der Fall ist, in denen der Eigentumbesitz und eine entsprechend stärkere Regulation bei Banken und korporative Strukturen (eines „rheinischen Kapitalismus") liegen (ebd., 58-59). Demzufolge gibt es vor allem in angloamerikanischen Ländern eine Disziplinierung des Managements über den Markt, was in den eher auf Langfristigkeit angelegten Beziehungs- und Kontrollstrukturen europäischer Banken, Aufsichtsräte und Aktionäre weniger der Fall ist. Jürgens schreibt dazu Folgendes, beginnend mit angloamerikanischen Ländern:

1.1 Governance aus Sicht der Wirtschaftswissenschaft 27

„Die Disziplinierung des Managements erfolgt über den Kapitalmarkt. Wenn ein Unternehmen schlecht geführt wird und der Shareholder Value nicht maximiert wird, dann reagieren Investoren damit, dass sie ihre Aktien verkaufen. Dies führt dann zum Druck auf die Aktienkurse und erhöht das Risiko für eine feindliche Übernahme. Das adäquate Funktionieren dieses Modells setzt strenge Buchhaltungs- und Publizitätsrichtlinien, Emissions- und Handelsvorschriften und, vor allem, liquide Aktienmärkte voraus […]. Charakteristisch für Insidersysteme ist 'geduldiges Kapital'. Banken oder andere Unternehmen halten ihre Aktienanteile zur Festigung langfristiger Kooperationsbeziehungen, im Gegensatz zu den Systemen mit ungeduldigem Kapital, das auf Maximierung der Shareholder Returns drängt. Oft wird zur Kennzeichnung dieser Systemunterschiede auch von Shareholder versus Stakeholdersystemen gesprochen, und Deutschland vor allem aufgrund seines Systems der Mitbestimmung wird dabei in der Regel als prominentes Beispiel eines Stakeholdersystems angeführt." (Ebd., 59f.)

Insgesamt sind das „Insidermodell" Europas sowie das „Outsidermodell" angloamerikanischer Länder Beispiele dafür, wie im Bereich der Wirtschaft zwei unterschiedliche Governancesysteme mit zwei verschiedenen Koordinationsmechanismen – Markt einerseits, Hierarchie andererseits – vorkommen, was sich sodann nicht nur für einzelne Länder, sondern auch für Branchenstrukturen weiter differenzieren ließe.

Neben den Koordinationsformen Markt und Hierarchie – wesentlich von Williamson (1983) begrifflich bearbeitet – wurde der Koordinationsform Netzwerk Aufmerksamkeit geschenkt (Jürgens 2005, 63), innerhalb derer Macht weder, wie in der Hierarchie, zentralisiert, noch wie im Markt breit gestreut bzw. anonym verteilt ist. Stattdessen kommt es in Netzwerken zu (variablen) *Beziehungen*, die zum gegenseitigen Vorteil eingegangen werden.

Teil der Diskussion von Corporate Governance sind darüber hinaus Konzepte der „good governance". Sie beinhalten z.B. Bemühungen zwischen Unternehmen, staatlichen und zivilgesellschaftlichen Einrichtungen, hinsichtlich der Festschreibung von Standards, auf deren Einhaltung sich Unternehmen selbst verpflichten. Bekannt ist hier – nach Jürgens (ebd., 66) – unter Anderem „der von Kofi Annan initiierte Global Compact (1999) zwischen der UNO und der Wirtschaft […]. Im Zentrum stehen dabei neun ökologische und soziale Mindeststandards, die große Unternehmen in der ganzen Welt (Nike, VW, Nokia, HP) sich verpflichtet haben einzuhalten". Offene Frage ist nach Jürgens, ob solche Vereinbarungen Normen setzen können, d.h. ob Unternehmen in der Lage sind, Normen ohne Hierarchie bzw. einen Staat gegen sich selbst durchzusetzen. Unverkennbar ist jedoch, dass Corporate Governancesysteme auch normative Konzepte einer „good governance" vereinbaren, wesentlich deshalb, um angesichts internationaler Finanzmärkte die Frage der Sozialverpflichtung von Kapital innerhalb nationaler Standorte stellen zu können.

Zwischenresümee
Systeme der Corporate Governance machen deutlich, dass – wie Arthur Benz (2004a, 16) schreibt, „der scheinbare Automatismus des Marktes, die ‚unsichtbare Hand', die für eine effiziente Koordination zwischen den Marktteilnehmern sorgt, nur funktioniert, wenn bestimmte Regeln gelten. Grundlegend sind dabei Eigentumsrechte, ohne die Tauschvorgänge nicht möglich sind, aber auch Regeln, die faire Tauschverhältnisse schaffen." Darüber hinaus sei deutlich, dass der Markt nicht alle wirtschaftlichen Probleme lösen könne, sondern eine „Organisation der Produktionsaktivitäten in wie zwischen Unternehmen" erforderlich sei (ebd.). Nicht zuletzt bedürfe es „der Durchsetzungsmacht des Staates, der seinerseits mehr oder weniger als Steuerungsinstanz oder als Produzent öffentlicher Güter im Markt involviert ist." (Ebd.) Kurz: Die Wirtschaftswissenschaften kennzeichnen mit Systemen der Corporate Governance veränderte Perspektiven, sofern neben dem Markt auch Hierarchie (Staat) sowie Netzwerke in den Blick geraten.

Hierbei ging es, wie einleitend angeführt, in diesem Abschnitt darum, zunächst einmal vorzustellen, wie andere wissenschaftliche Disziplinen Governance diskutieren. Deshalb können und sollen an dieser Stelle die Begriffe und Konzepte auch nicht systematisch auf das Schulsystem übertragen werden. Drei Hinweise sind jedoch angebracht.

Erstens tauchen in der Diskussion einer Neufassung von Systemen der Educational Governance *inhaltliche Elemente* einer Governance der Wirtschaft regelmäßig wieder auf, nämlich Konkurrenz-, Wettbewerbs- und Marktelemente. Diese Elemente brechen sich jedoch an Differenzen zwischen den Systemen der Wirtschaft und, in unserem Fall, der Schule. Dies bedeutet nicht, praktische und analytische Aufgaben von Governance aufgeben zu müssen, sie jedoch im Bereich der Schule anders konzipieren zu müssen als im System der Wirtschaft. Insbesondere wird deutlich, dass eine Ordnungsbildung rein über Märkte für Schulsysteme als nicht tragbar angesehen wird. Eine Steuerung über Märkte erzeugt Differenzen, und diese widersprechen einem gesellschaftlichen Konsens, der für das Schulsystem nicht Differenzen, sondern Chancengleichheit hervorhebt, zusammen mit der staatlichen Verfasstheit des Schulsystems. Diese Tradition staatlich organisierter Schulsysteme beinhaltet also, dass im Schulsystem stärker als in der Wirtschaft mit einem Steuerungsakteur Staat gerechnet werden muss. Aber dies schließt nicht aus, dass an bestimmten Stellen der schulischen Governance, zusammen mit anderen Elementen der Koordination, auf eine Koordination über Marktelemente zurückgegriffen wird (vgl. dazu Abschnitt 1.5).

Darüber hinaus lassen sich zweitens die von den Wirtschaftswissenschaften erarbeiteten *analytischen Modelle*, die bestimmte Arten der Koordination zwischen Akteuren erklären, für andere Felder, so auch das schulische, adaptieren. Dies betrifft insbesondere das Modell einer Principal-Agent-Beziehung, mit denen sich im Wirtschaftssystem die Kontroll- und Koordinationsproblematik zwischen Managern (Agenten) und Principal (Aktionären), im Schulsystem die Beziehungen zwischen Lehrkräften und Staat ansprechen lassen (vgl. Abschnitt 5.4.3). Wenn im Wirtschaftssystem eine Antwort auf diese Koordinationsproblematik in *Verträgen* gesucht wird, die insbesondere ein Anreiz- und Sanktionssystem schaffen sollen, dann finden wir ähnliche Bemühungen aktuell auch im schulischen Bereich, in Form von Leistungsvereinbarungen und der Mitarbeiterbeurteilung von Lehrkräften.

Drittens lässt sich erkennen, dass ein Bezugspunkt der Wirtschaftswissenschaften bei der Analyse von Governance deutlich darauf drängt, den in Marktgeschehnissen verwickelten Akteuren einen normativen Ausweg aus dem Koordinationsdilemma anzubieten, d.h. sich auf eine bestimmte Art der Koordination bewusst festzulegen. Es ist kein Zufall, dass normative Konzepte der good governance gerade aus dem System der Wirtschaft heraus und begleitet von den Wirtschaftswissenschaften entwickelt werden. Dieser Verwendungsweise des Konzepts Governance stehen – wie einleitend angeführt und nun zu zeigen sein wird – in der Politikwissenschaft und Soziologie überwiegend analytische Governancekonzeptionen gegenüber.

1.2 Governance aus Sicht der Politikwissenschaft

Neben der zuerst für die Wirtschaftswissenschaften zu verzeichnenden Verwendung des Begriffs Governance (Coase 1937, nach Benz 2004a, 15) ist die Diskussion von Governance in den Politikwissenschaften ebenfalls ausgeprägt. Es gibt auch hier keine abgrenzbare Definition des Begriffs, jedoch hält sich wiederum der (eingangs genannte) Problemkern durch: Mit dem Begriff wird offensichtlich darauf reagiert, dass nicht mehr der Staat (im Wirtschaftssystem: der Markt) alleiniger Akteur der Steuerung ist, sondern dass Steuerung – im Rahmen von Netzwerken oder zivilgesellschaftlicher Akteure – in praktischer und analytischer Hinsicht neu gefasst werden muss. Dies beinhaltet – nun im Kontext des Systems der Politik gesehen – nicht automatisch den Funktionsverlust des Staates. Jedoch wird von einem Formwandel der Politik gesprochen (Mayntz 1996, 159). Der Staat wird zu einem Akteur neben vielen anderen.

Governancebegriffe finden in der Politikwissenschaft Eingang in die Regierungslehre und in die Verwaltungswissenschaft; die Begriffe werden von verschiedenen Teildisziplinen der Politikwissenschaft verwendet, um Entwicklungen auf der internationalen Ebene, auf der Ebene der EU sowie auf regionalen und lokalen politischen Ebenen zu kennzeichnen. Governance erlaubt hierbei eine Sichtweise auf die klassische Frage der Politikwissenschaften, „wie kollektive Probleme einer Gesellschaft gelöst werden bzw. wie politische Entscheidungen getroffen werden", so Benz (2004a, 19), dessen Überblicksdarstellung ich hier folge. Die neue analytische Sichtweise, so Benz (ebd., 12-14), ist dabei nicht nur Modewort, sondern reagiert auf veränderte politische Prozesse und Probleme, die zunehmend einen grenzüberschreitenden Charakter haben, sich nicht mehr von einem Akteur allein lösen lassen. Benz (ebd., 14) nennt in diesem Zusammenhang folgende Stichworte:

> „Wir beobachten zunehmende Grenzüberschreitungen in politischen Prozessen, und zwar sowohl hinsichtlich territorialer wie funktionaler und sektoraler Grenzen. Kommunale Aufgaben erzeugen immer häufiger externe Effekte für andere Gemeinden, nationale Politik wird international verflochten, Globalisierungsprozesse wiederum sind eng verbunden mit der Konstituierung regionaler Räume, die ihrerseits nicht isoliert, sondern durch Netzwerke und Konkurrenzbeziehungen verbunden sind. Gesellschaftliche Aufgaben lassen sich immer weniger innerhalb der Kompetenzgrenzen funktionsbezogener Institutionen erfüllen. Regierungen und Verwaltungen müssen mit Verbänden zusammenarbeiten, Märkte funktionieren angesichts der wachsenden sozialen Nutzen und Kosten der Produktion und des Güterkonsums nicht ohne staatliche Regulierung oder institutionalisierte Verhandlungssysteme, und generell sind formale Institutionen zunehmend durch Koordinationssysteme oder Politiknetzwerke verflochten. Interdependenzen bestehen aber auch zwischen gesellschaftlichen Sektoren und damit zwischen den auf sie bezogenen Politikfeldern, etwa zwischen Wirtschaft und natürlicher Umwelt, zwischen dem Bildungswesen und den Systemen der Sozialversicherung, zwischen Wirtschaftspolitik und Kulturpolitik etc."

Auf diese veränderte Problembeschreibung wird in der politischen Praxis reagiert mit dem Ziel, die Hauptfunktion des politischen Systems, nämlich kollektiv verbindliche Entscheidungen herzustellen, aufrechtzuerhalten; Benz setzt entsprechend fort:

> „Bei der Steuerung dieser komplexen Zusammenhänge und der Bewältigung der Interdependenzen werden neben den traditionellen Formen der Rechtssetzung und -durchsetzung, der Verteilung von Finanzmitteln und der Steuerung durch den Markt zunehmend ausgehandelte Vereinbarungen (Kooperation) genutzt. Zwischen dem öffentlichen Sektor (bzw. dem Staat) und der Gesellschaft lassen sich in der

1.2 Governance aus Sicht der Politikwissenschaft

Praxis der Aufgabenerfüllung kaum noch Abgrenzungen erkennen, weil beide eng verflochten sind. Scheinbar beobachten wir ein Zurückdrängen des Staates, tatsächlich verbergen sich aber hinter Begriffen wie Privatisierung und marktwirtschaftliche Steuerungsinstrumente meistens sehr komplexe Mischformen öffentlicher und privater Tätigkeit." (Ebd.)

In diesem Zitat klingt an, dass – wie Renate Mayntz (2004, 66) resümiert – der Begriff Governance von den Politikwissenschaften zum einen gesellschaftstheoretisch verwendet wird, um verschiedene Arten der Handlungskoordination (Hierarchie, Markt, Gemeinschaft) zu beschreiben und zu erklären, wobei in diesem Diskurs vor allem die Arbeiten von Williamson (1979) zu den beiden Koordinationsformen Markt und Hierarchie ausschlaggebend waren. Zum anderen wird der Begriff im enger gefassten Feld der nationalen und internationalen Politik dafür verwendet, über die hierarchische, vom Staat ausgehende Koordination hinaus weitere (dann nicht hierarchische) Koordinationsformen berücksichtigen zu können. Oder kurz: Governance ist in diesem Diskurs der Gegenbegriff zu hierarchischen Steuerungsformen. Mayntz (ebd.) fasst zusammen:

„Wenn im deutschen Sprachraum Politikwissenschaftler neuerdings eher von Governance als von politischer Steuerung sprechen, dann greifen sie auf Elemente beider unterschiedlichen Begriffsverwendungen – Governance als Oberbegriff aller sozialer Handlungskoordination und Governance als Gegenbegriff zu hierarchischer Steuerung – zurück. Governance meint dann das Gesamt aller nebeneinander bestehenden Formen der kollektiven Regelung gesellschaftlicher Sachverhalte: von der institutionalisierten zivilgesellschaftlichen Selbstregelung über verschiedene Formen des Zusammenwirkens staatlicher und privater Akteure bis hin zu hoheitlichem Handeln staatlicher Akteure."

Mehrebenensysteme
Grund für diese analytischen Erweiterungen ist dabei offensichtlich eine Veränderung der politischen und gesellschaftlichen Probleme selbst. Entsprechend ist auch eine Governance-Definition von Benz formuliert (2004a, 22):

„Die Governance-Diskussion entstand, als erkannt wurde, dass Problemzusammenhänge vielfach Kompetenzgrenzen der Regierungs- und Verwaltungseinheiten überschreiten, Formen der autoritativen Steuerung angesichts der Komplexität öffentlicher Aufgaben versagen, eine Verlagerung von Aufgaben auf den Markt nur für Teilaspekte der öffentlichen Leistungen möglich ist und zugleich traditionelle Formen der Kooperation zwischen Regierungen und organisierten Interessen sich als anfällig für Entscheidungsblockaden bzw. als zu wenig anpassungsfähig erwiesen. Der Begriff Governance liefert einerseits einen Rahmen zur Analyse der praktisch relevanten Kombinationen aus Hierarchie, Verhandlungen und privater Selbstregu-

lierung, zum anderen schließt er informelle, aber dauerhafte Interaktionsmuster zwischen staatlichen, kommunalen und gesellschaftlichen Akteuren (Netzwerke) ein."
Grenzüberschreitungen politischer Prozesse, Überschreitung konventionell abgegrenzter Zuständigkeiten für eine Problemlösung, stattdessen Interaktionsmuster zwischen verschiedenen Steuerungsakteuren: dies hat in den Politikwissenschaften dazu geführt, sich der *Koordinationsproblematik in Mehrebenensystemen* zu widmen. Hierbei wird zunächst davon ausgegangen, dass Politik (Regieren und Verwalten) einen Gebietsbezug hat in dem Sinne, dass Aufgaben organisatorisch nach Gebieten untergliedert sind (lokal, regional, national, international) (Benz 2004b, 126). Darüber hinaus wird gesehen, dass Leistungsaufgaben *über Zuständigkeiten von Akteuren auf einzelnen Ebenen hinaus* gelöst werden müssen, Aufgaben also interdependent sind. Daraus ergibt sich folgende Definition von Mehrebenensystemen der Politik: „Mehrebenensysteme der Politik entstehen, wenn zwar die Zuständigkeiten nach Ebenen aufgeteilt, jedoch die Aufgaben interdependent sind, wenn also Entscheidungen zwischen Ebenen koordiniert werden müssen." (Ebd., 127) Diese Definition – es gibt Zuständigkeiten, die nach Ebenen verteilt sind, es gibt interdependente Aufgaben – ist in dieser Allgemeinheit ebenfalls für Bildungssysteme verwendbar.

Entwicklungen des Begriffs Governance
Gemäß der Übersicht von Benz wurde Governance als Analysekonzept der Politikwissenschaft zuerst im Teilgebiet „Internationale Beziehungen" verwendet. Hierbei ging es darum, Formen der Beziehung „zwischen Regierungen, Verwaltungen und transnationalen gesellschaftlichen Akteuren" zu erfassen (Benz 2004a, 16). Dabei zeigten sich in inhaltlicher Hinsicht Merkmale, die dazu geführt haben, sie unter der neuen Perspektive von „Governance" zusammenzufassen. Dazu gehörten für internationale Beziehungen das Fehlen eindeutiger hierarchischer Verhältnisse, eine Steuerung als Mischung von Machtausübung und Kooperation, Verhandlungen sowie eine kontinuierliche Veränderung von Strukturen (ebd.).

Darüber hinaus wurden die Erfahrungen mit dieser anderen Art der Steuerung dann auch auf nicht-staatliche Felder des kollektiven Handelns übertragen. Hierbei gaben wesentliche Anstöße Untersuchungen zur Implementation politischer Programme (Mayntz 1980; 1983), in die sich bis in die Gegenwart hinein weitere Untersuchungen zur kollektiven Handlungsfähigkeit – zum Beispiel in den Bereichen Technikentwicklung, Demokratieforschung sowie Chemie- und Arzneimittelkontrolle – einreihen (vgl. Werle/Schimank 2000). Eine Hauptaussage all dieser Untersuchungen ist, dass Implementierungen nicht autonom von Regierungen und Verwaltungen, sondern nur in Zusammenarbeit mit anderen

1.2 Governance aus Sicht der Politikwissenschaft

Akteuren, aus dem privaten und dem Markt-Sektor, durchgesetzt werden können (Benz 2004a, 17). Dies macht nach Benz darauf aufmerksam, dass die moderne Gesellschaft kein Steuerungszentrum mehr hat, und Politik „als Management von Interdependenzen" verstanden werden muss (ebd.).[1] Hierbei ist die Auffassung von Coleman (1994, 20) nicht nur grundlegend für die analytische Sicht, sondern auch für empirische Erfahrungen von Governance: "Actors are not fully in control of the activities that can satisfy their interests, but find some of those activities partially or wholly under the control of others." Dies bedeutet, dass sich politische Steuerungsabsichten nur in Überschneidungen mit weiteren Akteuren in sozialen Handlungsfeldern realisieren lassen, da sich in diesen Handlungsfeldern ebenfalls Ressourcen befinden, die für ein Steuerungsergebnis benötigt werden. In diesem weiteren Verständnis gibt die Perspektive von Governance Steuerungen eine andere Grundlage, insofern von interdependenten Handlungen gesellschaftlicher Akteure ausgegangen wird (Benz 2004a, 17).

Darüber hinaus wird – Benz zufolge – Governance neuerdings auch in der Verwaltungswissenschaft sowie der Regierungslehre verwendet, wobei davon ausgegangen wird, dass Steuerung und Koordination nicht nur zentrale Funktionen der Regierung, sondern auch der Verwaltung sind (ebd., 18). Ähnlich wie schon bei den oben erwähnten internationalen politischen Beziehungen sowie bei der Implementierung politischer Programme wird auch im Bereich Regieren und Verwalten eine Veränderung der zu behandelnden Probleme konstatiert: „Regieren und Verwalten im Sinne von Governance unterliegt [...] spezifischen Bedingungen und findet in anderen Strukturen und Verfahren statt als jenen, die in der traditionellen Regierungslehre und Verwaltungswissenschaft im Mittelpunkt standen. Sie überschreiten heute mehr und mehr die territorial und funktional definierten Kompetenzbereiche des Staates, weshalb ihre Ziele ohne dessen Anordnungs- und Durchsetzungsmacht verwirklicht werden müssen." (Ebd.) Das Governance-Konzept mache darauf aufmerksam, „dass Steuern und Koordinieren (oder Regieren und Verwalten) überwiegend (d.h. nicht nur, aber immer häufiger) in horizontalen, netzwerkartigen Beziehungen zwischen öffentlichen und privaten Akteuren geschieht, wenngleich im Schatten der Hierarchie." (Ebd.)

Ab der Mitte der 1980er Jahre, so Benz (ebd.), ist angesichts der angedeuteten veränderten Problemkontexte dann ein verändertes Verständnis der praktischen Verwaltungspolitik zu verzeichnen, die zunächst unter dem Namen von „New Public Management (NPM)" im internationalen Zusammenhang, unter dem Begriff des „Neuen Steuerungsmodells" (NSM, oder NSt) dann später auch

---

1 Vgl. hierzu grundlegend Mayntz (1996), z.B. S. 155: „Die Thematisierung der Interdependenzproblematik erlaubt [...] eine inhaltliche Funktionsbestimmung der Politik: das Management der teilsystemischen Interdependenz."

im deutschsprachigen Raum – in unterschiedlicher Intensität – realisiert wurde.[2] Dabei richten sich die Modelle im Kern gegen die bisherige klassische bürokratische Steuerung und die aus ihr hervorgehenden „Steuerungslücken" (Jann 2005, 75), die Jann (ebd.) mit folgenden Stichworten zusammenfasst:

- „Effizienzlücke: fehlende Anreize zur ständigen, effizienten Mittelverwendung,
- Strategielücke: fehlende Orientierung an klaren, mittelfristigen Entwicklungszielen und Prioritäten,
- Managementlücke: fehlender Zwang und fehlende Instrumente zur Leistungsverbesserung, zur Strukturanpassung, zu Ressourcenumschichtungen, zur Anpassung an Nachfrageveränderungen,
- Attraktivitätslücke: sinkende Attraktivität des öffentlichen Sektors für engagierte Mitarbeiter, unzureichende Nutzung der vorhandenen Bereitschaft zu Engagement und Kreativität,
- Legitimitätslücke: Unfähigkeit nachzuweisen, dass Verwaltungsleistungen durchaus ihr Geld wert sind, fehlende kontinuierliche Rechenschaftslegung über Effizienz, Zielgenauigkeit und Qualität öffentlicher Leistungen und daher schwindende Akzeptanz in der Öffentlichkeit."

Entsprechend diesen Kritiken bezüglich einer mangelnden Steuerung, die in den 1980er und Folgejahren vor allem entlang von Gesichtspunkten der Effizienz gesehen sowie auf die interne Struktur von Regieren und Verwalten bezogen werden, lassen sich dann bis heute andauernde Bemühungen um eine Modernisierung von Regierung und Verwaltung verzeichnen. Sie haben in den deutschsprachigen Ländern eine unterschiedliche Veränderungstiefe erreicht und gehen teilweise mit deutlichen Umbauten der Modelle von NPM/NSt einher, haben jedoch im Durchschnitt alle Bereiche des Regierens und Verwaltens erfasst, inklusive der Bildungs- und Sozialbereiche. Dabei wird in NPM/NSt sowie neuerdings unter dem Leitbild eines „aktivierenden Staates" ein zentrales Muster von Governance hervorgehoben: „Die Problemsicht dieses Leitbildes betont nicht nur Staats- und Bürokratieversagen, sondern richtet die Aufmerksamkeit auf die gesellschaftlichen Voraussetzungen und Restriktionen staatlicher Steuerung. Nicht allein der Staat ist für die Lösung gesellschaftlicher Probleme zuständig, sondern diese sollen, wo möglich, an die Zivil- oder Bürgergesellschaft zurückgegeben werden." (Jann/Wegrich 2004, 199) Dabei werden nach Ansicht der beiden Autoren auch die in den 1990er Jahren in Modellen des NPM hervorgehobenen Gesichtspunkte eines auf Effizienz ausgerichteten öffentlichen Managements derzeit ergänzt um eine aktivierende und motivierende Politik öffentlicher Verwaltungen. Diese bekennt sich einerseits – wie schon im NPM – zur

---

2   Nach Jann (2005, 76) kann dabei das NSt guten Gewissens als deutsche Version des NPM bezeichnet werden.

öffentlichen Verantwortung durch Entscheidungen für strategische Ziele, richtet nun jedoch – entlang des neuen Leitbildes eines aktivierenden Staates – Koordinationsstrukturen mit Zivilgesellschaft- und Markt-Akteuren ein, um eine nachhaltigere Problemlösung erreichen zu können. Damit scheint eine Modernisierung der Verwaltung derzeit weniger, wie noch in den 1990er Jahren, auf Managementkonzepte ausgerichtet, die ihr Gegenteil, die Bürokratie, mit entsprechenden Konzepten – wie ergebnisorientiertes Management, dezentrale Ressourcenverantwortung, flache Hierarchien, Kontraktmanagement, Leistungsvergleiche, Privatisierung und Outsourcing – unter Druck zu setzen suchten. Vielmehr soll sich die Modernisierung unter den Stichworten Governance und aktivierender Staat an der Koordination öffentlicher und gesellschaftlicher Akteure ausrichten, was dann die Kombination verschiedener Steuerungsformen (Markt, Gemeinschaft, Hierarchie) beinhaltet (ebd., 200). Zum Kontrast des früheren „harten Managements" gegenüber der heute favorisierten Koordinationspolitik führen die Autoren an:

„Wenn öffentliche Parks und Spielplätze verwahrlosen, fragt das Management-Leitbild nach Möglichkeiten der Effizienzsteigerung der zuständigen Verwaltung, ggf. auch nach Möglichkeiten der Privatisierung und des Outsourcing der Grünflächenpflege. Das Governance-Leitbild problematisiert, inwieweit die stakeholder dieser öffentlichen Plätze – Bürgerinnen und Bürger, Vereine, Nachbarschaften – in die Erhaltung öffentlicher Plätze involviert werden können, ausgehend von der einfachen Überlegung, dass soziale Probleme auch durch eine noch so effiziente Verwaltung nicht grundlegend zu lösen sind." (Ebd, 201)

Governance als Reformaspekt öffentlicher Verwaltungen (ebd., 203) richtet demnach den Blick nicht mehr nur auf intra-organisatorische Dimensionen des eigenen Apparates, sondern auch auf inter-organisatorische Perspektiven der Einbindung der Verwaltung in das öffentliche Umfeld, auf „inter-organisatorische Netzwerke der Leistungserstellung und Problemlösung" (ebd., 203-204). Damit sollen nicht nur für gegenwärtige Problemkontexte, sondern auch für die politische Legitimation und das öffentliche Vertrauen in Regierung und Verwaltung Antworten gefunden werden.

Nicht zuletzt beschäftigen sich die Politikwissenschaften (wie auch die Wirtschaftswissenschaften) mit normativen Konzepten der *good governance*. Nach Benz (2004a, 18) fallen darunter zwei Varianten: erstens Versuche, Prozesse des Regierens im nationalen und internationalen Zusammenhang zu verbessern; und zweitens Versuche, die staatliche Steuerung und Leistungsanbietung zugunsten der Zivilgesellschaft zurückzubauen; auch das NPM hat diesbezüglich eine normative Komponente. Gleichzeitig unterscheidet sich eine solche Modernisierung des öffentlichen Regierens und Verwaltens in Form von NPM, NSt oder des aktivierenden Staates jedoch von einem rein normativen Verhaltenskanon, wie ihn z.b. die Weltbank festlegt, der Kriterien einer rechtstaatlichen und bürgernahen Praxis nahe legen soll. Denn die Programme der Modernisierung der Verwaltung beinhalten dezidierte operative Umbildungen von Leistungsapparaten.

Zwischenresümee
In den Politikwissenschaften ist angesichts grenzüberschreitender politischer Prozesse, die konventionell abgegrenzte Zuständigkeiten für eine Problemlösung obsolet erscheinen und stattdessen Interaktionsmuster zwischen verschiedenen Steuerungsakteuren hervortreten lassen, eine Koordinationsproblematik in Mehrebenensystemen in das Sichtfeld der Analyse gerückt, die analytisch mit Governance gekennzeichnet wird. Dieser Befund der Politikwissenschaften kann und soll wiederum nicht – wie schon im Resümee zur Sicht der Wirtschaftswissenschaften betont – als solcher auf die Analyse von Schulsystemen übertragen werden, da wiederum im Vordergrund steht, Facetten der Governance aus Sicht einer Disziplin zunächst einmal vorzustellen. Dennoch: Befunde zur Governance, wie sie die Politikwissenschaften sehen, sind auch für das Schulsystem relevant, aus dem einfachen Grunde deshalb, weil das Schulsystem staatlich verfasst ist. Jedoch können auch hier – wie analog im Abschnitt zu den Wirtschaftswissenschaften resümiert – die Befunde nicht einfach übertragen werden, begründet durch grundlegende Differenzen zwischen den Systemen Politik und Schule. Diese Differenzen schließen wiederum nicht aus, dass an bestimmten Stellen der schulischen Governance praktische und analytische Elemente politischer Governancekonzeptionen Verwendung finden. Nur bewegen sich diese Verwendungen innerhalb von Differenzen zwischen den Teilbereichen Politik und Schule. Diese Differenzen zwischen den Teilbereichen sollen nachfolgend wenigstens grundlegend skizziert sein (und sind im Übrigen Thema des gesamten Buches):

Aufgabe des Systems der Politik ist die Herstellung kollektiv verbindlicher Entscheidungen, in deren Zuge die Verteilung gesellschaftlicher Ressourcen (hier im weitesten Sinne verstanden) festgelegt wird. Dazu ist die Abstimmungsarbeit in und zwischen Organisationen notwendig.

Während in der Politik (und auch in der Wirtschaft) die Beiträge einzelner Akteure bei Wahlen (bzw. im Wirtschaftssystem bei Kaufakten) nicht vornehmlich interessieren, sondern erst Aggregationen der Stimmen Vieler eine Reaktion erzwingen bzw. das Ziel der Regulation sind[3], sind in der pädagogischen Interaktion Bezugseinheiten nicht Aggregationen, sondern einzelne „KlientInnen". In Bildungssystemen ist das „people processing" Basis der Systembildung. Ausdifferenziert sind Interaktionen zwischen einem Professionellen und seinen KlientInnen. Kontakte zwischen beiden sind nur zum geringen Teil über *Organisationen* formalisiert; vielmehr bilden direkte Kontakte, d.h. *Interaktionen* die Grundlage des Erziehungssystems.

Gleichzeitig hat die staatliche Politik in der Geschichte des Schulsystems Verantwortung für Rahmenbedingungen des Schulegebens übernommen, die so organisiert wurden, dass Interaktionen zwischen Professionellen und SchülerInnen möglich wurden. Dabei entsteht dann im Schulsystem die grundsätzliche Frage, wie innerhalb der Politik einerseits Formen der Interaktion (des Schulegebens durch Professionelle) sowie der Organisation (die das eigene politische System betreffen) reguliert werden können.

1.3 Governance aus Sicht der Soziologie

Die dritte disziplinäre Sicht zur Governance wird von der Soziologie eingenommen. Sie entwickelt – als allgemeinste der Sozialwissenschaften – eine komplementäre Perspektive zu der politik- und der wirtschaftswissenschaftlichen Sicht auf Governance, indem sie zum einen den Problembereich in einen allgemeinen *gesellschaftstheoretischen* Zusammenhang einbettet und hierbei insbesondere fragt, welche Leistungen Governance für die Integration der Gesellschaft bietet.

Zum anderen sind die soziologischen Analyseleistungen von Beginn an mit den politikwissenschaftlichen Betrachtungen eng verflochten. So wurde etwa die politikwissenschaftliche Frage der Implementation politischer Programme (siehe oben Abschnitt 1.2) auch *handlungs- und strukturtheoretisch* von der Soziologie begleitet. Insbesondere die Frage, wie Akteurkonstellationen in Governance-Regimen beschaffen sind (vgl. Abschnitt 3.5), berühren einen Gegenstandsbereich der allgemeinen Soziologie, nämlich soziale Strukturen, Konstellationen, Aggregationen, die sich aus dem Handeln Einzelner ergeben. Hierbei erfolgt die Beschreibung und Erklärung dieser eigenständigen Aggregationsphänomene über den Umweg der Beschreibung und Erklärung des Handelns eines einzelnen

---

3 Für die Politik sind anzuführen: das Herstellen kollektiver Handlungsfähigkeit; das Reagieren auf aggregierte Zustimmung zu politischen Leistungsprogrammen; für die Wirtschaft ist zu nennen: das Reagieren auf Nachfragen Vieler, vermittelt über den Markt.

Akteurs (vgl. dazu Abschnitt 3.1 zu Esser, und 3.2 zu Lange/Schimank).[4] Wie in diesen genannten Abschnitten zu zeigen sein wird, werden hierbei klassische Analyseinstrumente der Soziologie genutzt, Handlungen einzelner Akteure sowie die daraus hervorgehenden Akteurkonstellationen, sozialen Aggregationen und Strukturen zu rekonstruieren. Es sind hier handlungs- und strukturtheoretische Beiträge der Soziologie zur Governanceforschung angesprochen. Dies wird insbesondere bedeutsam für die Analyse, welche Akteure mit welchen Deutungskompetenzen und Erwartungen innerhalb von Mehrebenensystemen interagieren (vgl. Abschnitt 2).

Integration
Wie sich verschiedene Teilphänomene der Gesellschaft – seien es Sinn, Handlungen, Kommunikationen, Interaktionen, Organisationen, Systeme – zueinander verhalten und welche empirisch mehr oder weniger „integrierten" sozialen Ordnungen daraus entstehen, ist seit der Entstehung der Soziologie eine ihrer Kernfragen. In einer differenzierungstheoretischen Sichtweise funktional differenzierter Teilsysteme wird dabei wegen einer Neigung der Teilsysteme zur operationalen Geschlossenheit eine notwendige Koordination erschwert. Aber auch jenseits einer systemtheoretischen Sicht sind in verschiedenen Bereichen der Gesellschaft Erfahrungen eines relativen Eigenlebens von Sinnbereichen offensichtlich. Beispiele aus dem Bereich Bildung sind: Wissenschaftler in ihrem „Elfenbeinturm", die Bildungspolitik in ihrer „eigenmächtigen" Beschließung von Reformen, Lehrkräfte in ihrer „abneigenden" Einstellung gegenüber der Schulbürokratie, Schulverwaltung in ihrem möglichen Missverstehen pädagogischer Belange der Lehrkräfte, die Wirtschaft in ihrem Beharren auf Effizienz pädagogischer Einrichtungen.

Eine differenzierungstheoretische Untermauerung dieser Erfahrungen ist hierbei, dass die Gesellschaft eine polykontexturale Struktur hat (Luhmann 1997, 36f.), die je nach Teilsystem – wie Wirtschaft, Politik, Militär, Massenmedien, Bildung etc. – und deren Programmen konkurrierende Sinndeutungen und Sinngrenzen für ein- und dasselbe Ereignis beinhalten. Sinngrenzen werden gegeben durch den so genannten binären Code eines Teilsystems, z.B. für das Rechtssystem recht/unrecht, für das Gesundheitssystem gesund/krank, für das Wissenschaftssystem wahr/unwahr usw. Gesellschaftliche Ereignisse werden so von den Akteuren entlang der Sinngrenzen eines Teilsystems je verschieden interpretiert. So bietet z.B. eine Krankheit dem Arzt Möglichkeiten für Behandlung und Gesundheitsförderung; für die Familie bedeutet sie vielleicht den Ausfall eines geliebten Mitglieds; für den Arbeitgeber Produktionsausfall und finanzielle Ein-

---

4 Dieser Ansatz des methodologischen Individualismus ist ein Gegenkonzept zu Ansätzen, die Aggregationen aus sich heraus erklären wollen. Zu dieser Debatte vgl. Esser 1999a, 1-28.

büßen; und für die Pharmazie, mit Medikamenten einen neuen Absatzmarkt zu erschließen usf.

Teilsysteme beinhalten Leit- und Sinnorientierungen für Akteure, die durch einzelne *Programme* der Teilsysteme, mittels genauerer kognitiver und normativer Handlungsrezepte spezifiziert werden. Diese gesellschaftstheoretische Sicht der Soziologie zu Differenzen zwischen Teilsystemen, ihren Sinngrenzen und spezifischen Programmen, ihr relatives Eigenleben, wirft dann Fragen nach deren Koordination unter dem Gesichtspunkt von Governance auf. Hierbei untersuchen Politikwissenschaften, welche Prozesse der Abstimmung zwischen Akteuren (im Rahmen von politics und policies)[5] möglich sind, welche Abstimmungsmuster daraus hervorgehen, und wie – unter Beteiligung des politischen Systems – bindende kollektive Entscheidungen getroffen werden können, in deren Folge gesellschaftliche Ressourcen verteilt werden.

Die soziologische Perspektive ergänzt dies um zwei weitere Dimensionen. Zum einen fragt sie grundlagentheoretisch entlang von Handlungs- und Strukturtheorien, wie diese Abstimmungsprozesse mikrofundiert sind, wobei im Einzelnen mit Modellannahmen gearbeitet wird, die Deutungs-, Erwartungs- und Konstellationsstrukturen sowie einzelne Mechanismen der Handlungsabstimmung – Beobachten, Beeinflussen und Verhandeln – unterscheiden (vgl. zu Letzterem: Abschnitt 3.2). Zum anderen fragt die Soziologie, welche *gesellschaftlichen Effekte* Koordinationen im Rahmen von Governance für die *Integration* der gesellschaftlichen Teilbereiche haben. Diesbezüglich wird die Art eines Governance-Regimes als „impact" – so Lange/Schimank –, als eine der Determinanten der gesellschaftlichen Integration verstanden. Insofern leisten Analysen zur Governance eine weitere von der Soziologie betrachtete Mikrofundierung: die Mikrofundierung der Integrationsfrage (Lange/Schimank 2004, 26-27; vgl. Tab. 1).

---

5 Siehe hierzu Kapitel 4.

Tab. 1: Prozessanalyse von Governance aus der komplementären Sicht von Politikwissenschaft und Soziologie (erstellt aus: Lange/Schimank 2004, 26-27)

Perspektive 1, soziologische Sicht:	Perspektive 2, politikwissenschaftliche Sicht:	Perspektive 3, soziologische Sicht:
– Handlungs- und strukturtheoretische Fundierung von Abstimmungsprozessen	– Prozesse der Abstimmung zwischen Akteuren (politics, policies)	– Welche Effekte für die gesellschaftliche Integration haben Akteurkonstellationen in einer Governance?
– Mikrofundierung von Abstimmungsprozessen (Deutungs-, Erwartungs-, Konstellationsstrukturen; Beobachten, Beeinflussen, Verhandeln)	– Abstimmungsmuster – mit dem Ergebnis einer (unter Beteiligung des politischen Systems) hergestellten kollektiven Entscheidung – mit der Autorität, durch kollektiv bindendes Entscheiden gesellschaftliche Ressourcen zu verteilen	– Governance als Impact – Art des Governance-Regimes als eine der Determinanten gesellschaftlicher Integration – Governance als Mikrofundierung der Integrationsfrage

Kurz: Es wird mit der komplementären und die Politikwissenschaft ergänzenden Sicht der Soziologie gefragt,

- welche (differenten) Sicht- und Handlungsweisen von Akteuren es gibt (soziologische Mikrofundierung von Governance; Perspektive 1),
- wie diese verschiedenen Sicht- und Handlungsweisen von Akteuren – unter Beteiligung der Politik – zu konkreten Abstimmungsprozessen in Governance-Systemen führen (Perspektive 2),
- was dann zu der Frage überleitet, welche Folgen die sich einstellenden Abstimmungsmuster und Strukturen für die gesellschaftliche Integration haben (soziologische Mikrofundierung der Frage der gesellschaftlichen Integration, durch die Analyse von Governance; Perspektive 3).

Diese drei Teilperspektiven lassen sich für eine Prozessanalyse von Governance aus der komplementären Sicht von Politikwissenschaft und Soziologie nutzen.

1.3 Governance aus Sicht der Soziologie

Deutungs-, Erwartungs- und Konstellationsstrukturen
Setzt man zunächst bei der soziologischen Mikrofundierung von Abstimmungsprozessen in einer Governance an, lassen sich akteur- und strukturtheoretische Konzepte aus der allgemeinen Soziologie anführen, die als Bezugspunkt das einzelne Handeln haben (Perspektive 1), und sodann schrittweise zu Strukturfragen, zu Fragen der gesellschaftlichen Integration übergehen (Perspektive 3).

In der Sicht der akteurtheoretischen Soziologie geht es zunächst um das Wollen einzelner Akteure. Aus einer differenzierungstheoretischen Ergänzung gesehen ergeben sich aus gesellschaftlichen Teilsystemen Leit- und Sinnorientierungen für Akteure. Dies bedeutet in theoretischer Hinsicht, dass sich Teilsysteme und ihre Programme weiter verfolgen lassen bis auf die Handlungs- und Rollenebene. Wie in Abschnitt 2 angesprochen werden wird, lassen sich hierbei für ein schulisches Mehrebenensystem differente Leit- und Sinnorientierungen der Beteiligten kennzeichnen, die mit verschiedenen Ausrichtungen an Politik, Administration, Wissenschaft, Pädagogik etc. einhergehen. Es ist ersichtlich, dass hierbei eine Wollens-Dimension des einzelnen Handelns als theoretischer Bezugspunkt zu Grunde liegt.

In der Soziologie geht es jedoch – über die isolierte Betrachtung eines einzelnen Handelns hinaus – darum, gewollte oder ungewollte Aggregationseffekte, die aus dem handelnden Zusammenwirken Mehrerer entstehen, zu untersuchen; es geht um Strukturen und Konstellationen zwischen Akteuren, die insbesondere für ein Mehrebenensystem konstitutiv sind. Die theoretischen Konzepte zur Wollens-Dimension des einzelnen Handelns müssen also erweitert werden. Dies geschieht u.a. mit der Unterscheidung von „Erwartungs-, Deutungs- und Konstellationsstrukturen" (Schimank 2000a, 179):

a) Deutungsstrukturen sind nach Schimank (ebd., 177) Sinn-Strukturen, die aus gesellschaftlichen Teilsystemen hervorgehen, die kognitive und evaluative Orientierungen geben und damit das *Wollen* der Akteure beeinflussen. Dies beinhaltet grundsätzlich, dass Akteure zwischen verschiedenen Kommunikationen unterscheiden, dass die Kommunikationscodes gesellschaftlicher Teilsysteme grundlegende Sinnbereiche markieren sowie evaluative Orientierungen ermöglichen, also festhalten, was im Bereich des Wünschenswerten liegt. In der Politik z.B. dreht sich der Sinn um den Code Macht/keine Macht, im Leistungssport um Sieg oder Niederlage. Auch wenn in vielen Sportbereichen wirtschaftliche Interessen mit hinein spielen, haben sie jedoch bei den eigentlichen Entscheidungen im Sportsystem eine untergeordnete Rolle. Ein Leistungssportler, dessen Erfolge nicht den Anschein der Sportlichkeit haben, sondern mit Geld erkauft wären, würde nicht weit kommen, weil er den gängigen kognitiven und evaluativen Erfahrungen widerspricht – sowie gegen Erwartungen verstößt. Damit ist eine zweite Art von Strukturen angesprochen:

b) Erwartungsstrukturen. Zu ihnen gehören „rechtliche Regelungen ebenso wie die formalisierten Regeln innerhalb von Organisationen, aber auch alle Arten von informellen sozialen Regeln, wie sie innerhalb größerer oder kleinerer Gruppen Geltung besitzen". (Ebd., 176f.) Das Sportsystem sowie viele andere gesellschaftliche Teilsysteme weisen Organisationen auf, die teilsystemische Orientierungen in konkretere Erwartungsstrukturen mit Sanktionsgewalt verwandeln. Dreht sich beim Leistungssportler alles um den Kommunikationscode Sieg/Niederlage, so sind nun auf der Ebene von Erwartungsstrukturen Organisationen genannt, die eingreifen und den Code spezifizieren: Nimmt der Sportler Dopingmittel, kann er vom Sportverband gesperrt, vom Sport- und Zivilgericht verurteilt werden; außerdem wird er von Mitsportlern vielleicht geschnitten oder beschimpft. Auf der Ebene von Erwartungsstrukturen geht es also um das *Sollen*, das heißt wie Akteure unter Androhung bestehender Sanktionsgewalten, wie sie formell im Kontext von Organisationen formuliert sind, aber auch informell existieren, in ihrem Wollen beeinflusst werden. Das Wollen wird – kurz gesagt – durch das Sollen konkretisiert.

c) Schließlich berücksichtigt die allgemeine Soziologie neben Deutungs- und Erwartungsstrukturen auch *Konstellationsstrukturen*. Sie beschreiben das *Können* von Akteuren, ihr Handeln in Interdependenz mit dem Handeln anderer Akteure zu realisieren. Mit dem Begriff „Können" wird erfasst, dass und wie die Gestaltungsabsichten des Einzelnen von Realisierungschancen abhängen, die sich aus dem Zusammenhandeln mit anderen Akteuren ergeben, die also auf Interdependenzen zwischen Akteuren zurückgehen. Unter Umständen ist man gemeinsam stark, unter Umständen konterkariert der andere meine Absichten, ist mein Widersacher oder behindert mich, oder es bilden sich Blockade- und Pattsituationen. In solchen und anderen Fällen muss also das Können berücksichtigt werden, um zu beobachten, ob und vor allem: wie sich ein Wollen im Kontext anderen Handelns realisieren *kann*. Konstellationsstrukturen sind also solche, in denen es verschiedene Wollensäußerungen und Intentionsinterferenzen zwischen Akteuren gibt. Konstellationsstrukturen oder Akteurkonstellationen bilden dabei Phänomene eigener Art, da „ein bestimmtes Muster handelnden Zusammenwirkens von Akteuren sich in dem Sinne verfestigt, dass keiner der Beteiligten allein von sich aus einfach seine Handlungsweise ändern kann." (Ebd., 177f.) Darunter fallen positiv bewertete Gleichgewichte wie z.B. Freundschaften, aber auch negativ bewertete Gleichgewichte wie etwa „Konkurrenz- oder Feindschaftsverhältnisse" (ebd., 178).

Insgesamt lässt sich das einzelne und das aggregierte Handeln – in der Gesellschaft allgemein sowie speziell auch im Mehrebenensystem der Schule – gemäß dem akteur- und strukturtheoretischen Ansatz auf drei Arten betrachten:

- erstens als Kommunikationsgeschehen von teilsystemischem Sinn, dass das *Wollen* der Akteure und ihre Orientierungen beeinflusst. Hierbei lassen sich im Mehrebenensystem der Schule (vgl. Abschnitt 2) verschiedene Dimensionen ausmachen, je nach Position eines Akteurs: Orientierungen an Administration, an Bildungspolitik, an Wissenschaft, an Pädagogik usw.;
- zweitens als *Sollen*, wie es Programme von Organisationen und die mit ihnen einhergehenden (formellen und informellen) Erwartungs- und Sanktionsstrukturen auszeichnet;
- drittens als *Können*, wie es durch das handelnde Zusammenwirken und im Rahmen von Akteurkonstellationen ermöglicht wird.

Systemische Integration
Differente Deutungs- und Erwartungsstrukturen sowie die aus ihnen hervorgehenden Konstellationsstrukturen zwischen verschiedenen Akteuren machen deutlich, dass Mehrebenensysteme bezüglich der systemischen Integration verschiedene Effekte haben (zur Unterscheidung von systemischer und sozialer Integration: vgl. Lockwood 1970). Betrachtet man zunächst die systemische Integration, dann geht es um die inter- und intra-systemische Stimmigkeit von Orientierungen und Interessen der verschiedenen Akteure oder kurz: um Grade von Dissens und Konsens bei kognitiven und evaluativen Orientierungen, die über die Stimmigkeit eines systemischen Leistungsangebots entscheiden. Hierbei lassen sich für das Themenfeld der schulischen Governance zwei Perspektiven trennen (vgl. auch Abschnitt 2.2): a) erstens eine inter-systemische Governance, bezogen auf ein Konstellationsgefüge von Akteuren innerhalb und außerhalb des Schulsystems, wobei letztere konkurrierende Sinndimensionen – z.B. im Rahmen von Effizienzvorstellungen der Wirtschaft, oder Ansprüchen aus der Zivilgesellschaft, oder politische sowie wissenschaftliche Vorstellungen, die die Bildungspolitik prägen – in das Schulsystem einspeisen. Differenzierungstheoretisch gesehen spielen dabei verschiedene Orientierungen der Akteure an unterschiedlichen Teilsystemen eine Rolle, und für die Governanceperspektive entsteht hierbei die Frage, wie die daraus folgenden verschiedenen Interessen in eine – empirisch mehr oder weniger kohärente – Abstimmungsarbeit einmüden können, die dann kollektiv verbindliche Entscheidungen für die Verteilung von Ressourcen (hier im weitesten Sinne verstanden) nach sich ziehen. Dabei stehen die Reproduktion der betroffenen gesellschaftlichen Teilbereiche und die gesellschaftliche Integration dieser Teilbereiche auf dem Spiel. Kurz: Können die Abstimmungsarbeiten unter einem Primat der ökonomischen Effizienz, oder der politischen Legitimation, oder der administrativen und rechtlichen Umsetzbarkeit, oder pädagogischer Ziele stehen; welche Mischformen der Koordination bringen diese Abstimmungsarbeiten hervor; und sind diese Formen der Koordination ausrei-

chend für die Reproduktion der jeweiligen gesellschaftlichen Teilbereiche und für die systemische Integration der Gesellschaft? Welche Stör- und Leistungsbeziehungen beinhalten kompromisshafte Abstimmungen?

Diese Fragen setzen sich in der Perspektive der *intra*-organisatorischen Governance fort, was nun – in unserem Fall – Akteure des eigentlichen Schulsystems betrifft: Können Abstimmungsergebnisse auf den Ebenen Zentrale, Intermediäre und Schulhaus so gestaltet werden, dass die Funktionen einzelner Leistungsbereiche möglichst reibungsfrei erbracht werden? Wird man damit den Deutungs- und Erwartungsstrukturen sowie den damit in Zusammenhang stehenden Motivationen der einzelnen Akteure gerecht? Werden die Reproduktionslogiken der jeweiligen Systemebenen – z.B. die professionelle Autonomie der Lehrkräfte – berücksichtigt? Und: Wie lässt sich eine Regulation zwischen den Leistungsbereichen so einrichten, dass sich die gewünschten Outputs und Outcomes einstellen?

Des- und Überintegration
Von Luhmann (1997, 603) sowie Lange/Schimank (2004, 12) – Letzteren folge ich in diesem Abschnitt – wird in diesem Zusammenhang darauf hingewiesen, dass sich Integration als wechselseitige Reduktion von Freiheitsgraden einzelner Elemente verstehen lässt. „Den jeweiligen Elementen ist nicht mehr alles möglich, was potentiell möglich wäre, existieren sie unintegriert nebeneinander – im Extremfall isoliert voneinander." (Ebd.) Es geht also unter dem Gesichtspunkt von Integration um eine kontingente Vereinheitlichung von Elementen, wobei „wechselseitige Möglichkeitsbeschränkungen" (ebd.) die Integration ausmachen. In anderen Worten: Je mehr Zustände beliebiger Koexistenz ausgeschlossen werden, desto höher integriert sind die Einheiten.

Daraus ergeben sich Lange und Schimank zufolge zwei nicht erwünschte Zustände von Integration, nämlich Des- und Überintegration. Sie machen deutlich, dass „Integration immer nur negativ, nicht positiv beschreibbar ist" (ebd., 13), da eine ungestörte oder gelingende Integration in der Alltagsroutine kaum bemerkt wird. Dagegen werden Des- und Überintegration als unerwünschte Zustände wahrgenommen, die in der Regel auch politisches Gestaltungshandeln auf den Plan rufen, mit dem Ziel, einen höheren Grad von Integration (wieder) zu erreichen. Dabei ist grundsätzlich jedoch der Staat keinesfalls der einzige Akteur, der auf Integration Einfluss nimmt; nach Lange/Schimank (ebd., 27) geht die größte Menge von Integrationsleistungen sogar auf transintentionale Effekte ungeplanter Handlungsverflechtungen zurück, z.B. wenn durch die bloße sichtbare Anwesenheit von BürgerInnen in ihren Wohnvierteln öffentliche Sicherheit mit produziert wird. Wir finden auch hier wieder – wie in der Governanceproblematik – eine Mixtur verschiedenster Koordinationsformen, die Einfluss auf die gesellschaftliche Integration haben. Dies reicht vom ungeplanten, in der Zivilgesellschaft sich ereignenden beiläufigen Zusammenwirken Vieler, erstreckt sich über Wertegemeinschaften (wie Professionen), Vereine, Verbände und Netzwerke bis hin zu staatlichen Versuchen der Gestaltung von Integration. Anlässe, auf Integration zu reagieren, entstehen also bei Irritation durch des- oder überintegrierte Zustände. Des-Integration kann hierbei ein abrupter oder schleichender Prozess sein, der beinhaltet, dass eine Einheit oder Ordnung zerfällt, wobei ihr Zerfall einher gehen kann mit dem Aufstieg einer neuen Ordnung, in der u.U. eine kleine Elite andere Akteure, „die mit dem Transformationsprozess nicht schritthalten können oder wollen, in die Anomie treibt" (ebd., 14). Während Des-Integration sich also so verstehen lässt, dass indifferente oder überhaupt voneinander getrennte Beziehungen zwischen Akteuren und/oder Systemen bestehen, beinhaltet Über-Integration zu starre Koordinationen, die aus einem Spektrum von Möglichkeiten immer wieder nur die eine Möglichkeit wählen, was dann, so Lange/Schimank, in den meisten Fällen die Reproduktionsfähigkeit der Elemente beschneidet. Als Beispiele nennen die Autoren die „blockierte Gesellschaft" Frankreichs (Crozier 1970) oder sozialistische Gesellschaften, in denen „nichts mehr ging", sofern die Regulation vieler gesellschaftlicher Bereiche vielfach nur noch über die Politik lief, wodurch die Reproduktionsprinzipien der gesellschaftlichen Teilbereiche nicht mehr angemessen berücksichtigt werden konnten (Lange/Schimank 2004, 14). Über-Integration liegt entsprechend dann vor, wenn bestimmte Teilbereiche (z.B. der Staat) „dirigistisch in andere hineinregieren und dann dort *Autonomiegefährdungen* hervorrufen" (ebd., 29; Herv. i.O.). Die beiden Zustände Des- und Überintegration bilden dabei zwei Pole eines analytischen Kontinuums, in das sich empirische Integrationsphänomene abtragen lassen.

Aus dem zu Grunde liegenden theoretischen Ansatz, Integration als Reduktion von Freiheitsgraden anzusehen, ergibt sich im Weiteren eine dann von den Politikwissenschaften verwendete Begrifflichkeit, die u.a. in der regionalen und internationalen Politik beobachtet und mit den Begriffen negative und positive Integration bezeichnet wurde. Eine negative Integration liegt vor, wenn zwischen Akteuren verschiedener Teilsysteme (oder Staaten) Orientierungsdissense vorherrschen, die in eine Richtung nivelliert werden. Dagegen kommt es zur positiven Integration, wenn Handlungseinheiten (Staaten) ihre Interessen so „poolen" können, dass daraus eine win-win-Situation entsteht bzw. ein Problemlösungshorizont „höher skaliert" wird. Dies ist z.B. durch Normsetzung möglich, die für die Koordination andere Voraussetzungen schafft, inklusive „integrativer" Effekte, z.B. eine Leistungssteigerung nationaler Wirtschaften durch neue rechtliche Rahmenbedingungen (ebd., 15).

Dieses Beispiel verdeutlicht, dass Fragen der systemischen Integration Teil der Governanceforschung sind. Hierbei kann erstens eine staatliche und rechtliche Regulierung der Koordination erfolgen. In der Governanceforschung finden sich entsprechend Beispiele für Etatismus und ein Übergewicht staatlicher Steuerung (ebd., 27). Zudem finden sich zweitens auch Integrationsvorgänge, die ohne absichtsvolles Gestaltungshandeln, durch ein beiläufiges Zusammenwirken Vieler (in der Zivilgesellschaft) entstehen, und die ebenfalls empirische Formen der Governance bilden. Zwischen diesen beiden Typen von Governanceformen liegt drittens eine Mischvariante „staatsnaher Sektoren" (ebd., 28), in denen einesteils Handlungsbereiche eine relative Autonomie haben – wie Hochschulen und Schulen –, andernteils staatliche Steuerungsakteure Einfluss besitzen. Deren Einfluss ist jedoch nicht übergewichtig. Wie stark er ist, wird gegenwärtig im Umbau der Educational Governance „erprobt".

Prinzipiell können dabei – in diesem wie in anderen Gesellschaftsbereichen – drei Arten einer politischen Gesellschaftssteuerung unterschieden werden:

- Die erste setzt auf die Eigensteuerung der Bereiche und initiiert staatlicherseits eine dann eigenständig verlaufende Abstimmung innersystemischer Art.
- Die zweite arbeitet mit substanziellen Zielvorgaben des Staates, wodurch die innersystemische Abstimmung deutlich mehr zu dirigieren versucht wird; ein solches Dirigieren und Orchestrieren von Maßnahmen erfolgt derzeit im Schulsystem durch die Vorgabe substanzieller Bildungsstandards.
- Die dritte beinhaltet die direkte Intervention des Staates in den Fällen, in denen keine innersystemische Koordination zu Stande kommt bzw. „wenn sich die anderen beiden Wege als nicht gangbar erweisen" (ebd., 30). Diese direkte Intervention wird teilweise auch nur angedroht, um doch noch eine Abstimmung der betreffenden Akteure untereinander zu erreichen. Lange/Schimank notieren dazu: „Genau gesehen steckt dahinter die Drohung mit dem eigenen Dilletantismus: Wenn die aus den jeweiligen Teilsystemen stammenden korporativen Akteure, die sachlich in der Regel besser informiert sind und sozial mehr Folgebereitschaft ihrer Klientel mobilisieren können als staatliche Akteure, sich verweigern, haben sie mit unsachgemäßen und dadurch schmerzhaften etatistischen Entscheidungen zu rechnen" (ebd.).

Bei der systemischen Integration geht es also um die wichtige Frage, inwieweit die (relative) Autonomie eines gesellschaftlichen Teilbereichs, seine eigene Reproduktion zu regulieren, durch Formen staatlicher Steuerung beeinflusst und unter Umständen gefährdet ist.

1.3 Governance aus Sicht der Soziologie

Bisherige intra-organisationale, bürokratische Governance der Schule
An dieser Stelle lässt sich überschwenken auf die bisherige bürokratische Governance der Schule. Sie weist einerseits eine mangelhafte Abstimmung zwischen inner-organisatorischen Ebenen mittels Outputs auf; ein Effekt, der sich in Richtung „Desintegration" interpretieren lässt. Gleichzeitig gibt es im Inputbereich durch staatliche Regulation Tendenzen einer „Überintegration" (vgl. Brüsemeister 2004a, 99-103):

Das historisch entstandene bürokratische Steuerungsmodell argumentiert vom Input und dem System her. Es ist vor allem auf der Systemebene stark, dem Schulsystem als Ganzem. In der Bildungspolitik der Wohlfahrtsstaaten geht es darum, bei Bildungschancen, orientiert an einer Idee der Gleichheit und organisiert durch eine staatliche Governance, Benachteiligungen abzubauen. Diese Vorstellungen beinhalten, zielgerichtete Effekte in der Umwelt erzeugen und interne Steuerungsebenen im Hoheitsbereich des Schulsystems – die Ebene der einzelnen Schule, Lehrer, Schüler und Eltern – vernachlässigen zu können, weil sie als homolog zu den Inputzielen gesehen werden. Was für den Ausbau der staatlichen Schule notwendig ist, wird in einem bürokratischen Modell der Steuerung top-down festgelegt, zum Beispiel als Abschaffung der Landschulen, Festlegung von Prüfungsanforderungen, inhaltliche Ausgestaltung von Lehrplänen, Präzisierung von Standards für Lehrmittel und Lehrbücher, über Mittelausstattungen und als zentrale Lehrerzuteilung. Ergänzend zu dieser Aufzählung (Fend 2001, 41) kann man sagen, dass das System auch über den Grad der Eltern-, Lehrer- und Schülermitsprache bestimmt. Damit gibt es insgesamt eine Dominanz der Systemebene, die so lange legitim erscheint, wie der zentrale Ausbau von Leistungen vorangetrieben werden kann. Die Ebenen der Einzelschule, Lehrer, Eltern und Schüler sind schwach entwickelt. Im Systemablauf müssen die Individuen auf diesen Ebenen nicht nochmals vorkommen, wenn Leistungsprogramme ohnehin für sie optieren.

Die Systemlogik, die sich am Ausbau des Schulsystems und am Input orientiert, stirbt gleichsam in dem Augenblick am eigenen Erfolg, in dem wesentliche Diskriminierungen bei den Zugängen zu Bildungsleistungen beseitigt sind. Dieser relative Erfolg wurde in der Bundesrepublik schon früh, etwa Mitte der 1970er Jahre, erreicht. Als Erbschaft dieser Zeit ergibt sich eine Verkümmerung von Steuerungsebenen unterhalb der Systemebene der Schule. Dies beinhaltet erstens, dass Lehrkräfte keine eigene Organisation Schule entwickeln. Die Profession hat, da sie gleichsam im Schatten einer bürokratischen Governance gedeiht, keine eigenen Verfügungsrechte über substanzielle, operationale und strategische Entscheidungen.[6] Die substanziellen Entscheidungen über Unterrichts-

---

6 Diese Begriffe verwendet Braun (2001, 248) für den Hochschulbereich, sie lassen sich aber auf das Schulsystem übertragen.

inhalte werden vornehmlich von staatlichen Rahmenrichtlinien bestimmt; operationale Entscheidungen, d.h. vor allem Finanzierungen, liegen in der Hand der bürokratischen Verwaltung; und strategische Entscheidungen hinsichtlich der Bildungsziele obliegen dem Staat bzw. der Politik.

Parallel zu einer schwachen eigenen Organisation Schule sind zweitens im Rollenbereich der Lehrkräfte operationale und strategische Fähigkeiten für die Governance der Schule offiziell kaum relevant. Obwohl sie auf der Ebene von Mikropolitik, für die Aushandlung eines (kooperativen) Schulklimas wichtig sind, werden sie von der bürokratischen Governance so gut wie nicht beobachtet bzw. oganisational unterstützt. Zudem sind auch Beteiligungen der Eltern und SchülerInnen an Entscheidungen der Schule verkümmert.

Das staatliche Schulsystem ist damit zwar evaluativ stark, weil es die Leitidee einer Inklusion aller gibt. Aber gleichzeitig ist es operativ schwach, weil schulische Akteure auf der Ebene der Einzelschule nicht an der Ausgestaltung der Inklusion beteiligt werden. In der Erneuerung der schulischen Governance wird genau dieser Punkt bearbeitet. Die „Überintegration" der auf allen Ebenen zu verzeichnenden Detailsteuerung soll zurückgefahren werden, und die Autonomie, operative Mitarbeit und Rechenschaftspflicht der Akteure auf den verschiedenen Ebenen soll sich erhöhen (vgl. Kapitel 2).

Soziale Integration
Fragen, die die systemische Integration bzw., wie gerade angeführt, die operative Ausgestaltung von Inklusion betreffen, berühren dann im Weiteren Fragen der sozialen Integration. Diese wurde in jüngster Zeit mit dem ähnlich gelagerten Begriff der Inklusion betrachtet (vgl. Brüsemeister 2004a); beides lässt sich zunächst angenähert mit „Teilhabe an der Gesellschaft" übersetzen. In differenzierungstheoretischer Sicht ist dies mit der Betrachtung verbunden, wie gesellschaftliche Teilsysteme (Ebene der systemischen Integration) Leistungsangebote für Publikumsrollen (z.B. SchülerInnen, Konsumenten, Sporttreibende, Nutzer von Gesundheitsleistungen) erbringen, denen auf diese Weise gesellschaftliche Mitgliedschaften angeboten werden (Ebene der sozialen Integration). Hierbei lässt sich, wie oben angemerkt, Governance, also die Art der systemischen Integration, als impact für Fragen der gesellschaftlichen Integration ansehen. Kurz: es macht einen Unterschied, wie im Rahmen von Governance Leistungsangebote intern reguliert werden, sofern daraus jeweils spezifische Leistungsangebote für BürgerInnen erwachsen, die auf eine soziale Integration zielen.

In erneuerten schulischen Governancesystemen werden, wesentlich durch die PISA-Studien angeregt, insbesondere die Inklusionsangebote für SchülerInnen und Eltern neu überdacht, was dann teilweise als andere Art der operativen Beteiligung umgesetzt wird, insbesondere was die Mitwirkung von SchülerInnen und Eltern an Evaluationen angeht. Vor allem SchülerInnen werden in erneuerten Governance-Strukturen neu und anders adressiert: über kompetenzbezogene Standards der Zentrale; im Rahmen von Schulinspektionen; durch das stellvertretende Handeln der Eltern, das in seinen „distalen" und „proximalen" Erziehungsbeiträgen (Helmke 2000) stärker berücksichtigt wird. Die in diesem Kontext zu erwartenden neuen Rollenbeziehungen zwischen SchülerInnen/ Lehrkräften, SchülerInnen/ Bildungs- und Schuladministration, und SchülerInnen/ Eltern sind komplex und wirken sich auf die innerorganisatorische Governance aus, und der Umbau dieser Beziehungen soll – über die Kompetenzsteigerung der SchülerInnen – zu einer höheren sozialen Integration beitragen; Letztere ist spätestens seit Parsons' Insistieren auf eine gesellschaftliche Chancengleichheit Thema der Steuerung, das bis heute aktuell ist (vgl. Brüsemeister 2004a, 45-55). Damit soll angedeutet sein, dass die Praxis sowie die Analyse der innerorganisatorischen Beziehungsumbauten als Referenzpunkt soziale Integrations-, Inklusions- und Chancengleichheitsleistungen hat bzw. Governance nicht als alleiniger, aber doch als zentraler impact für soziale Integration anzusehen ist. Es ist hierbei nochmals zu betonen, dass dafür nicht der staatliche Steuerungsakteur oder andere Akteure der inner- oder intra-organisatorischen Governance allein verantwortlich zeichnen, sondern ebenso Akteure in der inter-organisatorischen Umwelt. Dazu gehören wiederum Eltern, da sie aus ihren sozialen Milieus heraus (auch ohne intentionales Steuerungshandeln) „distale" Erziehungsfaktoren erbringen, die SchülerInnen und die Schule beeinflussen. Gleichzeitig sind Eltern in der intra-organisatorischen Governance analytisch berücksichtigt, sofern sie über ihr Erziehungsverhalten – z.B. bei der Hausaufgabenbetreuung oder beim Vorlesen – direkten Einfluss auf Leistungen von SchülerInnen haben.

In der bisherigen bürokratischen Steuerung scheint dabei die Frage ausgeklammert zu sein, welche Leistungen überhaupt von intra-organisatorischen Reformen der schulischen Governance erwartet werden dürfen, wenn – wie nun in der analytischen Perspektive der Governanceforschung – davon ausgegangen werden muss, dass ein Teil der Leistungen des Schulsystems ebenso auch in der Umwelt, insbesondere von Eltern, also in der Perspektive der inter-organisatorischen Governance, mit erzeugt wird. Wie groß die intra- und die inter-organisatorischen Anteile in einer schulischen Governance sind, vermag bislang niemand zu beziffern (vgl. jedoch erste Ansätze, z.B. der OECD 2004b, 271-273). Deutlich ist jedoch erstens, dass unter bestimmten Sozialbedingungen die Beiträge von Eltern hinsichtlich der Lernleistungen von SchülerInnen – sei es im positiven Sinne als Unterstützung, sei es im negativen Sinne als deren Vorenthaltung – sehr groß sein kann. Deutlich ist zweitens ebenso, dass intrasystemische Steuerungen trotzdem nicht überflüssig sind. Steuern macht einen Unterschied, ebenso die Arten der Steuerung. Es ist insbesondere etwas anderes, ob Ebenen der Schule auf der Output- und operativen Ebene zueinander in Indifferenz belassen und gleichzeitig auf der Input-Ebene „überintegrativ" behandelt sind – wie oben gezeigt im bisherigen bürokratischen Steuerungsmodell (vgl. auch Fend 2001; Brüsemeister 2004a, 168-180) –, oder ob man, wie gegenwärtig, eine stärkere Koordination anstrebt. Auch wenn heutige Governancekonzeptionen noch keine empirisch befriedigenden Antworten dafür gegeben haben, wo die Grenzen intra-organisatorischer Governance-Umbauten eines Schulsystems angesichts der Ko-Produktion von Leistungen in der Umwelt des Schulsystems liegen, so ist doch diese Frage überhaupt in den Problemhorizont von schulischen Governanceanalysen eingerückt. Es wird mithin davon ausgegangen, dass z.B. ohne die freiwilligen Leistungen von Eltern – Unterrichtsbesuchen und anderen punktuellen Mithilfen beim Unterricht (z.B. Vorlesen in Deutsch), Mitwirkung an offenen Ganztagsschulen, Schulfesten, Schulausflügen und -freizeiten, Hausaufgabenbetreuung innerhalb und außerhalb des Schulhauses – das Schulegeben nicht aufrechtzuerhalten wäre.

1.4 Zwischenfazit zu den Nachbardisziplinen

In den drei Disziplinen der Wirtschaftswissenschaft, der Politikwissenschaft und der Soziologie wird grundlegend davon ausgegangen, dass in „modernen" Gesellschaften veränderte, d.h. nicht nur von einem Akteur zu leistende Koordinationsformen auftreten – z.B. mittels Hierarchie durch den Staat, oder durch den Markt, oder durch Netzwerke –, und zwar angesichts von gesellschaftlichen Problemen, die offensichtlich bereichsübergreifenden Charakter haben. Dieser Sachverhalt lässt sich als der gemeinsame Entdeckungszusammenhang dieser drei sozialwissenschaftlichen Disziplinen verstehen.

Wendet man sich nun den Begründungszusammenhängen zu, d.h. der Art, wie dieser Bezugspunkt jeweils in einer Disziplin begrifflich und empirisch bearbeitet wird, zeigen sich disziplinäre Unterschiede, aber auch komplementäre Sichtweisen:

- Ein deutlicher Unterschied besteht in der *Normativität* des Governancekonzepts der Wirtschaftswissenschaft, die in Politikwissenschaft und Soziologie kaum eine Entsprechung hat, da diese beiden Disziplinen sich auf Governance als Analysemittel konzentrieren. Während Governance – i.S.v. „good governance" – in der Wirtschaftswissenschaft als Thema gleichsam mit zum Tagesgeschäft gehört – offensichtlich um den mehr oder weniger „ordnungsfreien" Marktgeschehnissen eine (wie auch immer geartete) gesellschaftlich, d.h. nicht nur marktgesellschaftlich wünschenswerte Ordnung entgegenzusetzen –, so problematisieren die beiden anderen Diszi-

1.4 Zwischenfazit zu den Nachbardisziplinen   51

  plinen deutlich stärker Voraussetzungen, Strategien und Folgen von institutionellen Regulierungen. Vereinfacht gesagt: Während die Wirtschaftswissenschaft einen Beitrag zur gesellschaftspraktischen Frage leisten wollen, wie sich Institutionen bzw. institutionelle Regulierungen *optimieren* lassen bzw. unmittelbar den Pfad des „one best way" vorgeben, sind die beiden anderen Disziplinen mehr daran interessiert zu untersuchen, welche Koordinationsformen sich *empirisch gesehen* intentional oder „transintentional", hinter „dem Rücken der Akteure" einstellen. Ihnen geht es erst einmal darum *empirisch* zu untersuchen, aus welchem „Wollen" einzelner Akteure welche Beziehungsmuster und Konstellationen zwischen mehreren Akteuren („Können") entstehen sowie welche Institutionalisierungen neuer Beziehungsmuster und De-Institutionalisierungen bestehender Beziehungsmuster dies beinhaltet („Sollen").
- Abgesehen von dieser Differenz lässt sich erkennen, dass die drei Disziplinen durchaus komplementäre Sichtweisen erarbeiten, die beinhalten, sich einem Verständnis von Governance als einer institutionellen Regelungsstruktur zu nähern. Als eines der allgemeinen Merkmale dieser Struktur wird festgehalten, dass sie mehrere Akteure umschließt, wobei die Akteure je spezifischen Funktionen nachgehen (müssen). Hierfür wird analytisch der Begriff eines *Mehrebenensystems* zentral. Zudem wird der grundlegende Charakter von Mehrebenensystemen benannt: Eine Aufgabenerfüllung ist wegen ineinander verzahnter Probleme nur noch bereichsübergreifend möglich. Diese Erkenntnis zwingt wiederum analytisch dazu, sich mit verschiedenen Formen der Abstimmungsarbeit zu beschäftigen, die dann in theoretischen Modellen als Hierarchie, Organisation, professionelle Gemeinschaft, Markt oder Netzwerk festgehalten werden. Ebenfalls betont wird, dass in einem Mehrebenensystem in der Regel gleichzeitig mehrere solcher Abstimmungsformen vorkommen bzw. dass die beschreibenden und erklärenden Modelle hierzu miteinander kombiniert werden müssen.
- Zu den komplementären Sichtweisen lässt sich weiter zählen, dass zuerst die Wirtschaftswissenschaft, dann auch Politikwissenschaft und Soziologie *einzelne Formen der Koordination* – z.B. Hierarchie, Markt, Netzwerk, Profession, Organisation – erarbeiten und derart auf eine Interdependenz von Akteuren verweisen, die dann auch durch weitere Modellüberlegungen – z.B. mittels des Principal-Agent-Ansatzes – konkretisiert werden.
- Wendet man sich nur der Politikwissenschaft zu, wird sichtbar, dass sie theoretische und empirische Beiträge zur Governanceforschung erarbeitet, die sich auf Fragen konzentrieren, wie in politischen Auseinandersetzungen (politics) zwischen verschiedenen Akteuren Programme (policies) abgestimmt werden. Untersucht wird, welche Abstimmungsmuster daraus her-

vorgehen und wie dies unter Beteiligung des politischen Systems zu bindenden kollektiven Entscheidungen führt, in deren Folge gesellschaftliche Ressourcen verteilt werden.
- Die soziologische Perspektive ergänzt dies um weitere analytische Dimensionen. Beispielsweise fragt die Disziplin grundlagentheoretisch entlang von Handlungs- und Akteurtheorien, wie diese Abstimmungsprozesse mikrofundiert sind, wobei als Analysemittel insbesondere Deutungsstrukturen (Wollen), Erwartungsstrukturen (Sollen) und Konstellationsstrukturen (Können) differenziert werden[7]; es interessiert, wie die Handlungskoordination in einem Mehrebenensystem unter Interpretationsgesichtspunkten einzelner Akteure (Wollen), Institutionengesichtspunkten (Sollen) und Konstellations- und Beziehungsgesichtspunkten (Können) beschaffen ist. Darüber hinaus geht die Soziologie davon aus, dass Governance nicht der einzige, aber doch: *ein* impact für Fragen der sozialen Integration ist. Durch die Analyse von Governance wird die soziologische Mikrofundierung von gesellschaftlichen Integrationsaspekten möglich.

---

7 In Kapitel 3 werden weitere Mechanismen der Handlungskoordination genannt (in Abschnitt 3.2: Beobachtung, Beeinflussung und Verhandlung).

1.5 Governance aus Sicht der Erziehungswissenschaft

In der Erziehungswissenschaft wird der Begriff Governance ebenfalls verwendet. Zwar wird erst in Ansätzen mit dem Begriff eines Mehrebenensystems gearbeitet (vgl. Fend 2006, 181), und ebenfalls werden kaum einzelne Mechanismen der Koordination (wie Markt, Hierarchie, oder Netzwerk) diskutiert wie in den Nachbardisziplinen. Dennoch finden sich auch in der Erziehungswissenschaft inhaltliche Beschreibungen von Elementen der institutionellen schulischen Regulierung, wobei dann – teilweise in Zusammenarbeit mit PolitikwissenschaftlerInnen – explizit auch der Begriff Governance eingesetzt wird.

Aus der Literatur führe ich einige Beispiele an, die neben Begriffen und Konzepten der institutionellen Regulierung ebenfalls empirische Konturen von Governancesystemen einzelner Länder erkennen lassen. Ausgewählt sind neben einem Forschungsprojekt der Europäischen Union (c) und einer Skizzierung US-amerikanischer Zustände (b) der Fall England/Schottland (a), wobei hier eine der prominentesten anglo-amerikanischen Publikationen zur School Governance angeführt ist (Arnott/Raab 2000). Die Untersuchungen beschäftigen sich dabei auch mit einem Sachverhalt, dem man eigentlich eher im Zuständigkeitsbereich der Soziologie und der Politikwissenschaften gesehen hätte, nämlich Macht.

(a) ‚Manageralismus' in England und Schottland
In dem Band von Arnott/Raab (2000) resümieren Erziehungs- und PolitikwissenschaftlerInnen angloamerikanische Erfahrungen des Umbaus der School Governance, von denen ich hier eine Publikation von Arnott (2000) auswähle, die sich mit England und Schottland beschäftigt. Die Autorin resümiert den Zeitraum Mitte der 1980er Jahre (seit Thatcher) bis Ende der 1990er Jahre, mit der Kernaussage, dass die Regierungen beider Länder die bisherige professionelle Autonomie der Lehrkräfte zu brechen suchten, indem sie sie mit verschiedenen markt- und managementorientierten Methoden unter Druck setzten. Zwar ist eher ausgeschlossen, dass sich die politischen Konstellationen und Strategien zwischen Akteuren, wie sie sich in England und Schottland zeigen, auf andere Länder übertragen lassen. Was jedoch angloamerikanische Governance-Systeme deutlich machen (das gilt auch für den Hochschulbereich), ist die Gleichzeitigkeit der Einführung mehrerer Mechanismen der Umsteuerung, wie Quasi-Märkte, Konkurrenzdruck, substanzielle Zielvorgaben durch den Staat und eine stärkere hierarchische Selbststeuerung durch Schulleitungen. (Diese internationalen Steuerungstrends werden in Abschnitt 3.4 vorgestellt.) Im vorliegenden Zusammenhang geht es darum, erstens dieses Set von Steuerungsmaßnahmen deutlich zu machen, und zweitens zu zeigen, dass gerade auch die Erziehungswissenschaft den Blick auf Machtphänomene richten, die mit den Mechanismen der Umsteue-

rung verbunden sind. Offensichtlich werden mit jeder sachlichen Steuerungsmaßnahme auch die Verfügungsrechte eines Akteurs zum Treffen von Entscheidungen verändert oder bestätigt (vgl. Braun 2001).

Nachfolgend geht es nun um fünf Governancemechanismen, die sich als neue Trends der Umsteuerung bezeichnen lassen, die gleichzeitig Änderungen des Machtgefüges zwischen Akteuren beinhalten. Ich nenne dabei die einzelnen Mechanismen der Umsteuerung stichwortartig. Zudem werden Zusammenhänge zwischen diesen Mechanismen angedeutet, die darauf verweisen, wie sie innerhalb eines Governance-Regimes zusammenwirken (vgl. auch Abschnitt 3.5), im Falle Englands und Schottlands im Sinne einer politisch konservativen education policy, die die bisherige bürokratische Steuerung und die Steuerung durch Lehrkräfte ersetzen will durch eine outputorientierte Kombination von „management and market":

1) Staatliche Steuerung, die zugunsten einer Autonomisierung der Schule zurückgebaut wird:
Mit diesem Mechanismus wird ein Trend konstatiert, wonach die Steuerung des Staates nur noch aus der Distanz heraus erfolgt, was mit einer erweiterten Schulautonomie einhergeht. Arnott notiert dazu (2000, 59): „As Ball [...] has argued, management and the market ‚are no hands forms of control as far as the relationship between education and the state is concerned'. They are examples of ‚steering at a distance' [...]. There was a switch in emphasis, from the bureaucratic concerns of monitoring of processes and procedures within the profession, to a concern with outcomes". Zusammen mit der stärkeren Beobachtung von Outcomes erfolgt gleichzeitig eine Verlagerung von Macht bzw. Verantwortlichkeiten: „Responsibilities were devolved from local authorities to schools" (ebd.).

2) Selbststeuerung der Lehrerprofession (Schwächung der individualistischen Lehrerprofession):
Auch zusammen mit dem zweiten Mechanismus einer geänderten Steuerung verändert sich die bisherige Machtverteilung zwischen Lehrkräften (personale Ebene), Schulen (Mesoebene) und Staat (Makroebene). Die Autorin schreibt, dass im Schulsystem Englands und Schottlands Mitte der 1970er Jahre „central government had begun to question the post-war tripartite partnership [...]. These relations become increasingly tense through the 1990s as successive Conservative governments attempted to redefine the role of the education professionals in the governance of education. In Scotland especially, teachers were central to the opposition of Thatcherite education reforms." (Ebd., 53)

3) Konkurrenzdruck und Quasi-Märkte:
Mit dem dritten Mechanismus verbindet sich unmittelbar das politische Motiv, die bisherige individualistische Lehrerprofession zu schwächen, und zwar über einen – durch erhöhte Elternbeteiligung ausgelösten – Konkurrenzdruck: „The government's intention was that educational professionals would be permitted less influence over how the education system would be administered, while central government, parents and business would all gain influence and power. For Conservative governments, public-sector bureaucracies had been ‚captured' by the professionals, and this capture had been a contributory factor to the post-war industrial decline of Britain. Such thinking was consistent with public choice critiques of the welfare-state bureaucracies, as the views of Niskanen and Buchanan, among others, were becoming increasingly influential in government thinking [...]. Through the promotion of marked-based reforms, the government hoped to replace bureaucratic and professional models of accountability with managerial and consumerist models." (Ebd.) Marktorientierte Reformen verschieben also die Rechenschaftslegung, weg von bisherigen Steuerungsebenen der Bürokratie und der Lehrkräfte, hin zu Steuerungsmodellen des Managements und einer „Kundenorientierung". Damit sind veränderte Rollen von Eltern innerhalb institutioneller Regelsysteme angesprochen: „Parents, through school boards and governing bodies, were to be given a direct role in school decision-making. This, then, was the backdrop to moves in the 1980s and the 1990s towards a more consumerist and managerial system of schooling in both Scotland and England." (Ebd., 54) Die Regierungen beabsichtigten also, die Lehrerprofession von ihrem Einfluss auf Schulen zurückzudrängen, in dem sie die Verfügungsrechte zum Treffen von Entscheidungen so neu verteilten, dass ein weiterer Akteur im Governance-Spiel stark gemacht wird: die Eltern. Dieses Konsumer-Modell verbindet sich mit einem Managementmodell. Eine solche Verbindung wäre ein Beispiel für die von Lange/Schimank angeführten konkreten Governance-Regime's (vgl. Abschnitt 3.5). Wie sich hierin die Governancemechanismen Markt (Nachfragen von Eltern) und Hierarchie (Steuerung via Management) vermischen, wäre im Einzelnen empirisch und länderspezifisch zu untersuchen, insbesondere was die Neuverteilung von Funktionsaufgaben (sich auf verschiedene Elternwillen berufen zu können, schafft Möglichkeiten einer outputorientierten Steuerung) und was Möglichkeiten der Neuverteilung von Legitimitätsmustern angeht (man kann Steuerungsmaßnahmen stärker mit dem Verweis auf den Willen der Eltern öffentlich legitimieren).

4) Außensteuerung durch substanzielle Ziele (Bildungsstandards):
Mit einem vierten Mechanismus – der im deutschsprachigen Raum heute unter dem Begriff „Bildungsstandards" prominent ist – wird offensichtlich von der Bildungspolitik auf eine unzureichende Koordination innerhalb der Profession der Lehrkräfte reagiert, eine substanzielle Zielbestimmung der Schule selbst vorzunehmen. Deshalb erfolgt dies nun von außen. Arnott notiert dazu: „,Managerialism' attempted to replace bureaucratic and professional regulation within the teaching profession with externally set criteria and standards." (Ebd., 58) Die neuen Steuerungsmaßnahmen der konservativen Regierung zielten damit auf einen bewussten Eingriff in die bisherige Autonomie der Lehrkräfte: „The National Curriculum was imposed by the politicians upon the teaching profession [...]. As Hughes [...] has argued, ‚the development of the 1988 National Curriculum was an essentially political process in which the views of teachers and other educational professionals were effectively marginalised and ignored'. [...] Prompted by the argument of the neo-conservative wing of the New Right, that a national curriculum would help to raise standards, the Conservative government was also attracted to such a reform because it would reduce the influence of the teaching profession over an area where they had traditionally exerted a considerable degree of autonomy." (Ebd., 60) Auch wenn in Deutschland weniger die politische Intention mitspielen mag, die Lehrerprofession zu schwächen, so ist doch jegliches Setzen von Bildungsstandards, die dann in der Regel mit externen Überprüfungen einhergehen, ein Eingriff in die bisherige „Hausmacht" der Profession, für Unterrichtsfragen zuständig gewesen zu sein.

5) Hierarchische Selbststeuerung (Führung):
Der zuletzt genannte Mechanismus beschreibt die Aufwertung von Leitungspositionen, die die bisherige professionelle Autonomie der Lehrkräfte mit Formen der manageriellen Kontrolle konfrontieren: „[...] it was the head more than any other professional who was affected by the increasing emphasis in government policies on the market. [...] The ways in which managerial and professional roles are handled have implications for the internal workings of the school, and thus relations between heads and stuff." (Ebd., 64) Arnott deutet dabei an, dass der Eingriff in die Autonomie der Lehrkräfte konkret weitgehende Veränderungen der Leistungsausübung durch die Professionellen und ihrer Arbeitsorganisation beinhaltet: „What was new about this situation was that the head was exercising his or her authority in areas in which teachers traditionally had professional autonomy. In sum, new managerial forms of control, especially performance ma-

nagement, allow heads to regulate the work of teachers in ways that impinge upon post-war notions of professionalism. Ozga [...] succinctly refers to this development as ‚the head-as-manager, working within a framework of regulations, and using management of the culture to internalise controls and ensure compliance.'" (Ebd., 70)

(b) School-Governance Untersuchung EGSIE
Neben den angloamerikanischen Untersuchungen haben Ende der 1990er Jahre Governanceanalysen eingesetzt, die auch das Schulsystem Deutschlands einbeziehen und die ebenfalls auf die von Arnott und anderen aufgezeigten neuen Mechanismen der Umsteuerung verweisen. Zu nennen ist hier das von der Europäischen Union zwischen 1998 und 2000 geförderte Projekt „Education Governance and Social Integration and Exclusion in Europe (EGSIE)". Es ging der Frage nach, wie in Australien, Finnland, Deutschland, Griechenland, Island, Portugal, Spanien, Schweden und Großbritannien neue markt- und managementorientierte Diskurse der educational policies, die vor allem in den 1990er Jahren aufkamen, sich auf die Beteiligung und den Ausschluss von – insbesondere jugendlichen – Bevölkerungsgruppen auswirkten (vgl. Popkewitz u.a. 1999; Lindblad/Popkewitz 1999; 2000).

Der Fokus der Forschergruppe lag dabei auf der staatlichen Bildungspolitik, wobei der Staat in klassischer Sichtweise als herausgehobener Steuerungsakteur begriffen wurde, der als Manager von – auch eigenen – Interessen in seiner Erziehungspolitik verschiedene gesellschaftliche Akteure bevor- oder benachteiligen kann. Obzwar die Forschergruppe Ansätze einer auch zivilgesellschaftlichen Steuerung zur Kenntnis nahm (Popkewitz u.a. 1999, 36), wurde Governance doch auf das klassische Souveränitätskonzept eines herausgehobenen Akteurs (Staat) begrenzt (ebd.). Entsprechend wurden die beteiligten Länder – obwohl induktive Länderberichte einen zentralen Kern der vergleichenden Untersuchung bilden sollten – deduktiv nach einer Kategorisierung von Esping-Andersen ausgesucht, der drei verschiedene Typen von Wohlfahrtsstaaten ausmacht.[8] Alle diese auch die Bildungspolitik betreffenden Typen des staatlichen Wohlfahrtshandelns, so das Ergebnis der Forschergruppe, werden durch neue management- und marktorientierte Konzepte teilweise umgebaut. Es zeigen sich diesbezüglich Veränderungen der education policies.

---

8   Dies sind liberale, korporatistische und sozialdemokratische, vgl. Esping-Andersen (1990, 26-29). Der Autor unternimmt damit eine Differenzierung verschiedener Entwicklungen von Wohlfahrtsstaaten auf dem Weg zu post-industriellen Arbeitsordnungen, wobei die genannten Regime-Typen jeweils andere Verhältnisse zwischen Staatlichkeit, Märkten und Familie aufweisen.

Die Studie setzte also auf ein klassisches Regierungskonzept. Entsprechend wurde auch keine Vorstellung oder eine Begrifflichkeit eines Mehrebenensystems entwickelt, in welchem der Staat zu einem Akteur unter anderen wird; vielmehr wird davon ausgegangen, dass ein souveräner Staat seinerseits Diskurse prägen kann, die dann bestimmte Sozialgruppen bevorzugen und andere benachteiligen. Obwohl dieser Ansatz also eher eine Government- als eine Governance-Analyse ist, wird erstmals überhaupt ein umfassenderer Vergleich der Bildungspolitik verschiedener Länder – unter Einbeziehung Deutschlands – entlang des Begriffs Governance unternommen. Dabei werden inhaltlich, wie bereits erwähnt, die in den 1990er Jahren aufkommenden Markt- und Managementmethoden innerhalb der education policies als Ergebnis in den Vordergrund gestellt. Die Befunde liegen zum einen auf der Linie der oben mit Arnott vorgestellten Ergebnisse. Zum anderen wird, wie es auch in der soziologischen Perspektive von Governance getan wird, die Bedeutung von Governance als impact für Fragen der Integration bzw. Inklusion von Schülerinnen und Schülern hervorgehoben.

(c) ‚A Tangled Web of School Governance' in den Vereinigten Staaten
Dem Begriff nach kommt also der Terminus eines Mehrebenensystems zunächst in Untersuchungen der Erziehungswissenschaften zur institutionellen Regulierung der Schule nicht vor. Er wird jedoch der Sache nach angesprochen, da Neufassungen von Beziehungen zwischen schulischen Akteuren beobachtet sind. Es wird dabei festgestellt, dass die klassische staatliche Steuerung (via Bürokratie) zurückgebaut werden soll zugunsten einer Palette von Mechanismen, die allesamt die Profession der Lehrkräfte herausfordern: durch Vorgabe substanzieller Ziele (Standards), durch Konfrontation der Lehrkräfte mit extern eingeführter Konkurrenz (herangetragen von den Eltern), durch Einführung von Leistungs- und Managementrollen. Damit werden auch Verantwortlichkeiten neu verteilt. Und insbesondere arbeiten das Management und der Markt mit Leistungsdaten, die mit der neuen Steuerung fortlaufend erhoben und evaluiert werden. Mit ‚testorientierten' Bildungssystemen, mit einer Vervielfachung der Steuerungsmechanismen, mit der Beteiligung Vieler an (auf Standards basierenden) Evaluationen entsteht jedoch die Gefahr, dass letztlich auch eine Verantwortung für das Schulegeben nicht mehr klar ausgemacht werden kann. Mit diesem Problembereich beschäftigen sich insbesondere neuere US-amerikanische Studien.

Neu gefasste Bildungsplanungsabteilungen, Schulinspektionen auf intermediären Ebenen, stärker mit Managementaufgaben hervortretende Schulleitungen machen deutlich, dass sich die Komplexität von Steuerung durch neue Aufgaben, teilweise durch Neufassung oder durch die Neudefinition vorhandener Akteure erhöht. Governance als Perspektive geht auf diese Veränderungen ein, sofern sie

1.5 Governance aus Sicht der Erziehungswissenschaft

auf Möglichkeiten des Austausches sowie auf dialogische Prozesse achtet, innerhalb derer im Maximalfall Leistungen wechselseitig verabredet werden. Die neuartigen Beziehungen eröffnen jedoch auch jedem einzelnen Akteur für sich genommen Möglichkeiten, bestehende Eigeninteressen und Macht zu verteidigen oder auszubauen, das Beziehungsgeflecht für die eigene Interessenpolitik zu nutzen, ohne dass es zu einem wirklichen Beziehungsumbau kommen muss.

Wirft man an dieser Stelle einen kurzen Blick auf Innovationspolitiken im Wirtschaftssystem, so lässt sich sehen, dass z.b. in Deutschland von der Politik für den Bereich der mittelständischen Wirtschaft in den vergangenen Jahren geradezu eine Flut von Innovationsoffensiven gestartet wurde, die darin gipfelte, das Jahr 2004 zum „Jahr der Innovationen" auszurufen. Weil sie Innovationen lieber innerhalb von Unternehmen, als extern durch die Politik motiviert sehen wollen, weisen dann zwar klassischerweise Unternehmensberater gern auf die Vergeblichkeit solcher Netzwerkinitiativen zwischen Politik und Wirtschaft hin; in der Kritik steckt also wiederum ein Eigeninteresse der Berater, aber doch auch eine Kernbeobachtung: „Das Urproblem ist die Separierung. Die Bundesregierung ist selbst nicht innovativ, so wie es das Topmanagement in vielen Fällen auch nicht ist. Also zieht man sich auf den Feldherrnhügel zurück und beauftragt andere mit der Aufgabe Innovation." (Süddeutsche Zeitung vom 17./18.12. 2005, S. 24) Die eingerichteten netzartigen Beziehungen können also in der Praxis durchaus wieder unterschritten sein, insofern größere Foren umgemünzt werden für bestehende Praktiken einseitiger Beeinflussung; man delegiert, verordnet, ordnet an. Netze, die maximal auf gegenseitigen Austausch angelegt sind, können also offensichtlich durchaus einseitig genutzt werden – was letztlich auch ermöglicht, die eigene Macht hinter einer Semantik von Koordination und Kooperation zu verhüllen. Diesbezüglich eröffnen Netze die Möglichkeit einer „Konzentration von Macht ohne Zentralisierung", so die Beobachtung von Sennett für Wirtschaftsunternehmen (1998, 69), die mittlerweile von Michael Schratz (2006) auch auf die Schulperspektive übertragen wurde. Für Kooperation ausgelegte Netze lassen sich also mit bekannten Formen der einseitigen Beeinflussung – Anordnung, Beauftragung – paaren. Dadurch lassen sich offensichtlich Legitimationseffekte erzielen – man hat semantisch eine gemeinsame Initiative zu verbuchen –, wobei die Aufgaben dann vielleicht delegiert sein könnten und damit – klassisch – in einer Hierarchie verortet wären. Geschieht dies, wäre es Ausdruck einer Zentralisierung von Macht, die jedoch durch das öffentliche Befürworten von Koordination verdeckt sein kann. Letzteres scheint in der deutschen Bildungspolitik ein Tenor zu sein, wird doch hervorgehoben, dass für die Schul- und Unterrichtsqualität gemeinsam etwas getan werden muss. Dies beinhaltet dann insbesondere das Aufspannen eines „Evaluationsnetzes", das von verschiedenen Akteuren im Mehrebenensystem bedient werden soll (vgl. Abschnitt 2).

In diesem Zusammenhang wird ein gravierendes Problem netzartiger Beziehungen deutlich, wer nämlich für schulische Effekte und Wirkungen eigentlich noch verantwortlich ist. Hierbei stellen gerade US-amerikanische Studien zur School Governance – angesichts einer Verlagerung von Entscheidungen von den Bundesstaaten weg auf den Zentralstaat sowie angesichts einer Vielzahl von intermediären Testinstituten auf nationaler und auf Bundesebene – die Frage: „Who´s in Charge Here?" (Epstein 2004). Epstein notiert dazu ein Resümee zur US-amerikanischen schulischen Governancepolitik:

> „The result is a spider´s web of responsibility. It is difficult, if not impossible, to figure out where accountability lies. Not only have municipal, state, and federal authorities reasserted control over the separate education government that the nation long ago created, but an array of other institutions – including the courts, community-based organizations, and education management companies – are also deeply involved in school decisions. These trends have created a growing gap between those who make education policy and those responsible for he results." (Ebd., Klappentext)

Dieses Problem ist eines der dringlichsten der schulischen Governanceforschung; um Verantwortungen festzumachen, muss gewissermaßen das methodologische Prinzip einer Ko-Produktion von Leistungen rückwärts gelesen, müssen ausgehend vom Ergebnis „Schule" einzelnen Handlungsbeiträgen Kausalitäten zugeschrieben, müssen Beiträge verschiedener schulischer Akteure gewichtet werden.[9] Dies kann entlang von Inputs, Prozessen oder Outputs – oder auf allen drei Ebenen – geschehen. Dabei müssen die hergestellten Verantwortungssysteme, die Beauftragungen von Teilleistungen enthalten können, auf einzelne Handlungsbeiträge rückbezogen sein, wobei auch der Beauftragende selbst mitgerechnet werden muss, d.h. selbst Verantwortung hat, wenn er andere Akteure Aufgaben erfüllen lässt. Dagegen könnten jedoch unterschiedliche rechtliche Zuständigkeiten, personale Fähigkeiten sowie faktische Kompetenzen der betreffenden Akteure stehen (vgl. Bähr 2006). Solche Probleme vervielfachen sich um die Zahl der in einem schulischen Entscheidungsnetz einbezogenen Akteure. Dazu kommt, dass schulische Steuerungsreformen gerade bestehende Zuständigkeiten zum Treffen von Entscheidungen – ja mithin einen Akteur selbst – verändern, so dass sich die Bezugspunkte einer Verantwortungszuschreibung ebenfalls wandeln. Netzartige Beziehungen in einem Mehrebenensystem schaffen somit gravierende Probleme, hinsichtlich der praktischen Frage, wer für das Schulegeben

---

9 Vgl. auch hierzu auch das Konzept des „Backward Mapping" (Elmore 1979/80).

1.5 Governance aus Sicht der Erziehungswissenschaft

verantwortlich ist sowie bezogen auf die methodische und theoretische Beantwortung dieser Frage durch die schulische Governanceforschung.

Als Hinführung zu Letzterem dienen im nachfolgenden Kapitel 2 erste Überlegungen zur inneren Struktur eines Mehrebenensystems der schulischen Governance, die zwar (noch) keine einzelnen Verantwortlichkeiten benennen, aber doch Handlungs- und Kommunikationsbeiträge einzelner Akteure markieren. Denn es ist offensichtlich, dass sich Verantwortung nicht aus einer abstrakten Festlegung von Werten, sondern entlang von einzelnen Handlungsbeiträgen ergibt. Dies erfordert zwingend die empirische Erforschung dieser Handlungsbeiträge, wobei sich Kapitel 2 auf theoretische Überlegungen begrenzen muss.

2. Steuerungsakteure und ihre Handlungslogiken im Mehrebenensystem der Schule
Thomas Brüsemeister

2.1 Begriffliche Annäherung

In der Analyse der schulischen Governance spielen die Begriffe „Mehrebenensystem" oder „Mehrebenenmodell der Schule" eine wichtige Rolle. Darauf soll nun genauer eingegangen werden. Es ist zunächst hervorzuheben, dass ein Mehrebenensystem für die Schule noch nicht hinreichend konzipiert ist, obwohl sich durchaus prominente Beispiele finden (so von Fend; darauf gehe ich weiter unten ein).[1] Vermutlich liegen die Schwierigkeiten darin, es mit einem dynamischen Beziehungsgeflecht zwischen einer Vielzahl von Akteuren zu tun zu haben (vgl. Brüsemeister/Eubel 2003), das keinesfalls mit der formellen Struktur des Schulsystems zusammenfällt.

Angesichts der anstehenden Forschungsaufgaben kann nachfolgend keine Definition eines Mehrebenensystems, geschweige denn eine Kennzeichnung realer Wirkungsgeschehnisse gegeben werden. Vielmehr wird konservativ daran angesetzt, in einer ersten Annäherung Handlungslogiken und -orientierungen verschiedener schulischer Akteure zu kennzeichnen. Dabei interessieren im Zusammenhang mit unserem Thema nicht alle Akteure, sondern nur solche, die besonders auf den Beziehungsumbau Staat/Schule Einfluss zu nehmen scheinen. Zudem besteht die Aufgabe darin, Unterschiede in den Handlungslogiken der einzelnen Akteure sichtbar zu machen. Mit diesem Vorgehen deutet sich ein möglicher Gewinn der Mehrebenen-Perspektive an. Es lässt sich analytisch zeigen, dass die Handlungslogiken und von einzelnen Akteuren erbrachten Funktionen zum einen different sind, zum anderen in dieser Differenz (gemeinsam) innerhalb ein und desselben Systems erbracht sind bzw. erbracht werden müssen. Oder in anderen Worten: Wir finden gleichursprünglich Antagonismus und

---

[1] Es ist auch auf den Unterschied zu Mehrebenenanalysen in der standardisierten empirischen Sozialforschung hinzuweisen, die hier nicht gemeint sind, obwohl sich Mehrebenenanalysen dieser Art sicher auch zur Analyse von Problembereichen im Rahmen der Governanceforschung verwenden ließen.

Kooperation. Was dies im Einzelnen bedeutet, soll nachfolgend vor allem für die Akteure der Zentrale und die Lehrkräfte gezeigt werden. Dadurch soll auch ein erster Beitrag für eine Mikrofundierung der schulischen Governanceanalyse geleistet werden, die sich vor allem auf Analysemittel der Soziologie stützt.

Trotz des Mangels einer hinreichenden Definition eines Mehrebenensystems der Schule lassen sich in der Literatur Hinweise zu Merkmalen solcher Systeme finden. Einige wurden oben angeführt, andere werden hier neu genannt:

- Mehrebenensysteme werden der Sache nach von allen Teildisziplinen skizziert, die mit dem Begriff Governance arbeiten. Dies wurde oben als Resümee zu dem kursorischen Überblick zu den Wirtschafts-, Politik- und Erziehungswissenschaften sowie zur Soziologie festgehalten.
- Governance ist dabei die institutionelle Regelungsstruktur in einem Mehrebenensystem, das aus verschiedenen Akteuren besteht. Die Akteure erbringen im Mehrebenensystem verschiedene Leistungen und Funktionen; die Erbringungen dieser Aufgaben sind de facto miteinander verzahnt (auch wenn die Struktur formal dies nicht immer erkennen lässt). Entsprechend werden Probleme ebenfalls als multikausal verursacht angesehen; und auch die Problemlösung kann nur bereichsübergreifend sein.
- In diesem Kontext verändern sich Auffassungen von Steuerung: weg von unilateralen Maßnahmen, hin zu mehrdimensionalen Prozeduren der Verantwortlichkeit. Dem folgt der analytische Blick auf ein ganzes Spektrum von Formen der Abstimmungsarbeit (über Hierarchie, Organisation, professionelle Gemeinschaften, bis zu Netzwerken), von denen in einem Mehrebenensystem in der Regel gleichzeitig mehrere vorkommen.
- Analytisch gesehen ist ein Mehrebenensystem eine Aggregation von Handlungsbeiträgen Einzelner. Zur Analyse empfiehlt der methodologische Individualismus der Soziologie einen Umweg, der über die Beschreibung und Erklärung der einzelnen Handlungsbeiträge geht (s. u. Esser). Es wird hierbei grundsätzlich davon ausgegangen, dass die Handlungsbeiträge einzelner Akteure sich zu Akteurkonstellationen, sozialen Aggregationen, Strukturen verdichten, die dem weiteren Handeln Rahmen vorgeben, und wiederum im Rahmen von Interpretationen der Akteure verändert werden usf. Die Analyse eines Mehrebenensystems verwendet diesbezüglich Methoden der handlungs- und strukturtheoretischen Soziologie, die auch auf Schulsysteme bezogen werden.
- Des Weiteren lässt sich aus Sicht der differenzierungstheoretischen Soziologie davon ausgehen, dass gesellschaftliche Teil- und Subsysteme Leit- und Sinnorientierungen für Akteure beinhalten, die durch einzelne *Programme*, mittels genauerer kognitiver und teilweise normativer Handlungsrezepte spezifiziert werden (juristische und auf die Verfassung bezogene

2.1 Begriffliche Annäherung

Programme als Rahmen für die öffentliche Schule; Schulgesetze, Bildungspläne; Programme für die Unterrichtsarbeit; Programmanforderungen an die Schülerschaft; vgl. Fend 2006, 177). Ein schulisches Mehrebenensystem besteht demnach aus differenten Leit- und Sinnorientierungen der Beteiligten, die mit verschiedenen Ausrichtungen an Politik, Administration, Wissenschaft, Pädagogik etc. einhergehen.

- Eine inhaltliche Dimension von Mehrebenensystemen, die allerdings *allein* nicht hinreichend für deren Kennzeichnung wäre, ist der formale, rechtliche Aufbau einer Institution.[2] Eine solche Formalstruktur des Schulsystems wird z.b. dahingehend untersucht, welche Arten von Gesetzen aus ihr folgen, wie die Verankerung in einer Verfassung ist, und welcher gesellschaftlich-öffentliche Auftrag dahinter steht (vgl. Richter 1994; 1996; Cortina u.a. 2003). Gezeigt wird insbesondere auch die Untergliederung des Schulsystems in verschiedene formale Ebenen. Dies gibt erste Hinweise zur Komplexität der an einer Regelungsstruktur Beteiligten, deren Handeln über gesetzliche Regelungen erfasst wird bzw. erfasst werden soll.
- Neben dieser Formalstruktur sind die „faktischen Verhältnisse im Bildungswesen", die „empirische Realität" (Fend 2006, 176) Gegenstand der Analyse.[3] Diesbezüglich ist es Kernaufgabe der empirischen Bildungsforschung, nicht nur Formalstrukturen, sondern Aktivitätsstrukturen zu kennzeichnen. Deren theoretische Erklärung steckt freilich noch in den Kinderschuhen. Einen wichtigen Ansatz bietet Fend. Er unterscheidet in früheren Schriften Bildungsangebote und deren Nutzung (vgl. Fend 1998, 268-272, Fend 2004; ähnlich auch Brüsemeister 2004a, 41-45):

„Das beste Angebot kann zu suboptimalen Effekten führen, wenn die Bedingungen der Nutzung defizitär sind oder nicht beachtet werden. Schulleistungen sind in diesem Rahmen das Ergebnis von Qualität und Quantität des Angebots. Allerdings kommt die Nutzungsseite hinzu. Da das Angebot nicht schlicht aufgezwungen oder mechanisch vermittelt werden kann, bestimmen die Nutzungsfaktoren wie kognitive Lernvoraussetzungen und Motivation mit, welcher ‚Ertrag' letztlich im Bildungswesen erzielt wird." (Fend 2004, 17)

In der Übertragung auf das Thema Governance lässt sich der Ansatz von Fend so verstehen, dass zwei Seiten einer Governance – intra-organisatorische Strukturangebote und inter-organisatorische Nutzung – wichtige Punkte der Analyse

---

2   Mitunter werden dabei auch „Entscheidungskompetenzen" differenziert, vgl. Kuper 2005, 65-69.
3   Dies erfolgt auch mit Analysen der historischen Gewordenheit schulischer Strukturen (vgl. z.B. Oelkers 2000, Fend 2004).

sind, sofern damit Leistungsproduktionen im Innern sowie außerhalb eines Systems betont sind.

In seiner neuen Schultheorie führt Fend weiter aus, dass die von ihm gekennzeichneten vier formalen Ebenen – gesetzliche Verfasstheit, formeller Bereich des Bildungswesens, Unterrichtsvorgaben, Anforderungen an die Schülerschaft (Fend 2006, 177) – mit dem Blick auf die Realität gewissermaßen verdoppelt werden: Jede formale Ebene lässt sich in eine weitere Ebene der „faktischen Verhältnisse" differenzieren (ebd.). Fend geht davon aus, dass jede der formalen Ebenen für Akteure anderer Ebenen jeweils eine gesonderte Umwelt bildet. Eine Ebene gibt Rahmen vor, an denen sich das Handeln der Akteure orientiert. Die Vorgaben werden jedoch nicht einfach übernommen, sondern werden adaptiert, interpretiert, amalgamiert, abgeändert; ihnen gegenüber wird eigenlogisch gehandelt (ebd., 176). Die institutionellen Vorgaben oder Kontexte werden nach Fend „re-kontextualisiert" (ebd., 174-181). Fend spricht hier explizit von einem „Mehrebenensystem" der Schule, dessen grundlegende Struktur auf Rekontextualisierung basiert (ebd., 181). Diese allgemeine Kennzeichnung schließt dabei an Analysen an, die von einem grundlegenden Zusammenhang zwischen Handeln und Strukturen ausgehen.

In gewisser Weise beginnt aber die Analyse eines Mehrebenensystems dann erst. Zwar erscheint es richtig, davon auszugehen, dass institutionelle Regelungsstrukturen jeweils Umweltbedingungen darstellen, auf die dann Akteure „interpretativ" reagieren, d.h. nicht nur mit Übernahmen von Vorgaben, sondern auch mit eigenständigen Leistungen, die nicht schon mit der Formalstruktur benannt sind. Fend erkennt diese – wie man sie nennen könnte – Fähigkeiten der Selbstorganisation, der Ko-Produktion von Leistungen zwar grundsätzlich selbst auch an. Aber in seinem beispielhaften Durchdeklinieren dieser Prozesse scheint Fend doch zu sehr wieder einer Formalstruktur zu folgen, die „von oben" nach „unten" strukturiert, hierarchisch über die Ebenen Makro, Meso und Mikro durchgliedert ist:

„Auf jeder Handlungsebene, auf jener der Verwaltung, der Schulführung, der Lehrkräfte und der Schülerschaft werden somit die ‚Strukturen des Zusammenhandelns' auf übergeordneter Ebene (z.B. rechtliche Rahmenbedingungen und Inhaltsprogramme) zu Umwelten des Handelns (s. die systemtheoretische Prämissen), die die Adaptionen an die jeweils neuen, ebenenspezifischen Umwelten des Handelns mitbestimmen. Für Lehrpersonen sind die Vorgaben der ‚Institution' eine der Umwelten, denen gegenüber sie handeln. Die andere Umwelt bildet die Schulklasse und deren Merkmale. Die Schülerschaft erfährt das gesamte Arrangement von Schule im Regelwerk der inhaltsbezogenen Leistungserbringung in der Schulklasse sowie in Gestalt der Lehrperson und der Mitschülerinnen bzw. Mitschüler." (Ebd., 176)

2.1 Begriffliche Annäherung

Demgegenüber machen erste Analysen (vgl. Altrichter/Brüsemeister/Heinrich 2005) und theoretische Konzepte von Governance darauf aufmerksam, dass die Ebenen in einem Schulsystem eher horizontal als vertikal abgebildet werden müssten, insofern die Funktionsbeiträge verschiedener Akteure untereinander nicht ersetzbar sind, sodass man von mehreren funktionsbezogenen „Hierarchien" sprechen müsste – die sich streng genommen gar nicht mehr in Hierarchien und horizontalen Modellen abbilden lassen (so auch das Resümee des schulischen Mehrebenensystems, hier in Abschnitt 2.6). Damit würde auch die von Fend benannte Rekontextualisierung nicht nur so gefasst, dass jeweils hierarchisch untergeordnete Ebenen Vorgaben von hierarchisch höheren Ebenen rekontextualisieren, sondern diese Prozesse auch umgekehrt verlaufen. Dies bedeutet zum Beispiel, dass die Art, wie Lehrkräfte unterrichten, Umweltbedingung für das Handeln von Bildungs- und Schulverwaltungen ist, sofern diese Akteure Leistungen von Lehrkräften nicht selbst erbringen können und von diesen Leistungen abhängig sind; darauf machen z.b. Untersuchungen der Principal-Agent-Beziehungen aufmerksam, die von der Governanceforschung skizziert werden (siehe unten Kapitel 5.4.3). Entsprechend muss davon ausgegangen werden, dass – wenn man schon von hierarchischen Ebenen spricht – nicht nur die Ebenen Meso und Mikro durch Kontextbedingungen der Ebene Makro beeinflusst werden, sondern auch, dass die Mikroebene die Meso- sowie die Makroebene beeinflusst, ebenso wie die Mesoebene auch die Makroebene.

Die Erforschung von Mehrebenensystemen der Governance macht an dieser Stelle schnell deutlich, dass rein theoretische Modelle zur Kennzeichnung möglicher Beeinflussungsmöglichkeiten schnell unübersichtlich und damit für Erklärungen nur bedingt tauglich sind, sofern sich einzelne und kombinierte Beeinflussungsmöglichkeiten exponentiell vervielfältigen. In diesem Punkt vollziehen Governanceanalysen einen radikalen Schwenk auf empirische Erhebungen, innerhalb derer sich immer schon bestimmte Cluster der Beeinflussung zeigen. Damit wird eine Selektion rein theoretischer Modellannahmen vorgenommen, die zwar für sich genommen wichtige Orientierungen und Sensibilisierungen für ForscherInnen leisten, teilweise aber unterkomplex (angesichts empirischer vorfindbarer Variationen von Handlungen im Mehrebenensystem) *und* überkomplex erscheinen, insofern einige theoretische Pfade sich empirisch nicht – und vielleicht niemals – zeigen.

Entsprechend sollte die Governanceanalyse – wie auch Lange/Schimank (2004, 25) einfordern – ihr Schwergewicht statt auf rein theoretische Modellanalysen (‚Wer kann in einem Mehrebenensystem welches andere Handeln beeinflussen') auf *empirisch sichtbare* Umgestaltungen von Regelungsstrukturen in einem Mehrebenensystem konzentrieren. Auch wenn dieser Aufgabe hier nur zu einem kleinen Teil nachgekommen werden kann, so wird doch inhaltlich sichtbar, dass Bemühungen der Bildungspolitik – im Rahmen evaluationsbasierter Steuerungsmittel und im Unterschied zur bisherigen bürokratischen Steuerung der Schule – auf eine stärker *managementorientierte Fassung* des Mehrebenensystems zielen. Zudem ist davon auszugehen, dass die bisherige Formen der Regulierung – Detailsteuerung durch Bildungs- und Schulverwaltungen, individualistische Lehrerschaft mit nur geringen Verfügungsrechten zum Treffen von Entscheidungen, schwache öffentliche Kontrolle des Schulwesens und schwache schulische Führung, weitgehende Ausblendung von Konkurrenz – nicht per se verschwinden. Kurz: es geraten dynamische Verhältnisse (so auch Fend 2006, 176) in den Blick, die einerseits aus der Absicht resultieren, dass (analytisch gesprochen) das Mehrebenensystem durch bestimmte Mechanismen der Koordination stärker integriert werden soll, sich jedoch andererseits bestehende Handlungsroutinen dagegen sperren.[4] Wie in Abschnitt 3.5 skizziert wird, weisen Mehrebenensysteme demzufolge verschiedene Arten von Regeln auf: tradierte, die einen weiten Geltungsbereich haben; und neue, die (noch) keinen Institutionenstatus beanspruchen, die jedoch bestehende Routinen in Frage stellen (können). Damit sind in empirischer Sicht in Mehrebenensystemen Mischformen bzw. Konglomerate bestimmter Handlungsregeln zu vermuten.

Wenn nachfolgend ein Mehrebenensystem der Schule skizziert werden soll, so kann diesen Vermutungen nicht empirisch nachgegangen werden. Wie einleitend angeführt, wird vielmehr konservativ beabsichtigt, auf Basis theoretischer Überlegungen Unterschiede der Perspektiven verschiedener Akteure kenntlich zu machen. Dabei interessieren vor allem solche Unterschiede, die einen Beziehungsumbau zwischen Staat und Schule berühren.

---

[4] Routinisierung verschafft Institutionen ein Beharrungsvermögen, das sich nur in relativ trägen Deinstitutionalisierungsprozessen in neue Routinen transformieren lässt.

2.2 Intra- und inter-organisationale Governance

Für eine Kennzeichnung des Mehrebenenmodells der Schule werden also bewusst nicht alle Akteure berücksichtigt, die es auf den Ebenen gibt. Es werden nur solche ausgewählt, die angeführt werden müssen, um Governance zugespitzt auf den Umbau der Beziehung Zentrale/Lehrkräfte ansprechen zu können.

In der Tabelle (vgl. umseitig Tab. 2) ausgeklammert sind erstens SchülerInnen. Es deutet sich an, dass SchülerInnen in erneuerten Governance-Regimes (vgl. zu diesem Begriff Abschnitt 3.5) neu und anders adressiert werden, was einer gesonderten Behandlung des Themas bedarf, die hier nicht erfolgen kann. Zweitens gibt es auf intermediären Ebenen weitere Akteure (z.B. regionale Steuergruppen, Fortbildungsanbieter, Berater, Stiftungen etc.). Drittens ist die Schule eine Ebene, in die sich neben den Lehrkräften weitere Unterebenen einfügen ließen, wie z.B. Schulleitungen und Abteilungen in der Schule mit gesonderten Aufgaben, etwa Fachgruppen und Steuergruppen. Schließlich ist die Schulklasse ein eigenes System bzw. eine eigene Ebene. Nicht zuletzt umfasst die Zivilgesellschaft sehr viele Akteure, weshalb sie hier nicht andeutungsweise wiedergegeben werden soll. Die für die verbliebenen Ebenen genannten Akteure sind jedoch keine Rand-, sondern Zentralfiguren – und nur auf diese konzentriere ich mich, um den Umbau der Beziehung zwischen Staat (Zentrale) und Lehrkräften beleuchten zu können.

Tab. 2: Schulisches Mehrebenenmodell

Akteur	Handlungs-orientierung	Teilsystembezüge	Kommunikationsarten innerhalb von
Ebene Zentrale: **Bildungspolitik**	politische Machbarkeit, Entscheidung, Macht	Politik, staatl. Bildungssystem	Organisation, Administration
Ebene Zentrale: **Bildungsmonitoring**	Wissenschaft mit den Augen der Politik deuten; Politik mit Hilfe der Wissenschaft beraten	staatl. Bildungssystem, Wissenschaft, Teilprofessionalisierung	Organisation, Administration, Teilelemente einer eigenen professionellen Tätigkeitsausübung
Ebene Zentrale: **Bildungsverwaltung**	Umsetzbarkeit, orientiert an Ordnung, Verwaltung, Recht, Management	staatl. Bildungssystem/ Exekutivverwaltung	Organisation, Administration
Intermediäre Ebene: **Schulaufsicht**	Kontrolle, Anordnungen	staatl. Bildungssystem/ Exekutivverwaltung	Organisation, Administration
Intermediäre Ebene: **Schulinspektion**	Anregung, Fachberatung	Institutionell eigenständiger Teil des staatl. Bildungssystems, Wissenschaft	Organisation, Profession
Schulebene: **Lehrkräfte**	an SchülerInnen ausgerichtet	Profession, Arbeitsorganisation (Beschäftigte des Staates)	Profession
Ebene der **Zivilgesellschaft**: Z.B. Eltern	Mitsprache		Gesellschaft, Interaktion

Eine erste Interpretation der angeführten Ebenen verdeutlicht, dass sehr unterschiedliche Akteure Leistungen des Schulsystems ko-produzieren, wobei sich hier die Ebenen der Zentrale, intermediäre Ebenen, Ebene der Lehrkräfte sowie eine zivilgesellschaftliche Ebene (beispielhaft seien Eltern genannt) unterscheiden lassen. Dies sind verschiedene Ebenen mit verschiedenen Akteuren, mit je spezifischen – an teilsystemischen Sinnsystemen ausgerichteten – Handlungslo-

2.2 Intra- und inter-organisationale Governance

giken sowie daraus folgenden Fähigkeiten und Bereitschaften, eine Handlungskoordination einzugehen, wie im Weiteren erörtert werden soll.[5]

Diese verschiedenen Ebenen lassen sich jedoch zunächst zweiteilen: a) Es gibt *intra-organisatorische* Dimensionen einer Governance, die sich als das eigentliche Schulsystem bezeichnen lassen. Governance beinhaltet dahingehend die Abstimmung und Koordination verschiedener Handlungsbeiträge und -rationalitäten in der *innerorganisatorischen Umwelt* des Schulsystems. b) Darüber hinaus sind in der Tabelle zivilgesellschaftliche Handlungsbeiträge von Akteuren *in der Umwelt* des Schulsystems angezeigt, die potenziell in der Analyseperspektive von Governance mitberücksichtigt sind, z.B. was Leistungen von Eltern angeht. In der Tabelle ist die Umwelt, also die inter-organisatorische Governance, mit einer Doppellinie markiert. Ich beschäftige mich im Weiteren aus Gründen der Vereinfachung mit *intra-organisatorischen* Governance-Beziehungen, klammere also Eltern und andere inter-gouvernmentale Beziehungen aus.

In der Perspektive der gegenwärtigen intra-organisatorischen Governance sollen verschiedene Ebenen mehr einander zuarbeiten – was freilich auch die Gefahr von Störbeziehungen erhöht. Der typische neue Regelkreislauf ist:

- Bildungsstandards geben von SchülerInnen zu erreichende Kompetenzniveaus vor (Verbindung von Ebene Zentrale mit der Ebene SchülerInnen);
- die Überprüfung, wie Standards in Schulen umgesetzt werden, obliegt im Rahmen eines Systemmonitorings der Zentrale sowie intermediären Instanzen, insbesondere der Schulinspektion (Verbindung der Ebenen Zentrale, mit einer Mittlerfunktion der intermediären Ebene (Schulinspektion) zur Ebene der Einzelschule);
- die Umsetzung der Standards sowie Gegenmaßnahmen, wenn negative Abweichungen von Standards beobachtet werden, obliegen auf der Ebene der Einzelschule neu gefassten Schulleitungen, die – im Zuge einer stärkeren Autonomisierung der Einzelschulen – mehr Entscheidungsrechte erhalten sollen. Dies erfordert gleichursprünglich eine kollektives Reagieren der Lehrerschaft und damit eine Umformung der individualistischen zu einer kollektiven Profession (Verbindung der Ebene Einzelschule zur Zentrale).
- Wie die einzelne Schule reagiert, wenn es negative Abweichungen von Standards gibt, erfolgt innerhalb eines Regelkreislaufes, an dem Schulinspektion, -aufsicht und Zentrale mitwirken; Letztere gibt Standards vor;

---

5 Es ist hier eine differenzierungstheoretische Sicht des Schulsystems zu Grunde gelegt (vgl. Brüsemeister 2004a, 13-33).

daran orientieren sich Inspektionsberichte, die den Schulen übergeben sind und die dann zu Zielvereinbarungen zwischen der Schule und ihrem Schulamt führen sollen, über deren Erfolge letztlich auch wieder die Zentrale erfährt. Das Reagieren der einzelnen Schule erfolgt in Abstimmung mit Zielvereinbarungen, die die Schule mit dem zuständigen Schulaufsichtsamt abschließt (Verbindung Ebene Schule, Intermediäre, Zentrale, da letztlich auch dort die Umsetzung der Zielvereinbarung registriert wird).

Gegenüber der antagonistischen und damit „locker" gefassten Koordination zwischen Zentrale, Intermediären und Lehrkräften deutet ein solches Maßnahmenbündel an: Es sind Regelkreisläufe intendiert, die alle intra-organisatorischen Ebenen einbeziehen. Insbesondere sollen mit einem systemischen, von der Administration ausgehenden, auf allen anderen Ebenen „ausgefüllten" Berichtswesen einzelne Leistungsbausteine beobachtet und einem institutionalisierten Regelsystem zugeführt werden.

Ob damit eine intensivere Abstimmung zwischen den Ebenen gelingt, hängt freilich entscheidend von einer zumindest ähnlichen Handlungslogik der Akteure ab – so könnte man zunächst denken. Soll eine Steuerungsmaßnahme, die auf einer Ebene des Schulsystems konzipiert wird, auf anderen Ebenen adaptiert werden, so hängt dies einerseits von zumindest ähnlichen Interessen, Kommunikations- und Handlungsorientierungen der Akteure auf diesen Ebenen bzw. Teilbereichen der Schule ab. Andererseits lässt sich davon ausgehen, dass die Adaptions- und Verstehens-Möglichkeiten zwischen den Ebenen und Akteuren begrenzt sind; man kann dies mit Luhmann (1997, 768-770) als „Interdependenzunterbrechung" bezeichnen. In einem ganz allgemeinen Sinne verstehe ich darunter eine Unterbrechung von Beobachtungen und damit verbundene Beeinflussungsmöglichkeiten. Für unseren Zusammenhang, das Mehrebenensystem der Schule gesehen bedeutet dies, dass sich bildungspolitische Integrationsbemühungen einerseits sowie Koordinationshemmnisse andererseits gegenüberstehen. Letztere werden erkennbar, wenn man, wie im Folgenden, die Handlungslogiken verschiedener innerschulischer Akteure betrachtet.

2.3 Ebene Zentrale

Die Aufgaben der Zentrale lassen sich differenzieren nach drei Akteuren: Bildungspolitik, Bildungsmonitoring und Bildungsverwaltung. Sie eint die grundsätzliche Aufgabe der öffentlichen Ausweisung von ausgewählten Leistungsdaten des Schulsystems als Ganzem, damit verbunden die Legitimation des Schulsystems insgesamt – eine Aufgabe, die auf keiner anderen Ebene übernommen werden kann. Diese Funktionsausübung erfolgt in einem demokratischen Gemeinwesen als öffentliche Beauftragung.

2.3.1 Bildungspolitik

(a) Teilsystem- und Handlungsorientierung
Die öffentliche Beauftragung erfolgt für den Akteur Bildungspolitik durch politische Wahl. Für eine bestimmte Zeitperiode wird ein öffentliches Mandat erteilt, bestimmte Bildungsprogramme zu beschließen. Damit verbunden sind Eigeninteressen dieses Akteurs hinsichtlich einer politischen Wiederwahl. Entsprechend wird über Bildung im Modus von Politik und Macht (einen legitimen Auftrag für die Umsetzung eines Programms erhalten zu haben) gesprochen. Die Kommunikation über Bildung ist durchsetzt mit zeitlich befristeten Optionen, politische Mehrheitsentscheidungen für Leitideen und Programme zu organisieren. Bildungspolitik orientiert sich damit nicht rein an pädagogischen Zielen, sondern an politischer Machbarkeit. Dies erfordert Abstimmungen mit parlamentarischen Mehrheiten (in der Schweiz gibt es ggf. zusätzlich Volksentscheide). Erst die im Modus von Politik und Macht getroffenen Entscheidungen verleihen Bildungsprogrammen *Legitimität*. Neben dieser normativen Dimension müssen sachlich gesehen bildungspolitische Programme für andere Ebenen des Schulwesens in verschiedene administrative sowie pädagogische Programme übersetzt werden.

(b) Kommunikationsarten
Der Akteur Bildungspolitik ist an der Kommunikationsart (politischer) Macht orientiert.[6] In inhaltlicher Hinsicht geht es darum, kollektiv verbindliche Entscheidungen für bildungspolitische Programme zu organisieren.

Kommunikationsarten, die es in der Profession der Lehrkräfte gibt – eine Wertegemeinschaft, die Nichteinmischung in Belange von Kollegen, die Orientierung am besseren Argument ohne eine Verquickung mit Macht, einschließlich guter pädagogischer Absichten, ein Vorschuss an Vertrauen (Inputs) – sind eher fremd. Dies gilt auch dann, wenn ein Akteur über pädagogische Felder in die Bildungspolitik gelangt. Denn will man bildungspolitische Ziele erreichen, muss auf eine Kommunikation umgestellt werden, die an Entscheidungen und Macht (Politik) orientiert ist. Dies bedeutet nicht, dass pädagogische Kommunikationen nicht vorkommen, sondern nur, dass sie letztlich in eine entscheidungsförmige und an Politik orientierte Kommunikation überführt werden müssen, weil am Ende Bildungsprogramme politisch entschieden werden.

---

6   Vgl. zum Kommunikationsmedium Macht: Luhmann 2000b, 18-68.

(c) Leistungsbeziehungen und Interdependenzunterbrechungen
Bildungspolitische Entscheidungen wirken sich – in unterschiedlicher Intensität – auf alle anderen Ebenen des Schulsystems aus, in positiver und/oder negativer Weise. Aus Entscheidungen folgen Ressourcenzuweisungen und Ressourcenentzug – der Begriff Ressourcen hier im weitesten Sinne verstanden –, sie eröffnen Handlungschancen und beinhalten Restriktionen. Damit sind sowohl Leistungsbeziehungen, als auch Interdependenzunterbrechungen zu anderen Ebenen und Akteuren verbunden. In positiver Hinsicht erbringt der Akteur Bildungspolitik für andere Ebenen die Leistung „Legitimation". In negativer Hinsicht beinhaltet diese Leistung gleichursprünglich eine *politische Fokussierung* pädagogischer Themen, die den Akteur gleichzeitig *befähigt und begrenzt*, andere Akteure und Ebenen in den Blick zu nehmen. Die größte Differenz besteht dabei gegenüber der pädagogischen Kommunikation der Lehrkräfte, die in einem vollständig anderen, nämlich an Interaktionen orientierten Modus abläuft als die Orientierung an organisationalen Entscheidungen, Macht und Politik.

Bildungspolitische Steuerungsreformen verändern Akteurkonstellationen teilweise absichtsvoll, z.B. durch Schaffung neuer Schulinspektionen, teilweise unbeabsichtigt (z.B. durch Einführung von Konkurrenz zwischen Schulämtern und Schulinspektion). Nimmt man den Akteur Bildungspolitik für sich, so scheinen dessen Verfügungsrechte zum Treffen von Entscheidungen groß. Sie finden jedoch – wie zu zeigen sein wird – eine Grenze in der Verfassung des Mehrebenensystems, deren Akteure mitunter deutlich anderen Handlungslogiken folgen.

2.3.2 Bildungsmonitoring[7]

(a) Teilsystem- und Handlungsorientierung
Ein weiterer Akteur auf der Ebene Zentrale sind Abteilungen, die sich mit Fragen des Bildungs- und Systemmonitorings beschäftigen. Im deutschsprachigen Raum haben diese Abteilungen teilweise verschiedene Namen. Die klassische Bildungsplanung beschäftigte sich vor allem mit Strukturfragen, insbesondere einer Verzahnung zwischen Schulsystem und Beschäftigungssystem (vgl. Schlegel 2003). Demgegenüber weisen heutige Monitoringabteilungen Unterschiede auf. Ihre Aufgaben bestehen darin, ein Berichtswesen zu erstellen, d.h. Daten zu verschiedenen Systemebenen zu generieren oder vorhandene Daten so aufzubereiten, dass daraus strategische Entscheidungen der Bildungspolitik folgen können (dies wird unten skizziert). Diese Funktion hat in der evaluationsbasierten Steuerung große Bedeutung. Insofern lässt sich davon ausgehen, dass Akteuren,

---

[7] Dieser Abschnitt verdankt sich Erfahrungen bei der Begleitung einer Fachtagung von schweizerischen Bildungsplanungsabteilungen (Kantone Zentralschweiz, Bern, Zürich) vom 6.-7.12. 2004, in Zürich.

die für das Systemmonitoring zuständig sind, nicht unerhebliche Verfügungsrechte zum Treffen von Entscheidungen zuerkannt sind. Neu ist zudem, dass Monitoringabteilungen explizit stark Bezug nehmen auf Befunde der Empirischen Bildungsforschung, die als Referenzrahmen für das Berichtswesen Verwendung finden und aus denen Planungsofferten für die Bildungspolitik generiert werden. Obwohl empirische Untersuchungen dazu ausstehen, lassen sich also erhebliche Unterschiede zwischen der früheren Bildungsplanung und dem heutigen Systemmonitoring vermuten, die vor allem darin bestehen, dass im Systemmonitoring die Planung daten-, ergebnis- und outputbasiert ist, sich auf Befunde der Empirischen Bildungsforschung stützt. Trotz diesen inhaltlichen Differenzen zu früheren Aufgaben der Bildungsplanung wird teilweise von Monitoringabteilungen selbst auch der Begriff „Bildungsplanung" als Amts- und Funktionsbezeichnung in Anspruch genommen. Trotz dieser Selbstbeschreibung verwende ich nachfolgend der Einfachheit halber nur den Begriff Bildungsmonitoring, auch wenn darunter Aufgaben der Bildungsplanung fallen, die aktuell jedoch stärker datenbasiert sind.

Welche Funktionen das Monitoring im Mehrebenensystem der Schule hat, lässt sich erkennen, wenn man seine Arbeitsweise betrachtet: nämlich Daten eines systemischen Berichtswesens der Bildungspolitik so zuzuführen, dass sich daraus strategische Entscheidungen für das Schulwesen als Ganzes treffen lassen.[8] Das Bildungsmonitoring bedient damit ebenfalls, zusammen mit der Bildungspolitik (s.o.) und der Bildungsverwaltung (s.u.) die Legitimationsfunktion des Schulsystems. In der Selbstbeschreibung der Akteure des Monitorings kommt der Anspruch hinzu, einen (entscheidenden) Beitrag zur schulischen Systementwicklung zu leisten.

Dafür benötigt ein Bildungsmonitoring (nur) aggregierte Daten über ausgewählte Leistungsbereiche des schulischen Systems, so z.B. zu Übertrittzahlen und -leistungen von SchülerInnen (siehe auch die Haltung in der Schweiz, zum Wechsel der SchülerInnen in 3., 6. und 8. Klassen; vgl. Bähr 2003). Mit Individualdaten zu einzelnen SchülerInnen oder Lehrkräften kann die Legitimationsfunktion, die das Schulsystem als Ganzes als Bezugspunkt hat, vom Bildungsmonitoring und der Bildungspolitik nicht erfüllt werden. (Zudem würde die Bildungspolitik ihre Dienstrechts- und Datenschutzpflichten verletzen, würde sie einzelne Personendaten publik machen.) Für die Steuerung im Rahmen eines Monitorings und die damit verbundenen Legitimationsaufgaben sind also nicht Individualdaten auf der Ebene der Schule oder der Klasse, sondern aggregierte Daten der Bezugspunkt (vgl. Bähr 2006).

---

8 Dies in Abgrenzung zu bisherigen Fassungen bildungsplanerischer Funktionen, die sich in der bürokratischen Steuerung als verschiedene Aktivitäten von Inputvorgaben bis zur unteren Schulaufsicht verteilen.

Monitoringabteilungen sind in formaler Hinsicht Teil der Bildungsadministration. Die Kommunikation der betreffenden Akteure hat dabei eine doppelte Ausrichtung. Sie ist zwar ebenfalls an der politischen Machbarkeit von Bildungsprogrammen orientiert, aber dabei werden die Bildungsprogramme zuvor mit Argumenten untermauert. Es herrscht nicht allein eine entscheidungsförmige, an Politik und Macht, sondern auch eine an Wissenschaft orientierte Kommunikation vor, sofern Befunde der Empirischen Bildungsforschung rezipiert werden, was freilich in den jeweiligen Standorten in unterschiedlicher Intensität der Fall sein wird, aber doch deutlich als Trend erscheint. Insofern haben Monitoringabteilungen – gerade nach dem durch PISA entstanden Druck (vgl. dazu generell für Bildungsverwaltungen: Dedering/Kneuper/Tillmann 2003), aber auch als Produkt einer seit etwa 15 Jahren andauernden Diskussion um eine Modernisierung von Verwaltungen – einen anderen Charakter als die bisherige Bildungsplanung, insofern nicht nur klassischerweise Entscheidungsalternativen für die Politik entwickelt werden, sondern diese auch mit wissenschaftlichen Befunden untermauert sind. Diesbezüglich gilt, dass die Kommunikationsarten von Politik und Wissenschaft aufeinander bezogen werden müssen. Ein Monitoring beinhaltet insofern, *Wissenschaft mit den Augen der Politik zu deuten* und *Politik mit den Augen der Wissenschaft zu beraten*. Es liefert der Politik wissenschaftsgestützte Instrumente. Ein Ministerium benötigt einen internen Stab von Fachleuten, der wissenschaftliche Argumente auf ihre politische Machbarkeit hin überprüft. Dies bedeutet, dass die Akteure im Rahmen von Monitoring gleichsam wie in einer „Reagenzglassituation" verschiedene „Stoffe" zu einer „Mixtur" zusammenbringen: auf der einen Seite wissenschaftliche Argumente, auf der anderen Seite eine Sichtung und Gewichtung dieser Argumente mit Blick auf Möglichkeiten der Politik.

In Bezug auf die Bildungspolitik kann ein Bildungsmonitoring einerseits Orientierungswissen und Koordinationsempfehlungen bieten, jedoch nie selbst entscheiden; Letzteres obliegt der Bildungspolitik. Andererseits kann ein Programm von vornherein so gestaltet werden, dass es bildungspolitisch „durchkommt". Ein Monitoring beinhaltet somit die Einspeisung und Übersetzung pädagogisch-wissenschaftlicher Argumente in politische Entscheidungsprozesse.

Wendet man sich in einer Mikroperspektive weiteren arbeitsorganisatorischen Details zu, lässt sich sehen, dass die betreffenden Akteure nicht nur selbst Probleme definieren, sondern sie auch von der Politik definiert bekommen. Man besetzt nicht nur von sich aus proaktiv thematische Felder, sondern muss teilweise ebenso auch Vorgaben der Bildungspolitik reaktiv aufgreifen. Unabhängig davon scheint jedoch ein gleich bleibender Kern von Aufgaben gegeben. Bildungsziele und Entwicklungsszenarien müssen, zusammen mit wissenschaftlichen Befunden und Begründungen, in den politischen Entscheidungsprozess

2.3 Ebene Zentrale

eingespeist werden, sei es, dass die Erstimpulse von den Akteuren selbst, oder von der Bildungspolitik ausgehen. In diesem Zusammenhang ist zudem ein hohes Wissen über Kontextbedingungen notwendig, d.h. Wissen darüber, wie man Programme umsetzt, z.B. zusammen mit Schulen und Eltern. Ebenfalls besteht die Aufgabe, Abstimmungsprozesse zusammen mit Schulämtern – neuerdings auch mit der Schulinspektion – zu gestalten, bevor man ein Programm der Bildungspolitik zur Entscheidung gibt.

Ein weiterer Aspekt scheint, dass für Akteure eines Monitoring die Entwertung der eigenen Arbeit gleichsam mit zum Tagesgeschäft gehört.[9] Die Entwertung nimmt sich einesteils als selbst verschuldet aus – sofern man Programme so umbauen muss, dass sie politisch genehm und finanzierbar sind. Andernteils kann die Entwertung der Arbeit fremdverschuldet sein, insofern ein Programm von der Politik abgeschmettert werden kann. Damit verbunden scheinen jedoch auch Möglichkeiten des Lernens. Denn erstens bedeutet das Abschmettern eines Programms nicht nur, dass man von vorn anfangen muss, sondern auch von vorn anfangen *kann*; es ist eine Handlungsoption für eine Organisation, das nächste Programm ganz anders machen zu können als das vorige. Und Zweitens: Abgeschmetterte Entwürfe müssen nicht verschwinden, sondern können „in der Schublade" parat liegen, können zum Gedächtnis der Organisation werden, und dann proaktiv – für sich abzeichnende Gelegenheiten – oder reaktiv – bei bildungspolitischen Vorgaben – „aus der Schublade" geholt werden.

Zudem ist es möglich, schon bei der Geburt eines Planungsprogramms seine politische Ablehnung mit einzurechnen. Dies schafft einerseits Probleme der Identifikation der MitarbeiterInnen, andererseits aber auch eine gewisse Distanz selbst zu engagierten Planungsofferten. Zudem hat die Bildungspolitik eine gewisse Korrekturfunktion gegenüber „unfertigen" oder fehlerhaften Planungsofferten, insofern diese erst noch einen politischen Entscheidungsprozess durchlaufen müssen, d.h. nochmals beobachtet werden. So lange sich die MitarbeiterInnen bei der professionellen Zuarbeit von wissenschaftlich begründeten Entscheidungsofferten für die Politik nichts vorwerfen können, ist die Zustimmung oder Ablehnung des Arbeitsergebnisses von Anfang an klar externalisiert; das professionelle Erarbeiten von Entscheidungsalternativen ist eine Sache, die politische Entscheidung durch die Bildungspolitik jedoch eine Zweite. Dies schafft im Innern der Organisation Entlastung, sofern das Monitoring zu einem – durchaus ernsten – „Spiel" wird, bei dem alles verloren werden kann (wenn ein Programm politisch abgelehnt wird), aber auch alles gewonnen werden kann (bei Annahme des Programms). Dieses Risikobewusstsein kann in der Organisation so wirken,

---

9   Diese Beobachtung verdanke ich einer Bemerkung von Stefan Wolter auf der o.g. Tagung.

dass alles dafür getan wird, eine Offerte von vornherein politisch „wasserdicht" zu machen.

(b) Kommunikationsarten
Akteure des Monitorings bewegen sich – als Teil der Administration – wie die Bildungspolitik im Kommunikationsmodus von Organisation, Politik und Macht; gleichzeitig sind sie an wissenschaftlicher Kommunikation ausgerichtet, insofern Befunde der Empirischen Bildungsforschung genutzt sind, die zu politischen Entscheiden vorbereitet werden.

Wenn innerhalb eines Monitorings Wissenschaft mit den Augen der Politik gedeutet und Politik mit den Augen der Wissenschaft beraten wird, dann hat diese doppelte Tätigkeitsausrichtung selbst einen professionellen Zuschnitt, ist selbst professionalisiertes Handeln. Selbst wenn das Monitoring Probleme von der Bildungspolitik *definiert* bekommt, werden sie in einem eigenen professionellen Modus verarbeitet, sofern das Reagieren auf Politik mit einer eigenständigen Rezeption wissenschaftlicher Befunde erfolgt. Somit lässt sich davon ausgehen, dass dort, wo es ein Monitoring gibt, das sich auf Befunde der Empirischen Bildungsforschung stützt, der Akteur professionalisiert ist, und zwar in Bezug auf den Umgang mit Wissenschaft, und gleichzeitig in der Auf- und Zubereitung von deren Befunden für politische Entscheidungen.

(c) Leistungsbeziehungen und Interdependenzunterbrechungen
Dieser Mix von Politik und Administration einerseits sowie Wissenschaft und professionellen Handlungsanteilen andererseits eröffnet bezüglich seines wissenschaftlichen und professionellen Teils ein potenziell anderes Verständnis für Lehrkräfte, als es die Bildungspolitik haben kann. Die Kommunikation und Koordination mit Lehrkräften kann von den betreffenden Akteuren wissenschaftlich reflektiert werden. Es muss nicht bei Anordnungen bleiben, sondern es kann, vermittelt über wissenschaftliche Befunde, *argumentiert* werden; damit wird ein Modus bedient, den auch Lehrkräfte verwenden. Angesichts der Wissenschaftsferne der Lehrkräfte ist dies zwar per se kein Vorteil, um damit auch Lehrkräfte besser erreichen zu können. Aber Akteure des Monitoring könnten ihre eigenen Haltungen leichter reflektieren, als es die Bildungspolitik tun kann, und damit von *ihrer eigenen Seite aus* Möglichkeiten für ‚höher skalierte' Koordinationen mit Lehrkräften schaffen.

Im Rahmen von Monitoring wird derzeit, zusammen mit der Bildungspolitik, an einer gravierenden Umgestaltung der Leistungsbeziehungen zwischen schulischen Ebenen gearbeitet, insofern Bildungsstandards sowie darauf bezogene großflächige Evaluationen (Leistungsvergleichsstudien, zentrale Abschlussprüfungen, Schulinspektionen), die alle Schulen betreffen, eingeführt werden bzw. teilweise realisiert sind. Standards und darauf bezogene Messsysteme liefern Berichtsdaten für ein Monitoring, aus dem heraus dann wieder Einzelentscheidungen der Bildungspolitik, die zeitliche, inhaltliche, personelle und organisatorische Programmpunkte beinhalten, getroffen werden. Insgesamt soll durch Beobachtung und Bewertung einzelner Leistungsdaten die Qualität des Schulegebens erhöht werden.

Diese massiv erweiterten und intensivierten Beobachtungen beinhalten gleichzeitig Störbeziehungen für die übrigen Ebenen des Schulsystems. Akteure auf diesen Ebenen werden mit Berichtsdaten konfrontiert, müssen sie interpretieren und ebenfalls Handlungsentscheidungen daraus ableiten. Berichte steigern jedoch erst einmal die Komplexität von Sinn. Und auch die Absicht, mit Berichtsdaten eine Kultur der Selbstevaluation einzuleiten, wird auf anderen Ebenen des Schulsystems mit Schwierigkeiten verbunden sein. Dies ist insbesondere für Lehrkräfte zu vermuten, die nur zum Teil an Wissenschaft orientiert sind, für Meta-Reflexionen kaum Routinen haben und eher gewohnt scheinen, sich an Inputvorgaben (weniger an Ergebnissen) zu orientieren (vgl. Arnold u.a. 1999, 119).[10] Während also bezogen auf die Arbeitspraxis durchaus eine Brücke zwischen dem professionalisierten Handeln in einem Monitoring sowie den Lehrkräften gebaut sein könnte, werden die Akteure des Monitorings (zusammen mit der Bildungspolitik) aus Sicht der Lehrkräfte vermutlich nach wie vor fremd erscheinen, die allenfalls „Störbeziehungen" evozieren, sofern durch externe Vorgaben in die Autonomie und damit die eigenständige Reproduktionsart der Lehrerprofession eingegriffen werden kann. In einem Monitoring ist – aus Sicht von Lehrkräften formuliert – der Eingriff potenziell detaillierter als in der bisherigen bürokratischen Steuerung, wenn man Bildungsstandards berücksichtigt, da diese Standards – von der Ergebnisseite erreichter Schülerkompetenzen her – Effekte des Lehrerhandelns weitaus genauer beobachten, als die „global" formulierten Inputs der bisherigen Steuerung.

2.3.3 Bildungsverwaltung

(a) Teilsystem- und Handlungsorientierung
Die bislang auf der Ebene Zentrale angesprochenen Akteure und ihre spezifischen Sinnorientierungen bewegen sich im Rahmen einer staatlichen Trägerschaft, die Formen der Verwaltung bedarf. Die Bildungsverwaltung ist insofern einerseits integraler Bestandteil dieser Akteure, andererseits auch ein Akteur für sich. Seine Funktionen kommen auf verschiedenen Ebenen des Schulsystems

---

10   Eine Einfindung in eine Evaluationskultur ist dagegen für die bestehende Schulaufsicht – zu gewissen Teilen –, vor allem aber für neu geschaffene Schulinspektionen zu vermuten, da Evaluationen zu den praktischen Tätigkeiten gehören.

vor, erstrecken sich in der Flächenorganisation staatlicher Schulsysteme bis zur unteren Schulaufsicht. Da ich diese auf der intermediären Ebene verorte, der ein eigener Abschnitt gewidmet ist (2.4), konzentriere ich mich im Folgenden nur auf einen Akteur Bildungsverwaltung auf der Ebene Zentrale.

Vorherrschend war bislang eine bürokratische Fassung der schulischen Verwaltung. Formale Kriterien einer bürokratischen Verwaltung – legale Herrschaftsausübung, bürokratischer Verwaltungsstab und Amtshierarchie, Fachqualifikation und Aktenmäßigkeit, Orientierung an sachlichen Zwecken (vgl. Weber 1964a, 124-126; 551-556) – sind gemeinhin bekannt. Wie nun Tillmann und Vollstädt (2001, 11) für die bürokratische Schulverwaltung betonen, hat sie eher Kontinuität im Blick, anders als die Bildungspolitik, die sich in Deutschland an einer in der Regel vier Jahre währenden Legislaturperiode orientieren muss. Aktivitäten der Bildungspolitik müssen dagegen aus Sicht der Verwaltung „in ihren Auswirkungen auch in fünf oder sechs Jahren noch sinnvoll und beherrschbar sein" (ebd., 12). Während die Bildungspolitik eher an einer Machbarkeit orientiert ist – die auch aktuelle Gelegenheiten im politischen Konstellationsgefüge nutzen muss –, besitze die Bildungsverwaltung „ein lang angesammeltes Fachwissen und eine hohe Feldkenntnis, die sich gegenüber der politischen Seite immer wieder beratend in die Debatte einbringt" (ebd.). Mit anderen Worten korreliert die Verwaltung Ambitionen der politischen Machbarkeit regelmäßig mit einer organisatorischen und rechtlichen, auf den eigenen Apparat und die übrigen Schulebenen bezogenen *Umsetzbarkeit*. In der Form der Bürokratie, aber auch des New Public Management (NPM) – dazu anschließend mehr – sind die Aufrechterhaltung einer organisatorischen und rechtlichen Ordnung zentrale Gesichtspunkte der Orientierung. Dies ist gleichursprünglich legale Herrschaftsausübung mittels gesatzten Rechts (Weber 1964a, 125).

Zu den bürokratischen Formen der Verwaltung sind in den letzten Jahren partielle Orientierungen der Bildungsverwaltungen an Leitbildern und Programmen einer „wirkungsorientierten Verwaltungsführung" (Buschor 1993) hinzu gekommen. Maßgeblich sind dafür Modelle der Neuen Steuerung (KGSt 1993) und des NPM (Schedler/Proeller 2000). Gegenüber der bisherigen rein bürokratischen Fassung einer ‚input-orientierten' Verwaltung setzen diese Modelle stärker auf ein ‚output-orientiertes' Management, das sich an Daten orientiert, die auf verschiedenen Ebenen im Schulsystem erhoben werden sollen. Über die Varianten einer bürokratischen und einer am NPM ausgerichteten Verwaltung hinweg bleibt für die Bildungsverwaltung die Orientierung an „Ordnung, Gleichbehandlung und Rechtsgleichheit" (Bähr 2006, 134) zwar ein gemeinsames Muster. Im NPM und NSt halten jedoch zumindest der Semantik nach stärkere Orientierungen an Effizienz und Effektivität Einzug, die aus der betriebswirtschaftlichen

2.3 Ebene Zentrale

Organisationslehre übernommen sind und ein stärkeres Management beinhalten (für Hochschulen: Braun 2001; für Schulen: Dubs 1996a; 1996b). Obwohl Forschungen hierzu weitgehend ausstehen[11], scheint ein solches Management in Deutschland ein eigentümlicher Mix zu sein, bestehend aus einer semantischen Modernisierung, knappen Haushaltsmitteln, und Festhalten an der Bürokratie. Die knappen Mittel führen offensichtlich nicht dazu, dass man sich auf bestimmte Ziele strategisch konzentriert, wie es das NPM-Programm eigentlich vorsieht. Stattdessen scheint der Staat konventionell weiterhin als „Alleskönner" verstanden zu werden, der nur wenige seiner Zuständigkeiten abgibt. Daraus resultieren dann jedoch regelmäßig wahrgenommene Überforderungen. Man sieht sich immer neuen Teilbefunden zur Situation des Schulsystems ausgesetzt, was – zusammen mit der Bildungspolitik, die in diesem Zusammenhang explizit mit angeführt werden muss – zu einem eher kurzfristigen Krisenmanagement führt. Reagiert wird beispielsweise auf Unterrichtsausfälle, Lehrermangel, zu hohe Quoten von Schulwiederholern und Abbrechern sowie Gewalt an Schulen. Und Antworten der Verwaltung (und der Bildungspolitik) scheinen unter dem Druck zu stehen, allenfalls kostenneutral, wenn nicht Kosten einsparend sein zu müssen (z.B. Kürzungen des Elternbüchergeldes, Erhöhung der Stundendeputate von Lehrkräften, Änderung von Schuleinzugsbereichen, Zusammenlegen von Fächern, Stellenabbau in den Landesinstituten).

Diese Politik der Verwaltung lässt sich als „kalte" oder „konservative Transformation" bezeichnen (vgl. Brüsemeister 2004a, 448). Denn trotz fortschrittlicher Semantiken, die mit den Maßnahmen verbunden werden, bildet nicht positive Gestaltung, sondern ein Verwalten bzw. ein Abwehrversuch des Mangels den Kern der Aktivitäten. Dies wirkt sich ebenfalls aus auf an sich durchdachte Konzepte wie z.B. die Schulinspektion. Diese soll der Idee nach eine unabhängige Fachbeurteilung von Lehrkräften für Lehrkräfte sein, welche dann jedoch teilweise verwässert wird, wenn Schulaufsichtsbeamte als ehemalige Kontrolleure – vermutlich aus Kosten- und Opportunitätsgründen – ebenfalls an

---

11 Vgl. jedoch zusammenfassende Erfahrungen hinsichtlich der Überforderung von Verwaltungen durch Reformen: Röber 2005; zudem explorative Überlegungen anhand von Daten zum Schulsystem Bayerns: Brüsemeister 2004a, 447-451.

Inspektionsteams teilnehmen sollen (siehe nachfolgend Abschnitt 2.4).[12] Durch solche auf Restriktionen reagierenden Maßnahmen bleiben Gestaltungen der Bildungspolitik auf der Strecke, die im internationalen Zusammenhang längst als die Schulqualität fördernd angesehen werden; dazu gehört insbesondere eine echte Autonomie der einzelnen Schule.

(b) Kommunikationsarten
Insgesamt ist eine Bildungsverwaltung in formaler Hinsicht an ‚Ordnung, Gleichbehandlung und Rechtsförmigkeit' orientiert (Bähr), wobei sich dieser Grundmodus in den praktischen (von der Bildungspolitik mit motivierten) Strategien zwischen Mängelverwaltung und Gestaltung ausprägen kann. „Politik vergeht – Verwaltung besteht": Entlang dieser Formel kann auch derzeit eher von weitgehend gleich gebliebenen Verfügungsrechten dieses Akteurs ausgegangen werden. Dabei steht von der Funktion her die Umsetzbarkeit – die sich an gegebenen Ressourcen orientiert – der von der Bildungspolitik konzipierten Maßnahmen im Vordergrund.

(c) Leistungsbeziehungen und Interdependenzunterbrechungen
Dem Akteur Bildungsverwaltung begegnen Lehrkräfte klassischerweise mit einem „antihierarchischen Affekt" (Krainz-Dürr 2000), d.h. sie identifizieren Verwaltung als eine bürokratische Organisation, die man fern von eigenen professionellen Aufgaben liegen sieht. Auch neue Formen einer manageriellen Verwaltung scheinen daran nicht viel zu ändern, obwohl die empirische Forschungslage auch hierzu schwach ist.

2.4 Intermediäre Ebenen

2.4.1 Bisherige Schulaufsicht

(a) Teilsystem- und Handlungsorientierung
Der Akteur Schulaufsicht hat in dem historisch entstandenen Steuerungsmodell die – wie schon der Akteurname besagt – Aufgabe der gebietsbezogenen Auf-

---

12 Aus ähnlich gelagerten Gründen scheint sich die KMK nur zur Umsetzung von Regel- und nicht von Mindeststandards entschlossen zu haben. Regelstandards für Kohorten von SchülerInnen geben „eine mittlere Niveaustufe" an, „die im Durchschnitt erreicht werden soll" (Klieme u.a. 2003, 27). Diese wurden von der KMK verabredet, während die Mindeststandards eine Stufe festlegen, „unter die kein Lernender zurückfallen soll" (ebd.). Mindeststandards scheinen deshalb nicht von der KMK beschlossen, da deren Einhaltung in den Ländern hätte überprüft werden müssen (auch Umarbeitungen von Curricula wären notwendig gewesen), was vermutlich zu teuer gewesen wäre, und was auch Eltern Klagemöglichkeiten gegeben hätte.

2.4 Intermediäre Ebenen

sicht der Schulen, die in einem „intermediären" Zusammenhang mit Vorgaben der Zentrale stehen, die gegenüber Schulen vertreten werden. In dem bisherigen Steuerungsmodell beinhaltet dies die Rechts- und Fachaufsicht der Lehrkräfte. Dazu ist zumindest teilweise der Anspruch gekommen, Schulen und Lehrkräfte zu beraten. Angesichts ungünstiger Betreuungsrelationen eines Schulrates, der für zu viele Lehrkräfte zuständig ist, ist der Beratungsanspruch jedoch deutlich relativiert, obwohl er in einzelnen Fällen vorkommt. Zudem reibt sich die Kommunikationsform Beratung mit der Kommunikationsform Aufsicht bzw. Kontrolle, als der Hauptfunktion staatlicher Schulämter.

Darüber hinaus wird die Fachaufsicht derzeit an die neu geschaffenen Schulinspektionen übergeben; gleichzeitig übernehmen die Ämter eine bestimmte Rolle im Inspektionssystem, nämlich mit der einzelnen Schule eine Zielvereinbarung zu machen, die sich aus dem Bericht der Schulinspektion speist. Der Akteur Schulaufsicht wird somit in neuen evaluationsbasierten Steuerungen deutlich verändert. Ein Teil der Verfügungsrechte wird an die Schulinspektion verlagert; die Schulaufsicht wird strukturell geschwächt.

(b) Kommunikationsarten
Davon abgesehen lässt sich der Akteur so charakterisieren, dass er eine entscheidungsförmige und auf die administrative Organisation bezogene Kommunikation pflegt, wobei gemäß institutionalisierter Zuständigkeit Exekutivaufgaben im Vordergrund stehen.

Dazu sind in den vergangenen Jahren im Zuge einer Umbildung der staatlichen Verwaltungen in Richtung NPM und des Neuen Steuerungsmodells Managementaufgaben gekommen, wobei auch hierbei die Forschungslage bezüglich einer echten Umstellung schwach ist. Deutlich ist jedoch ein weiterer Punkt, nämlich eine bislang kaum praktizierte Handhabung wissenschaftlicher Daten; stattdessen dominiert eine entscheidungsförmige Kommunikation.

(c) Leistungsbeziehungen und Interdependenzunterbrechungen
In der bisherigen Steuerungslandschaft konnte die kontrollierende Aufsicht – bei bestehender Zuständigkeit, in der Lehrerbeurteilung Personalentscheidungen treffen zu können – von den Lehrkräften faktisch im Zuge ritualisierter Spiele beschränkt werden.

Welche Rolle der klassische Akteur Schulaufsicht *gegenwärtig* für Leistungs- und Störbeziehungen spielt, ist für das Schulsystem Deutschlands – eingedenk der oben angedeuteten Abgabe von Leistungsaufgaben an die Schulinspektion – abzuwarten bzw. es ist eine Aufgabe der empirischen Governanceforschung, dies zu rekonstruieren.

2.4.2 Neue Schulinspektion

(a) Teilsystem- und Handlungsorientierung
In einer evaluationsbasierten Steuerungslandschaft spielt gemäß den Konzepten der Bildungspolitik und Bildungsplanung ein neu geschaffener Akteur der Schulinspektion eine herausragende Rolle[13], der neben den bestehenden Akteur der Schulaufsicht tritt. Beide Akteure sind auf einer intermediären Ebene, haben jedoch verschiedene Funktionen. Während sich Aufgaben der Aufsicht auf Kontrolle konzentrieren, steht bei der Inspektion im Vordergrund, Schulen Qualitätsdaten zu spiegeln und sie zu eigenen Entwicklungen anzuregen. Diese Funktion wird als wichtiger angesehen als die Kontrolle. Insofern sind die Verfügungsrechte der Inspektion gegenüber der Schulaufsicht aufgewertet.

Der Idee nach ist die Schulinspektion eine unabhängige Fachbeurteilung von Lehrkräften für Lehrkräfte; in den Inspektionsteams sitzen – zumindest nach den Konzepten einiger Bundesländer – überwiegend Lehrkräfte. Von der Funktion her verlängert die Inspektion den Arm des Staates, Bildungsstandards bzw. allgemeiner die Schul- und Unterrichtsqualität flächendeckend – d.h. *alle* Schulen betreffend – zu überprüfen. Die Ergebnisberichte werden unter Einbeziehung der Schulämter an das Monitoring der Zentrale rückgemeldet. Die Inspektion hat dabei gegenüber den Schulen nur Berichts- und keine Sanktionsfunktionen. Wegen der „neutralen" Begutachtungs- und Berichtsfunktion muss der Akteur institutionell unabhängig auftreten. Berichte von einer unabhängigen Instanz machen den Charakter und die Dominanz neuer, da indirekter Steuerungen deutlich, die letztlich mit der Accountability auch auf der Schulhausebene rechnen bzw. entsprechende Einstellungen bei den Akteuren erzeugen wollen. Gesamtabsicht der Handlungsausrichtung der Inspektion ist es, durch Begutachtung *anregend* auf eine Schule zu wirken, so dass sie sich selbst über ihre Schul- und Unterrichtsqualität im Klaren werden kann (vgl. auch OECD 2004b, 3).

(b) Kommunikationsarten
Das Anregungsmedium ist indirekt, basiert auf Berichten unabhängiger BegutachterInnen. In der Sozialdimension hat der Bericht von Fachpersonen für Fachpersonen die Kommunikationsform Profession, d.h. es ist grundsätzlich ein Austausch mit Lehrpersonen möglich. Die Berichte haben zudem in wesentlichen Inhaltsdimensionen wissenschaftlichen Charakter bzw. stellen kondensierte wissenschaftliche Beobachtungsrahmen dar (es wird in allen deutschen Bundes-

---

13 Vgl. auch Abschnitt 6.2.

ländern ein wissenschaftlicher Qualitätsrahmen verwendet). Da nur die Berichtskategorien die zentralen Kommunikationsdimensionen gegenüber Lehrkräften sein sollen, könnte eine Koordination zwischen Wissenschaft und Profession der Lehrkräfte möglich werden. Diese Konstellation ist jedoch mit Schwierigkeiten behaftet, da Lehrkräfte von ihrer beruflichen Praxis her keine WissenschaftlerInnen sind (die Wissenschaftsorientierung, das zeigt die Forschung, endet spätestens mit dem Praxisschock im Referendariat, was auch durch anschließende wissenschaftliche Weiterbildung nicht mehr revidiert werden kann; vgl. z.B. Keuffer/Oelkers 2001). Insofern ist für Lehrkräfte das wissenschaftsgeprägte Kondensat der Berichte ein fremdes Medium.

(c) Leistungsbeziehungen und Interdependenzunterbrechungen
Welche Leistungs- und Störbeziehungen durch regelmäßige, je nach Bundesland alle vier bis fünf Jahre erfolgende Schulinspektionen institutionalisiert werden, ist eine offene Forschungsfrage.

Davon unabhängig soll den Konzeptionen zufolge ein Inspektionsbericht eine Schule zu Eigenbeobachtungen und -evaluationen anregen. Die Kommunikation hat demnach die Form Anregung. Da die Deutung der Konzepte durch Lehrkräfte jedoch zunächst einmal innerhalb von alltags- und berufspraktischen Gewohnheiten erfolgen wird, ist zum einen zu erwarten, dass die Anregungsfunktion als Kontrolle interpretiert wird; dies zusätzlich zu der bestehenden beaufsichtigenden Kontrolle der staatlichen Schulämter. Zum anderen sind Lehrkräften im Zuge des Berichtswesens prinzipiell entlastende und verobjektivierende Funktionen für die eigene Berufsarbeit eröffnet (vgl. Abschnitt 6.1). Ob und in welcher Intensität diese beiden Varianten im Berufsfeld auftreten, dies zu untersuchen obliegt auch hier der Governanceforschung.

2.5 Ebene der Lehrkräfte

(a) Akteure: Teilsystem- und Handlungsorientierung
Für die Ebene der Lehrkräfte ist zunächst zu bemerken, dass hier die eigentliche inhaltliche Leistungsebene des Schulsystems liegt. Auf der Ebene Zentrale wird die Legitimationsfunktion erfüllt, auf der Ebene der Lehrkräfte die Leistungsfunktion, SchülerInnen zu qualifizieren. Dazwischen liegt auf der Ebene der Intermediären eine Berichtsfunktion durch die Inspektion, die die beiden anderen Ebenen verbindet (da die Zentrale auf Basis der Berichte Entscheidungen im Rahmen eines Monitorings treffen will, und der Bericht eine Schule zu Eigenevaluationen anregen soll). Dies sind Leistungen, die von jeweils keinem anderen Akteur erbracht werden können.

Daran wird zunächst ersichtlich, dass es in einem Mehrebenensystem nicht nur einen einzigen Regulationsmechanismus geben kann. Denn für die Legitimation des Schulsystems müssen von der Bildungspolitik politische Mehrheiten mobilisiert, kollektive Entscheidungen organisiert werden. Dazu ist die Ebene der Lehrkräfte nicht fähig – ebenso wenig wie Bildungspolitik und -verwaltung fähig wären, zu unterrichten. Mehrebenensysteme weisen also gerade unterschiedliche Regulationsarten auf, um verschiedene Funktionen erfüllen zu können. Diese verschiedenen Funktionen werden dabei von jeweils gesonderten Akteuren hergestellt, aber dies geschieht eben nicht unabhängig von anderen Akteuren auf anderen Ebenen. So ist es unvorstellbar, dass eine bildungspolitische Legitimation des Schulwesens möglich ist, ohne dass es zuvor Leistungen von Lehrkräften gibt. Ebenso unmöglich ist die Leistung „Unterricht" ohne Rahmenbedingungen der Zentrale und der intermediären Ebenen. Fend (2000, 58) spricht angesichts einer solchen Verschränkung von Leistungen von einer „Ko-Produktion". Wie sich diese Ko-Produktion verändert, ist Thema der schulischen Governanceforschung.

Aktuell lässt sich dabei folgendes beobachten: ein Engagement der Bildungspolitik für evaluationsbasierte Steuerungen, die aus Bildungsstandards und daran gekoppelten flächendeckenden Evaluationen bestehen; daran angebundene Monitoringsysteme als Form der Bildungsplanung; die Einrichtung neuer Akteure wie die Schulinspektion sowie die Umbildung vorhandener Akteure, hier: der Schulaufsicht, die Zielvereinbarungen mit Schulen auf der Basis von Inspektionsberichten treffen sollen. All diese neuen Maßnahmen der schulischen Governance umstellen gleichsam die Profession der Lehrkräfte und sind als gezielte Hilfen gemeint, die Schul- und Unterrichtsqualität zu beobachten und zu verbessern.

Wie skizziert, werden die Maßnahmen von den verschiedenen Akteuren, die sich auf den jeweiligen Ebenen des Schulsystems befinden, im Zuge je eigener Kommunikationsarten, Eigeninteressen und gebunden an verschiedene Teilsystemlogiken verfolgt. Und diese Maßnahmen können auch von Lehrkräften nur innerhalb der ihnen zur Verfügung stehenden Kommunikationsarten interpretiert werden. Es hängt also alles daran, wie der Transfer der Maßnahmen über verschiedene Ebenen hinweg gelingt. Die eigentliche Bruchstelle liegt dabei im Mehrebenensystem zwischen der Ebene Zentrale einerseits sowie der Ebene Lehrkräfte andererseits. Warum ist dies so?

(b) Kommunikationsarten
Erstens muss konstatiert werden, dass die beiden Akteure, die die Hauptfunktionen des Schulsystems erbringen, dies in jeweils anderen Aggregatformen bzw. Modi der Kommunikation tun: Die Lehrkräfte als Professionelle erbringen Un-

terrichtsleistungen im Modus der Interaktion, einzeln, gleichzeitig vieltausendfach in jeweils voneinander abgeschlossenen Klassenzimmern; die Zentrale erbringt die Legitimation des Schulsystems im Modus von Organisation, Mitgliedschaft und Entscheidung. Es findet also keine Regulation zwischen zwei Kollektiven, sondern zwischen einem kollektiven Akteur und einem Akteur statt, der an Interaktionen orientiert ist. Unten (Abschnitt 3.3) wird gesagt, dass für die Akteure in diesem Punkt sehr verschiedene Orientierungsarten von jeweils Organisation einerseits und Profession andererseits bestehen, die, abgesehen von äußerlichen Additionen, kaum miteinander vereinbar scheinen.

Zweitens ist festzustellen: Lehrkräfte müssen sich zwar einerseits innerhalb einer *Arbeitsorganisation* an einem Dienstherren ausrichten, der innerhalb eines Tausches von Leistungen gegen Lohn asymmetrisch die Erfüllung von Leistungen erwarten und bei Nichterfüllung erzwingen kann. Hinsichtlich dieses Bezugspunktes bleibt eine Lehrkraft immer erreichbar für administrative Anordnungen sowie deren Reformierungen, soweit sie im Rahmen des Dienstrechts formuliert sind. Andererseits hat die Lehrkraft gleichzeitig einem „zweiten Herren" zu folgen, nämlich verinnerlichten ‚professional skills', aus denen sich innere Verpflichtungen gegenüber SchülerInnen ergeben, die nicht administrativ kontrolliert werden können (vgl. Scott 1971). Diesbezüglich hat die Steuerung des Lehrberufs von Anbeginn an mit einer Principal-Agent-Beziehung zu kämpfen, innerhalb derer Machtanteile auch Lehrkräften zufallen, da deren professionelle Leistungsbausteine nicht administrativ, im Modus der Mitgliedschaft einer Arbeitsorganisation, erzwungen werden können. In dieser Hinsicht wird die asymmetrische Machtverteilung – aus der arbeitsorganisatorischen Beziehung – angesichts einer eigenverantworteten Kommunikation gegenüber Zöglingen, d.h. von der Lehrkraft als Professionsangehörigem, gebrochen, in eine abhängige Beziehung *der Administration* gegenüber den Lehrkräften verwandelt. Diese Beziehung beruht machttheoretisch darauf, dass die Administration nicht selbst unterrichten sowie die Profession nicht durch andere Akteure austauschen kann, da niemand anderes zur erwünschten Leistungserbringung fähig ist; sie beruht kommunikationstheoretisch darauf, dass es *Diskurse* der Profession gibt, und diese verlaufen anders als die entscheidungsförmige Kommunikation der Administration, denn in der Profession zählen bessere Argumente und nicht Macht; in der Interaktion mit SchülerInnen gibt es einen Input an Vertrauen in die gute pädagogische Absicht, während der derzeitige Manageralismus der Administration auf harte Überprüfungen (Outputs) setzt. Das Dominieren professioneller Argumente führt dazu, dass Steuerungsmaßnahmen mit Blick auf die Bedeutung für die Unterrichtsinteraktion mit SchülerInnen beurteilt werden, und nicht nach einem organisationalem Zweck, sei dieser auch noch so Erwartungen stabilisierend und damit der eigenen Berufspraxis hilfreich. Professionsbezogene Argumente brechen damit regelmäßig entscheidungsförmige und an Mitgliedschaft orientierte Kommunikationen.

Während sich Organisationen über ihre eigenen vergangenen und künftigen Entscheidungen konstituieren – was immer auch Formalisierung bedeutet, da die Entscheidungen und damit das Gedächtnis einer Organisation „aktenkundig" oder in anderen Formen dokumentiert sind –, orientieren sich Lehrkräfte einzeln an einer Geschichte von Unterrichtsinteraktionen, die – wiederum in einer aktuellen Unterrichtssituation – variabel aufgegriffen und transformiert werden muss, was seit Beginn der staatlichen Schule gerade das Eingehen auf Belange von SchülerInnen ermöglichen sollte. Formalisierte Erwartungen und Entscheidungen, wie sie Organisationen eigen sind, sind demgegenüber starr, weniger für ein situationsflexibles Reagieren geeignet. Das Berichtswesen bzw. evaluationsbasierte Steuerungen erwarten dagegen genau umgekehrt, dass der Output eines Handelns dokumentiert werden kann und sich daraus gezielt Folgehandlungen ableiten lassen. Es gibt jedoch derzeit keine Methode, die hochgradig flexible Unterrichtsgeschehnisse am Ort und im Zeitpunkt ihres Geschehens dokumentiert, so dass aus Sicht der Lehrkräfte Evaluationen und Berichte nur nachgeschobene Tätigkeitsbeschreibungen sind, die mit der eigenen Praxis wenig zu tun haben. Es ist aus Sicht der Lehrkräfte überhaupt nicht einsichtig, was Berichtssysteme, die systematisierte Folgeentscheidungen ermöglichen sollen, mit ihrem Unterricht zu tun haben; denn in ihm gibt es keine systematischen Entscheidungen in dem Sinne, dass an dokumentierte frühere Entscheidungen angebunden wird, sondern es wird und muss flexibel – angesichts einer Verantwortung gegenüber variablen Reaktionen von SchülerInnen, die nicht dokumentiert sind – situativ reagiert werden. Diesbezüglich haben Interaktionen eine eigene Geschichte, auf die Berichtssysteme überhaupt nicht eingehen, sondern daraus allenfalls punktuelle Kompetenzmessungen (bei externen Schülerleistungstests) herausgreifen oder summative, die Unterrichtskultur der ganzen Schule betreffende Dokumente erstellen (bei Schulinspektionen), die beide den Unterricht der einzelnen Lehrkraft nicht treffen. Vielmehr stellen diese Maßnahmen je eigene administrativ erzwungene Systeme dar, was unter anderem erklärt, dass Lehrkräfte darauf rational mit einem „teaching to the test" im Rahmen ihrer arbeitsorganisatorischen Rolle reagieren.

(c) Leistungsbeziehungen und Interdependenzunterbrechungen
Diese Differenzen zwischen den Kommunikationseigenarten der Ebene Zentrale und der Lehrkräfte ließen sich fortführen. Sichtbar wird aber schon jetzt, dass das Gesamtarrangement zwischen beiden Akteuren den Charakter einer antagonistischen Kooperation hat, die ein tiefgreifendes Nichtverstehen impliziert.

2.5 Ebene der Lehrkräfte

Hier lässt sich zunächst ergänzen: In der Arbeitsorganisation ist nicht Verstehen Voraussetzung, sondern das Befolgen von Dienstanweisungen. Antagonistische Kooperation beinhaltet gerade, dass trotz verschiedener Kommunikationslogiken beide Akteure auf der Handlungsebene eine Art erzwungene Loyalität zeigen, die das Arrangement der Arbeitsorganisation aufrechterhält. Tatsächlich hat sich die antagonistische Kooperation bislang als stabil gezeigt, so lange von den Lehrkräften im Rahmen der Arbeitsorganisation eine Befolgung von „Standardnormen" erwartet werden konnte. Dieses Arrangement wurde gerade in der expansiven Phase des Ausbaus des Schulsystems im Wohlfahrtsstaat nach dem Zweiten Weltkrieg gefestigt, sofern es sich gleichsam in die Fläche gehend vervielfältigen ließ, ohne dass an der antagonistischen Kooperation etwas geändert wurde. Nach der *expansiven* Phase erleben wir jedoch gegenwärtig eine *intensive* Phase, in der zwecks Steigerung der schulischen Qualität verstärkte Abstimmungen zwischen Akteuren (innerhalb eines Systembereichs sowie zwischen verschiedenen Systembereichen) für notwendig erachtet werden. Dies beinhaltet Qualitätskreisläufe auf sowie zwischen Ebenen, angesichts derer eine antagonistische Kooperation zu einem Hemmschuh wird, der am Erfolg der Maßnahmenbündel zweifeln lässt.

Die bisherige Veränderungsresistenz der antagonistischen Kooperation könnte erklären, warum Akteure der Zentrale einfachere Lösungen des Problems versuchen. Denn es gibt keine Bemühungen, diese Art der Nicht-Kooperation zu verändern, vielmehr werden mit der Schulinspektion und Testverfahren Veränderungen auf intermediären Ebenen installiert. Der Staat umgeht gleichsam die antagonistische Kooperation, indem er dritte Akteure in das Governancespiel hinzunimmt, die dann die Qualität der Schule beobachten und indirekt beeinflussen sollen. *Statt die Arbeitsorganisation der Lehrkräfte zusammen mit diesen Akteuren auf direktem Wege neu zu verhandeln, wird ein indirekter Weg über massiv verstärkte Beobachtungen gewählt.* Nur davon verspricht man sich offensichtlich eine Beeinflussung der Schulen. Es handelt sich hierbei um eine „Externalisierung" von Kontrollen (Altrichter/Heinrich 2006, 53). Die politischen und operativen Bemühungen sind dahingehend, dass mit Bildungsstandards indirekt in den Zuständigkeitsbereich des Unterrichts eingegriffen wird, da flächendeckend der Leistungsstand der SchülerInnen gemessen wird, die wiederum outputbezogene Folgeentscheidungen administrativer Art möglich machen. Aus Sicht der Lehrkräfte wird ihnen gleichsam das Endergebnis des Unterrichts aus den Händen genommen. Dies kann von der Profession symbolisch als gravierender Vertrauensentzug empfunden werden. Mit den aktuellen Regelmechanismen der Governance wird also auf massive Veränderungen im Modus der Beobachtung und dann auch der indirekten Beeinflussung gesetzt, jedoch nicht auf Verhandlungen mit Lehrkräften und auf eine gemeinsame Verabredung von Leistungen – die dann sicher zu Fragen der Ressourcenausstattung der Arbeitsorganisation führen würden.

Der eingeschlagene Weg macht den bildungspolitischen Opportunitätscharakter sichtbar. Denn es wird unter dem – von der Politik selbst induzierten – Kostendruck öffentlicher Haushalte offenbar alles vermieden, was auf eine (dann kostenträchtige) Erneuerung von Strukturen hinausläuft. Dazu gehört, dass es die deutschen Länder nicht ermöglicht haben, die von ihnen diskutierte Schulautonomie, die seit fünfzehn Jahren als Grundvoraussetzung für eine Offenlegung und Zuschreibung von Leistungen erkannt ist, wirklich einzuführen. Was aus Sicht der Lehrkräfte bleibt, ist eine harte Semantik, teilweise sogar Realität des Messens, des Manageralismus, eine Symbolik des Vertrauensentzugs, die mit keinen spürbaren Umbauten der Arbeitsorganisation einhergeht. Wie auch für Österreich unlängst festgestellt (vgl. Altrichter/Brüsemeister/Heinrich 2005) gibt es viel „talk", inklusive eines symbolischen Vertrauensentzugs der Schulen, jedoch wenig „action".

Eine ähnliche Konnotation symbolischer Abwertung hat der Aufbau von Berichtssystemen durch die Schulinspektion, die Schulen anhalten sollen, Leistungen zu dokumentieren, was im Inneren der Schule gleichsam ein kollektives Reagieren sowie ein stärkeres Eingreifen der Schulleitung erzwingt bzw. dazu anregen soll (was exakt zwei der Trends neuer Governance-Systeme sind, die international eingesetzt werden; vgl. unten Abschnitt 3.4). Hier versucht die Bildungspolitik ebenfalls, die antagonistische Kooperation, in der sie selbst verfangen ist, links liegen zu lassen, sofern sie „unabhängige Dritte" beauftragt, an ihrer Stelle in den Schulen nach der Qualität zu schauen. Diese indirekte Steuerung lässt, wie gesagt, die antagonistische Kooperation unangetastet und sucht einen Ausweg über massive Beobachtungen und indirekte Beeinflussungen. Spieltheoretisch gesehen kann jedoch „der Geschickte" – die Schulinspektion – von Lehrkräften leicht als solcher entlarvt werden – was dann zur Bestätigung der antagonistischen Kooperation führen könnte.

Zusammengefasst kann man also zunächst sehen, dass Lehrkräfte auf Basis einer im Grunde unveränderten Arbeitsorganisation *gleichzeitig durch Bildungsstandards bzw. evaluationsbasierte Steuerung* eine massive indirekte Beobachtung und Beeinflussung erleben, die teilweise vom Staat ausgeht (durch Bildungspolitik und -planung, mittels Bildungsstandards), teilweise von einem intermediären Akteur (Schulinspektion) durchgeführt wird. Diese doppelte Regulation – unveränderte Arbeitsorganisation plus darauf gesattelte Beobachtungen und Messungen von Outputs – ist in sich widersprüchlich, da die antagonistische Kooperation nicht nur bleibt, sondern überlagert wird von neuen Leistungsmessungen und Qualitätssemantiken. Das Gesamtarrangement kann, wie erwähnt, trotz der größeren Widersprüchlichkeit immer noch als Antagonismus zwischen den bisherigen beiden „Großlagern" Zentrale und Lehrkräfte erkannt werden, deren Akteure unterschiedlichen Handlungslogiken folgen. Es ergibt sich das Bild einer „erfolgreich scheiternden" Arbeitsorganisation, die in sich den Widerspruch vereint, dass zwar Lehrkräfte über die Personalaufsicht sanktioniert werden können, aber als Professionelle weiterhin Freiheiten eigener Interpretationen haben. Dies bedeutet vereinfacht gesagt, dass *handlungstheoretisch gesehen* das gegenwärtige Mehrebenensystem eher festgefahren erscheint.

Regulierung via Handlung und via Kommunikation
Jedoch – und dies ist entscheidend –: Mehrebenensysteme regulieren analytisch gesehen nicht nur Handlungen, sondern auch Kommunikationen, wie unten mit Esser gezeigt wird.[14] Während die Handlungsdimension sich differenzierungstheoretisch so beschreiben lässt, dass ein Akteur im Grunde immer nur eine dominierende Handlungsorientierung, Position und Mitgliedschaft innerhalb eines arbeitsteiligen Arrangements hat, und deshalb die Akteure immer nur begrenzte Formen des Austauschs praktizieren können, fallen diese Grenzbestimmungen und Restriktionen mit einem Schwenk auf kommunikative Dimensionen des Handelns weitaus weniger stark aus. Denn hier wird in einer funktional differenzierten Gesellschaft davon ausgegangen, dass jeder Akteur mehrfach adressiert wird, dass seine Handlungen für andere Akteure „emergente" Bedeutungen haben können; dass sich so insgesamt über Kommunikations*ereignisse* – und nicht nur über Handlungen – gesellschaftliche Differenzierung ebenso einstellt und gestalten lässt. Diese kommunikationstheoretische Fassung von Differenzierung als Emergenz tritt als gesonderte Variante zur Differenzierung über Rollengefüge und Arbeitsteilung hinzu (vgl. zu dieser Sicht entlang von Parsons und Luhmann: Brüsemeister 2004a, 17-24).

Liest man Kommunikationsereignisse in einem Mehrebenensystem – hier erneut insbesondere Bildungsstandards und Schulinspektion –, dann können diese Ereignisse auch noch andere Bedeutungen haben. Diesbezüglich lässt sich davon ausgehen, dass die anregende Funktion und indirekte Steuerung mittels Bildungsstandards und Inspektionen nicht nur auf dem regulativen, sondern auch auf dem symbolischen Weg wirken könnte. In symbolischer und kommunikationspraktischer Hinsicht gibt es hierbei erst einmal keine Notwendigkeit, Reformmaßnahmen nur auf die Mitgliedschaften und Positionen innerhalb der vorgezeichneten Regulationswege zu beziehen. Vielmehr können Ereignisse grundsätzlich eine emergente Funktion haben, zu anderen Sinnzusammenhängen anregen, einen Akteur auf eine Umwelt reagieren lassen. Was dies für Lehrkräfte bedeutet, ist angedeutet in empirischen Beobachtungen, die zeigen, dass Lehr-

---

14 Siehe Quack (2005, 347), die für Institutionen eine regulative und eine symbolische Funktion unterscheidet.

kräfte *außerhalb administrativer Innovationen* genau jenes Evaluations- und Qualitätsbewusstsein zeigen, auf das die Bildungspolitik abzielt, nur dass der Anlass und die Art des Reagierens ganz anders sind. Denn eine Hinwendung zu Evaluations- und Qualitätsbewusstsein zeigt sich, wenn erkannt wird, dass damit konkrete Probleme vor Ort gelöst werden können (vgl. Kapitel 6.1 sowie 2.6).

2.6 Resümee

Betrachtet man intra-organisatorische Dimensionen der School Governance in einem Mehrebenensystem – was hier nur bezogen wurde auf Akteure, die Beziehungen zwischen Staat und Lehrkräften unmittelbar berühren –, dann wird deutlich, dass sich die Regulationsaufgaben erstens auf eine Legitimationsfunktion des Schulsystems als Ganzem beziehen, die in den Aufgabenbereich der Zentrale fällt. Zweitens liegt die eigentliche Funktion der ‚Beschulung' bzw. des Unterrichtens im Aufgabenbereich der Lehrkräfte. Als neuer intermediärer Akteur tritt drittens die Schulinspektion hinzu. Nicht nur, aber auch sie soll zu einer integrierten Governance beitragen, sofern ihre Verfügungsrechte so organisiert sind, dass die Inspektionsberichte gleichzeitig für die Zentrale einen „gesamtsystemischen Entscheidungsnutzen" sowie für Einzelschulen einen „Entwicklungsnutzen" haben sollen. Und wie erwähnt, auch durch Bildungsstandards, die direkt einen Teil der Outputergebnisse der Profession erfassen, sowie durch eine erweiterte Schulautonomie sollen Ebenen enger aufeinander bezogen werden.

Für die angesprochenen Akteure beinhaltet dies aktuell jeweils Veränderungen in den Verfügungsrechten zum Treffen von Entscheidungen. Diese sind in der folgenden Tabelle 3 mit (+) für eine Aufwertung des Akteurs bzw. für ein Mehr von Verfügungsrechten markiert, für eine Abwertung bzw. als ein Weniger von Verfügungsrechten als (-), für eher gleich bleibende Verfügungsrechte als (+/-).

Angesichts fortbestehender Principal-Agent-Beziehungen zwischen Zentrale und Lehrkräften – die ein Patt zwischen beiden beinhalten, da Erstere Lehrkräfte nach wie vor dienstrechtlich sanktionieren kann, Letztere aber Freiheiten der Profession haben – ist es zudem angemessen, das Mehrebenensystem zu einem Bild in der Horizontalen umzuschreiben. Dieses verdeutlicht die Existenz mindestens *zweier funktionsbezogener Hierarchien* im Mehrebenensystem, sofern aus Sicht der Zentrale (in Tab. 3 von links nach rechts gelesen) die Funktion der Legitimation, aus Sicht der Lehrkräfte (in der Tab. von rechts nach links gelesen) die Funktion der Leistungserbringung im Interaktionsbereich im Vordergrund stehen, ohne dass aus analytischer Perspektive einer der beiden Funktionen eine Vorrangstellung zukäme (vgl. Tab. 3):

2.6 Resümee

Tab. 3: Mehrebenensystem der Schule, bezogen auf Verfügungsrechte und zwei funktionale Hierarchien:

> Legitimation			< Leistungs- erbringung
Zentrale: Bildungspolitik	Intermediäre: Schulaufsicht	Intermediäre: Schulinspektion	Einzelschule/ Lehrkräfte
+	-	+	+/-

Mit diesen Differenzen von Funktionen gehen unterschiedliche Handlungsorientierungen der Akteure sowie Auf- und Abwertungen der Verfügungsrechte zum Treffen von Entscheidungen einher:
- auf der Ebene der Zentrale die Orientierung an einer politischen Machbarkeit bildungspolitischer Programme; plus die Ausrichtung der Bildungsplanung an einer Beratung der Bildungspolitik mittels wissenschaftlicher Befunde der Empirischen Bildungsforschung, die ihrerseits mit den Augen der Politik gedeutet werden; plus die Orientierung der Bildungsverwaltung an einer – sich über längere Zeithorizonte erstreckenden – Umsetzbarkeit, die an Ordnung, Recht und Management ausgerichtet ist. Die Ebene Zentrale scheint durch substanzielle Zielvorgaben (Bildungsstandards) sowie durch Aufgaben eines Monitorings gestärkt;
- auf intermediären Ebenen die Ausrichtung staatlicher Schulaufsichtsämter an einer Kontrollfunktion gegenüber Schulen, plus der Orientierung neu geschaffener Schulinspektionen an einer Berichts- und Anregungsfunktion, wobei Letztere durch summative, die ganze Schule betreffende Querschnittsberichte erreicht werden soll; die bisherigen Schulaufsichtsämter sind dabei gegenüber der neuen Schulinspektion funktional abgewertet und müssen fortan mit Konkurrenz zu Recht kommen;
- auf der Ebene der Lehrkräfte ihre Orientierung an einer an SchülerInnen ausgerichteten Interaktion; diese sollen durch Bildungsstandards und darauf bezogene flächendeckende Evaluationen – darunter fallen Schulinspektionen – eine neue Qualität erhalten, sofern in den Schulhäusern eine Kultur der Evaluation entstehen soll, inklusive schulischer Vor-Ort-Entscheidungen für diagnostische und qualitätssichernde Maßnahmen. Die Verfügungsrechte von Lehrkräften zum Treffen von Entscheidungen haben sich jedoch substanziell noch nicht verändert.

Die Gesamtkonzeption einer erneuerten School Governance bricht sich dabei bei Lehrkräften an ihrer Orientierung an Gesichtspunkten der Profession, innerhalb derer Mitgliedschaft, (kollektive) Entscheidungen, Führung, Schriftlichkeit, Leistungsvergleiche im eigenen Haus, und der Austausch mit anderen Organisationen – d.h. all diejenigen Komponenten von *Organisationen*, die in der evaluationsbasierten Steuerung vorausgesetzt werden – nachgeordnet sind bzw. weitgehend – auf Grund anders gelagerter Prinzipien der Profession – nicht von selbst aufgegriffen werden können. Damit erscheint es insgesamt problematisch, wie neue Governancemaßnahmen auf den Ebenen Zentrale und Intermediäre die Lehrkräfte erreichen bzw. von diesem Akteur rezipiert werden.

Dieses Problem wird noch deutlicher, wenn man sich arbeitsorganisatorische Grundfeste des Lehrberufs vor Augen führt. Das Mehrebenensystem der Schule wird aus Sicht der Lehrkräfte durch Festlegungen von Mitgliedschaftsregeln und Aufgabenzuschnitten organisiert, die für sie eine Arbeitsorganisation ausmachen. Da Lehrkräfte jedoch gleichzeitig ihrer Profession verpflichtet sind, und da die Bedingungen der Arbeitsorganisation in Neufassungen der Governancesysteme ausgespart sind, besteht ein grundsätzliches Problem der Administration, wie man Steuerungsmaßnahmen für die Lehrkräfte handlungsrelevant werden lassen kann. Das Mehrebenensystem ist in dieser Hinsicht in den Beziehungen zwischen Administration und Lehrkräften festgefahren. Und seitliche Umwege, über Standards und Inspektionen indirekt zu etwas anzuregen, sind eben Umwege, die die antagonistische Kooperation in ihren arbeitsorganisatorischen Grundfesten nicht verändern.

Die Administration übersieht dabei, dass sie neben der Handlungsdimension Lehrkräfte auch über Kommunikation erreichen kann. Kommunikative Möglichkeiten zu nutzen würde bedeuten, sich auf Kommunikationsarten der Lehrkräfte einzulassen, Macht aufzugeben, Argumente zu diskutieren, sich mit Lehrkräften wechselseitig abstimmen zu wollen, um Leistungen verbindlich zu verabreden. Dies würde auch Einsichten der Administration in eigene Fehler voraussetzen. Gegenwärtig scheint dieses Szenario jedoch mehr oder weniger illusorisch. Denn paradoxerweise scheint die evaluationsbasierte Steuerung – angesichts der Komplexität der erzeugten Berichtsdaten – nicht mehr Sicherheit, sondern mehr Unsicherheit zu erzeugen, was letztlich auch die Legitimation der Bildungspolitik in Frage stellen könnte – eine Gefahr, die der Akteur mit noch mehr Insistieren auf diese neue Art der Steuerung zu bewältigen suchen könnte. Tatsächlich werden mit großem Aufwand entlang von Standards flächendeckende Berichtssysteme eingeführt, wobei mehr oder weniger unklar ist, wer die geschaffenen Daten so interpretieren kann, dass Schulen eigene Leistungen besser erkennen und bearbeiten können. In England finden wir teilweise wieder den Rückzug aus flächendeckenden Berichtssystemen, weil man sieht, dass dem Unterricht *einzelner*

2.6 Resümee

Lehrkräfte mit fein abgestimmten Programmen gezielt geholfen werden muss – ein standardisiertes, über die Fläche gehendes Berichtswesen ist dafür kaum geeignet. Es wird so das Risiko entstehen, dass Berichtssysteme zu Datenfriedhöfen werden. Dass trotzdem die Akteure Bildungspolitik und Bildungsplanung davon nicht ablassen, zeigt eben, dass eigene Handlungslogiken verfolgt werden, die sich an einem administrativ Machbaren sowie politisch an öffentlicher Legitimation orientieren, und diesbezüglich liegt ein Berichtswesen international – sieht man von Gegenbewegungen wie in England ab – (noch) voll im Trend. Es wäre jedoch illusorisch, an einen anderen Willen zu appellieren, denn dieser ist angesichts der Zwänge, die eigene Politik sowie das Schulsystem als Ganzes legitimieren zu müssen, nicht zu erwarten. Schließlich wollen auch wir als Bürger, dass nach PISA etwas geschieht.

3. Analysemittel der Governanceforschung
Thomas Brüsemeister

In den folgenden Abschnitten geht es darum, eine Auswahl insbesondere soziologischer Analysemittel anzugeben, mit denen sich Facetten der Handlungskoordination in einem Mehrebenensystem der Schule untersuchen lassen.

Wie in Kapitel 1 beschrieben, sind in den Sozialwissenschaften Formen der Koordination – Markt, Organisation, Gemeinschaft bzw. Profession, Hierarchie, Netzwerk – herausgearbeitet worden. Daran anschließend lassen sich nun weitere Analysemittel vorstellen, die entweder für eine Untersuchung des Schulsystems adaptiert werden können (3.1, 3.2, 3.5) oder die bereits explizit für Schulsysteme formuliert sind (3.3, 3.4).

3.1 Governance in modernisierungstheoretischer Sicht: Zur Aggregation von Handlungsbeiträgen (Esser)

Im Folgenden sind soziologische handlungs- und differenzierungstheoretische Überlegungen zu einer Handlungskoordination genannt, die sich auf ein schulisches Mehrebenensystem beziehen lassen.

Grundüberlegung ist, dass sich Akteure auf Strukturen beziehen und diese durch Handlungswahlen reproduzieren. Strukturen sind gleichzeitig bedingt durch Handeln und bedingende Faktoren für Handeln. Strukturen geben Ressourcen und Restriktionen vor, die auf Handlungswahlen wirken; und Handlungswahlen führen zum Erhalt, zur Veränderung oder zum Aufbau von Strukturen. Diese Zusammenhänge zwischen Handeln und Strukturen sind in der Soziologie hinreichend konzeptualisiert, beispielsweise strukturationstheoretisch von Giddens (1997), vom handlungs- und differenzierungstheoretischen Ansatz Schimanks (2000a)[1], von Bourdieu (1987) sowie von Esser (1999a; 1999b; 2000a; 2000b; 2000c). Außerdem ist der Zusammenhang zwischen Handeln und Strukturen auch für das Schulsystem erörtert (vgl. z.B. Altrichter/Prexl-Krausz/-Soukup-Altrichter 2005, 10-16).

---

1   Vgl. zum verwandten Ansatz der Politikwissenschaften, dem akteurzentrierten Institutionalismus: Mayntz/Scharpf 1995a.

Essers Modell
Hartmut Esser liefert den am deutlichsten – über 6 Bände – ausgearbeiteten Ansatz der allgemeinen Soziologie, um die Verbindung von makrosozialen Strukturen mit mikrosozialen Handlungswahlen zu konzipieren. Dieser Ansatz sei hier vorgestellt, zusammen mit einer modernisierungstheoretischen Perspektive.

Generell gilt es laut Esser in der Soziologie kollektive Phänomene zu erklären. Das heißt, das Interesse richtet sich nicht darauf, warum eine einzelne Person eine bestimmte Handlung vollzogen hat, sondern weshalb es zu sozialen Strukturen, Aggregationen kommt, einschließlich nicht-intendierter Folgen absichtsvollen Handelns. Diesen Phänomenen ist ihr kollektiver Charakter gemeinsam, unabhängig davon, welche Absichten die beteiligten Akteure jeweils verfolgt haben. Dennoch ist der einzelne Akteur „Träger aller sozialen Prozesse" (Esser 1999a, 245). Damit sind soziale Phänomene nur aus der Aggregation einzelner Handlungen erklärbar. In der soziologischen Erklärung eines kollektiven Explanandums, das sich vom Zeitpunkt t1 nach t2 verändert (oder identisch reproduziert wird, was jedoch ebenfalls als Prozessvorgang erklärt werden muss) ist deshalb – gemäß dem methodologischen Individualismus zwingend – der Umweg über eine Handlungserklärung des einzelnen Akteurs notwendig.

Hier lässt sich eine modernisierungstheoretische Sicht anschließen, die sich mit dem Wandel von Institutionen beschäftigt (Esser 2000b, 367-399; Lepsius 1997; Faust 2002). In diesem Zusammenhang wird gefragt, ob und wie ein Übergang von Leitideen in Handlungskontexte mit entsprechenden Routinen gelingt und sich damit der Geltungsbereich einer Leitidee in Richtung Institutionalisierung erweitert.[2] Dabei ist nach Quack (2005, 347)

> „zu berücksichtigen, dass Institutionen neben einer regulativen immer auch eine symbolische Funktion erfüllen. In ihrer regulativen Funktion wirken sie ermöglichend oder hemmend auf das Handeln konkreter Akteure. In ihrer symbolischen Funktion wirken sie als Leitbilder für die gesellschaftliche Öffentlichkeit. Als ‚sedimentierte public codes' (Schuppert) verkörpern sie vergangenes Erfahrungs- und Deutungswissen der Gesellschaftsmitglieder und ermöglichen zugleich eine Orientierung auf das, was als zukünftig machbar und wünschenswert angesehen wird. Solche institutionell sedimentierten Leitbilder sind das Ergebnis sozialer und politischer Auseinandersetzungen zwischen unterschiedlichen Akteursgruppen [...]. Institutioneller Wandel ist somit auch immer sprachlich und diskursiv vermittelter Wandel."

---

2 Verwandt ist die differenzierungstheoretische Fragestellung, wie Codes und Programme gesellschaftlicher Teilsysteme Interessen von Akteuren anleiten (vgl. Schimank/Volkmann 1999, 17-19).

3.1 Governance in modernisierungstheoretischer Sicht

Im Fortgang des ‚Badewannenmodells der soziologischen Erklärung' nach Esser wird für einen Zeitpunkt t1 davon ausgegangen, dass bisherige und neue Leitideen um eine Deutungshoheit konkurrieren. Explanandum sind dann die zum Zeitpunkt t2 tatsächlich gewählten Leitideen, die sich aus dem aggregierten Handeln der Einzelnen ergeben, wobei in der Regel bestehende und neue Leitideen in veränderter Weise zueinander in Beziehung gesetzt werden. Zum Zeitpunkt t1 sind im Zuge der sozialen und politischen Auseinandersetzungen zunächst sowohl Geltungsbereiche bestehender Leitideen durch neue Leitideen schon delegitimiert, teilweise ist aber auch der Geltungsbereich einer neuen Leitidee noch gering, da sie nicht von allen Akteuren geteilt wird bzw. sie (noch) nicht als Handlungsroutine verstetigt ist. Als ein Beispiel für die Konkurrenz von Leitideen lässt sich für das Schulsystem die gegenwärtige „evaluationsbasierte Steuerung" heranziehen, die Bildungsstandards und externe Evaluationen favorisiert, während gleichzeitig bisherigen Leitideen einer inputorientierten und bürokratischen Steuerung der Schule zumindest teilweise weiter bestehen.

Um in theoretischer Hinsicht zu erkennen, ob und wie diese Leitideen im Mehrebenensystem verankert sind – und ob eine neu gefasste Institutionalisierung des Handelns zum Zeitpunkt t2 erfolgt, d.h. evaluationsbasierte Steuerungsprogramme übernommen werden –, ist nach Esser zunächst auf die „Logik der Situation" abzustellen, anschließend auf die „Logik der Selektion" sowie sodann auf die „Logik der Aggregation" (vgl. Übersicht 1):

Übersicht 1: Modell der soziologischen Erklärung nach Esser

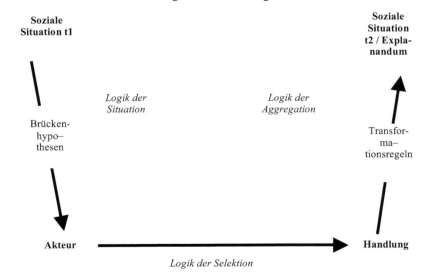

In der „Logik der Situation" wird rekonstruiert, in welchen Situationen sich die Akteure befinden bzw. wie sie Situationen wahrnehmen. In der modernisierungstheoretischen Sicht wird eine Situation durch konkurrierende Leitideen geprägt, die als Deutungsangebote einer Situation bereitstehen; in unserem Beispiel sind dies evaluationsbasierte Steuerungsprogramme einerseits sowie Programme der bürokratischen Steuerung andererseits. Ferner wird davon ausgegangen, dass jeder Akteur eine Situation anders wahrnimmt, da jeder über andere interne Schemata verfügt, die sich aufgrund von Erziehung, Erfahrungen, Einstellungen und Werten im Laufe seines Lebens gebildet haben.[3] Im Zuge einer Orientierung zwischen diesen Einflussgrößen erfolgt eine subjektive Definition der Situation aus Sicht des einzelnen Akteurs und im Anschluss daran das eigentliche Handeln (Esser 1999b, 166).[4] In der modernisierungstheoretischen Sicht geht es hierbei darum zu rekonstruieren, ob und in welchem Ausmaß auf neue bzw. alte Leitideen rekurriert wird.

Dies leitet zur zweiten Logik der soziologischen Erklärung über, der Logik der Selektion. Denn die Logik einer wahrgenommenen Situation motiviert die Wahl einer einzelnen Handlung. Dabei werden in analytischer Hinsicht die wahrgenommenen Situationen im Rahmen einer Wert-Erwartungstheorie – das ist die von Esser erstellte, allgemein gehaltene Handlungstheorie – gewichtet; es erfolgt das eigentliche Handeln.[5] Mit der „Logik der Selektion" wird somit deutlich, wie der einzelne Akteur handelt, welche Alternative er wählt oder nicht wählt, welche Interessen er verfolgt. Das individuelle Handeln verändert die Situation erneut (ebd., 168). Hierbei wird davon ausgegangen, dass für das mo-

---

3   Dies bedeutet jedoch keine individuelle Beliebigkeit, da die Schemata wiederum sozial strukturiert sind. Anders gesagt: Das ‚Badewannenmodell' unternimmt mit der Kennzeichnung einer sozialen Situation t1 (bzw. hier mit der Logik der Situation) einen analytischen Ausschnitt einer Handlungskette (t1 bis t2), der realiter frühere Handlungsketten und Strukturierungen (t1' bis t2') vorangegangen sind.

4   Um eine Verbindung zwischen der objektiven Situation und den subjektiven Motiven der Akteure herstellen zu können, sind so genannte Brückenhypothesen notwendig. Diese werden benötigt, um die situationalen Bedingungen in die Variablen der „Logik der Selektion" des Handelns in eine Handlungstheorie übersetzen zu können (vgl. Esser 1999a, 97).

5   Hierbei erfolgt die Gewichtung „aus den Bewertungen der Folgen des Handelns und den Erwartungen, dass das Handeln die betreffenden Folgen habe. Die Folgen sind teils erwünscht, teils unerwünscht, teils erwartet, teils unerwartet. Für das aktuell zu wählende Handeln zählen stets nur die – irgendwie – vom Akteur, auch unbewusst, erwarteten Folgen." (Esser 2000b, 252) Diese analytische Sicht einer Folgeneinschätzung kann weiter theoretisch differenziert werden, mit Hilfe soziologischer Akteurmodelle (Schimank 2000a). Hierbei werden vier Arten von Erwartungen und Folgeneinschätzungen der Akteure unterschieden, ausgerichtet an einer sozialen Normbefolgung (Homo Sociologicus), Nutzenbefolgung (Homo Oeconomicus), Identitätsbehauptung oder am Ausleben von Emotionen.

mentane Handeln die gegebenen subjektiven Ansichten maßgeblich sind und nicht „objektiv" vorliegende situationale Verhältnisse.[6] Das mit Hilfe der „Logik der Situation" sowie der „Logik der Selektion" erklärte Ergebnis des Handelns der Akteure wird auch als individueller Effekt bezeichnet, der noch nicht das zu erklärendes kollektive Ereignis ist. Um dies zu erfassen, wird eine weitere Logik des ‚Badewannenmodells der soziologischen Erklärung' benötigt, die „Logik der Aggregation".[7] An dieser Stelle geht man nicht mehr vom Handeln eines einzelnen Akteurs aus, sondern vom Handeln mehrerer, d.h. aggregierten Folgen bzw. Akteurkonstellationen (vgl. auch Schimank 2000a, 169-344). Eine Akteurkonstellation oder Aggregation ist dabei gerade nicht die einfache Aufsummierung einzelner Handlungsbeiträge. Vielmehr zeigen sich Prozessdimensionen mit eigenen Dynamiken, zum Beispiel

- als Versuch zweier Akteure in einer Principal-Agent-Beziehung, den jeweils anderen Akteur im eigenen Sinne zu beeinflussen, was jedoch an der Machtposition des jeweils anderen scheitert und insgesamt zur – in der Regel ungewollten und unerwünschten – Folge führt, dass sich diese Beziehung „festfährt"; dies lässt sich auch für die Beziehung zwischen Staat und Lehrkräften skizzieren;
- als wechselseitige Beobachtung der beiden Weltmächte USA und UDSSR im Kalten Krieg, die beinhaltet, dass „der andere" aufrüstet, was jeweils im eigenen Lager zur – aus Sicht des Akteurs: legitimen und notwendigen – Folgereaktion führte, nachzuziehen; dies wurde von der anderen Seite jedoch nicht als Reaktion, sondern als Aktion gedeutet, die dann – wiederum legitime und notwendig erscheinende – Reaktionen nach sich zog;
- als Zusammenhang, dass, je größer Gruppen sind, „um so unwahrscheinlicher wird, dass sie sich zu einem kollektiven Handeln zusammenschließen" (Esser 2000a, 2);
- als Versuch, im deutschsprachigen Schulraum international erprobte evaluationsbasierte Steuerungen zu kopieren, was dann – nicht-intendiert – zu einem neuen Original führen könnte (vgl. Krücken 2004; sowie unten Kapitel 7), da die Leitidee „evaluationsbasierte Steuerung" nur in Amalgamierung mit bestehenden Opportunitäten, Restriktionen und Interessen, die sich auf

---

6   So kann es auch geschehen, dass zunächst „objektiv falsche", jedoch „subjektiv richtige" Ansichten über eine Situation sich als real herausstellen. Auf solchen Prozessen beruht z.B. auch die These der Self-fulfilling Prophecy (Esser 1999b, 2-3.).
7   Anhand von Transformationsregeln wird angegeben, unter welchen Bedingungen bestimmte individuelle Effekte bestimmte kollektive Sachverhalte erzeugen können (vgl. Esser 1999b, 16).

die bisherige Art der bürokratischen Steuerung des Schulwesens beziehen, umgesetzt werden kann.

Diese wenigen Beispiele deuten an, dass aus den absichtsvollen Handlungsbeiträgen der Einzelnen anderes hervorgeht: soziale Aggregationen oder Akteurkonstellationen, die Mechanismen mit eigenständigen Prozessdynamiken beinhalten. Entscheidend ist, dass in der Aggregation der Handlungsbeiträge weitere Sinndimensionen hinzukommen bzw. der entstehende Sinn nicht den jeweiligen Einzelbeiträgen des Handelns entsprechen muss. Dies ist genau Essers Erklärung von „Emergenz" – abgeleitet vom lateinischen „emergere" (auftauchen) –, des „Auftauchens neuer Vorgänge, die entstehen können, wenn sich Teile zu einem Ganzen zusammenfügen" (Esser 2000a, 2). Man kann hier auch von symbolischen Funktionen in der Modernisierung von Institutionen sprechen, die neben den regulativen Dimensionen hinzukommen.

Aus Essers Modell lässt sich also erstens folgern, dass es ein Wechselspiel zwischen Handeln und Strukturen gibt, wobei zu einem Zeitpunkt t1 Situationsdeutungen der Akteure zu Handlungsentscheidungen anleiten, die sich – im Kontext anderer Akteure – zu aggregierten Folgen zum Zeitpunkt t2 verdichten. Diese Folgen sind eine Struktur, die zum Zeitpunkt t3 wiederum Situationsdeutungen beeinflussen (bzw. erneut eine Situation t1 bilden, die dann wiederum Handlungswahlen beeinflussen, usf.). Die geschaffene Struktur ist zweitens zu gewissen Teilen emergent. Sie ist nicht identisch mit den absichtsvollen Handlungsbeiträgen der Einzelnen, sondern enthält überschießende Sinnbeiträge, etwas Transintentionales (vgl. Greshoff/Kneer/Schimank 2003). Dafür verantwortlich sind Kommunikationsereignisse und Symboliken, die Akteure im Zuge der Aggregation ihrer Handlungen austauschen. Es handelt sich hierbei um teilweise zufällig entstehende Kommunikationsereignisse, teilweise um die absichtsvolle Verwendung von Kommunikationssymbolen, die von anderen Akteuren jedoch anders interpretiert werden.

Folgt man Luhmann – und Esser tut dies in diesem Punkt (vgl. Esser 2000a, 6) –, dann besteht gesellschaftliche Differenzierung nicht nur aus dem absichtsvollen und unbeabsichtigten Aufeinanderbeziehen von Handlungen (Ersteres z.B. in Form bewusster Arbeitsteilung, oder eines bewusst geschaffenen schulischen Evaluationskreislaufs), sondern auch aus Kommunikationsereignissen, die gewissermaßen Grenzen ihrer Handlungsträger, personale Zuständigkeiten und Mitgliedschaften überspringen, und als „frei flottierende" kulturelle Symbole und Ereignisse dann wiederum anderes Handeln beeinflussen. Hier ist zwar wiederum entlang des methodologischen Individualismus eine Person Auslöser eines Kommunikationsereignisses. Das Ereignis als ein emergentes kann jedoch Symbolbedeutungen unabhängig von ihren Trägern erlangen und dann wiederum das Handeln anderer beeinflussen. Kurz: Nicht nur beeinflusst Handeln Ereignisse, sondern Ereignisse beeinflussen ebenfalls Handeln (vgl. zu diesem – zugegeben noch weitgehend unbearbeiteten – Problemhorizont der Beeinflussung von Handeln durch Ereignisse: Schimank 2001a, 119-124).

Dies bedeutet zum einen, dass ein Mehrebenensystem analytisch nach dem Handeln verschiedener Akteure unterschieden werden kann, wie handelndes Zusammenwirken Strukturen reproduziert, verändert oder neu schafft (durch beiläufiges Beobachten, gezielte einseitige Beeinflussung oder Verhandeln zwischen Akteuren). Zum anderen gibt es symbolische Bedeutungen bzw. Kommunikationsereignisse, die aus absichtsvollem und unbeabsichtigtem Handeln hervorgehen, und dann eigendynamisch – losgelöst von ihren TrägerInnen – wiederum andere Akteure beeinflussen können.

Gerade ein Mehrebenensystem der Schule macht darauf aufmerksam. Denn in ihm interagieren unterschiedliche Akteure, die jeweils eigenen Kommunikationslogiken folgen, z.B. der Logik der „Macht" durch die Akteure Bildungspolitik und staatliche Schulämter, oder der Logik „Profession" durch den Akteur Lehrkräfte. Es kann zu einseitigen oder wechselseitigen Missverständnissen kommen, denen jeweils andere symbolische Deutungen von Kommunikationsereignissen zu Grunde liegen. Zum Beispiel scheinen Lehrkräfte Evaluationssysteme nicht als Informationssysteme zu sehen, mit deren Hilfe Entscheidungen getroffen werden können, die auf eine höhere Qualität des Schulsystems zielen; vielmehr deuten Lehrkräfte Evaluationen mitunter als Überprüfung.

3.2 Akteurkonstellationen:
Beobachtung, Beeinflussung, Verhandlung (Schimank)

Parallel zu den von der allgemeinen Soziologie erörterten Aggregationen einzelner Handlungsbeiträge spielt der gleiche Sachverhalt auch unter der Perspektive von Governance eine Rolle. Governance meint dabei einen stärker abgegrenzten Bereich des gleichen Sachverhalts des Handelns und der Aggregationen: In diesem Bereich haben zumindest einige Akteure[8] Gestaltungsabsichten; es werden Regeln erwartet; und diese sind mit einer legitimen Sanktionsgewalt versehen (es gibt also Handeln im institutionellen Kontext). Es geht dabei in analytischer Hinsicht darum, bestimmte Aggregationen, denen bestimmte Mechanismen der Handlungsabstimmung inhärent sind, zu kennzeichnen. Solche Mechanismen der Handlungsabstimmung wurden bislang grundlagentheoretisch für *einzelne* For-

---

8 Denn es gibt ebenfalls, so die soziologische Sicht von Governance (vgl. Abschnitt 1.3), Handlungskoordination in Form des beiläufigen Zusammenwirkens vieler Akteure.

men der Governance – wie z.B. Hierarchie, Netzwerk, Markt, oder professionelle Gemeinschaften – untersucht. Dazu kommen *Beobachtung, Beeinflussung* und *Verhandlung* als Koordinationsmechanismen in Akteurkonstellationen, die von der Soziologie unterschieden werden (vgl. Lange/Schimank 2004; Schimank 2000a, 169-322) und die nun anzusprechen sind. Ausprägungen dieser Mechanismen müssen empirisch konkret gefasst werden. Jedoch können schon die formal verschiedenen Akteurkonstellationen die Forschung darauf aufmerksam machen, in welche Richtungen sich Koordinationen bewegen. Deshalb seien die drei Arten nachfolgend mit einem ausführlichen Zitat angesprochen (Lange/ Schimank 2004, 20-23). Mitgelesen werden muss dabei die Voraussetzung, dass ein Akteur allein nicht über die Ressourcen verfügt, die ihn interessieren, sondern sie teilweise von anderen Akteuren kontrolliert werden (Esser 1999b, 145-160). Es werden diesbezüglich Interdependenzen zwischen Akteuren angenommen, die dann innerhalb der drei Akteurkonstellationen *Beobachtung, Beeinflussung* und *Verhandlung* bearbeitet werden können:

„Diese drei Modi schichten sich nach Art einer *Guttman-Skala* auf: Beeinflussung setzt Beobachtung voraus aber nicht umgekehrt, und Verhandlung setzt Beeinflussung und Beobachtung voraus.
Am elementarsten sind somit Konstellationen *wechselseitiger Beobachtung*, in denen die Handlungsabstimmung allein durch einseitige oder wechselseitige Anpassung an das wahrgenommene Handeln der anderen – einschließlich des antizipierten Handelns – erfolgt.[9] Bei *einseitiger Anpassung* wird das Handeln der anderen als unbeeindruckt durch eigenes Handeln angesehen – was sehr augenfällig dann der Fall ist, wenn einer den ersten Schritt getan hat und der andere darauf nur reagieren kann. Einseitige Anpassung kann aber auch beidseitig geschehen, wenn beide Seiten – irrtümlich – meinen, dass nur sie sich der jeweils anderen anpassen. *Wechselseitige Anpassung* bedeutet demgegenüber, dass man bei der eigenen Anpassung an den anderen in Rechnung stellt, dass der andere sich auch einem selbst anpasst – etwa als Sequenz von Aktionen und Reaktionen, bei der die Initiative mal von der einen, mal von der anderen Seite ausgeht. Auch ein nicht kooperatives Spiel wie das *Prisoner's Dilemma*, das keine Kommunikation und keine bindenden Vereinbarungen zwischen den Akteuren zulässt und gleichzeitige Handlungswahlen – bzw. Unkenntnis über die getroffene Wahl des anderen zum Zeitpunkt der eigenen Wahl – vorsieht, exemplifiziert wechselseitige Anpassung.

---

9 [Anmerkung von Lange/Schimank]: Siehe dazu Maynzz/ Scharpf (1995, 61) sowie ausführlicher und unter Rückgriff auf Lindblom (1965): Scharpf (1997, 107-112).

3.2 Akteurkonstellationen

[...] In Konstellationen *wechselseitiger Beeinflussung* findet Handlungsabstimmung – auf der Grundlage wechselseitiger Beobachtung – durch den gezielten Einsatz von Einflusspotentialen statt. Solche Potentiale beruhen u.a. auf Macht, Geld, Wissen, Emotionen, moralischer Autorität etc. Es geht jeweils darum, dem anderen ein Handeln abverlangen zu können, das er von sich aus nicht gewählt hätte – also um Fügsamkeit. Dabei ist davon auszugehen, dass es zwar sehr einseitige Einflusskonstellationen gibt, aber selten solche, in denen das Einflusspotential einer Seite gänzlich Null ist. Deshalb kann die Handlungsabstimmung in einer Einflusskonstellation in der Regel nicht einfach darauf reduziert werden, dass ein dominanter Akteur seinen Willen ungeschmälert durchsetzt. Die Interdependenzbewältigung vollzieht sich vielmehr als Abgleich von Einflusspotentialen. [...]

Auch wechselseitige Beeinflussung kann punktuell oder verstetigt vorkommen. Punktuelle Handlungsabstimmung beruht auf momentanen und die Zukunft nicht merklich präjudizierenden Überlegenheiten, die sich in einer entsprechend zeitlich begrenzten Fügsamkeit niederschlagen. Ein Beispiel wäre eine Expertendiskussion, in der einem Beteiligten – und sei es aufgrund von ‚Tagesform' – die überzeugenderen Argumente einfallen, ohne dass damit festgeschrieben wäre, dass dessen Standpunkt fortan die entsprechende Debatte bestimmt. [...] Sozial weitaus bedeutsamer sind freilich verstetigte Abstimmungsmuster auf der Grundlage von auf Dauer gestellten Einflussbeziehungen. Dadurch lässt sich *kollektive Handlungsfähigkeit* konstituieren – also ein längerfristig angelegtes handelndes Zusammenwirken, das zumindest in gewissem Maße so aussieht, als ob ein einheitlicher Akteur dahinter steht. Es geht also um einen mehr oder weniger stark ausgeprägten gemeinsamen Willen.

Für diese Form der Interdependenzbewältigung stehen alle Arten von Gemeinschaften, die in der Mehrzahl der Fälle dominant durch starke affektive Bindungen als wechselseitige Beeinflussung getragen werden – von der Liebesbeziehung über Freundschaften und Verwandtschaftsverhältnisse bis hin zum Staatsvolk oder zu supranationalen kollektiven Identitäten wie ‚Europa' oder ‚dem Westen'. Andere Arten von Gemeinschaften werden vorrangig durch geteilte kognitive Überzeugungen getragen – etwa scientific communities oder andere professionelle Gemeinschaften. Beide Arten von Gemeinschaften sind aus verstetigter wechselseitiger Beobachtung hervorgegangen, stellen also gewissermaßen auf eine höhere Ebene transponierte Verstetigungen dieses Modus der Handlungsabstimmung dar. Im Hintergrund von Gemeinschaften sind allerdings stets auch Machtpotentiale wirksam – etwa als traditionelle Herrschaft der Ältesten und der Männer in vielen Verwandtschaftsbeziehungen oder als Macht des Establishments in scientific communities, z.B. bei der Besetzung von Lehrstühlen.

Jede Art von formalisierter Machthierarchie, wie sie insbesondere durch rechtliche Regelungen und im Rahmen von Organisationen institutionalisiert ist, muss demgegenüber bereits unter dem dritten Modus der Handlungsabstimmung, den *Konstellationen wechselseitigen Verhandelns*, rubriziert werden. Denn in Hierarchien bestehen zwischen Machthabern und Machtunterlegenen oder Vorgesetzten und Untergebenen bindende Vereinbarungen, etwa in Gestalt von Gesetzen, Satzungen oder Verträgen. Nur aus Verhandlungen zwischen Akteuren – auf der Basis wechselseitiger

Beobachtungen und Beeinflussungen – können abgesprochene und nicht bloß auf der jederzeitigen Präsenz und Aktualisierbarkeit von Macht beruhende Handlungsabstimmungen hervorgehen. Hierarchie ersetzt in diesem Sinne Gewaltausübung durch Legitimitätsglauben – niemals vollständig, aber doch in erheblichem Maße. Und dieser Glauben erwächst nicht zuletzt daraus, dass in Verhandlungen beide Seiten die je eigene Position darlegen und damit ungeachtet des Ergebnisses vor anderen, vor allem aber vor sich selbst, ihr Gesicht wahren können.
Mayntz und Scharpf (1995, 61-62) unterscheiden in ihrer Typologie drei Modi einer Herstellung kollektiver Handlungsfähigkeit durch Verhandlung, wobei deren Ausmaß zwischen den Modi variiert:
– *Netzwerk*: Hier kann noch jeder individuelle Akteur verhindern, dass ihm ein Handeln auferlegt wird, das er von sich aus in der gegebenen Situation nicht wählen würde. Kollektive Handlungsfähigkeit kommt nur als jederzeitige ‚freiwillige' Einigung zustande […]. Diese Vetomacht jedes einzelnen besteht erst recht im Sonderfall eines Zwangsverhandlungs-Netzwerkes, bei dem die Akteure keine ‚exit'-Option haben und auch nicht ausgeschlossen werden können, bei dem aber ein Einstimmigkeitsprinzip herrscht.
– *Polyarchie*: Hier wird kollektive Handlungsfähigkeit durch Mehrheitsbeschlüsse auch der Minderheit auferlegt, die dann allenfalls noch ‚exit' wählen kann, sofern keine Zwangszugehörigkeit besteht […] Da aber ‚exit', auch wenn es möglich ist, immer nur ein ‚last resort' (Emerson 1981) darstellt, findet bereits ein erhebliches Maß an ‚unfreiwilliger' Beteiligung am Kollektivhandeln statt. Die kollektive Handlungsfähigkeit ist hierdurch deutlich größer als im Netzwerk.
– *Hierarchie*: Hier handelt es sich um eine durch bindende Vereinbarungen verstetigte Einflussdominanz in der Machtdimension. Entscheidungsbefugnisse über das Handeln aller Beteiligten liegen bei einer übergeordneten Leitungsinstanz. […] Eine Minderheit bestimmt das Handeln aller. Kollektive Handlungsfähigkeit wird, eine entsprechende Durchsetzungsfähigkeit der Spitze vorausgesetzt, maximiert. Dies gilt insbesondere bei fehlenden ‚exit'-Möglichkeiten; aber auch wenn ‚exit' zulässig ist, wird es in der Hierarchie, wie in der Polyarchie, nur im äußersten Fall gewählt."

In der grundlagentheoretischen Perspektive der Soziologie umreißen also die Begriffe Beobachtung, Beeinflussung und Verhandlung grundverschiedene Formen der Handlungskoordination in Akteurkonstellationen, die sich für die Kennzeichnung von Governance-Systemen verwenden lassen und empirisch konkretisiert werden müssen.

Bezüglich der Koordinationsart Verhandlung ist zu beachten, dass damit vor allem eine *Ergebnisseite* der Koordination beschrieben ist, d.h. eine kollektive Handlungsfähigkeit, die durch bindende Vereinbarungen zustande gekommen ist. Dabei *kann der Prozess des Zustandekommens* dem widersprechen, was man im Alltag unter Verhandeln versteht, d.h. die kollektive Handlungsfähigkeit (als eine bindende Vereinbarung im Ergebnis) kann auch durch einen Prozess asymmetrischer Machtausübung (durch Hierarchie) erreicht worden sein. Verhandlungssysteme dürfen also nicht gleich mit der alltagsweltlichen Vorstellung eines Verhandelns zwischen Gleichen identifiziert werden. Übertragen auf das Schulsystem ist dabei nicht nur das Herstellen kollektiver Handlungsfähigkeit das zentrale Leistungsmerkmal (Politikformulierung schulischer Belange); es geht auch um die konkrete Organisation von Lehr-Lern-Beziehungen in Schule und Unterricht. Dies beinhaltet die Besonderheit, dass wir es nicht nur mit Organisationsstrukturen (auf der Ebene der Zentrale, der Intermediären, der Schule als Arbeitsorganisation) zu tun haben, sondern auch mit der Lehrerprofession, die ihre Leistung im Interaktionsbereich mit den SchülerInnen erbringt. Insgesamt haben wir im Schulsystem schwierigere Koordinationsbedingungen, da sie zwischen *verschiedenen* Koordinationsformen – Interaktion und Organisation – hergestellt werden müssen. Während sich die politikwissenschaftliche Governanceanalyse in vielen Politikfeldern auf eine Koordination zwischen Akteuren beziehen kann, die überwiegend kollektiv verfasst sind und sich damit innerhalb eines gleichen Mediums bewegen, kann es im Schulwesen Akteurkonstellation nur unter Einbezug verschiedener Medien geben, die jeweils den Ebenen des Schulsystems eigen sind.

3.3 Organisation/Profession

Mechanismen der Handlungsabstimmung wurden, wie erwähnt, bislang vor allem grundlagentheoretisch untersucht, wobei für Bildungssysteme insbesondere eine Differenz zwischen den Koordinationsmechanismen von Profession einerseits und Organisation andererseits bedeutsam ist (vgl. für Hochschulen Schimank 2005; für Schulen Brüsemeister 2004a, 66-85). Beide Mechanismen beschreiben Verhältnisse der intra-organisatorischen Governance, die sich organisationssoziologisch rekonstruieren lassen.

Für den bisherigen Lehrberuf wird dabei ein „antihierarchischer Affekt" (Krainz-Dürr 2000) bemerkt, der beinhaltet, dass die bürokratische Schulverwaltung, ja Organisationen überhaupt, als etwas Externes und Fremdes gegenüber dem eigenen Unterrichten und den professionsbezogenen Erfordernissen des Schulegebens angesehen werden (Terhart 1986). Dies impliziert aus Sicht der Selbstwahrnehmung der Lehrkräfte gegenüber Formen der Organisation die Betonung einer Autonomie der Profession, Belange des Unterrichts selbst zu bestimmen. Reformen der schulischen Governance versuchen dabei, diese Autonomie der Lehrkräfte – die es im Inneren überwiegend bei kollegialen Fiktionen über eigene Leistungen belässt – mittels einer Reihe von neuen Mechanismen der Handlungsabstimmung zu beeinflussen; zu nennen sind hier Bildungsstandards, darauf bezogene Schulevaluationen, erweiterte Befugnisse von Schullei-

tungen, Einführung von Konkurrenzbeobachtung durch Festhalten von Leistungsunterschieden zwischen Lehrkräften, eine erweiterte Schulautonomie.
Für Lehrkräfte beinhaltet die Perspektive von Organisation, in eine *Arbeitsorganisation* eingebunden zu sein, in der jede einzelne Lehrkraft – im Rahmen des Personal- und Dienstrechts beobachtet – Leistungen gegen Lohn tauscht (vgl. zu diesem Typus der Organisation grundlegend: Schimank 2002b, 34). Über die Arbeitsorganisation kann der Dienstherr – in Deutschland sind dies die Länder – ein Mindestmaß an Leistungen erwarten, die bei Nichterfüllung sanktioniert werden. Die Arbeitsorganisation definiert dabei *Kontextbedingungen*, innerhalb derer dann pädagogische Interaktionen mit SchülerInnen ablaufen. Harm Kuper (2005, 73) notiert dazu: „Organisationen definieren mit ihren Entscheidungen fortlaufend Aggregate, also: Gruppierungen von Personen (bspw. Schulklassen, Grundschüler, Klienten sozialpädagogischer Maßnahmen), mit denen in einer spezifischen pädagogischen Weise gearbeitet wird." Diese organisierten Aggregate beinhalten die räumlichen, zeitlichen und personellen Anlässe dafür, dass Unterricht stattfinden soll, ohne in die Innenverhältnisse der Interaktion im Unterricht selbst einzugreifen. Dies gilt auch für inhaltliche, staatlich-curriculare Vorgaben, die ebenfalls situationsspezifischen Bedingungen des Unterrichts angepasst werden; die Umsetzung eines Curriculums wird explizit der Methodenfreiheit der Lehrkräfte anheim gestellt. Die Schule als Arbeitsorganisation führt also dazu, dass sich bestimmte Schülergruppen in bestimmten Schulformen zu bestimmten situativen Gruppierungen (Klassen) an bestimmten Orten (Klassenzimmern des Schulhauses) zu bestimmten Zeiten versammeln, und dass dann bestimmte Lehrkräfte mit bestimmten formalen Qualifikationen – die Teil der Einstellungsbedingungen in der Arbeitsorganisation sind – ebenfalls in Schulhäusern und Klassenzimmern anwesend sind. Abläufe einer professionellen ‚Beschulung' innerhalb der Klassenzimmer zu gestalten, obliegt dabei der Profession der Lehrkräfte.

Bezogen auf eine historische Perspektive des Lehrberufs (vgl. exemplarisch Herrlitz u.a. 1998) lässt sich hierbei genau diese doppelte Konstitution festhalten. Der Staat begründet den Lehrberuf ‚von oben' als Arbeitsorganisation, deren inhaltliche Aufgabenerfüllung der Profession obliegt, um mit SchülerInnen im Interaktionsbereich fallorientiert kommunizieren zu können.[10] Dabei kann keine dritte Instanz kontrollierend anwesend sein; vielmehr widmet sich der Professionelle den Unterrichts-Interaktionen in Eigenverantwortung, im Rahmen verinnerlichter Standards.

Daraus ergibt sich auch eine räumliche Distanz des Staates gegenüber Schulhäusern. Zwar wird Bildung politisch territorialisiert (Schroer 2006, 193),

---

10 So z.B. Bauer 2000, 67; Bauer/Kopka/Brindt 1999, 10-16; so auch aus differenzierungstheoretischer Sicht: Stichweh 1992; Kurtz 2000.

3.3 Organisation/Profession

indem der Staat mit der Flächenorganisation der allgemeinbildenden Schule vieltausendfache Aggregate – Schulhäuser – errichtet, in denen dann das Schulegeben in Interaktionen unter Anwesenden stattfinden kann. In diesen Interaktionen ist jedoch der Staat selbst abwesend. Und entsprechend ist es für Lehrkräfte nahe liegend, davon auszugehen, dass wesentlich sie – da nur sie allein in den Schulhäusern anwesend sind – das Schulegeben herstellen. Organisationstheoretisch finden wir also gute Gründe, erstens von einer von oben konstituierten Arbeitsorganisation auszugehen, die zu flächendeckenden Aggregaten ausgebildet ist; gleichzeitig gilt zweitens in den Schulen selbst, dass sie unter Anwesenden reproduziert wird. Gemäß einem situativ-interaktiven Organisationsansatz lässt sich diesbezüglich davon ausgehen, dass in der einzelnen Schule als pädagogischer Handlungseinheit andere Regeln gelten – die durch die Tatsache der Anwesenheit konstituiert sind –, als sie in der Perspektive der Arbeitsorganisation erscheinen. Während die staatliche Schulorganisation und -bürokratie über formalisierte Mitgliedschaftsregeln und Entscheidungen bestimmt ist, ergibt sich aus der interaktiven Fassung der Einzelschule erstens eine *freie Vermittlung* von Themen, die von den jeweils örtlich anwesenden Lehrkräften vorgenommen wird. Zweitens hat eine *reflexible Wahrnehmung* hohe Priorität, die die für den Unterricht notwendigen flexiblen Aufmerksamkeitsleistungen organisiert; Lehrkräfte sind nicht nur ‚natürlich' aufmerksam gegenüber SchülerInnen, sondern reflektieren diese Kompetenz und setzen sie in verschiedenen Situationen, mit denen man im Unterricht und Schulhaus mit SchülerInnen zu tun hat, angepasst ein. Drittens wird die schulische Interaktion von *Selbstbeweglichkeit* bestimmt, d.h. einer Orientierung an einer eigenen (mündlich vergegenwärtigten) Geschichte vorangehender Interaktionsbeiträge (vgl. zu diesen drei Eigenarten von Interaktionssystemen grundlegend: Kieserling 1999, 80-110). Gegenüber allen drei Dimensionen schulischer Interaktionen sind Formalisierungen der Kommunikation in Organisationen deutlich anders gefasst.

Für Expertenmitglieder wurde entsprechend schon früh eine doppelte Mitgliedschaft im professionellen und im bürokratischen System festgestellt (vgl. Scott 1971), was sich auf Lehrkräfte übertragen lässt. Beide Systeme beinhalten unterschiedliche Organisationsprinzipien. Angehörige der Profession werden in professionellen Schulen ausgebildet, verfügen über Spezialwissen (weshalb Scott sie Spezialisten nennt), komplexe Fertigkeiten und internalisierte Kontrollmechanismen (ebd., 204). Der Bürokrat arbeitet dagegen in einer hierarchischen Struktur und übt unter einem System formaler Regeln eine eng umschriebene Funktion aus (ebd.). Zudem gelte, dass die bürokratische Organisation die Macht haben müsse, „Mitglieder selber auszuwählen und deren Beiträge so zu steuern, dass die Systemziele verwirklicht werden" (ebd., 201). Die Organisation kann jedoch Spezialisten (Professionelle) nicht voll bestimmen, da „die Spezialisten in diesen Dingen mitreden wollen" und da sie sich weiterhin mit ihrer Berufsgruppe identifizieren „und an deren Normen und Standards festzuhalten versuchen" (ebd., 202). Von daher überrasche nicht ein wiederkehrender Konfliktbereich: der Widerstand der Spezialisten gegen bürokratische Regeln, die Zurückweisung bürokratischer Standards, der Widerstand gegen bürokratische Überwachung und die bedingte Loyalität der Spezialisten gegenüber der Bürokratie (ebd., 205).

Allgemein lässt sich eine Widerständigkeit der Lehrkräfte nicht nur gegenüber einer bürokratischen, sondern gegenüber einer organisationalen Verfasstheit des Schulegebens konstatieren, die aus einer primären inneren Orientierung an Standards der Profession resultiert. Gleichzeitig definiert die Organisation fortlaufend Kontextbedingungen für die professionelle Leistungsausübung, die innerhalb der Arbeitsorganisation für die Lehrkräfte unhintergehbar sind – es sei denn, sie reagieren mit „exit", d.h. mit dem Verlassen der Arbeitsorganisation.

In einer grundlagentheoretischen Fassung sehen Differenzen zwischen Rollen der Profession und der Organisation wie folgt aus (vgl. Tab. 4):

Tab. 4: Professionsrollen/Organisationsrollen

Professionsrollen	Organisationsrollen
– Das bessere Argument	– Daten, Berichte
– Inputorientiert: Die gute pädagogische Absicht – Input-Vorschuss an Vertrauen, Interaktion mit Schülern angemessen zu gestalten	– Ergebnisorientiert – Faktische Leistungs-Outputs beobachten
– Interaktion	– Entscheidung
– Mündlichkeit (keine schriftliche Berufskultur der Lehrkräfte)	– Schriftlichkeit (Aktenführung, Prozess– und Ergebnisdokumente)
– Bezugnahme auf situative (gegenwartsbezogene) Unterrichtserfordernisse	– Bezugnahme auf eine Geschichte vorangehender Entscheidungen
– Involviertsein der ganzen Person	– Mitgliedschaftsrollen
– direkte Adressierung der SchülerInnen	– Leistungsdokumente zu SchülerInnen
– Person-Person Verhältnis	– Verhältnis Person-Dokument-Person
– „Ich bin immer ansprechbar" (Buchen 1991) – Belastungen	– Arbeitsteiliges Funktionsgefüge – Management
– Fiktionen kollegialer Gleichheit	– horizontale und vertikale Koordination – (Gleichheit) ungleicher Funktionsrollen
– Informelle Normen der Nichteinmischung zwischen KollegInnen (Terhart 1987)	– Mitgliedschaftsrollen, die zueinander organisiert werden
– Belohnung: sich einer Wertegemeinschaft zugehörig fühlen	– Kooperation im Rahmen individueller Nutzenerwartungen
– Orientierung an Inhalten/Argumenten	– Materielle Anreize/Gratifikationen
– Homo Sociologicus	– Homo Oeconomicus

3.3 Organisation/Profession

Anhand dieser bewusst auf Zuspitzung angelegten Darstellung lässt sich erkennen,

- dass sich Lehrkräfte in ihrer Professionsrolle intern mittels besserer Argumente austauschen, SchülerInnen zu adressieren. Innerhalb von Organisationsrollen kann der Austausch dagegen auf *verschiedene*, von der Organisation gesetzte Zwecke bezogen sein. Zudem ist der Austausch vermittelt, er erfolgt anhand von Daten oder Berichten, entweder in der bürokratischen Organisation mittels Aktenführung, oder in neuen, von mehr Management geprägten Organisationen anhand von Prozess- und Ergebnisdokumenten.
- In der Organisationsrolle sind Berichte Medien, die Beobachtungen von Leistungen (Outputs) festhalten, die auf vorangehende Entscheidungen zurückgehen und Folgeentscheidungen möglich machen (vgl. Luhmann 2000a). Diesen ergebnisorientierten Formen der Kommunikation stehen in der Professionsrolle die „gute Absicht", ein (Input-)Vorschuss an Vertrauen gegenüber, jeweils immer neu stattfindende Interaktionen mit SchülerInnen angemessen gestalten zu können.
- Dies beinhaltet, dass in Professionen eine Schriftlichkeit der Leistungsausübung nicht vorkommen muss, während in der Perspektive von Organisation Schriftlichkeit ein Konstitutionsmerkmal ist (Aktenführung oder Prozess- und Ergebnisdokumente). Dies bedeutet: Eine Organisation lässt sich als Kette von (dokumentierten) Entscheidungen verstehen, während sich eine Profession ohne schriftliche Dokumente mittels einer situativen Problembearbeitung immer wieder herstellt.[11]
- Innerhalb von Professionsrollen wird auf situative Erfordernisse – Belange der SchülerInnen – eingegangen; SchülerInnen werden im Zuge eines Person-Person-Verhältnisses direkt adressiert, was die Anstrengung einer ‚allzuständigen Aufmerksamkeit' als Standarderwartung beinhaltet. Buchen (1991) vermerkt dies ähnlich zu Grundschullehrerinnen als ein „Ich bin immer ansprechbar". Entsprechend verwundert nicht, dass Belastungsbefunde zum fixen Bestandteil der Diskurse über den Lehrberuf gehören.
- In der Organisationssoziologie wird demgegenüber davon ausgegangen, dass ein Standardprozedere innerhalb von Mitgliedschaftsrollen ist, Leistungsdokumente zu benutzen, die immer nur einen Teil der Person erfordern und distanziert bearbeitet werden können. Damit verbunden ist in Organisationen ein arbeitsteiliges Vorgehen, ein Management voneinander abgrenzbarer Aufgaben; zudem ist ein Austausch *zwischen* Organisationen leicht möglich. Mitgliedschaftsrollen und Koordinationsformen, die innerhalb so-

---

11 Sieht man von der politischen Sonderaufgabe ab, dass sich Professionen als Stand in der Öffentlichkeit vertreten, was ich hier explizit ausklammere, da davon nicht die eigentlichen Prozesse der Arbeitsausübung berührt sind.

wie zwischen Organisationen arbeitsteilig organisiert werden können, finden in der Professionsrolle keinerlei Entsprechung. In ihr dominieren Fiktionen kollegialer Gleichheit, die allein schon durch informelle Normen der Nichteinmischung in Belange anderer KollegInnen geschützt sind (Terhart 1987). Die professionelle Tätigkeitsausübung weist überhaupt starke ‚blanks' in der Beobachtung der eigenen Leistungsrolle auf, denn diese Form der gesellschaftlichen Leistungsanbietung ist gerade deshalb erfunden worden, um sich auf Belange eines Gegenüber, eines Schülers, eines Klienten, konzentrieren zu können. Dies führt so weit, dass eine Profession *im Prozess der Leistungsausübung* blind ist für ihr gesellschaftliches Ansehen bzw. für sonstige Umweltgeschehnisse, die außerhalb des Interaktionsmoments liegen. Nach Stichweh – der sich in diesem Punkt auf Abbott (1988) stützt – ist eine Profession kaum an gesellschaftlichem Status interessiert; stattdessen erfolgt eine Konzentration nach innen, im Sinne einer „professional purity". Stichweh deutet dies als „‚Regression' auf einen professionellen Kernbestand" (Stichweh 1994, 304). Dies bedeutet auch, dass Professionen mit Selbstevaluationen – gleich welcher Couleur – wenig anfangen können: so lange sich ihre Zwecke nicht *in Belange der KlientInnen* ummünzen lassen, deren Perspektive die Professionellen stellvertretend einnehmen.

- Während Organisationsrollen über materielle Anreize und Gratifikationen, durch Angebote für einen individuellen Nutzenmaximierer[12] gesteuert bzw. beeinflusst werden können, ist eine solche Von-Außen-Beeinflussung der Professionsrolle kaum möglich, da eine ‚innere' Wertegemeinschaft vorherrscht, deren Prinzipien vornehmlich normativ (Rollenmodell Homo Sociologicus) oder symbolisch (Rollenmodell des Identitätsbehaupters) strukturiert sind. Entsprechend ist es schwierig, wenn nicht so gut wie ausgeschlossen, über Nutzenprogramme kooperative Formen zwischen KollegInnen erzeugen zu wollen. Sämtliche Kooperationsformen müssen sich hingegen in die Normen der Profession einklinken, wenn eine Koordination der Professionellen erreicht werden soll.

Dies scheint nicht immer beabsichtigt zu sein. Denn tatsächlich scheint man sich mitunter mit einer bloß „mechanischen Addition", einem äußerlichen „Ankleben" von Segmenten aus Organisationsrollen an Professionsrollen zufrieden zu geben, z.B. in schulischen Steuergruppen oder anderen OE-Prozessen. Lehrkräfte sitzen dann zwar in Organisationsentwicklungsrunden mit am Tisch oder lassen sich in organisationalen Kriterien schulen, und regelmäßig wird auch der Erfolg dieser Programme evaluiert. Nicht evaluiert wird aber, was in wirklichen Stress-

---

12 Homo Oeconomicus; vgl. zu diesem und zu den beiden nachfolgend genannten Rollenmodellen: Schimank 2000a.

3.3 Organisation/Profession

und Entscheidungssituation des Unterrichts mit diesen neuen Rollensegmenten geschieht. Demzufolge kranken Bemühungen um eine schulische Organisationsentwicklung, Lehrerkollegien zu einer Kultur der Evaluation zu bringen, daran, dass sie kaum über Hebel verfügen, aus dem unverbundenen Nebeneinander einzelner Personen einer Wertegemeinschaft ein auf Organisation basiertes, arbeitsteiliges Gefüge zu machen, das Prinzipien von Organisationen übernimmt: dies wären Mitgliedschaftsrollen, die von einander *abgegrenzte* Aufgaben haben, also unterschieden sind; die sich zueinander (arbeitsteilig, netzwerkförmig) organisieren lassen; die sich zu kollektiven Entscheidungen aggregieren lassen; die herausgehobene und akzeptierte Führungspositionen möglich machen; die auf Schriftlichkeit basieren; die Empfindlichkeiten von *Person-Person*-Arrangements ersetzen durch mehr Distanz und Verobjektivierung erlaubende *Person-Dokument-Personen*-Arrangements; die interne Leistungsvergleiche und -differenzen nicht nur zulassen, sondern als antreibende Mittel nutzen; die sich mit der Umwelt nach eigenen Kriterien, die selektiert werden, austauschen, statt eine ‚professional purity' zu pflegen.

Gleichwohl bleiben Lehrkräfte über ihre Arbeitsorganisation dienstrechtlich beeinflussbar. Aber so lange dabei nicht die bisherige schismatische Trennung der voneinander abgeschotteten Bereiche der arbeitsorganisatorischen Rollen einerseits und der Professionsrolle andererseits aufgehoben ist, können arbeitsorganisatorische Reformen regelmäßig durch eine Professionsrolle ausgebremst werden. Eine wirkliche Neufassung der Governance in diesem Punkt wird sich danach beurteilen lassen müssen, dass und inwieweit sie eine Neuorganisation des Berufsgefüges wagt, was bislang im deutschen Sprachraum noch in keiner Weise angegangen wurde.[13] Es wird sich dabei in den nachfolgenden Erörterungen zeigen, dass Reformulierungen der schulischen Governance exakt diesen Punkt aussparen, und stattdessen indirekte Beeinflussungen der Lehrerrollen mittels Evaluationen versuchen, die jedoch am Kern des schismatischen Gefüges von Profession und Organisation nichts ändern.

---

13 Warum dies so ist, wäre ein gesondertes Thema der Governanceanalyse. Sehr wahrscheinlich dominieren in den deutschen Bundesländern politische Opportunitätsgründe. Denn eine Neufassung des Lehrberufes würde primär das Dienstrecht berühren. Offensichtlich wegen einer starken Interessenvertretung der Beamtenschaft – an die letztlich auch Eigeninteressen der Bildungsadministration hängen – wird dies kaum angetastet. Dazu kommt als ungelöster Konflikt, ob die Länder alle dienstrechtlichen Regelungskompetenzen erhalten – was dann zu Konkurrenzen zwischen den Ländern führen würde – oder ob im Dienstrecht „bundeseinheitliche Regelungen zur Sicherung von Mindeststandards" beibehalten sind (Rieger 2005, 242).

3.4 Internationale Steuerungstrends

Nach den grundlagentheoretischen Betrachtungen von Aspekten der Handlungskoordination aus Sicht der Soziologie – hinsichtlich Handeln und Aggregationen, bezogen auf Beobachten, Beeinflussen und Verhandeln, und mit Blick auf grundlegende Differenzen zwischen Organisation und Profession – sollen in diesem Abschnitt nun international von der Bildungspolitik propagierte Steuerungsmaßnahmen angesprochen werden. Sie zielen auf konkrete Veränderungen des schulischen Systems und werden insbesondere in den angloamerikanischen Ländern (aber nicht nur in ihnen) verwendet.

Vom Grundtenor her beanspruchen die international diskutierten Maßnahmen, eine „dichtere" Koordination verschiedener schulischer Handlungsbeiträge zu leisten. Dies reagiert auf die Ausgangslage einer in vielerlei Hinsichten als unzureichend wahrgenommenen Koordination in der bisherigen bürokratischen Steuerung der Schule:

Mangelnde Koordination in der bürokratischen Steuerung
1. Es gibt erstens eine starke staatliche Input- und Detailsteuerung, die allerdings teilweise schon vor PISA, seit Mitte der 1980er Jahre, zurückgebaut wird. Dieses Übergewicht der staatlichen oder zentralen Ebene (in der OECD-Terminologie) entfaltet auf den übrigen Ebenen des Schulsystems (intermediäre Ebenen, Schulebene) keine operativen Kräfte. Zudem enthält sich die Detailsteuerung – als eine Verwaltung – weitgehend bildungspolitischer Planung. Insbesondere in den 1980er Jahren wird für das westdeutsche Schulsystem der weitgehende Verzicht auf Bildungsplanung festgestellt (Klemm u.a. 1990). Erst nach PISA 2000 sowie gegenwärtig mit der Diskussion um Bildungsstandards scheinen Bildungsplanungen verstärkt wieder aufzukommen.
2. Zweitens gibt es eine starke, aber individualistische Lehrerprofession, das heißt einzelne Lehrkräfte sind vornehmlich für Unterrichtsfragen zuständig, haben jedoch sonst keine Verfügungsrechte über Personal-, Ressourcen- und Organisationsfragen.
3. Drittens verpflichten sich einzelne Schulen selbst kaum auf Qualitätsmanagements und eine Organisationsentwicklung.
4. Viertens: Der Aufbau von Führungsstrukturen durch die Schulleitung an einer Schule unterbleibt weitgehend.
5. Fünftens werden die Themen Konkurrenz, Wettbewerb, Märkte nicht systematisch als Entdeckungslogiken genutzt, z.B. um innerhalb des Lehrbe-

rufs oder zwischen Einzelschulen verschiedenartige Leistungsangebote festzumachen. Solche im Rahmen von Konkurrenz festgestellten Unterschiede werden in Deutschland bislang überwiegend als unvereinbar angesehen mit dem Primat der Chancengleichheit und deshalb weitgehend als Innovations-Elemente ausgeblendet.

Insgesamt besteht die traditionelle Governance zum einen aus Hierarchie, d.h. einer staatlichen Detailsteuerung, zum anderen aus der Lehrerprofession. Diese beiden Governance-Formen sind jedoch relativ unverbunden, d.h. weder vom Staat, noch von der Profession werden systematische Outputbeobachtungen gemacht. Dies bedeutet gleichzeitig eine weitgehende Nichtentfaltung der Beziehungsebene zwischen Staat und Profession, die sich mit dem Modell der antagonistischen Kooperation kennzeichnen lässt (vgl. Abschnitt 5.4.3).

Neue Koordination
Erwartet werden dagegen für die Gegenwart andere Muster der Steuerung bzw. der Handlungskoordination; dies ist gleichzeitig Essenz der anglo-amerikanischen schulischen Governance-Forschung[14], wie sie vorangehend (Kapitel 1.5) unter Anderem mit Arnott angesprochen wurde. Hierbei werden zwei bisher dominante Governance-Mechanismen geschwächt (1, 2) sowie drei neuere ausgebaut (3, 4, 5) (die folgenden Punkte basieren auf Altrichter/Brüsemeister/Heinrich 2005, 20-22):

1) *Staatliche Input-Regulierung*: Die Steuerung durch Inputregelung (z.B. Festlegung von Prüfungsanforderungen über gesetzliche Vorgaben; inhaltliche Festlegungen über Lehrpläne; Präzisierung von Standards über Lehrmittel und -bücher; zentrale Mittelausstattung; zentrale Lehrerzuordnung; vgl. Fend 2001, 41) ist das zentrale Element der traditionellen Steuerung des Bildungswesens in den deutschsprachigen Ländern. Ein übereinstimmendes Element aller Vorschläge über neue Governancemechanismen (vgl. Lassnigg 2000, 108) besteht darin, die bisherige staatliche Input- und Detailsteuerung zurückzunehmen. Durch die „Autonomie der Einzelschule" soll diese mehr Gestaltungsraum nicht nur für *operative* Entscheidungen für ihre tägliche Arbeit und ihre Weiterentwicklung bekommen, sondern auch für – innerhalb von in den verschiedenen Ländern unterschiedlich weiten Rahmenvorgaben – *inhaltliche* Entscheidungen über ihr Angebotsprofil, mit dem sie

---

14 Vgl. Epstein 2004; Arnott/Raab 2000; Arnott 2000; Avenarius/Liket 2000; zu „School-Effectiveness/Improvement": Leithwood/Menzies 1998; Fullan/Watson 2000; Briggs/Wohlstetter 2003; ähnlich für Hochschulen: Clark 1997; Braun/Merrien 1999; Braun 2001; Schimank 2002a.

zu anderen Schulen in Wettbewerb treten kann. Beides – Entscheidungsverantwortung und Wettbewerbsdruck – soll die Verantwortlichkeit und die Qualität der Entscheidungen vor Ort erhöhen und damit auch zu besseren Ergebnissen führen.

2) *Selbststeuerung der Lehrerprofession*: Die Inputregulierung ist gekoppelt mit einer weitgehenden Autonomie der Lehrkräfte bei der Umsetzung dieser „Vor-Steuerungen", insbesondere bei unterrichtlichen Fragen. Dadurch etabliert sich eine ‚Doppelsteuerung' im Sinne einer ‚antagonistischen Kooperation' zwischen Staat und Lehrkräften. Der Staat hat Lehrkräften – außer dem Unterrichtsbereich – kaum eigene Entscheidungen zugestanden; wie erwähnt hat die Profession, da sie gleichsam im Schatten einer bürokratischen Governance des Staates gedeiht, keine eigenen Verfügungsrechte über substanzielle, operationale und strategische Entscheidungen. Aus Sicht der Lehrerprofession kann wiederum der Staat, sobald die Lehrkraft die Klassenzimmertür schließt und zu unterrichten beginnt, in diesem Bereich nicht mitreden. Modernisierungsinitiativen zielen nun auf „erhöhte berufliche Koordination der Professionellen". Die klassische Selbststeuerung der „individualistischen" Lehrerprofession wird damit geschwächt und durch von der Schulleitung geführte Teams (siehe 4) ersetzt.

3) *Außensteuerung substanzieller Ziele*: Dieser Mechanismus besteht darin, für die Binnensteuerung der autonomeren Einzelschulen klarere Ziele – derzeit in Form von Bildungsstandards – vorzugeben. Umsetzung und Ergebnisse, die in Hinblick auf diese Ziele erreicht werden, sollen durch verschiedene Evaluations- und Monitoringmaßnahmen laufend überprüft und die dabei erhobenen Informationen gleichzeitig für die einzelschulische wie für die systemische Steuerung verwendet werden. Während die Zielvorgabe staatliche Aufgabe bleibt, werden Evaluationsmaßnahmen an unabhängige Inspektorate vergeben (so in der Schweiz und in Deutschland) oder an Externe delegiert (z.B. Evaluationsagenturen oder private, akkreditierte InspektorInnen in England und Wales).

4) *Innerschulisches Management – Führung durch Schulleitung*: In vielen Ländern werden die Schulleitungs-Positionen durch bessere Ausbildung (z.B. in Österreich), durch bessere Bezahlung und Aufstufung in der Beamtenhierarchie (z.B. in Italien) und durch weiter gehende Aufgaben und Befugnisse aufgewertet oder – wie in manchen Deutschschweizer Kantonen – überhaupt erst geschaffen. Instrumente für schulinterne Koordination, wie Schulprogramme und Qualitätsmanagement, werden propagiert. Leitungspersonen werden, so die Hoffnung, ihre Schule unter Beachtung der Standard-Vorgaben ‚betrieblicher managen', so vor Ort strategische Ziele des gesamten Systems besser umsetzen und in Ausnutzung der erweiterten Ges-

taltungsspielräume und der verfügbaren Evaluationsergebnisse schulinterne Dynamik in Richtung qualitätsvoller Weiterentwicklung aufbauen. Die neue Art der Handlungskoordination besteht in Instruktionen und Verhandlungen der Schulleitung, die die bestehende Indifferenz eines Lehrerkollegiums für eigene kollektive Entscheidungen (z.b. Verpflichtung auf nachhaltige Qualitätsmaßnahmen) aufsprengen sollen.

5) *Konkurrenzdruck und Quasi-Märkte*: Dieser Governancemechanismus beschreibt die neoliberale Annahme, dass ein gewisses Maß von Wettbewerb die Qualität und Innovationskraft aller Schulebenen stärkt; gut zugängliche Evaluationsinformationen sollen Klienten rationale, qualitätsbezogene Wahlentscheidungen ermöglichen: „Ein begrenzter Wettbewerb unter Schulen verstärkt die Qualität und Innovation." (Buschor 1998, 78) Obwohl diese Modernisierungsstrategie in den deutschsprachigen Schulsystemen nie den Stellenwert wie in den angelsächsischen Ländern gewann, hat die partielle Gestaltungsautonomie, die Schulen die Entwicklung spezieller Profile ermöglichte, die Bedeutung von Konkurrenz zwischen Schulen als Mechanismus der Handlungskoordination verstärkt (vgl. Weiß 2002; Mangold/Oelkers 2003; Altrichter/Prexl-Krausz/Soukup-Altrichter 2005). Diese Entwicklung würde intensiviert, wenn durch Bildungsstandards und darauf bezogene großflächige Evaluationen vergleichbare Bezugspunkte entstehen.

Jeder einzelne dieser Mechanismen wirkt auf eine gravierende Umgestaltung der Organisation des Schulegebens hin. Dabei hängen die Mechanismen auch untereinander zusammen: Ohne Standards kann die bislang individualistische Profession nicht kollektiv auf schulische Qualitätsmaßnahmen verpflichtet werden; ohne Führung durch die Schulleitung fehlt eine verbindliche Handlungskoordination vor Ort, die gleichzeitig – durch ihren engen Kontakt zur Bildungsverwaltung – an übergreifenden Zielen ausgerichtet ist, welche für alle Schulen gelten; ohne ein gewisses Maß an Konkurrenz – was die Intensivierung von Beobachtungen in und zwischen Schulen meint – wissen Lehrkräfte als die zentralen Akteure der Schule nicht, wo sie stehen, wenn es gilt, die Qualität des Schulegebens einzuschätzen; und ohne Autonomie hätten Lehrkräfte keine Befugnisse, die Konsequenzen aus ihren Beobachtungen zu ziehen und Fehlerkorrekturen vor Ort selbst vorzunehmen.

Neben dem Ineinandergreifen der fünf neuen Steuerungstrends ist deutlich, dass es zwischen den Trends Spannungsverhältnisse gibt. Eines liegt z.B. zwischen Standards (Bezugspunkt Bildungspolitik und -administration) und Autonomie (Bezugspunkt Einzelschule). Denn was steuerungstheoretisch als gutes

Zusammenspiel zwischen einer strategischen Führung durch Standards sowie der operativen Ausführung durch autonome Einzelschulen gemeint ist, wurde in der Praxis schon teilweise als Verstärkung einer Kontrolle und gegen Schulautonomie gerichtet verstanden (Terhart 2001, 25).

3.5 Governance-Regime

Wie im vorangehenden Abschnitt skizziert, geht man in der internationalen Diskussion davon aus, dass im Schulsystem gleichzeitig mehrere Mechanismen der Umsteuerung zum Einsatz kommen. Auch ist für die generelle Diskussion von Governance erkennbar, dass Bemühungen, „reine" Formen von Governancemechanismen – wie Markt, oder Hierarchie, oder Netzwerk – zu isolieren, angesichts empirischer „Mixes" mehrerer Mechanismen an Grenzen stoßen (so Lange/Schimank 2004, 25). Zwar ist die isolierte Kennzeichnung einzelner Mechanismen weiterhin wichtig, um sich grundverschiedene Koordinationsarten vor Augen zu führen. Der Schwerpunkt der Analyse sollte jedoch – da dies die Komplexität einer Governance betrifft – auf einem jeweils empirisch zu bestimmenden Gesamtzusammenhang verschiedener Formen der Handlungskoordination liegen. Dieser Zusammenhang lässt sich als *Governance-Regime* bezeichnen.[15]

Von der Konzeption der neuen Koordination her ist deutlich, dass Bildungsstandards Lernleistungen der SchülerInnen beobachten und es autonomen Einzelschulen möglich machen wollen, eine Fehlerkorrektur und diagnostische Maßnahmen vor Ort selbst vorzunehmen, wenn ein Zurückbleiben der SchülerInnen hinter Standards bemerkt wird. Angesichts dieser datenbasierten Steuerungskonzepte ist es insbesondere wichtig zu untersuchen, welche Muster des Zusammenwirkens sich zwischen ‚standardsetzenden', staatlichen und nebenstaatlichen Agenturen einerseits sowie den operativ autonomer und diagnostisch tätig werdender Einzelschulen andererseits einstellen, um die Qualität von Lehr-Lernprozessen zu steigern.

Das Credo der datenbasierten Steuerung macht sichtbar: Auf den Ebenen eines Schulsystems wird gleichzeitig ein ganzes Set von Maßnahmen eingeführt. Zudem wirken bisherige Regulierungsformen – z.B. Erlasse, Lehrpläne, Stundentafeln – weiter. Es sind Mischtypen der Regulierung wahrscheinlich. Diese entstehen auch, wenn neue Koordinationsmaßnahmen im Zuge ihrer Umsetzung

---

15 „Regime" ist ein in der Politikwissenschaftlich gebräuchlicher technischer Ausdruck für die Unterscheidung von verschiedenen Regelungsstrukturen. Ein Governance-Regime wird im Bildungsbereich, je nach hoheitlichem Zuschnitt, anders gefasst sein, sich z.B. in Deutschland auf die Länder oder, je nach Fragestellung, auch auf den Bund beziehen.

3.5 Governance-Regime

ungewollt in alte transformiert werden; eine Steuerungsmaßnahme war vielleicht als Anregung für eine Kultur der Selbstevaluation gemeint, fällt dann aber in den Modus von Verordnung zurück bzw. wird als solche wahrgenommen. Wir haben es also mit einem Mix alter, neuer, und transformierter Koordinationsinstrumente zu tun. Sie treten gleichzeitig innerhalb eines Governance-Regimes auf – wobei hier Gewichtung und Wirkungsweise Untersuchungspunkte der empirischen Governanceforschung sind.

Governance-Regimes differieren dabei jeweils nach kulturellen Kontexten (vgl. Fend 2004). Es gibt nicht „die eine optimale" Form, die kopiert werden kann, so auch die OECD (1997). Die Unterschiede, die eine vergleichende Governance-Forschung zu verschiedenen Regelsystemen erarbeiten kann, sind damit in einem Land erkenntnisfördernd vor allem mit Blick auf das Zurückwerfen auf eigene Möglichkeiten und Ressourcen. Schulische Governanceforschung will in diesem Sinne vergleichend untersuchen, wie in einem Land Konzepte unter den Gegebenheiten „nacherfunden" werden.[16]

In diesem Zusammenhang besteht grundlegender Forschungsbedarf für den Mechanismus „Standards/Außensteuerung substanzieller Ziele", zumindest für die hier vertretene Sicht auf das Schulsystem Deutschlands. Zwar wird im Rahmen von NPM ein verändertes Verständnis von staatlicher Steuerung gedacht, insofern sich – dem Modell nach – der Staat in strategischer Zielsetzung engagiert und sich aus der Detailsteuerung zurückzieht. Diese in den angloamerikanischen Ländern durchaus auch empirisch festgestellte Entwicklung lässt sich auch auf Verhältnisse in Deutschland übertragen, da hier ebenfalls seit etwa Mitte der 1980er Jahre ähnliche Bemühungen um eine Modernisierung der staatlichen Verwaltung einsetzen (vgl. Naschold/Bogumil 2000). Es gibt jedoch die Vermutung, dass damit nicht ein Rückbau der Hierarchie des Staates, sondern deren Stabilisierung einhergeht. Es werden ausländische, evaluationsorientierte und auf Standards basierende Modelle übernommen, jedoch ist dies offensichtlich nicht als ein fundamentaler, sondern als ein „gradueller institutioneller Wandel" zu verstehen, d.h.: Akteure „verknüpfen [...] Elemente ausländischer Modelle auf neuartige Weise mit eigenen institutionellen Regeln mit dem Resultat einer Hybridisierung", so formuliert Quack (2005, 349, nicht auf Schulsysteme bezogen). Das Ergebnis könnte eine „institutionelle Rekombination" sein (ebd.), die für den Fall Deutschlands die Verbindung von *Hierarchie plus Standards* beinhalten könnte. Denn mittels der Setzung von Standards scheint die Bedeutung der Hierarchie größer denn je, und die Abgabe von Verfügungsrechten zum Treffen von Entscheidungen an die Einzelschule ist erst ansatzweise erfolgt. Es hat den Anschein, als habe sich der Staat kaum aus operativen Bereichen zu-

---

16 Vgl. Kapitel 7.

rückgezogen. Zweifellos muss dies von der Governanceforschung genauer länderspezifisch untersucht werden (vgl. erste Befunde in Altrichter/Brüsemeister/Heinrich 2005).

Zur Governanceanalyse von Schule und Politik

4. Schulpolitik und Schule: Facetten aus Sicht der Governanceanalyse
Jürgen Kussau

Während in den vorherigen Kapiteln Instrumente der Analyse von schulischer Governance angeführt wurden, geht es in den nun folgenden Kapiteln um eine konkrete materiale Analyse der bisherigen sowie der sich abzeichnenden Beziehungen zwischen Schule und Politik.

Begonnen wird in Kapitel 4 mit Fragen, die um die *Steuerung* der Schule im Kontext der Begrifflichkeit von Governance kreisen, d.h. die *politische* Steuerung der Schule, das multiakteurielle Zusammen-, aber auch Gegeneinanderwirken von an Schule beteiligten Akteuren benennen und die Relevanz herkömmlicher Schulpolitik im Kontext des neuen Analysekonzepts der Governance ansprechen.

In Kapitel 5 ist die bisherige hierarchische Beziehung zwischen Schule und Politik Thema. Zwar ist beabsichtigt, diese Beziehung umzugestalten; sie bleibt aber hierarchisch geprägt, durch eine engere, systematische Beobachtung der Schule sogar prononcierter ausgebildet als je zuvor. Kapitel 6 beschäftigt sich mit sich abzeichnenden veränderten Kooperationsbeziehungen, wie sie möglicherweise – durch den Einbau von intermediären schulischen Einrichtungen wie der Schulinspektion – entstehen sollen. Erstmals könnte es zwischen Politik und Schule zu Verhandlungsbeziehungen kommen.

4.1 Politische und soziale Koordinationsmechanismen im Schulsystem aus Sicht soziologischer und politikwissenschaftlicher Fragestellungen

Die Beschäftigung mit schulischer Governance hat im Augenblick zum einen die Stoßrichtung, mit besten Absichten einen konstruktiven, sozialwissenschaftlichen, „lösungsorientierten" Beitrag für eine Verbesserung der Schule zu leisten. Dieser Ansatz ist begleitet von einer Entgrenzung zwischen politischen Akteuren und sozialwissenschaftlichen Akteuren (Gieryn 1983).

In diesem Ansatz ist eine latente Tendenz enthalten, School Governance mit den aktuell prominenten Steuerungskonzepten zu identifizieren (Standards und Evaluation, Schulautonomie, ggf. Wettbewerb, Schulführung etc.). Damit könnte das analytische Potenzial des Governancekonzepts verschenkt werden. Zum anderen kann Governanceforschung sich jedoch auch vorrangig mit der „Architektur" des Schulsystems befassen, ihre Merkmale beschreiben, sich dem handelnden Zusammenwirken der Akteure und auch darin eingelagerten systemischen Antinomien widmen (die sich gegen beste Absichten sperren) und damit von den je aktuellen, aber deshalb auch obsolet werdenden, Programmkonjunkturen abkoppeln. Die Fragestellungen lauteten dann: Wie ist (a) die Schule konstituiert und was vermögen (b) Absichten, Ideen und Programme gegen strukturell festgefahrene institutionell „erzwungene" Handlungsorientierungen, Interessenlagen, Rationalitätsmuster, Handlungsbereitschaften und -fähigkeiten etc.? Zu nennen wären dann z.B. die Differenz zentral/lokal (Brüsemeister 2003) oder die je besonderen Tätigkeiten der Akteure auf den verschiedenen Ebenen, die interaktiven, partikulären und situativen Arbeitsformen der LehrerInnen, die über das Steuerungsmedium Recht ebenso „gebändigt" werden müssen wie sie sich einer „Bändigung" entziehen; weiter die pädagogische Autonomie der Schule, ein pädagogisches Veto gegen schulpolitische Beschlüsse und das Dilemma des nicht äquivalenten Tauschs von Geld (Politik) gegen der Schule abverlangte Qualifikationen (erste Überlegungen dazu in Kapitel 5). Thematisiert würde auch, dass Schulautonomie eine verordnete Form von Autonomie darstellt – „Autonomie von oben" (Kussau 1997) – und daraus „Stress" entsteht, z.B. Misstrauen gegenüber politischen Absichten – zu wenig Autonomie – oder umgekehrt in „Furcht vor der Freiheit" (Erich Fromm) der Umgang mit Autonomie erst mühselig gelernt werden muss. Beide Ansätze – Governance als Praxis, z.B. „Public Governance als Reformstrategie" (Klenk/Nullmeier 2004), und Governance als Analysekonzept – müssen einander nicht ausschließen, können vielmehr aufeinander bezogen werden. Governance könnte konzeptuell und begrifflich theoretische Zugänge, empirische Forschung und praktische Anwendung verbinden, um die Kluft zwischen Theorie und Praxis zu schließen. Sofern Governanceforschung sich auch politischen und sozialen Koordinationsmechanismen widmet, die dazu führen, dass Schule entsteht und eine bessere Schule möglich wird, erweitert sie das theoretische Spektrum um soziologische und politikwissenschaftliche Fragestellungen und Untersuchungsthemen. Ein solch interdisziplinärer Zugang ist gleichzeitig anspruchsvoll wie herausfordernd, weil schulische Governance es ebenso mit Schule wie mit Politik, Administration, Zivilgesellschaft und Markt und ihren vielfältigen Beziehungen und Beziehungsmustern zu tun hat.

4.2 Das Schulsystem unter dem Blickwinkel funktionaler, politischer und räumlicher Differenzierung

Über die Untersuchung schulischer Regelungsstrukturen lässt sich (sogar über den Schulsektor hinaus) eine Fülle ungeklärter und teilweise „unlösbarer" (?) Beziehungsmuster zwischen Politik, Staat und funktionalen Teilsystemen studieren. Territoriale, funktionale[1] und politische Differenzierungen sowie dazugehörige Akteure und Organisationen, die konkurrieren, konfligieren und doch in antagonistischer Form miteinander kooperieren, finden sich in ihrer Architektur. Schule ist gleichzeitig Teil des politischen Systems und doch auch unvollständig ausdifferenzierter Funktionssektor, aufgefangen im Konzept der *relativen Autonomie* (aus so unterschiedlichen Positionen wie z.b. von Dale 1982; Luhmann 2002, 111-141; Kolbe/Sünker/Timmermann 1994, bes. 22-24). Während funktionale Differenzierung ungleichartige, aber gleichrangige, weil zur sozialen Reproduktion notwendige Teilsysteme hervorbringt, sind sie politisch-institutionell hierarchisiert, also in gerade nicht auf Gleichrangigkeit beruhende Autoritätsbeziehungen zerlegt, die überdies in der territorialen Dimension auf unterschiedliche Orte – Kanton, Gemeinden und kommunale Schulbehörden und in den Gemeinden wieder Schulhäuser – segmentär differenziert verteilt sind (zu den Begriffen Schimank 1996, 150f.). Kein Akteur kann je für sich Schule als funktionsfähige Schule konstituieren. Schule „herzustellen" ist eine „grenzüberschreitende" Aufgabe (Benz 2003, 205), die jenseits der Zuständigkeiten *und* Fähigkeiten einzelner Akteure liegt. Aus diesen funktionalen, politisch-institutionellen und räumlich-territorialen Differenzierungen, die mit Formen von Arbeitsteilung verwoben sind, ergibt sich eine empirische Architektur des Schulsystems als multiakteurielles Verbundsystem mit spezifischen Governance-Anforderungen – für seine Bestandserhaltung wie für seine *Veränderung*.[2]

Schulische Governance weist in verschiedener Hinsicht spezifische Eigenheiten auf:

(a) Schule und Schulpolitik sind zwar in den Prozess der Internationalisierung hineingezogen, abzulesen an einem in den europäischen Staaten konzeptuell uniformen Regelungsmodell, das sich an politische Managementkonzepte anlehnt (Döbert/Geißler 1997; kritisch Carnoy 2000). Schulpolitik ist jedoch nach wie vor als nationale bzw. in föderalistischen Systemen subnationale Politik

---

1 Mit der Gliederung des Schulsystems in verschiedene Schultypen ragt zusätzlich zu allen Differenzierungsformen auch noch die stratifikatorische Differenzierung in die Schulpolitik hinein.
2 Dem Begriff der „Schulreform" ziehe ich den der Veränderung vor. Ob etwas als Reform gilt, ist eine Frage der politischen Bewertung. Schulische Veränderungen sind dagegen empirisch beobachtbar.

ausgebildet. Es existiert, anders als in der internationalisierten Wirtschaft, keine reale, sondern (vorerst) „nur" eine diskursive Verflechtung, z.B. im „sozialen Raum" der PISA-Studie. Freilich fällt es auch der Schul- und Bildungspolitik zunehmend schwerer, sich (sub-) national abzuschotten. Standardisierungserwartungen und -notwendigkeiten, die dem Bildungssystem historisch nicht fremd sind („Berechtigungswesen"), unterlaufen Bildungsgrenzen und öffnen nationale und subnationale Bildungssysteme einem evaluativen Vergleichstest (Power 1997).

(b) Im Blick auf Steuerungsfähigkeit besitzen die deutschen Bundesländer und die Schweizer Kantone (im Rahmen der Bundesverfassung) Eigenstaatlichkeit und entsprechen unitarischen und souveränen Staaten (Jach 1999; Plotke 1994), die je spezifische Schulpolitik, auch in (behaupteter) Abgrenzung gegenüber anderen Ländern und Kantonen, als „territoriale Politik" betreiben. Auf Länder- und Kantonsebene haben auch in föderalistischen Systemen die Gemeinden kein institutionelles Mitspracherecht bei der Politikformulierung. Die Komplexität der Schulpolitik lässt auf die Formel bringen: Spannung zwischen Länder- oder kantonaler Souveränität und schulischer (für die Schweiz auch kommunaler) Autonomie (für die Schweiz: Hega 1999).

(c) Schulische Governance hat es mit *individuellen* Akteuren, SchülerInnen, LehrerInnen, Eltern zu tun, die im Fall der LehrerInnen partiell und im Fall der Eltern in Ansätzen als kollektive Akteure organisiert sind, in keinem Fall jedoch als korporative Akteure wirken (Scharpf 1997, 54-58).[3] Freilich sind daneben auch kollektive (z.B. Gewerkschaften der LehrerInnen, Verbände) und korporative Akteure (z.B. wissenschaftliche Einrichtungen) in das Politiknetz eingesponnen. Jedoch haben Schulpolitik und -behörden, anders als neuere Netzwerk- und Verhandlungskonzepte annehmen und auch schulische „Steuerungs"- Modelle postulieren („Schule als Einheit"), in ihrer Umwelt nicht nur und nicht einmal hauptsächlich Beziehungen zu Organisationen (Mayntz 1993, 39), sondern ganz wesentlich zu „anarchisch" zersplitterten Individualakteuren, an die spezifische Verhaltens- und Reaktionserwartungen gestellt werden (ausführlicher in Kapitel 5). LehrerInnen werden als normgebundene Akteure, „Staats- und Vollzugspersonal" und AuftragnehmerInnen verstanden, die auf einen politisch definierten Auftrag verpflichtet sind. Implizit wird ihren Handlungen eine Verhaltensannahme zugrundegelegt, die eine Mischung sind aus unbefragbarer normativer Verpflichtung auf politische Beschlüsse, verkoppelt mit altruistischer Orientierung gegenüber „dem Kind".

---

3   Kollektive Akteure sind durch ihre Abhängigkeit von den Präferenzen der Mitglieder definiert, während korporative Akteure Organisationen mit einem Leitungsstab sind, der auch jenseits der Mitglieder- und Nutzenpräferenzen handlungsfähig ist.

4.2 Blickwinkel der Differenzierung

(d) Das Schulsystem ist hochgradig dezentral ausgebildet und fragmentiert – territorial verteilt in Gemeinden und Schulhäuser, funktional verteilt in Schultypen, dem Lebensalter folgend verteilt in Klassen und schließlich personalisiert in individuelle SchülerInnen und LehrerInnen.[4] Teilweise spiegelt sich diese Dezentralität auch auf der Ebene des politisch-administrativen Systems in Form differenzierter zentraler Bildungsbehörden, über territorial verteilte Aufsichtseinrichtungen, bis hin zu den kommunalen Schulbehörden in der Schweiz wider. Deswegen sind Governance und Schulpolitik nicht in Begriffen von Verhandlungssystem und -netzwerk zu beschreiben, dem im Augenblick prominentesten Modell, den Formwandel von staatlicher Politik zu erfassen. Verhandlungsformen finden sich bisher allenfalls im Prozess der Politik- und Projektformulierung. Ansonsten ist auch aktuell die Beziehung zwischen „Politik" und „Schule" nicht als Interaktion, erst recht nicht unter Anwesenden, ausgeprägt. Wahrscheinlich würde man entlang des Modells Interaktion unter Anwesenden zwei „Welten" identifizieren können: Eine institutionelle politische Ebene, auf der diese Kommunikationsform spielt sowie daneben und unabhängig von der Politikebene die Schulhausebene, die geradezu durch Interaktion unter Anwesenden charakterisiert ist. „Dazwischen" liegt eine mehr oder weniger weite interaktive und kommunikative Leerstelle, besetzt mit intermediären Organisationen (Schulaufsicht etc.).[5]

(e) Politische Akteure müssen, allen Differenzierungsformen zum Trotz, auf einer politischen Steuerung der Schule bestehen, solange Schule öffentlich oder staatlich geführt wird. Diese hierarchisch-autoritative Dimension kollidiert vor allem mit funktionalen Differenzierungsmerkmalen, bildet die immanente Grenze jeder Schulautonomie, einschließlich der dort (vielleicht) neu verankerten Entscheidungskompetenzen, erfordert ein feines Austarieren der „Verfügungsrechte zum Treffen von Entscheidungen" (Braun 2001, 247-253) und verbietet aus Gründen der Konstitution der Schule die Beschimpfung von PolitikerInnen als absichtsvollen Störfaktoren einer, sonst möglichen, „Guten Schule". Daraus entsteht das Governanceproblem, dass, der Einfachheit halber, zwei Akteurgruppen – Politik und LehrerInnen – mit besten Absichten, aber wahrscheinlich nicht immer gleichgerichteten Zielen bzw. an unterschiedlichen Rationalitätskriterien orientiert, aufeinanderstoßen und um die Hegemonie ringen, wessen Angelegenheit die Schule eigentlich sei.

---

4 Ähnlich dezentral ist nur noch die Polizei als die andere große Disziplinierungsinstitution organisiert.
5 Eine dritte „Welt" dürfte bei Schulprojekten anzutreffen sein, in denen Interaktionen zwischen Politik und Schule stärker ausgeprägt sind.

4.3 Governance als politische Koordination in einem Verbundsystem

In letzter Zeit ist, mindestens in der sozialwissenschaftlichen Diskussion, der Begriff der politischen Steuerung zunehmend vom Begriff der Governance abgelöst worden. Wenn Governance einmal Formen sozialer Handlungskoordination beschreibt, zum anderen einen „Gegenbegriff zu hierarchischer Steuerung" bildet, dann soll mit Governance die Gesamtheit „aller nebeneinander bestehenden Formen der kollektiven Regelung gesellschaftlicher Sachverhalte" erfasst werden: Formen zivilgesellschaftlicher Selbstregelung ebenso wie Beziehungsformen staatlicher und privater Akteure und, nicht zu vergessen, staatliches („hoheitliches") Handeln (Mayntz 2004, 66; vgl. auch Kooiman 1993; Rhodes 1997; Bang 2003; Kjær 2004). Das Governancekonzept weitet dann das Blickfeld über staatliche und politische Aktivitäten hinaus und erfasst auch die Beiträge kommunaler und nichtstaatlicher Akteure.

Das Governancekonzept umfasst in meinem Verständnis – dieser Gedanke scheint über allen Modellkonstruktionen manchmal etwas vergessen –, dass Regelungsstrukturen *politisch* sind. Es geht nicht nur um eine materielle *policy*, sondern ebenso um *politics* als strittige Auseinandersetzung um Mehrheiten für eine policy – und Regelungsstrukturen sind selbst Gegenstand von Auseinanderstezungen. Governanceforschung kann sich nicht darauf beschränken, wie eine „Gute Schule" und das sie umgebende Behördensystem „am besten" gestaltet wird; sie müsste auch die politischen (Mehrheits-)Bedingungen für entsprechende Lösungsangebote thematisieren, ohne deshalb einen Anspruch politischer Allzuständigkeit für Schulfragen zu erheben. Ansonsten läuft sie in dieselbe Falle wie die wissenschaftliche Ökonomie, die tagtäglich ihre Rezepte verkündet, sich aber über die politischen Bedingungen eines Gelingens ausschweigt und sich stattdessen über die unfähige Politik mokiert. „Seit zehn Jahren sind wir Ökonomen uns doch einig. Wir wissen, was es bräuchte, um die Schweiz wieder auf Kurs zu bringen. Doch die Bevölkerung und die Politik scheinen sich darum zu foutieren" (F. Jäger[6]). Governanceforschung umfasst als „interaction-oriented policy research" (im Gegensatz zu „problem-oriented policy research"; Scharpf 1997, 10-12) auch zentrale Fragen sozialer und politischer Koordination, die sich als mikropolitische Prozesse in der Schule fortsetzen.

---

6 Interview von Markus Somm mit Franz Jäger: „Haben Sie gewusst, dass der Bund noch Kautschuk importiert?". In: Weltwoche, 19.2. 2004, Nr. 8, S. 11.

4.3 Governance als politische Koordination

Das Beispiel der Vermehrung der Aufsichtsformen im Kanton Zürich kann illustrieren, welche Bedeutung politische Entscheidungen haben (vgl. für Österreich Altrichter/Brüsemeister/Heinrich 2005). Bestand die bisherige Schulaufsicht im Unterrichtsbesuch durch die kommunale Schulpflege und der Visite durch die Bezirksschulpflege, so gab und gibt es als Folge einer Volksabstimmung ein Mit-, Neben- und Gegeneinander folgender Aufsichtsformen, eine deutliche Abweichung vom gedachten Modell moderner Schulaufsicht.

- Den Unterrichtsbesuch durch die kommunale Schulbehörde;
- die förmliche Mitarbeiterbeurteilung (MAB) durch die kommunale Behörde;
- die Visite durch die Bezirksschulpflege;
- die Externe Evaluation durch die Neue Schulaufsicht (allerdings nur in einzelnen Projektschulen);
- die Kontrolle der Leistungsfähigkeit der Schulen durch ein kantonales/nationales Monitoring (im Aufbau).

Diese Vermehrung ist eine Folge politischer Entscheidungen in der Volksabstimmung von 2002, einem Beispiel für mangelnde Steuerungsfähigkeit der Politik, der es nicht gelungen ist, eine Mehrheit zu organisieren – für manche die Schwachstelle des politischen Institutionensystems (Scharpf 1989). Die Bezirksschulpflege ist zwar im Prinzip abgeschafft. Weil jedoch die Neue Schulaufsicht in der Volksabstimmung 2002 nicht beschlossen wurde, wird sie jetzt noch einmal für vier Jahre gewählt. Das Konzept aus dem „Lehrbuch", die Schulen in Autonomie zu entlassen und sie nur noch als „Einheit" zu evaluieren, ist vorderhand aus politischen Gründen auf Eis gelegt. Und ebenfalls aus politischen Gründen, dem Gebot der Gleichbehandlung allen öffentlichen Personals zu folgen, ist eine unmittelbare Aufsicht über die MAB eingeführt worden. LehrerInnen werden nach wie vor auch individuell kontrolliert und „gesteuert". Im Kanton Zürich bestand somit eine Regelungs-Architektur, deren ursprüngliche Absichten kaum noch zu erkennen waren (BiD 2000). Mit der Volksabstimmung von 2005 ist dieser Zustand freilich beendet. Die Bezirksschulpflege wird nur noch für die Übergangsfrist ihrer Wahlperiode fungieren. Das kleine Beispiel zeigt, dass nur schon die Idee von Rückkoppelungsmodellen politisch außer Kraft gesetzt werden kann. Demokratietheoretisch und -politisch ist diese Formulierung sogar umzudrehen: In einem öffentlichen oder staatlichen Schulsystem darf die Politik legitimiert Regelungen installieren, die sich selbst regulierende Kreisläufe bzw. nur schon die Idee dazu, unterbrechen. In einem politischen Kontext wird (auch in diesem Beitrag) Regelung als (meist rechtlich abgesicherte) Norm verstanden, nicht als sich selbst regulierender Kreislauf (Mayr 1980).

Governance als kollektive Handlungsfähigkeit
Beim Begriff der Governance ist die Erweiterung der Perspektive wichtiger als der Begriff selbst. Vorsicht ist für mich geboten, sofern ein affirmativer Anschluss an neo- oder marktliberale Projekte der Ökonomisierung des Politischen und Sozialen gesucht wird, die diese gleichzeitig zu revitalisieren beanspruchen, um sie dann in nicht durch konfligierende Interessen „gestörten", rein funktionalen, problemlösungsorientierten Kooperations- und Konsensmodellen aufgehen zu lassen. Die grassierenden Begriffe „good governance", „global governance", „corporate governance" etc. suggerieren eine vermeintlich neutrale, „lösungsorientierte" (und lösungsbereite und -fähige) Politikpraxis und inhaltlich eine ans Religiöse grenzende Glücksverheißung (für das New Public Management wäre der Gedanke auch nachzuweisen in Begriffen wie „Credo", „Siegeszug" und „Philosophie"). Dabei ist auch die Annahme einer Reform- und Lösungsorientierung nicht ohne Prüfung plausibel; schließlich ist das Scheitern von Reformen ihre Bedingung. Meine Distanz ist zwar vor allem normativ begründet, kann aber erweitert werden auf die analytische Unterkomplexität aller Markt- und Vereinfachungsstrategien in Politikfeldern, die sich mit der Produktion öffentlicher Güter beschäftigen und dort auch den „politisch-administrativen Komplex" zu berücksichtigen gehalten sind. Governance wäre deshalb auch selbstreflexiv zu analysieren und dann nicht mehr nur funktional als „Good Governance" zu verstehen, sondern zwischen zwei Polen zu analysieren: Tatsächliche Rationalitätsgewinne auf der einen Seite und Etablierung eines Rationalitätsmythos auf der anderen Seite, der die erschöpften/sich erschöpfenden (?) politischen Steuerungskapazitäten legitimatorisch aufwertet (Meyer/Rowan 1977; vgl. auch Brüsemeister 2004b).

Der Begriff Governance kann trotzdem in einem analytischen Sinn verwendet werden und als Kurzbezeichnung für einen veränderten bzw. zu verändernden Politikmodus dienen. Außerdem sichert er die internationale Vergleichbarkeit am ehesten. Diese Begriffsverwendung ist jedoch nur zu rechtfertigen, wenn Governance sich auf Themenbereiche und Fragestellungen bezieht, die um die Bedingungen der Herstellung *kollektiver Handlungsfähigkeit* kreisen, einer Handlungsfähigkeit, die erst dann gegeben ist, wenn (auch) politische Entscheidungen „unten angekommen" sind (Ein Verständnis, das die Funktion der Politik in der Herstellung bindender Entscheidungen sieht, kennzeichnet eher formalverfassungsrechtliches als sozialwissenschaftliches Denken. Entscheidungen sind erst bindend, wenn sie sich institutionalisieren). Dabei wird das Verhältnis zwischen Schulpolitik, Schulverwaltung, Schule, Zivilgesellschaft und Markt-

4.3 Governance als politische Koordination

sphäre thematisiert. Es geht darum, „[...] welche Probleme einer *politischen Lösung bedürfen* und welche *nicht politisiert* werden können" (Luhmann 1996a, 32; kursiv J.K.). Qualifikatorische Kompetenz in der Schule zu erzeugen, ist als „Beziehungsspiel" antagonistisch kooperierender Akteure – Interesse an Bildung und Fähigkeit, Bildung zu vermitteln, fallen auseinander – zu beschreiben, das freilich auch Elemente eines „Beauftragungsspiels" (Recht) und eines „Verteilungsspiels" (Geld) enthält. Schon der Begriff Schulpolitik suggeriert die Annahme eines singulären Gestaltungsakteurs. Schule selbst und ihre Veränderung gelingen jedoch nur als kollektive Anstrengung, die die Austauschprozesse und Beziehungsformen in kollektive Handlungsfähigkeit, die alle beteiligten und betroffenen Akteure einbezieht, umformt. Das Governance-Feld bevölkern zahlreiche Akteure auf verschiedenen Ebenen, ausgestattet mit differenten formalen und sozialen Handlungskapazitäten, die eher in einem relationalen Beobachtungs- und Deutungsregime, einer spezifischen Konstellation, vereint sind, als dass ein einziger Akteur die Bewegungen im Feld kontrollieren könnte (zu Akteur und Regime Schneider/Werle 1989). In diesem Beziehungs- und Tauschspiel wird auf keiner Stufe ein singulärer Akteur gegenüber „Steuerungsobjekten" *wirksam*, auch wenn er durchaus massive Wirkungen erzeugen kann. *Politische* Steuerungsfähigkeit wird mit einer kollektiven Perspektive in einen weiteren Kontext – den Governance-Kontext – gerückt. Politik ist nicht mehr für „alles" allein zuständig. Um kollektive Handlungsfähigkeit herzustellen, kommt der Politik eine wesentliche organisierende und koordinative Aufgabe zu, aber nicht die Aufgabe, auch „alles" selbst machen zu müssen. Sie kann sich auf die Potenziale anderer Funktionssysteme abstützen bzw. muss diese Potenziale organisieren. Dieser Zusammenhang drückt sich im Begriff des Verbund- oder Mehrebenensystems aus. Sogar wenn Politik unter Bedingungen knapper, sogar fehlender Informationen handeln muss und zu „falschen" Programmen kommt, oder sich überhaupt nicht als mehrheitsfähig erweist: die Akteureigenschaften der LehrerInnen, ihre Handlungsorientierungen und -kapazitäten mitsamt ihren Routinen und ihrem Wissen bleiben als Funktionsvoraussetzungen des Schulbetriebs, die auch informationelle Programm- oder Entscheidungslücken besetzen können, bestehen – „kollektive Handlungsfähigkeit" in einem Verbundsystem als „politiklose" öffentliche Schule. In diesem Sinne umschließt pädagogische Autonomie die Existenz eines Redundanzmechanismus, der „Effektübertragung" (Luhmann, zitiert nach Tyrell 1998, 128) unterbricht und einspringt, wenn die Politik sich als „steuerungsunfähig" erweist. Dieser Mechanismus bleibt in Kraft, solange politisch die Schulpflicht und die Ressourcenzufuhr einschließlich der Ausbildung gesichert sind. Redundanz bezieht sich allerdings nur auf die Fähigkeit der pädagogische Selbstreproduktion und stellt in einer anderen Formulierung die informationelle Abhängigkeit des politischen Interesses an Ausbildung von den FähigkeIten der LehrerInnen dar. „Braucht" die Schule die Politik nicht zwingend zur pädagogischen Selbstreproduktion, so „bleibt die weiterbestehende Ressourcenabhängigkeit (ihre) Achillesferse" (Scharpf 1988, 66). Sich auf andere Funktionssysteme abzustützen, setzt nicht die politische Handlungslogik außer Kraft; aber gerade weil das politische System in „polykontexturalen" Gesellschaften nicht mehr die Position des hierarchischen Zentrums besetzt, können und müssen die Handlungslogiken anderer Teilsysteme mitberücksichtigt werden. Eines der noch aufzuklärenden „Geheimnisse" einer schulischen Governanceperspektive liegt in der ungeklärten Beziehung zwischen dem politisch intentional gestaltbaren Sektor der Schule – Finanzierung und Systemorganisierung – und dem bestenfalls undurchsichtig gestaltbaren pädagogischen Bereich, sowie der als „Steuerungsgröße" vernachlässigten Dimension der gesellschaftlichen Stellung der Schule und ihrer Bewertung. Jedenfalls muss schulische Governanceforschung sich mit der Frage auseinandersetzen, wie kollektive Werthaltungen und politische Vorgaben im relativ autonomen Teilsystem Schule prozessiert und in gesellschaftliche Realität verwandelt werden.

Zum Begriff der Steuerung
Die veränderte Begrifflichkeit hat freilich den Begriff Steuerung längst nicht verdrängt. In der theoretischen Diskussion werden die Begriffe Governance und Steuerung sogar austauschbar verwendet, wenn etwa von *„multilevel governance* bzw. Steuerung und Koordinierung im Mehrebenensystem" gesprochen wird (Benz 2004b, 127; kursiv im Original); und in der schulpolitischen Praxis besitzt der Begriff Steuerung nach wie vor Konjunktur. Theoretisch hat er auch solange seine Berechtigung, wie er für politisches und staatliches Handeln im Schulsektor als ein relevanter Regelungsmodus reserviert bleibt, der in der Governancediskussion mit ihrem Schwerpunkt auf Netzwerken, Verhandlungssystemen, polyarchischen Strukturen ohne Zentrum unterzugehen droht.[7] Staatliche Steuerungsabsichten und tatsächliche Interventionen sind nicht daran gebunden, von einem Zentrum aus zu erfolgen.[8] Das „Schicksal" *politischer* Schulsteuerung

---

7   Es ist ein Unterschied, ob das Thema von der *theoretischen* Literatur her angegangen wird – dann besteht an den genannten Merkmalen kein Zweifel –, oder ob theoretische Überlegungen, die sich immer an anderen theoretischen Beiträgen schulen, tatsächlich empirisch gedeckt sind. Ich vermute, dass Politik, mindestens für die BürgerInnen immer noch obrigkeitlicher wirkt als es die Theorie eigentlich „erlaubt". Und LehrerInnen werden weiterhin auch als individuelle Akteure reguliert und spielen als solche zudem in der neueren Schulpolitik eine Schlüsselrolle, als sie veranlasst werden sollen im Modus neuer „Gouvernementalität" ihre Selbstpotenziale zu mobilisieren (vgl. allgemein Bröckling/Krasmann/Lemke 2000; 2004).
8   Selbst wenn das politische System nicht mehr den Platz des Steuerungszentrums besetzt, bleibt es zentraler Adressat für Forderungen.

4.3 Governance als politische Koordination

entschied sich nämlich immer schon und entscheidet sich heute noch an der – aus politischer Sicht – schulischen *Peripherie*, d.h. in den dezentral verteilten Einzelschulen und Klassen (vgl. die Durchsetzung der Schulpflicht im 19. Jahrhundert). Diese Beschränkung des Steuerungsbegriffs vor Augen, unterscheide ich zwischen Steuerung und Governance – Governance als der umfassendere Ansatz, der die politische und soziale Koordinierung von *politischer* Steuerung der Schule löst. Politische Beiträge („Steuerung") sind notwendige, jedoch nicht hinreichende Bedingung zur Konstituierung von Schule.

Der Vorzug des Governancebegriffs wird gerade in seiner Unanschaulichkeit gesehen. Im Gegensatz zum Kunstbegriff Governance ist der Begriff der Steuerung sowohl in der Alltagssprache geläufig wie er die politisch-administrative Praxis selbst beschreibt. Und schließlich wird der Begriff in der sozialwissenschaftlichen Diskussion auch als analytischer Begriff verwendet. Die Unterscheidung zwischen analytischer Verwendung und metaphorischer Sprache bleibt unscharf. Als Metapher (vgl. generell Rigotti 1994), die den Staat mit dem Steuern eines Schiffs vergleicht (kybernein; Schneider/Kenis 1996, 9-11), schleppt der Begriff ein breites Spektrum von (vermutlich) differenten und gleichzeitig diffusen Bedeutungsinhalten mit sich. Die „Orchestrierung der Vielfalt" hat es als ein alternatives Bild gerade im Schulsektor in der letzten Zeit zu einer gewissen Prominenz gebracht. Dem Governancebegriff eignet zwar keine entsprechende bildhafte Anschaulichkeit und Verständlichkeit. Dafür erweitert er die Perspektive und lenkt die Aufmerksamkeit über Staat und Schule hinaus auf (a) einen Formwandel der Politik, auf (b) eine Relativierung unilateralen Handelns – aus Sicht des Staates gegenüber der Schule, aber auch aus Sicht der LehrerInnen gegenüber den SchülerInnen – und betont (c) das Erfordernis der Handlungsabstimmung zahlreicher Akteure und der daraus resultierenden Wirkungen. Dieser Zugang erscheint als aussichtsreicher Ansatz, um die Konstitution, die Bestandssicherung und die Entwicklung von Schule zu untersuchen.

Empirisch definiert Schulpolitik nach wie vor, „was Schule ist". Formal bleibt der Staat ein „Pädagoge", der mit seinen Programmen sogar der pädagogischen Differenz von Vermittlung (Absender) und Aneignung (Adresse) ausgesetzt ist (Kade 1997)[9], selbst dann, wenn er sich ansonsten als aktivierender Gewährleistungsstaat versteht (Blanke/Schridde 1999; Franzius 2003; Lamping/Schridde/Plaß/Blanke 2002; Schuppert 2004). Die Schweizer Volksschule

---

9 Danach sind auf der Anbieterseite (pädagogische) Vermittlungsleistungen entlang der Unterscheidung vermittelbar/nicht vermittelbar sortiert, während auf der Seite der SchülerInnen (Nachfrage) die Unterscheidung Aneignung/Nicht-Aneignung vorherrscht. Zwischen Vermittlung und Aneignung besteht aber kein systematisches Deckungsverhältnis. Das gilt auch im Verhältnis Politik/„Reform"-Vermittlung und LehrerInnen/Aneignung. LehrerInnen sind keine Marionetten der Schulpolitik (vgl. Kapitel 7).

etwa wird zwar rechtlich von den Gemeinden getragen; aber der Staat ist nach wie vor Garant und „Produzent" der Schule, nicht zuletzt durch die Gewährleistung der Schulpflicht. Das Funktionssystem Schule ist politisch in Grenzen sogar effektiv (zielgerichtet) steuerbar. Deswegen bleibt im Schulsektor auch die Unterscheidung zwischen einem expansiven und einem restriktiven Politikverständnis (Luhmann 1981, 143-158, bes. 155f.) unscharf. Vom Staat werden positive (und in Luhmanns Terminologie sogar expansive) Leistungen erwartet, solange Bildung und Erziehung nicht als „residuale" (Titmuss 1958, zit. nach Esping-Andersen 1990, 20), rücknehmbare und austauschbare Dienstleistungen verstanden werden. In der Perspektive von Governance ist jedoch die Überforderung der staatlichen Leistungsfähigkeit zu konstatieren, wenn sie nicht durch „koproduktive" Leistungsbeiträge weiterer Akteure, vor allem auch der SchülerInnen und ihrer Eltern unterstützt resp. entlastet wird (Kussau 2002, 98-99). Auch die obrigkeitliche Schule war, etwas ahistorisch formuliert, immer schon eine Institution, die auf „Public Private Partnership" beruhte. „Es dürfte die Behauptung ausgesprochen werden, dass hauptsächlich durch die Beschaffenheit der ersten *häuslichen Erziehung* und durch die mehr oder weniger eifrige *Mitwirkung der Eltern bei der Schulerziehung* der gute oder schlechte Erfolg dieser letztern bedingt ist, und dass ohne diese Mitwirkung die Zwecke der öffentlichen Erziehung entweder gar nicht, oder nur sehr unvollkommen und unsicher erreicht werden können." (Repertorium der pädagogischen Journalistik und Literatur. Augsburg 1847-1866; Hg. Heindl, zit. nach Petrat 1987, 12; kursiv im Original)

4.4 Zur multiakteuriellen Konstitution der Schule

Staatliche Schulpolitik rahmt die Schule und definiert erfolgreich, – im Sinne ihrer eigenen Logik – ihre strukturelle Gliederung und organisatorischen Formen, ihre Finanzierung und, freilich nur formal, sogar ihre Lerninhalte (*Was* soll gelernt werden). Theoretisch aber ist eine Konzentration gerade auf staatliche Schulpolitik zu eng, nicht weil sie an nicht intendierten Folgen, Vollzugsdefiziten und self-fulfilling resp. self defeating prophecies scheitert (Luhmann 1996b, 329), vielmehr deshalb, weil die *Schule* ohne spezifische Leistungsbeiträge verschiedener Akteure auf verschiedenen Ebenen nicht *möglich* ist (multiakteurielles Verbund- und Mehrebenensystem). Eine schulische Governanceperspektive kann sich nicht auf die „*absichtsvolle Regelung kollektiver Sachverhalte im Staat"*, im „öffentlichen Interesse" beschränken (Mayntz 2004, 67; kursiv im Original); sie muss den Blick „gesellschaftstheoretisch" (Mayntz) weiten, weil die Bedingungen der Konstitution der Schule nicht ausschließlich im unmittelbar politischen Sektor liegen. Steuerungsforschung stellt die Frage: *Wie entsteht und*

4.4 Zur multiakteuriellen Konstitution der Schule

gelingt institutionelle Schulpolitik und welche Wirkungen haben ihre bindenden Entscheidungen? Die Untersuchung schulischer Governance interessiert hingegen: *Wie ist Schule möglich* (und integriert hier die erstgenannte Frage)? Auch die in der Steuerungsperspektive ausgeblendeten Beiträge von Akteuren, die mit der Politikformulierung und -entscheidung nichts zu tun haben, kommen mit ihren „Steuerungs"-Leistungen zum Gelingen von Schule in den Blick – mit dem Unterschied, dass dieses Handeln aus der politischen Warte nicht als „Steuerung" bezeichnet wird, sondern eher als selbstverständliche Erledigung von Aufgaben, Opposition, Widerstand, Regelabweichung etc. Wenn Governance soziale und politische Koordination beschreibt, die über hierarchische Steuerung hinausgeht, dann sollte der Steuerungsbegriff genau für den *institutionalisierten politischen* „Anteil" an der Konstitution von Schule vorbehalten sein. Governanceuntersuchungen beschäftigen sich dagegen mit den Bedingungen kollektiver Handlungsfähigkeit, nämlich dem „Wunder", wie aus synthetischen und partikulären Einzelaktivitäten so etwas wie Schule entsteht (ein Schulgesetz ist gleichzeitig ein „synthetischer" Beitrag und – aus Sicht: wie ist Schule möglich? – eine partikuläre Aktivität).

Die Konstitution der Schule einzig auf der Grundlage von Schulpolitik zu denken, ist solange unvollständig, wie Schule nur durch die „Zusammenlegung der Ressourcen" verschiedener Akteure überhaupt entstehen und existieren kann. Ohne die spezifischen Fähigkeiten der LehrerInnen ist Schule als „unfreiwillige Assoziationsform" (Walzer 1999) ebensowenig denkbar, wie ohne die Beiträge intermediärer Organisationen und Akteure; ohne Bereitschaft und Fähigkeit der SchülerInnen zu lernen und ohne Bereitschaft der Eltern, früher: die Kinder in die Schule zu schicken, heute: für „Schulreformen" als notwendiges „Unterstützungssystem" zu fungieren, kann Schule allenfalls formal als Zwangseinrichtung gelingen[10], wobei zusätzlich zu vermerken ist, dass sich das Schulsystem durch eine fehlende „Exit"-Option auszeichnet. Niemand kann sich der Schule entziehen, auch die Politik nicht. Einzig individuelle LehrerInnen können auf dem Weg der Kündigung ausscheiden. Und neben (zivil-)gesellschaftliche Akteuren, die in einem engeren Verständnis sogar nichts (mehr) mit der Schule zu tun haben und auf die der Staat keinen unmittelbaren „Zugriff" hat,[11] ist die Marktsphäre unerlässlich, da sie die materiellen Ressourcen erwirtschaftet, die der Staat zur Finanzierung der Schule abschöpfen kann. Wenn man „Governance im modernen Staat" immer als „absichtsvolles Handeln im öffentlichen Interesse" definiert, dann bezieht sich das Konzept auf die *„absichtsvolle Regelung kollek-*

10　Wobei der Zwangscharakter der Schule längst als Selbstverständlichkeit verinnerlicht ist. Es dürfte kaum ein biographisches Datum geben, das bei der Geburt eines Kindes bereits derart festgelegt ist.

11　Sieht man von der, kollektiv schädlichen, Drohung mit negativen Sanktionen ab (Sortierung).

tiver Sachverhalte im Staat" und schließt alternative Mechanismen wie „Handlungskoordination in Gemeinschaften wie der Familie" (Mayntz 2004, 67; kursiv im Original) und vor allem emergente Strukturbildungen und -dynamiken aus (Czada/Schimank 2000). Vor allem „gemeinschaftliche" Handlungskoordination ist – auf der Seite der Aneignung – jedoch eine zentrale Bedingung nicht nur schulischen Erfolgs, sondern zunächst auch staatlicher Steuerungsabsichten.

Analytisch öffnet der Bezugsrahmen der Governance den Blick für die (Leistungs-)Beiträge sämtlicher beteiligter Akteure für die Schule.[12] Sie tauchen nicht nur als Störgrößen auf, sondern auch in ihren funktional unverzichtbaren Beiträgen. Diese Öffnung erfolgt bereits auf der Ebene der Fragestellung, die nicht von einem einzigen, ggf. sogar singulären, Akteur ausgeht. Einzig aus forschungspraktischen Gründen wird der Schwerpunkt mehr auf der Schulpolitik und -administration liegen, mehr auf intermediären Behörden, mehr auf dem Handeln der LehrerInnen selbst, oder mehr auf zivilgesellschaftlichen Voraussetzungen.[13] Es gilt, die Absichten und Aktivitäten der Akteure, die Leistungsbeiträge erbringen, zu rekonstruieren und in ihren Folgen zu analysieren. Dabei interessiert auch und besonders, welche „Anteile" Akteure zur Konstitution der Schule leisten. Deshalb bleiben auch das Konzept der Steuerung ebenso von Belang wie die unauflöslich damit verbundenen intendierten/nicht intendierten Folgen. Theoretisch jedoch sollten die Steuerungsbefunde unter der Frage, was leisten sie zur Konstitution der Schule, untersucht werden. Governance beschäftigt sich *theoretisch* nur sekundär mit der Frage von politischer „Steuerungsfähigkeit" – als Fähigkeit, Politik zu formulieren – und „Steuerbarkeit" von Funktionssystemen und ihren Organisationen (zur Unterscheidung Mayntz 1987;

---

12 Dieser Ansatz ähnelt der von Richard Elmore bereits vor gut zwanzig Jahren in die Implementationsforschung eingebrachten Unterscheidung zwischen „forward" und „backward mapping". Während forward mapping nach den zentralen politischen Steuerungsleistungen fragt, geht backward mapping vom Zustand eines Systems, Organisation etc. aus, um „umgekehrt" zu analysieren, durch welche Beiträge ein Zustand seine Form angenommen hat (Elmore 1979).

13 Oder, in einer anderen Unterscheidung, auf der Untersuchung von Prozessen der Politikformulierung (Steuerungsfähigkeit) resp. auf der Untersuchung von Implementationsprozessen (Steuerbarkeit).

Scharpf 1989). Diese Frage und die Ergebnisse der darum kreisenden Diskussion, etwas plakativ auch als Auseinandersetzung zwischen Steuerungsoptimismus und -pessimismus geläufig (Mayntz 1987; 1996; Mayntz/Scharpf 2005 auf der optimistischen Seite; Luhmann 1981; 1989 auf der pessimistischen Seite; vgl. auch Kickert 1993), relativieren sich freilich, wenn sich zeigen lässt, dass der *politische* Beitrag zur Konstitution der Schule zwar notwendig und unersetzlich ist, aber eben nur ein Beitrag unter mehreren. Wenn selbst ein Untersuchungsansatz, der einen Engpass in der Steuerungsfähigkeit der Politik annimmt (Scharpf 1989, 16), nicht umhin kommt, zu konstatieren, dass entsprechende Restriktionen zu einem „Steuerungsverlust" (allerdings für das Wirtschaftssystem Mayntz/ Scharpf 2005, 10) führen, der eindeutig auf der Seite der Steuerbarkeit anzusiedeln ist, dann ist dieser Befund ebenso wichtig wie er zu Überlegungen weitergetrieben werden müsste, die sich damit beschäftigen: Was bedeutet politischer Steuerungsverlust für die Konstitution und den Zustand des jeweiligen Funktionssystems, hier: der Schule. Politischer Steuerungsverlust ist ein Problem für das politische System, das sich (zunächst nur) funktional entschärft, wenn andere Akteure, andere Funktionssysteme und Koordinationsmechanismen aus der (ursprünglichen) Trias Staat, Markt und gesellschaftlicher Gemeinschaft, diesen Verlust ausgleichen. Freilich verändert sich dadurch die „Verfassung" des Schulsystems, solange ungeklärt ist, wieweit *kollektive* Interessen (öffentliches Interesse) – handele es sich dabei auch nur um reale Fiktionen – in anderen Koordinationsmechanismen aufgehoben oder durch sie mitbedient werden. Aus dem Sektor Markt ist Gemeinwohlorientierung als *Absicht* (nicht zwingend als Folge der „unsichtbaren Hand") zweifelhaft – Schulautonomie wird hier eng an marktförmige Mechanismen gerückt (Chubb/Moe 1990; dazu Osterwalder 1993). Und die Leistungen der Gemeinschaft, die das Subsidiaritätsprinzip betonen, sind ebenfalls vielfach einseitig interessengeleitet (vgl. Rose 2000) und, für sich genommen, nur schwer auf ein Systemniveau zu heben. Schulpolitik ist funktional nur dann unerlässlich, wenn zur Konstitution und Entwicklung der Schule politische Leistungen notwendig sind. Dann werden auch Reformunfähigkeit und -blockade zum Thema. Jedenfalls ist im Schulsektor ein fehlender politischer Entscheid, der legitimiertes Handeln begründet, nicht gleichzusetzen mit einem (a) Ende der Schule, die, solange der Staat die Volksschule legitimiert garantiert, „ewig" ist (Tillmann), noch (b) mit einer Nicht-Veränderung der Schule (Kussau 2002, 135-142). Deshalb die Schulpolitik außer ihren finanziellen Ressourcenmobilisierung für überflüssig zu halten, ist freilich nicht berechtigt, solange die Schule öffentlich und staatlich getragen wird.

4.5 Intendierte und nicht-intendierte Folgen aus Sicht des Governancekonzepts

Die Schwäche des Steuerungskonzepts, besonders in seiner optimistischen Variante, liegt nicht in Misserfolgen von Steuerung, sondern in der mangelhaften Berücksichtigung der Bedingungen für kollektive Handlungsfähigkeit, der Relevanz weiterer Akteure, die ebenfalls am Governancespiel mitwirken und aus der Steuerungssicht eher Umstände bereiten, Verhandlungen notwendig machen, als Opposition berücksichtigt werden müssen usw. Die in Steuerungstheorien vorausgesetzte (zu) enge *und* kausale Kopplung von materieller Politik (policy) und teilsystemischen Folgen (outcome und impact), basiert auf Annahmen über (Transformations-)Mechanismen (Hedström/Swedberg 1998), die eine verbindliche policy unmittelbar mit Resultaten verbinden. Die normativen Orientierungen der BürgerInnen, aber auch des Staatspersonals, ihre Normbindung, Befolgungsbereitschaften sowie -fähigkeiten werden als gegeben unterstellt oder überschätzt. Diese Perspektive könnte freilich durch ein Konzept erweitert werden, das – im Modell von Steuerung noch – (a) die Rezeptionsseite, die Konstitution der AdressatInnen von policy stärker thematisiert (vgl. die anspruchsvollen, der Systemtheorie entnommenen Voraussetzungen von Rezeption: Ahlemeyer 1996; Willke 1996) und (b) vor allem die Autonomie- und damit Machtgrade der beteiligten Akteure berücksichtigt, ihre Fähigkeit, „anders zu handeln", als politische Vorgaben es vorsehen (Giddens 1997, 65; allgemein Crozier/Friedberg 1993, 14-21), ihre eigenständigen Beiträge, ihre transitive Macht, ihre Verweigerungs- und Rückzugspotenziale etc. Dann erhält auch das in der Steuerungstheorie (und im Alltagsverständnis als Differenz zwischen Anspruch und Wirklichkeit) zentrale Konzept der intendierten bzw. nicht intendierten Folgen eine andere Gewichtung. Governance bleibt dort Schulpolitik als konflikthafte Auseinandersetzung um Schulkonzepte, sogar darum, wessen Angelegenheit die Schule ist (Politik vs. Profession). Der Begriff der Schulpolitik wird damit ebenfalls geweitet. Er beschränkt sich nicht mehr nur auf „offizielle" Politik, sondern auf die funktional notwendigen und doch auch strittigen bzw. „abweichenden" Beiträge sämtlicher Akteure auf den verschiedenen Ebenen des Schulsystems zur Konstitution der Schule, oder in Begriffen sozialer und politischer Koordinationsmechanismen gedacht, auf die Herstellung kollektiver Handlungsfähigkeit und Handlungen. Institutionelle Schulpolitik muss mit Akteuren in *Leistungsrollen* rechnen (Stichweh 1988), deren explizite Aufgabe in aktiven und kompetenten Beiträgen zur Schule besteht oder mit „*unberechenbare(n)* ‚Konstrukteure(n)' ihrer Wirklichkeit(en)" (Hitzler 1997, 177; kursiv im Original). Die Erweiterung des Politikbegriffs – Herstellung bindender Entscheidungen – ist nicht nur als „Subpolitik" zu verstehen, bei der Entwicklungen „am Urort der Demokratie, dem Parla-

4.5 Intendierte und nicht-intendierte Folgen

ment (oder in der Schweiz zusätzlich an Volksabstimmungen; J.K.) vorbei" gehen[14] und in „*implementationsloser Direktheit*"[15] Folgen erzeugen, die erst nachträglich als „Schulpolitik" erscheinen (Beck 1986, 315-342; Zitate 316, 337f.; kursiv im Original). Die Leistungsbeiträge der LehrerInnen zur Schule, die koproduktiven Leistungen der Eltern etwa sind ein funktionales Desiderat der Konstitution der Schule, auch wenn auf Schulebene Schulpolitik mit anderen Mitteln gemacht wird - Nacherfindungsleistungen sich als „eigenständiger politischer Prozess" darstellen (Brodkin 1990; vgl. Kapitel 7).

Gegenüber Steuerungskonzepten spielt das Konzept der intendierten/nicht intendierten Folgen in der Governanceforschung eine veränderte Rolle. Nicht intendierte Folgen bezeichnen für absichtsvolle politische Steuerung „schlechte" Planung, die ständig nachzujustieren ist. In der „Gesetzgeberperspektive" ist ein Maßstab enthalten, wonach im Programm die (hierarchische) Kontrolle über die rechtlichen, politischen, sozialen, organisatorischen etc. Prozesse und Bewirkungsfaktoren enthalten ist und politische Maßnahmen die gesellschaftliche, hier: schulische Realität bestimmen. Eine Folge dieses Ansatzes ist der ständige Versuch, die Bedingungsfaktoren der Implementation zu verbessern (z.B. klare Ziele, klare Verteilung der Verantwortlichkeiten, eindeutige, sogar messbare Leistungsaufträge etc.) und auch permanente öffentliche Kommunikation (Vermittlung).[16] Zentralistisch gedachte Perfektionierung treibt diesen Ansatz zu immer weiteren Verdeutlichungen. In der Governanceperspektive sind nicht intendierte Folgen – beabsichtigte/nicht beabsichtigte Folgen entstehen logisch immer nur aus der Sicht eines intentionalen Akteurs – nicht negativ besetzt, sondern (a) ein Beitrag zum Systemzustand und (b) u.U. sogar ein bestands- oder veränderungsnotwendiger Beitrag – nicht intendierte Folgen als Chance. In diesem Sinne kennt Governance im Unterschied zu politischer Steuerung zunächst keine AdressatInnen. Alle Akteure sind gleichzeitig AbsenderInnen und AdressatInnen. Was Zustände in Bewegung versetzt, ist – neben „Notwendigkeiten" (z.B. in Unterrichtssituationen), Krisen, Forderungen, Ansprüchen, Ideen etc. – die ständige Nachbearbeitung der „post decision surprises" (Harrison/March 1984) durch die jeweiligen Akteure. Daraus emergieren Strukturbildungen, die als Zustand beschreibbar sind, während die Zuordnungschance von Absichten, Handeln und Wirkungen zu Akteuren verschwimmt. Es spricht im Schulbereich aber viel dafür, dass die Schule selbst auch Transintentionalität (Brüsemeister 2002; Schimank 2000a, 173-196; bes. 179-196; Greshoff/Kneer/Schimank 2003)

---

14   Bei Y. Papadopoulos (2004, 217) sogar eines der Merkmale von Governance.
15   Schulische Sortierungsprozesse kommen freilich dieser „Direktheit" nahe.
16   Freilich scheint es zur Logik der Politik zu gehören, sogar ohne Implementationsprozesse und -erfolge zu beobachten, an der Regelungsschraube zu drehen bzw. parallel zu bestehenden zusätzliche Regelungen zu produzieren.

als *eigenständige* Qualität zum Ausdruck bringt, die weit über die Absichten einzelner Akteure hinausgeht: Die Schule als transintentionale Einrichtung. Dabei handelt es sich nicht nur, wie im Fall unvereinbarer oder sogar gegensätzlicher Gestaltungsabsichten um ein „*wechselseitiges Konterkarieren* von Gestaltungsabsichten" (allgemein Schimank 2000a: 183; kursiv im Original). Auch gleichgerichtete, sogar altruistische Absichten können in einem aus Sicht dieser Absichten schlechten transintentionalen Zustand enden, wenn sie sich nicht sachlich und zeitlich koordinieren lassen.[17] Beste Absichten verhindern ein kollektiv zuträgliches Ergebnis (vgl. Boudon 1982). Im Schulsektor, in dem alle Akteure nur mit besten Absichten für „das Kind" arbeiten und trotzdem oder deshalb heftig streiten, ist das eher der Regelfall. Gesellschaftliche und politische Ordnung und eben auch die Schule sind in dieser Sicht das Ergebnis „menschlichen Handelns, aber nicht (nur; J.K.) menschlichen Entwurfs" (v. Hayek 1969). Es ist zu vermuten, dass bisher schon und auch in Zukunft in den Schulen dezentral viel mehr und auch anderes geschieht als vorgesehen und bekannt ist. Damit werden freilich weder das Akteurkonzept noch die Intentionalität von Akteuren abgewertet. Theoretisch jedoch bietet sich die Chance, Governance in ihren sozialen und politischen Koordinationsformen zu untersuchen.

4.6. Schulische Steuerung im Rahmen von Governance
Thomas Brüsemeister

Im Weiteren werden einige inhaltliche Dimensionen einer veränderten schoolgovernance-Praxis angesprochen, wie sie bildungspolitisch intendiert sind. Dabei werden bildungspolitische Absichten, die sich im deutschen Sprachraum vielfach erst nur in Ansätzen zeigen, expliziert und teilweise „idealtypisch" kompiliert – um sie besser erkennen zu können. Dies bedeutet nicht, die angedachten Veränderungen und die mit ihnen teilweise einhergehende Normativität der Vorhaben nur zu wiederholen – obwohl das hier unternommene Aufzeigen und Explizieren diesen Eindruck erwecken könnte –, sondern der Bildungspolitik und -praxis den

---

17 Ein Alltagsbeispiel für dieses Problem ist das „nach Ihnen" Paradox (Przeworski 1986, 125). Wenn zwei Leute gleichzeitig durch eine Tür möchten, sie einander aber höflich den Vortritt lassen, sich dabei nicht spontan oder regelgebunden einigen können (z.B. Frau vor Mann), dann stoßen sie in der Tür zusammen und werden niemals in/aus dem Raum kommen.

Spiegel vorzuhalten, welche Konsequenzen ihren Vorhaben aus der Sicht der Governanceforschung inne wohnen.

4.6.1 Von Staat zu Governance: Erweiterte und begrenzte Aufgaben

Nach dem Zweiten Weltkrieg hat sich die Diskussion um die schulische Steuerung verändert. In den 1970er Jahren wurde nach einer anfänglichen Euphorie der Planung eine Krise staatlicher Steuerung und Planung wahrgenommen. Der anschließende Gegendiskurs der 1980er Jahre, stark auf den Markt zu setzen, zeigte ebenfalls wenig befriedigende Ergebnisse und wurde zudem im deutschsprachigen Raum weitaus schwächer rezipiert. Zu Beginn der 1990er Jahre erwachten dann mit dem „New Public Management (NPM)" stärkere strategische Zielvorgaben des Staates. Sie beinhalten die gleichzeitige Begrenzung und Erweiterung staatlicher Aufgaben.

Die Erweiterung ist: Der Staat engagiert sich für strategische Ziele, beansprucht damit die Förderung des öffentlichen Wohls. Die Begrenzung ist: Der Staat überlässt die Zielerfüllung autonomen System- oder Handlungseinheiten. Bildungsstandards, die flächendeckende Evaluationen nach sich ziehen – im Rahmen von regelmäßigen Schülerleistungstests, zentralen Abschlussprüfungen und Schulinspektionen (van Ackeren 2003) – sind heute im Schulwesen der sichtbarste Ausdruck dieser doppelten Konzeption von Erweiterung und Begrenzung staatlichen Handelns. Standards sollen in den Schulen in methodischer und operativer Autonomie erfüllt werden.

Diese Governance-Konzeption verzichtet bewusst auf ein „Durchregieren" des Staates und setzt dagegen „dauerhafte Interaktionsmuster zwischen staatlichen, kommunalen und gesellschaftlichen Akteuren (Netzwerke)", wie sie Benz (2004a, 22) grundsätzlich für den Bereich der Politik betont. Der Hinweis auf Interaktionsmuster verdeutlicht, dass in analytischer Perspektive Governance neue Formen gesellschaftlicher Koordination zu beschreiben und zu erklären beansprucht. Es wird nicht einseitig auf den Staat oder den Markt gesetzt, sondern auf Abstimmung zwischen unterschiedlichen Ebenen und Akteuren: von der Bildungsadministration, über kommunale Behörden, die Lehrerprofession, bis zu privatwirtschaftlichen und zivilgesellschaftlichen Akteuren. Hierbei wird der Staat einer von mehreren Beteiligten innerhalb netzartiger Problemlösungsstrategien in einem Mehrebenensystem. Es handelt sich nicht um ein Netzwerk im strengen Sinn, sondern um netzartige Verbindungen. Während ein echtes Netzwerk per Definition von schwachen Bindungen (weak ties) lebt, kann es in der Governance-Perspektive innerhalb netzartiger Verflechtungen durchaus einen starken, z.B. staatlichen Akteur geben. Im netzartigen Charakter können in einer Governance klassische Koordinationsformen (Hierarchie, Organisation, Profession, marktförmige Elemente) vorkommen, einen Mix verschiedener Koordinationsformen bilden. Diese grenzüberschreitenden Koordinationen entsprechen dem veränderten Umgang mit Problemen, deren Ursachen als multikausal angesehen werden. Entsprechend verbindet sich mit Governance auch eine andere Art der Problemlösung, die vor Ort, netzartig, nicht mehr allein durch Hierarchie erfolgen soll (so auch das Resümee zu Steuerungsarten der Schule: vgl. Koch/Gräsel 2004, 9).

In der internationalen sowie nun auch verstärkt in der deutschsprachigen Bildungsforschung und Bildungspolitik werden also Änderungen der Auffassung deutlich, wie man Schulen steuern kann. Aufgegriffen werden hierbei für die Ebenen des Schulsystems unterschiedliche Entwicklungen:

- auf der Ebene der Zentrale (vgl. zu dieser Ebenendifferenzierung: OECD 1997; 2004a): insbesondere Fragen der staatlichen Steuerung und Planung, heute vor allem in Form von Bildungsstandards und damit verbundenen, neu eingeführten flächendeckenden Evaluationen (van Ackeren 2003),
- auf intermediären Ebenen Funktionen neuer oder umgebauter Evaluationsinstanzen; als Trend finden sich hier insbesondere neu aufgebaute Schulinspektionen, die Aufgaben der konventionellen Schulaufsicht ersetzen oder zumindest ergänzen,
- auf der Ebene der einzelnen Schule finden wir vielfältige Entwicklungen, unter anderem die Aufwertung der Schulleitung als Management- und Führungsinstanz und den Trend zu einer kollektiven Professionalisierung der Lehrkräfte,
- auf der Ebene der Zivilgesellschaft finden wir immer wichtiger werdende lokale Beteiligung, insbesondere durch die Eltern. Nicht nur in Ganztagsschulen wird dieser Faktor bedeutsam (vgl. Westerhoff 2005).

Die praktische School Governance zielt darauf, die verschiedenen Maßnahmen auf den Ebenen in einem Gesamtzusammenhang zu regulieren und damit Effizienz und Qualität schulischer Lehr-Lernprozesse zu erhöhen. Schulische Governanceforschung hat diesbezüglich die Aufgabe, das Ineinandergreifen, die „Orchestrierung" (Lassnigg 2000) verschiedener Maßnahmen zu begleiten und aus kritischer Distanz wissenschaftliches Orientierungswissen zu bieten, insbesondere durch Vergleiche, welche Maßnahmen in welchen Ländern/Bundesländern/Kantonen welche Effekte zeitigen.

In theoretischer Hinsicht steht die schulische Governanceforschung dabei für eine veränderte Sicht auf Steuerung:

4.6 Schulische Steuerung

„Der Wechsel vom Regierungs- oder Steuerungsbegriff hin zum Terminus der Governance soll zunächst einmal davon wegbringen, Entwicklung durch unilaterale Maßnahmen verursacht zu sehen. ‚Steuerung' lenkt den Blick auf die Intentionalität von Handlungen und tendenziell weg von der Vermitteltheit der Wirkungen, die diesen Handlungen folgen mögen. Der Governancebegriff verweist dagegen auf das reduktionistische Moment solcher Vorstellungen und fokussiert die Frage der Handlungskoordination, der Art und Funktionalität des Zusammenwirkens verschiedener Einzelbeiträge zur Koordination und Entwicklung des Gesamtsystems." (Altrichter/Brüsemeister/Heinrich 2005, 7)

In der klassischen Sicht von Steuerung führt diese einen herausgehobenen Akteur ein, der die Beliebigkeit der Handlungen anderer Akteure einzuschränken sucht. Damit ist die Differenz zwischen einem Steuerungssubjekt gegenüber einem Steuerungsobjekt gesetzt. Diese Differenz führt dann in praktischer Hinsicht regelmäßig zu Problemen der Implementierung, die durch „Widerständigkeiten" so genannter Steuerungs„objekte" mit bedingt sind. In analytischer Hinsicht rechnet dagegen Governance von vornherein mit der Selbsttätigkeit und der Ko-Produktion von Leistungen anderer Akteure (von einer Ko-Produktion spricht Fend 2000, 58). Entsprechend gilt: „Steuerung und Kontrolle sind nicht einseitige Tätigkeiten einer zuständigen Institution (etwa des Staates), sondern Prozesse der Interaktion zwischen kollektiven Akteuren, wobei zwischen Steuerungssubjekt und Steuerungsobjekt nicht mehr eindeutig unterschieden werden kann." (Benz 2004a, 17) Gerade im Schulsystem begründet eine solche Ko-Produktion von Leistungen – nicht nur unter Beteiligung der Zentrale, sondern auch intermediärer Ebenen, bis hin zur Zivilgesellschaft – eine Blickveränderung. Es wird davon ausgegangen, dass der Output des Schulsystems – Leistungen der Schülerinnen und Schüler – multikausal erzeugt ist, durch administrative, pädagogische und zivilgesellschaftliche Beiträge. Entsprechend spielen in analytischer Hinsicht ‚Interaktionen zwischen Akteuren' (Benz) die zentrale Rolle.[18]

Entsprechend sind nicht nur *administrative Dimensionen* einer „richtigen" Programmierung einzelner sowie die Orchestrierung mehrerer Steuerungsmaßnamen bedeutsam. Der Fokus richtet sich vielmehr auf Formen der Koordination, die überwiegend mehrere Akteure auf verschiedenen Ebenen des Schulsystems betreffen. Insofern beschäftigt sich die schulische Governanceforschung neben organisationstheoretischen auch mit handlungs- und kommunikationstheoretischen Dimensionen des Schulegebens. Im Vergleich zum politikwissenschaftlichen Gegenstand von Governance, nämlich dem Herstellen kollektiv

---

18 Auch wenn wir es im Schulsystem nicht allein, wie Benz für das System der Politik unterstellen kann, mit kollektiven Akteuren zu tun haben.

verbindlicher Entscheidungen, steht dabei die schulische Governanceforschung vor größeren theoretischen Herausforderungen. Denn sie rekonstruiert die Koordination zwischen auf *Interaktionen* bezogenen Prozessen auf der Ebene der Einzelschule einerseits mit *Organisations*geschehnissen auf den Ebenen Zentrale und Intermediären andererseits. Gleichzeitig wird gesehen, dass auf jeder der Ebenen Funktionen erfüllt sind, die keine andere Ebene übernehmen kann. Eine solche Ko-Produktion von Leistungen der Schule, auf den Ebenen der Zentrale, der Intermediären sowie in der Einzelschule: Diese Erkenntnis führt dazu, von einem Mehrebenensystem der Schule auszugehen, das konzeptionell zunächst von den Politikwissenschaften für die institutionelle Regulierung von Leistungen auf verschiedenen Ebenen der Politik (vgl. Benz 2004a, 21-24) entworfen wurde, was sich auf Schulsysteme – eingerechnet der Differenzen zwischen dem schulischen und dem politischen System (vgl. Abschnitt 1.2) – übertragen lässt.

4.6.2 „Integrierte" Governancesysteme

Während in den 1970er und Folgejahren in der Bundesrepublik Deutschland ein Systemumbau der Schule versucht wurde, der angesichts eines langjährigen politischen Patts – hervorgerufen durch den Streit um das Für und Wider von Gesamtschulen – zum Erliegen kam, und während anschließend in den 1980er Jahren die Einzelschule als Ansatzpunkt für Reformen gesehen wurde, geht man heute von einem engen Zusammenhang zwischen der System- und der Einzelschulentwicklung aus (van Ackeren 2003, 15, 23). Das bedeutet – um zur Verdeutlichung ein einfacheres Ebenenmodell heranzuziehen als das der OECD –, dass sich nicht nur auf der Makro-Ebene des Schulsystems (Zentrale), auf der Meso-Ebene der Einzelschule sowie auf der Mikro-Ebene des Rollenhandelns (insbesondere der Lehrkräfte) jeweils für sich genommen neue Steuerungsmaßnahmen zeigen, sondern diese auch enger abgestimmt sein sollen. Insofern stehen „integrierte" Governancesysteme auf der Tagesordnung:

a) Makro-Ebene des schulischen Gesamtsystems
Auf der Makro-Ebene des gesamten schulischen Systems lässt sich eine vom Staat induzierte Diskussion über neue Governance-Strukturen beobachten, die mehr Elemente des Managements, des Wettbewerbs und der Eigenverantwortung für Schulsysteme beinhalten. Der Staat zieht sich zurück – und engagiert sich gleichzeitig mehr im Sinne strategischer Zielsetzungen, derzeit sichtbar an Bildungsstandards. Der Kontext hierfür ist das neue Steuerungsmodell nach dem

New Public Management. Dies ist europaweit das derzeit dominierende Muster der neuen Governance.[19]

b) Meso-Ebene intra-organisationaler Entscheidungsprozesse der einzelnen Schule
Auf intra-organisationaler Ebene[20] beinhalten neue Governance-Modelle größere Entscheidungsbefugnisse der Einzelschule. Die einzelne Schule wird zum verlängerten Arm des Staates und soll staatliche Ziele in eigener operativer Autonomie durchsetzen. Eine wesentliche Funktion kommt dabei der Schulleitung zu, die in ihren Management- und Führungsfähigkeiten aufgewertet wird; man spricht von einem „transformational leader" (Wissinger 2000, 858). Insgesamt soll die Einzelschule operative Fähigkeiten bei Personal-, Organisations- und Unterrichtsentscheidungen entfalten. Im Rahmen eines „pädagogischen Qualitätsmanagements" stehen der Schule zudem neue Methoden zur Verfügung, die Wirkung von Entscheidungen zu messen. Dies beinhaltet auch, externe Evaluierungen zu nutzen. Damit wird es möglich, die auf verschiedenen Ebenen (von Schulleitung, Lehrkräften und SchülerInnen) erbrachten Leistungen aufeinander zu beziehen. Es wird zunehmend auf den Output dieser Systemebenen geachtet.

c) Mikro-Ebene des Rollenhandelns einzelner Lehrkräfte und anderer Akteure der Einzelschule
Auf der Mikro-Ebene des Rollenhandelns einzelner Lehrer werden neue Konzepte der Unterrichtsorganisation formuliert. Zudem verändern sich auf der Mikro-Ebene Aushandlungen zwischen Lehrkräften auf der einen Seite sowie Schulleitungen, SchülerInnen und Eltern auf der anderen Seite. Diese verändern das professionelle Selbstverständnis der Lehrkraft. Dazu trägt auch bei, dass Lehrkräfte Qualitätsverfahren nutzen sollen, was beinhalten würde, die Frequenz der Beobachtung von SchülerInnen zu erhöhen sowie die Zusammenarbeit mit KollegInnen und Eltern zu intensivieren. Die stärkere gemeinsame Beobachtung von Systemoutputs steht dabei mit der bisherigen Alleinzuständigkeit der einzelnen professionellen Lehrkraft in Konflikt.

---

19 In den Erziehungswissenschaften und in der Bildungssoziologie wird der Umbau der Beziehung Staat-Schule überwiegend so gesehen, dass sich der Staat unter Kostengesichtspunkten aus dem Engagement für Schulen teilweise zurückzieht (vgl. Lohmann/Rilling 2002) und sich „Quasi-Märkte" als neue Steuerungsregime verbreiten (vgl. Weiß 2002). Mit Schimank lässt sich dagegen betonen, dass die entscheidende Stoßrichtung des NPM darin besteht, „dass der Staat sich einerseits aus der Regulierung zurückzieht und andererseits stärker im Sinne von Zielvorgaben steuern soll" (2002a, 4). An dieser Dualität geht vorbei, wer nur von einem Rückzug des Staates (auf Basis von Sparzwängen) spricht.
20 Zur Unterscheidung von inter- und intra-gouvernementalen Beziehungen vgl. Abschnitt 2.2.

Insgesamt fallen bei der neuen Governance erstens auf der Makro-Ebene des intra-organisatorischen Schulsystems neue Managementmethoden und strategische Zielsetzungen auf, zweitens auf der Meso-Ebene der Einzelschule Techniken und Methoden, die Einzelschule als Organisation, als Instanz operativer Entscheidungen, stark zu machen, wobei sie unmittelbar an strategische Zielsetzungen auf der Makro-Ebene des Schulsystems gebunden wird. Diese Regelungsstrukturen sind drittens gegen die bisherige pädagogische Alleinzuständigkeit der professionellen Lehrkraft gerichtet, ohne dass sich hierbei gegenwärtig hinreichend beantworten lässt, ob dies intendiert ist oder nicht-intendiert passiert.

Die neue Governance zeichnet sich insgesamt dadurch aus, dass die Makro-, die Meso- und die Mikro-Ebene des Schulsystems zusammenfassend reguliert und mehr miteinander verbunden werden sollen. Dies scheint eine Reaktion darauf, dass die Ebenen des Schulsystems bislang keine systematischen Feedbackstrukturen aufweisen, d.h. gerade im operativen Bereich in relativer Indifferenz zueinander verbleiben. Gleichzeitig soll es eine Abkehr von der staatlichen Detailsteuerung geben, der man überintegrative Tendenzen – insbesondere bei der Regulation von Inputvorgaben – zuschreiben kann. Rückbau der Detailsteuerung ist jedoch nicht mit einem Rückgang der Steuerung an sich zu verwechseln. Spezifischer gesehen scheint die aktuelle Bildungspolitik auf den Rückbau der relativen Indifferenz zwischen Ebenen zu zielen. Das staatliche Engagement in Form von Bildungsstandards macht hier deutlich, dass substanzielle Ziele gesetzt werden, an denen sich autonome Einheiten orientieren sollen, die damit eben nicht in vollständig autonomer Selbstregulierung verbleiben und so der Gefahr der Desintegration unterliegen würden. Die erneuerte schulische Governance scheint damit analytisch gesehen einen integrierten Systemzustand mittleren Niveaus anzustreben, der offensichtlich sowohl Gefahren der Überintegration vermeiden will, wie sie mit der Detailsteuerung auftreten, als auch desintegrative Effekte zu umgehen sucht, wie sie im Rahmen einer Selbstregulation der jeweiligen Bereiche auftreten würden.

4.6.3 Herstellen von Prozeduren der Verantwortlichkeit

Im Zentrum integrierter schulischer Governance-Systeme steht eine grundlegende Umgestaltung der Beziehung zwischen Staat und Einzelschulen als autonomer werdender Handlungseinheiten. Beobachten lässt sich eine Differenzierung und gleichzeitig wechselseitige Aktivierung der zielgebenden und operativ autonomeren Instanzen, die es in einer Hierarchie nicht gibt. Es sind nachhaltigere Entwicklungen angestrebt, die paradoxerweise gerade durch das Auseinandertreten von zielgebenden Instanzen – das sind der Staat oder von ihm beauftragte Agenturen – und operativ-eigenständigen Instanzen – die einzelnen Schulen – möglich werden sollen. Denn den Konzepten nach sind spezifischere Rollen- und Aufgabenzuschreibungen möglich – spezifischere, sofern deren Wirkungen innerhalb des Systems beobachtet werden. Die neue Steuerung produziert diesbezüglich eine Flut von Daten, die gleichzeitig Chancen der Gestaltung wie Konflikte der Komplexitätsverarbeitung beinhalten.

Die Beobachtung von im System erzeugten Effekten und Wirkungen benötigt bei allen Akteuren Accountability[21], die nicht nur als Eigenschaft von Personen gemeint ist, sondern auch als Systemanforderung, Prozeduren der Verantwortlichkeit zu schaffen, die mehrere Schulebenen umgreifen. Für Schulen als operative Akteure bedeutet Accountability Selbst-Kontrolle als verinnerlichter Zwang. Dies soll, eher längerfristig gedacht, zu einem Kulturwandel, hin zu einer Kultur der Selbstevaluation führen, die dann staatliche oder externe Kontrollen weitgehend überflüssig machen würde. Die Einführung dieser Kultur geht dabei aktuell mit Anforderungen einher; autonome Instanzen sollen sich, so eine Definition der Accountability (Knauss 2003, 130), selbst überprüfen, die Akteure sich zu zählbaren Einheiten machen. Diese Einheiten werden dafür verantwortlich gemacht, sich verantwortlich zu machen; es ist eine Fremdzuschreibung, sich etwas selbst zuschreiben zu sollen.

Wie derzeit von Seiten des Staates Prozeduren der Verantwortlichkeit hergestellt werden, verdeutlicht Doris Ahnen, im Jahre 2005 stellvertretende Präsidentin der Kultusministerkonferenz[22]:

- Schulen sind als selbständig handelnde Einheiten anzusehen.
- Daraus ergibt sich für die Bildungsadministration als erste Konsequenz, von Schulen Rechenschaftslegung zu verlangen und entsprechende Systeme dafür zu organisieren.
- Als zweite Konsequenz müssen klare bildungspolitische Ziele in Form von Leistungsstandards der SchülerInnen formuliert werden, damit Schulen ihre Rechenschaftslegung daran orientieren können.
- Als weitere Konsequenzen beinhaltet dies für Schulverwaltungen eine veränderte Begleitung von Schulen.

---

21 „Accountability heißt [...] kurz gefasst, einen Bericht über das eigene Verhalten zu geben, dazu eine rechtfertigende Analyse zu liefern und die dem eigenen Handeln zugrunde liegenden Begründungen, Motive oder Tatsachen zu erläutern." (Knauss 2003, 130) Dies ist verbunden mit „responsibility" und „obligation" von im öffentlichen Auftrag Handelnden (ebd.). Vgl. dazu kritisch Bröckling/Krasmann/Lemke (2000).

22 Mündlicher Vortrag auf der Tagung des ‚Interdisziplinären Arbeitskreises (IAK) Hochschul- und Bildungsforschung': „Steuerungswissen im Bildungssystem", 28. Januar 2005, Johannes Gutenberg-Universität Mainz.

Man sieht, dass mehr Verantwortung an die Schulen gegeben werden soll, was Schulen im gleichen Atemzug eine verstärkte Pflicht zur Rechenschaftslegung beschert. Man übersieht jedoch leicht, dass dies auch erhebliche Konsequenzen für den Staat hat. Denn dieser setzt sich ebenfalls einer stärkeren Überprüfung aus, da er stärker als früher mit strategischen Zielvorgaben hervortritt, die nun ihrerseits in ihrer Qualität und Güte begutachtet werden müssen. Kriterium ist hier insbesondere die Klarheit und die Übersetzung von Zielvorgaben an die einzelnen Schulen, und zwar so, dass diese die Ziele auch verstehen. Schulen benötigen klare Zielvorgaben. Wenn sich Bildungsstandards oder andere Zielvorgaben nicht operationalisieren lassen, sie mehrdeutig oder diffus bleiben, dann bleibt das neue Verantwortungssystem schon im Ansatz stecken.

Erkennen lässt sich hieran weiter eine Neuverteilung von Verfügungsrechten zum Treffen von Entscheidungen (Braun 2001), die zu einer grundlegenden Neufassung eines Verantwortungssystems führen soll, geteilt nach strategischer und operativer Führung. Dies setzt insbesondere eine wirkliche Selbständigkeit der Einzelschule als Handlungseinheit voraus, um operativ eigenständig auftreten zu können. Denn nur wer sich Effekte eigener Handlungen zurechnen kann, ist auch in der Lage, Verantwortung für diese Handlungen zu übernehmen.

In analytischer Sicht rechnet Governance mit der Selbsttätigkeit von Individuen. Ob sie sich empirisch in einer Governance zeigt, ist eine Frage der Forschung. Selbsttätigkeit meint dabei nicht Partizipation im Sinne von Demokratisierung, sondern Verlagerung von operativen Aufgaben, mitsamt einer Verantwortungszuschreibung für die Folgen operativ-eigenständiger Tätigkeiten sowie eine Aktivierung der Akteure zu einer Verantwortungsübernahme. Nicht nur in neuen Governance-Systemen, auch in Konzepten der schulischen Organisationsentwicklung seit den 1990er Jahren sowie generell in den Konzepten der Individualisierung spielt Aktivierung eine Rolle. Aktivierung meint dabei die *systemische Nutzung* von individuellen Kompetenzen, wie Lernfähigkeit, lebenslanges Lernen, Netzwerkbildung, Verknüpfung verschiedener Wissensarten, Wissensmanagement. Staatliche Steuerung würde angesichts solcher Leistungen zu kurz springen, würde sie klassischerweise nur darauf zielen, Folgehandlungen von Akteuren einseitig beeinflussen zu wollen. Steuerung im Kontext von Governance versucht demgegenüber im Idealfall, Kompetenzen von Akteuren, ihre Fähigkeiten der Verantwortungsübernahme, ihre Selbsttätigkeit und Lernfähigkeit, zu verzahnen.

Hierbei kehrt sich die Bedingungsrichtung um. Während staatliche Steuerung Akteure beeinflusst, geht in der Perspektive von Governance eine der Bedingungsrichtungen auch von anderen beteiligten und betroffenen Akteuren aus. Diese bestimmen mit ihrem (Kontext-)Wissen, ihren Interessen, Ansprüchen und Werten den Staat ebenso mit, wie dieser die Akteure zu beeinflussen sucht. Die

4.6 Schulische Steuerung

Systeme werden in dieser Dimension zur abhängigen Variable, während in einer Hierarchie umgekehrt das Individuum abhängig, bloßes Anhängsel eines Systems ist. Während in realen Governancemodellen Hierarchie, Macht, einseitige Beeinflussung ohne Zweifel vorkommen, wird zugleich von einem produktiven Wechselverhältnis zwischen Akteur und System ausgegangen, das aus Erfahrungen der Administration resultiert, an Grenzen der Steuerung zu stoßen. Wie Konzeptionen des aktivierenden Staates zeigen (vgl. Abschnitt 1.2), wird zwischen Staat und Gesellschaft teilweise nach Bedingungen der wechselseitigen Ermöglichung gesucht. Ähnlich wird so auch in der schulischen Steuerung im Kontext von Governance auf einen Problemkern reagiert, nämlich dass Akteure auf verschiedenen Ebenen die Schule herstellen, so dass Abstimmungsarbeiten notwendig sind. Sie sind zudem im System der Schule nicht nur einmalig zu leisten – wie in der Politik bei der Herstellung kollektiver Entscheidungen –, sondern fortlaufend, da der Interaktionsbereich der Lehrkräfte erreicht werden muss, in dem dann eine (mehr oder weniger wirkungsvolle) Adressierung der SchülerInnen erfolgt.

Die neue Art der Steuerung sowie in analytischer Hinsicht ebenfalls die schulische Governanceforschung reagiert auf einen Tatbestand individualisierter Gesellschaften, dass in den administrativen, pädagogischen und zivilgesellschaftlichen Beiträgen des Schulsystems die Selbsttätigkeit von Akteuren immer schon vorkommt. Kooiman (2003, 79) sieht darin eine Veränderung der Grenzen zwischen Staat und Gesellschaft, die Formen der „interaktiven" Governance implizieren. Es wird hier von „Governance als Kommunikationsprozess" gesprochen, der in einem engeren Sinn Kommunikationsbedarfe bei der Formulierung politischer Programme, bei der Politikdurchsetzung, für ein Akzeptanzmanagement öffentlicher Verwaltungen festhält (Schuppert 2005, 449-458). In einem weiteren Sinn umschreibt die Formel „interaktiver" Governanceformen Aushandlungsprozesse zwischen verschiedenen Akteuren sowie damit verbundene dialogische Prozesse (Jessop 2003).[23]

Beteiligung und Ausschluss
Gleichzeitig gilt, dass die für die Selbsttätigkeit von Akteuren benötigten Ressourcen nicht grenzenlos sind, sondern von anderen kontrolliert werden. Individuelle Zielerreichungen unterliegen Interdependenzen mit anderen Akteuren (vgl. Schimank 2000a, 81-85). Interdependenzen können u.a. durch Ausweichen auf andere Ziele unterbrochen werden. Geht man von einem gesellschaftlichen Konsens aus, dass Schule sein soll, müssen Interdependenzen positiv bewältigt werden. Mit der Analyseperspektive von Governance sowie auch empirisch lässt

---

23 Diese lassen sich grundlagentheoretisch als Trias von Formen der Beobachtung, Beeinflussung und Verhandlung einordnen; siehe Abschnitt 3.2.

sich – in Reaktion auf starke Abhängigkeiten bei der Leistungserbringung, die isolierte Steuerungsbemühungen scheitern lassen – ein Umschwenken bemerken: Von der einseitigen Beeinflussung durch ein herausgehobenes, isoliertes Steuerungssubjekt (und einem nachgeordneten Steuerungsobjekt), hin zur wechselseitigen Ermöglichung von Beteiligten innerhalb eines Mehrebenensystems. Dies erfolgt im Schulwesen zum Beispiel als Anerkennen, Zuerkennen und Nutzen von operativen Fähigkeiten einzelschulischer Akteure durch den Staat, als Arbeiten relativ unabhängiger Evaluationsinstanzen (Schulinspektionen), als eigenständiges Arbeiten von Schulverwaltungsabteilungen im Rahmen eines Globalbudgets, als Zuhilfenahme „selbständiger" Befunde der Empirischen Bildungsforschung, als Rechnen mit Unterstützungen und Eigenaktivitäten von Eltern oder Gemeinden.

Diesbezüglich stellt Governance als Perspektive der Analyse (Benz 2004a, 19-21) auf netzartige Beziehungen zwischen mehreren Akteuren ab, die sich Eigeninteressen, bereits bestehende mehrdimensionale Abhängigkeiten und Versuche der Beeinflussung zu Nutze machen. Während Eigeninteressen in linearen Steuerungsversuchen aus Sicht des steuernden Akteurs als Störfaktoren erscheinen, die unliebsame und kostenträchtige Nachsteuerungen erzwingen, konstituieren in der Governance-Perspektive gerade verschiedene Interessen nicht nur die Begrenzung, sondern die Machbarkeit und Ermöglichung einer Koordination. Steuerung im Kontext der Governance-Perspektive reagiert diesbezüglich auf eine zunehmende Verdichtung von gesellschaftlichen Beziehungsgeflechten, verschiedenen Interessen, einseitigen oder wechselseitigen Abhängigkeiten, Interdependenzen in der Gesellschaft, die ohnehin bestehen. Dies bedeutet, dass Steuerung im Rahmen von Governance stärker als in klassischen Steuerungsansätzen auf Mitwirkung von Akteuren setzt. Dies meint jedoch nicht demokratische Mitbestimmung oder Partizipation, obwohl es sie im Einzelfall geben kann, sondern zunächst einmal nur operative Beteiligung.

Bei Beteiligungen sind Möglichkeiten der Akteure bedeutsam, Teil von Organisationen zu sein, die Inklusion und Exklusion selektiv regeln (in der Ungleichheitsforschung spricht man diesbezüglich von selektiven Assoziationen, vgl. Kreckel 1997). Es ist mit entscheidend, ob sich Akteure aus einer starken Organisation heraus beteiligen können, oder nur mit einer schwachen Organisation im Rücken, oder mit keiner, wie in manchen zivilgesellschaftlichen Kontexten. Diese Abwesenheit einer klassischen Form der Organisiertheit bedeutet aber im Falle zivilgesellschaftlicher Akteure nicht, ohne Einfluss zu sein. Denn auch beim zivilgesellschaftlichen Akteur wird es Wissen über schulische Verfahrensabläufe geben, womit andere Akteure und damit letztlich Leistungen der Schule mit beeinflusst werden. Gleiches gilt für informelle Beziehungen, implizites Kontextwissen und andere Dimensionen auf der Hinter- und Unterbühne von

Organisationen.[24] Bezogen auf das Schulsystem beinhaltet all dies die analytische Frage, wie Leistungen in verschiedenen Arenen der schulischen Organisation, mithin auch an ihren Rändern, ko-produziert werden und somit Einflussfaktoren darstellen.

Arenen der Beteiligung
Im Schulwesen lassen sich dabei zwei Arenen der Beteiligung untergliedern. Erstens die Ebene der Zentrale sowie die intermediären Ebenen, die stark mit Organisationen durchsetzt sind. Wir haben es mit einer überschaubaren Zahl von Körperschaften zu tun, die sich intern sowie untereinander im Modus der Organisation verständigen; die dezidierte Steuerungsabsichten haben, die im Rahmen der Organisationskriterien Mitgliedschaft und Entscheidung umgesetzt werden; die explizit (Ebene Zentrale) Legitimationsfunktionen haben, Leistungen des Schulsystems der Öffentlichkeit zu präsentieren, die also mit der Umwelt in engem Kontakt sind.

Der zweite Bereich besteht aus der Schule als Flächenorganisation, die in viele tausend Einzelschulen als den pädagogischen Handlungseinheiten untergliedert ist. In dieser Arena gibt es eine erheblich größere Zahl von Akteuren. Für sie setzt zwar die Kommunikationsart Organisation entscheidende Rahmenbedingungen (vgl. oben Abschnitt 3.3), jedoch folgt die Leistungserbringung in den Klassenzimmern der Kommunikationsart Interaktion, die an verinnerlichten ‚professional skills' der Lehrkräfte orientiert ist. Verbunden ist damit eine Relativierung des Kommunikationsmodus Organisation; ebenfalls sind Steuerungsabsichten anders gefasst, gehen zunächst von einzelnen Personen aus, richten sich auf die professionelle Intervention in die Psyche der Zöglinge und nicht auf eine Problemverarbeitung im Rahmen von Mitgliedschaft und Entscheidung wie in der ersten Arena. Zudem steht statt dezidierter Kontakte mit der Umwelt eine enge Interaktion zwischen Lehrkraft und SchülerInnen im Zentrum; die Funktion ist nicht Legitimation, sondern die Leistungserbringung „Unterricht".

Historisch gesehen sind die beiden Teilarenen – die sich erst heute in größerer Ausdifferenzierung als derartige Teilarenen zeigen[25] – mit der Schaffung eines staatlichen Schulsystems entstanden, das hierarchisch aufgebaut und ge-

---

24 In organisationstheoretischer Hinsicht wurde etwa auch auf die Stärke schwacher Beziehung (Netzwerkansatz, vgl. S. Weber 2000) oder Möglichkeiten des loosely coupling hingewiesen (vgl. Weick 1976).
25 Dies hat mit den – oben angedeuteten – intendierten Verantwortungsbeziehungen zu tun, innerhalb derer Leistungen auf verschiedenen Ebenen nur in Abhängigkeit zueinander erbracht werden können (z.B. machen Bildungsstandards nur in Relation zu einer erweiterten Schulautonomie Sinn), wobei teilweise auch eine Differenzierung von Ebenen bewusst eingesetzt wird (Bsp: die Schulinspektion, die als unabhängige Instanz zwischen die Ebenen Zentrale und Einzelschulen tritt und gegenüber beiden Ebenen vermittelnde Funktionen erfüllen soll).

steuert wurde, d.h. eine politische Funktionsautorität hat und dann in flächendeckende Verwaltungseinheiten untergliedert ist. So weit ersichtlich, ist bislang kein grundlegender Ersatz für diese Organisationsform gefunden worden, die in der Lage ist, von einer Spitze ausgehend und weitgehend kontrolliert, ähnliche Leistungsangebote für breite Bevölkerungskreise bereitzustellen.

Auch die bildungspolitischen Bemühungen um Neufassungen der schulischen Governance müssen von diesen Grundbedingungen, d.h. zwei sehr verschiedenen Teil-Arenen ausgehen. Analytisch lassen sich dabei neu eingeführte einzelne Steuerungselemente innerhalb eines Mehrebenenmodell noch weiter untergliedern (vgl. Abschnitt 2). Schon die beiden Teilarenen weisen jedoch auf die Komplexität der Ausgangslage hin, eine veränderte Steuerung so umzusetzen, dass dabei ein höher integrierter Systemzustand, Verantwortungsbeziehungen zwischen verschiedenen Ebenen des Schulsystem und damit eine höhere schulische Qualität erreicht werden.

4.6.4 Leistungs- und Störbeziehungen

Neben den beabsichtigten integrativen Zusammenhängen zwischen verschiedenen schulischen Systemebenen, der angedeuteten Ko-Produktion von Leistungen verschiedener Akteure, der beabsichtigten stärkeren operativen Beteiligung dieser Akteure an einer qualitativen Ausgestaltung des Schulegebens, berücksichtigt die schulische Governanceforschung auch die Rückseite der Medaille. Beteiligungen beinhalten neben Leistungsbeziehungen gleichursprünglich auch Störbeziehungen zwischen verschiedenen Akteuren und Ebenen eines Schulsystems. Die Notwendigkeit, sich analytisch auch mit Störbeziehungen zu beschäftigen, gab es sicher auch schon für die bislang vorherrschende bürokratische Verfasstheit des Schulsystems; ein klassisches Beispiel ist die seit Anbeginn im Lehrberuf zu verzeichnende Kritik an einer bürokratischen Reglementierung der Schule. Trotz dieser Kritik halten sich für das „konventionelle" staatliche Schulsystem Störbeziehungen in Grenzen, wenn man die relative Indifferenz von Ebenen des Schulsystems zueinander und nicht existente Feedbackschleifen berücksichtigt.

Ganz anders sehen mögliche Störbeziehungen in der heutigen evaluationsbasierten Steuerung aus (Altrichter/Heinrich 2006; van Ackeren 2003). Dieses Modell evoziert Störungen gleichursprünglich mit der Flut von Daten, die für die Steuerung produziert werden. Auf jeder der Systemebenen können einzelne Daten – willentlich oder unwillentlich – anders interpretiert und verwendet werden, als der Konzeption nach vorgesehen.[26] Evaluationsbasierte Leistungsdaten be-

---

26 Man könnte hier auch davon sprechen, dass die Schule in die Wissensgesellschaft eintritt, in der es nicht mehr darauf ankommt, dass man etwas weiß, sondern das richtige Wissen zum richtigen Zeitpunkt zu wissen. Dies beinhaltet eine Riskanz der Wissensverwendung. Nicht

4.6 Schulische Steuerung

deuten organisations-, interaktions-, handlungs- und kommunikationstheoretisch, dass die Komplexität von Sinn immens zunimmt – und bewältigt werden muss, soll es eine zielgerichtete Steuerung geben.

Störbeziehungen finden sich teils intra-, teils inter-organisatorisch.[27] In intra-organisatorischer Hinsicht kann z.b. davon ausgegangen werden – dies zeigen die bislang spärlichen, aber doch einsetzenden Befunde einer schulischen Verwaltungsforschung (vgl. Dedering/Kneuper/Tillmann 2003) –, dass nicht alle schulischen Verwaltungsakteure nach den PISA-Ergebnissen von einer Modernisierung des Schulsystems gleich überzeugt sind. Ähnlich konkurrenzieren neu errichtete Schulinspektionen bisherige Aufgaben und Funktionen der Schulaufsicht.[28] Zudem stiften aufgewertete Führungsrollen der Schulleitungen in den Schulen ein Konkurrenzverhältnis gegenüber der Lehrerprofession, insofern die Schulleitung nicht mehr Gleiche unter Gleichen, sondern funktional und hierarchisch herausgehoben ist. Nicht zuletzt werden auch zwischen Lehrkräften Konkurrenzverhältnisse – und damit Störbeziehungen – errichtet, insofern Leistungsunterschiede von ihnen selbst oder von außen vergleichend beobachtet werden. Beides bricht mit dem Tabu der professionellen Nichteinmischung, wie es in der individualistisch gefassten Lehrerprofession bislang vorherrschte (Terhart 1987).

Dazu kommen mögliche inter-organisatorische Störbeziehungen, etwa durch anders gelagerte Interessen von Eltern an einer schulischen Mitwirkung, oder durch Forderungen mancher VertreterInnen der Wirtschaft nach einer „radikalen" Selbständigkeit von Schulen.

Inter- und intra-organisatorische Restriktionen zusammengenommen lassen fragen, welche Steuerungsmaßnahmen zu welchen Effekten bezüglich der angedachten höheren Bildungseffektivität und -effizienz führen. Es ist mithin in praktischer und analytischer Hinsicht das größte Problem, wie innerhalb eines Mehrebenensystems der Schule Transfers gelingen bzw. angesichts unterschiedlicher Orientierungen, Interessen und Teilkulturen verschiedener Akteure Probleme der Handlungskoordination angegangen werden.

---

ausschließlich, aber doch als wichtige Organisationsform, spielt zudem in der Wissensgesellschaft eine Rolle, kooperative Wissenscluster zu organisieren. Dafür scheint die zellulare Berufsstruktur der Lehrkräfte so gut wie ungeeignet.

27 Zu intra- und intersystemischen Abstimmungen via Governance vgl. Schimank/Volkmann 1999, 33-34.
28 Vgl. zur Schulinspektion Kapitel 6.2.

5. Dimensionen der Koordination: Hierarchische Beobachtung in einer antagonistischen Kooperationsbeziehung
Jürgen Kussau

5.1 Schulische Regelungsstruktur und staatliche Politik

Governanceforschung interessiert, wie das Schulsystem als Verbund von Politik und Schule zusammengehalten und weiterentwickelt wird.[1] Die Schule kann als „bürokratische Schule" ebensowenig funktionieren wie als „autonome" Domäne der LehrerInnen. Die „Winkelschulen" (Fertig 1983; Neugebauer 1985, 581-601), die eine „gewisse Art Haußschulen sind, die zum Nachtheil der öffentlichen Schulen von gewissen eigennützigen Leuten, gantz eigenmächtig errichtet werden" (Jacob Krantz 1744, 209, zit. nach Neugebauer 1985, 582), können zwar als „Lehrerangelegenheit" verstanden werden, waren jedoch nicht als allgemeine Schulen institutionalisiert und zwangen die Eltern zu erheblichem finanziellen Aufwand. Und das Horrorgemälde der bürokratischen Schule (z.B. Buschor 1997) übersieht bzw. unterbewertet den Eigensinn der LehrerInnen (wobei zudem unklar bleibt, ob die Schule selbst bürokratisch ist oder sie in eine bürokratische Regelungsstruktur eingebettet ist). Wie das „Nichtabsolutistische im Absolutismus" (Oestreich/Baumgart; zit. nach Neugebauer 1985, 2), wäre auch das „Nichtbürokratische der Bürokratie" erst noch zu thematisieren. Andernfalls müssten die „Schule" des 19. und des 21. Jahrhunderts identisch sein; und bis „vor PISA" war wohl die selbstgewisse Einschätzung verbreitet, die (deutsche) Schule, wohlgemerkt „bürokratische Schule", sei die beste aller möglichen Schulen.

Wenn im Folgenden einige Merkmale einer schulischen Governancestruktur beschrieben werden, steht zunächst nicht intentionale Steuerung oder Interventi-

---

1 Im Beitrag tauchen verschiedentlich spezifische Schweizer Begriffe auf. Darin kommt der ursprüngliche Schweizbezug des Beitrags zum Ausdruck. Auch stammen eine Reihe von Belegen aus dem Schweizer Kontext.

on im Mittelpunkt, „sondern die wie auch immer zustande gekommene Regelungsstruktur und ihre Wirkung auf das Handeln der von ihr unterworfenen Akteure" (Mayntz 2005, 14).[2] Institutionalisierte Regelungsmuster besitzen Beharrungsvermögen und lassen sich nur in relativ trägen Deinstitutionalisierungsprozessen in neue Routinen transformieren. Umgekehrt interessiert sich eine institutionalistisch orientierte Governance-Forschung auch für die Entstehung und den Wandel von Regelungsstrukturen. Sie werden von Akteuren „bevölkert", die mit bestimmten Eigenschaften, Fähigkeiten und Interessen in Konstellationen zusammengeschlossen sind, dort in bestimmten Beziehungen zueinander stehen, Interaktionsorientierungen ausprägen und um „politisches und professionelles Kapital" streiten. Die Untersuchung von Governancestrukturen ist an Handeln geknüpft; Handlungen wirken auf die Regelungsstruktur zurück und verändern sie ständig. Und wenn nach „Wirkungen" von Regelungsstrukturen gefragt wird, bleiben auch Interventionsversuche von Interesse; und so changiert auch die Darstellung in diesem Kapitel immer wieder einmal zwischen Beschreibung der Regelungsstruktur und Beschäftigung mit absichtsvoller „Steuerung". Eine gewisse Konfundierung ist kaum auszuschließen, solange das Interesse sich auch auf die Dynamik der Struktur richtet.

Ein Merkmal von Governance ist das Verschwimmen der Grenze zwischen öffentlich und privat (Stoker 1998, 17). Schulische Governance ist jedoch durch ein weiteres Merkmal gekennzeichnet, das sie von Regelungsstrukturen in anderen Politikfeldern unterscheidet. Im Modus unvollständiger Ausdifferenzierung der Schule ragt die Politik systematisch in das professionelle Teilsystem Schule hinein wie umgekehrt die Schule sich nur pädagogisch selbstläufig reproduziert, ansonsten aber von staatlicher Ressourcenzufuhr (Input) abhängig ist. Eine schulische Governance hat deshalb eine andere Form als in „staatsnahen Sektoren" (Mayntz/Scharpf 1995a; Schneider/Tenbücken 2004). Setzt hier der private (verbandliche) Sektor z.B. technische Standards (Voelzkow 1993), so werden im Schulsektor Standards staatlich – und ohne öffentliche Diskussion vordemokratisch – gesetzt (Klieme u.a. 2003, 55-62). Ein „Rückzug des Staates" erfolgt nicht umstandslos; Entgrenzungen gegenüber der Profession und vor allem gegenüber der Marktsphäre – nicht gegenüber Privaten und der Zivilgesellschaft – gehen den Umweg über politisch-staatliche Vermittlung. So formuliert einer der Mitbegründer des Aktionsrates Bildung auf den Vorhalt, der Rat werde doch durch den Verband der bayerischen Wirtschaft finanziert, eigenwillig und wie selbstverständlich Markt- und Bürgergesellschaft vermischend: „Ich verstehe den Aktionsrat als eine *pressure group*, die völlig unabhängig ist. [...] Wenn ihn die

---

2   Ob Regelungsstrukturen mehr sind als das Aggregat der je spezifischen Handlungskapazitäten, Orientierungen und Interessen der Akteure, also eine Politik- und Sozialstruktur mit „eigenen" Fähigkeiten, die Schule möglich und veränderbar macht, kann hier nicht untersucht werden.

Politik finanziert, wären wir ja nicht mehr unabhängig. [...] Wir wollen ein Vorbild für eine neue Form der Bürgerschaftlichkeit sein, die im Sinne eines *governance watch* der Politik auf die Finger schaut."[3] Kurz: Schulpolitik ist noch weitgehend staatlich; der Operationsmodus ist die imperative ex ante Koordination (Hierarchie), auch wenn direkte Interventionen zugunsten einer Aktivierung der Schule über Zielvorgaben (z.b. Standards) oder Kontextsteuerung (Teubner/Willke 1984) abnehmen sollen und damit am Horizont der Absichten das Modell der „heterarchic governance" auftaucht, während die anarchische ex post-Koordination (Markt) im deutschsprachigen Raum noch kaum zu erkennen ist (allgemein: Jessop 1998, 29).

In der schulischen Regelungsstruktur bleiben Politik und Staat nach wie vor zentrale Spieler, freilich über den Modus staatlicher Politik hinausgetrieben, da auch die LehrerInnen als professionelle Akteure mit eigenen *legitimen* Verfügungsrechten ausgestattet werden, der kompakte Staat selbst intermediär ausfranst[4], die Eltern und zivilgesellschaftliche Assoziationen als schulische Voraussetzung ernst(er) oder buchstäblich in die Pflicht, genommen werden. Nur die Berücksichtigung der SchülerInnen als AneignungspartnerInnen (Kade 1997) lassen schulische Regelungsstrukturen noch vermissen. An dieser Stelle sind politische Praxis und Wissenschaft im traditionalen Modell der Zwangsschule verhaftet. Geht (wie in Deutschland) eine bald zwanzigjährige Erfahrung mit Jugendarbeitslosigkeit, verzweifelter Suche nach Ausbildungsplätzen, Ausgrenzung ganzer Gruppen von Jugendlichen spurlos an der Lernmotivation vorüber? Wird Lernen überhaupt positiv konnotiert, wenn mit dem Schulbesuch der „Ernst des Lebens" beginnt? Gibt es eine Erfahrung, die Kompetenz Titeln vorzieht (zur Sicht bzw. Lage der SchülerInnen: Dalbert/Stöber2004; Helsper 2004; Schümer/Tillmann/Weiß 2004)?

Eine Regelungsstruktur zu beschreiben ist zunächst mit der Suche nach möglichst geeigneten Begriffen verbunden. Regelungsstrukturen sind kein Selbstzweck; sie dienen der Aufgaben- und Problembearbeitung. Und das augenblickliche Problem, das in der schulischen Regelungsstruktur bearbeitet werden soll, ist das Programm der Kompetenzsteigerung der SchülerInnen. Wieweit ist die Regelungsstruktur geeignet, die *Qualität* der Schule zu verbessern und die *Kompetenzen* der SchülerInnen zu heben? „Schulreform" und Umbau der schulischen Regelungsstruktur werden ernst genommen und nicht (nur) als zeremoniel-

---

3   Interview mit Dieter Lenzen, Süddeutsche Zeitung, 2.1. 2006: „Mehr Freiheit, weniger Beliebigkeit"; kursiv im Original. Unter der Hand wird so die politiktheoretische Frage nach der Autonomie des Staates und dort der relativen Autonomie der Schule kurzerhand umgekehrt. An die Stelle der Autonomie *der* Politik *von* [...] tritt die Autonomie von Teilsystemen *von* der Politik. In einem älteren Verständnis von Politik geht es dann um Lobbyarbeit.

4   Generell verschwimmt die Grenze zwischen staatlich, öffentlich und privat, sinnfällig an Public-Private-Partnerships (PPP) abzulesen.

les Programm betrachtet, mit dem politische Legitimationsrenditen gesichert werden sollen (grundlegend: Meyer/Rowan 1977).

Das Verhältnis zwischen Politik und Schule ist spezifisch schwierig unter dem Gesichtspunkt, die schulische Qualität zu verbessern. Zu Steuerungspessimismus besteht hingegen kein Anlass, wenn es darum geht, die Schule zu finanzieren, sie zu organisieren und in eine je spezifische Form zu bringen, oder anders gesagt: Die Organisierung der Bestandssicherung ist Routine. Sofern die Politik den Engpass der Steuerungsfähigkeit überwindet und Mehrheiten organisieren kann, erweist sie sich als leistungsstark und die Schule als steuerbar (zur Unterscheidung zwischen steuerungsfähig und steuerbar: Mayntz 1987; Mayntz 2005; Scharpf 1989)[5]. Diese Leistungen mögen alle defizitär sein bzw. so wahrgenommen werden, sie betreffen aber nicht das Verhältnis von Steuerungsfähigkeit und Steuerbarkeit. Die Regelungsstruktur ist dann herausgefordert, wenn sie auf ihr Potenzial, Schüler*kompetenzen* zu steigern, ausgerichtet wird. Die These lautet: *Pädagogischer* Erfolg ist nicht *politisch* zu verordnen (vgl. auch Covaleskie 1994), sondern als ein (a) langwieriger und langfristiger, multifaktorieller Prozess zu verstehen, in dem (b) die Zurechnung der Erträge nicht unstrittig zwischen den Beteiligten verteilt werden kann, so dass (c) die Frage, wessen Angelegenheit die Schule ist, ständig in der Schwebe bleibt und die Regelungsstruktur dynamisiert. Wenn hier eine Verbesserung der *Kompetenzen* den Bezugspunkt abgibt, so sind an dem Ziel durchaus Zweifel angebracht. Denn die Verfügbarkeit über Kompetenzen reibt sich mit dem Besitz „schulischer Titel" (Bourdieu). Orientierung an Kompetenzen würde einen dramatischen Wandel im Beschäftigungssystem, sogar dem stratifizierten Gesellschaftsaufbau insgesamt, beinhalten und die Positions- und Statushierarchien durcheinanderwirbeln. Denn dann käme die Frage auf die Agenda, ob Kompetenz und Titel einerseits und Position andererseits kongruent sind. Die Sprengkraft dieser Idee ist in ihren

---

5 Auch ein Steuerungsoptimismus war nach der Blüte der Machbarkeitsideen in der Zeit „politischer Planung" nie so zuversichtlich, Steuerbarkeit mit unmittelbaren, linearen Effekten auf der Grundlage von eins-zu-eins-Transformationen politischer Programme in teilsystemische Effekte zu identifizieren. In der sachlichen, sozialen und zeitlichen Dimension wurde immer mit Differenzen zwischen Absichten, Zielen und Ergebnissen operiert und sachliche Umfänglichkeit und Präzision, zeitliche Unverzüglichkeit und soziale Akzeptanz allenfalls als Zielwert eingeführt. Steuerungsoptimismus ist gemessen an der von der Systemtheorie behaupteten, kategorialen Negation jeglicher Steuerbarkeit relativ. Viel eher sind in der Politikwissenschaft und der Soziologie nach der Ernüchterung durch die Erfahrungen mit „politischer Planung" Positionen konsensfähig geworden, die „in quasi axiomatischer Skepsis gegenüber der Möglichkeit tief greifender und umfassender Institutionenreformen konvergieren" (Wiesenthal 2003, 31; vgl. auch Nahamowitz 1988). Im Übrigen handelt es sich solange ein wenig um eine Phantomdiskussion, wie Erfolgskriterien für politische Steuerung nicht vorliegen. Sind die einen mit „inkrementalen" Veränderungen zufrieden, legen die anderen die Messlatte unerreichbar hoch (Ritter 1987).

Folgen noch kaum ausreichend bedacht. Jedoch zeigen die Erfahrungen mit den schulischen Strukturveränderungen (dreigliedriges Schulsystem vs. Gesamtschule), dass Interessen der Statusbewahrung einer meritokratischen Öffnung der Schule allemal überlegen sind. Deshalb ist bis zum Nachweis des Gegenteils hinter dem Begriff der Kompetenz noch viel Rhetorik („talk") verborgen.

Schulische Governancestrukturen als staatlich dominiert zu beschreiben, ist zu unterscheiden von einer pejorativ verstandenen bürokratischen Regelungsstruktur. Es wäre eine gesonderte Untersuchung wert, ob eine derart zahlenmäßig große und dezentrale Einrichtung, wie die Schule, die (noch) nicht als Organisation ausgebildet ist, sondern aus individuellen LehrerInnen besteht, „rein technisch" rational anders als bürokratisch, d.h. präzise, stetig, diszipliniert, straff, verlässlich, berechenbar und regelgebunden betrieben werden kann (Weber 1964a, 164) – freilich gleichzeitig von Irrationalität begleitet (Brunsson 1982) (vgl. den kleinen Ausflug in die Dezentralität der Schule unter 5.2). Nur wenn das Soziale (Rose 2000) zugunsten freien Wahlhandelns, die Idee der solidarischen Gesellschaft zugunsten der Konkurrenzgesellschaft geopfert werden, kann das Zerrbild der bürokratischen Schule einen kritischen Bezugspunkt abgeben. Dabei sind Märkte vor allem mit hohen bürokratischen Anteilen organisierte Sphären (White 1981; Simon 1991; Stiglitz 1991) und nicht umsonst wird im Schulsektor bisher bestenfalls von Quasi-Märkten als regulierten Märkten gesprochen (Walford 1996; Whitty/Power 2000; Weiß 2002).

Im Moment ist über kleinteiligen, „schleichenden" Wandel hinaus der Versuch zu beobachten, eine *neue*, vergleichsweise umfassende Regelungsstruktur in *großem Tempo* einzurichten, die die bürokratische oder hierarchische Regelungsstruktur abzulösen beabsichtigt, die Schulen im Tausch gegen weitgehende Selbständigkeit, ihre spezifischen Angelegenheiten zu gestalten und Leistungen zu produzieren, zur Rechenschaft über ihre Aufgabenerledigung verpflichtet und sie weiter einer systematischen Beobachtung aussetzt. Inputsteuerung soll durch Outputsteuerung ersetzt werden. Diese Absicht ist als Versuch zu beschreiben, die selbst geschaffene Regelungsstruktur in einem voluntaristischen Kraftakt von oben außer Geltung zu setzen und durch eine neue Regelungsstruktur zu ersetzen, die „organisierter Verantwortungslosigkeit" (Beck) die Leitidee der Eindeutigkeit – selbst eine bürokratisch Idee – entgegensetzt, etwa in der klaren Scheidung von strategischen und operativen Tätigkeiten (zum teilweise demokratiepolitisch zweifelhaften Umbau der Regelungsstruktur: Weishaupt 1998). Dabei verwischen sich – so die These – in interdependenten Mehrebenensystemen systematisch die Verantwortlichkeiten und die entsprechende Zurechenbarkeit von Handlungen auf Akteure. Diffuse Verantwortlichkeit ist ein Systemmerkmal, das auch neue Steuerungsformen nicht außer Kraft setzen.

Angesichts des raschen beabsichtigten, z.T. auch tatsächlichen und in zahlreichen Feldern gleichzeitigen Wandels stehen alle Aussagen unter dem Vorbehalt, die „alten" Verhältnisse zu beschreiben und die neuen Entwicklungen zu wenig zu berücksichtigen bzw. unzutreffend einzuschätzen.[6] Gerade zur beabsichtigten Veränderung der Governancestruktur liegen noch zu wenig Erfahrungen vor; überdies sind die theoretischen Positionen längst nicht „geklärt". So ist etwa in Deutschland die Absicht, die hierarchische Koordination zwischen Politik und Schule durch Stärkung der intermediären Ebene – Einrichtung von Inspektoraten – durch „Beobachtung durch Anwesende" zu ergänzen, in ihren Folgen für die schulische Regelungsstruktur nicht abzusehen.

Begrifflich spreche ich hier von Regelungs- oder auch Governancestruktur, die zudem nur das Verhältnis von Politik und Schule thematisiert, wobei zur Sphäre der Politik auch die Schulverwaltung gehört und Schule auch gleichbedeutend mit LehrerInnen gebraucht wird. Weitgehend ausgespart bleiben intermediäre, i.d.R. staatliche Einrichtungen. Diese Vereinfachung ist sicher sehr pauschal, für den Zweck des Beitrags jedoch ausreichend, zumal dann, wenn mit „Politik", „Staat" oder „staatlicher Politik" kein singulärer Akteur bezeichnet wird, sondern ein legitimatorisch und funktional differenziertes Gebilde (vgl. Kapitel 2.3). Governance ist in meinem Verständnis ein Analyseinstrument, das die Beobachtung von empirischen Regelungsstrukturen anleitet und das dann auch zum Ergebnis kommen kann, das ein „Formwandel" der Politik vorliegt, in dem nachlassende staatliche Steuerungsfähigkeit funktional (äquivalent?) ersetzt wird durch intentional kollektivere Formen der politischen Güterproduktion. An Regelungsstrukturen, die auf Handeln und ihrem Zusammenwirken (Koordination) beruhen, interessieren ihre Entstehung, ihre Durchsetzung und ihre Veränderung. Der hier vorgestellte Ansatz ist freilich bescheidener auf eine erste Beschreibung einiger aus meiner Sicht wichtiger Merkmale der schulischen Regelungsstruktur gerichtet. Ich beginne nach einem kurzen Ausflug in die schulische Dezentralität mit einem Aufriss der Akteurkonstellation mitsamt einigen wesentlichen in diese Konstellation eingelassenen Merkmalen wie sie in der professionellen Autonomie der LehrerInnen zum Ausdruck kommen, ihrer in die Konstellation eingebauten faktischen Vetoposition, die sie gegen politische Majorisierung weitgehend immunisiert sowie der Principal-Agent-Beziehung. Der Beschreibung des hierarchisch koordinierten Schulsystems folgt die Darstellung, wie systematische Beobachtung der Schule in die Regelungsstruktur eingebaut wird. Schließlich wird kurz gefragt, ob tatsächlich eine Umstellung von Input-

---

6   Einige Passagen müssten im Konjunktiv geschrieben werden, handelt es sich bisher doch vielfach um Absichtserklärungen, Versuche und Regelungen im Stadium der Umsetzung bzw. der schulischen Nacherfindung, die im Augenblick noch eher die Eigenschaft von Verheißungen aufweisen.

auf Outputsteuerung erfolgt, um zum Schluss die beabsichtigte neue schulische Regelungsstruktur als Innovation der Beziehung zwischen Politik und Schule zu beschreiben, die vor der Aufgabe steht, das bestehende Regelungsmodell als politisch-pädagogische Praxis zu ersetzen und selbst als Institution Fuß zu fassen.

5.2 Schulische Regelungsstruktur und Differenzierungsformen

Schule, Politik und Verwaltung sind als interdependent verflochtenes Verbund- und Mehrebenensystem angelegt[7], das Prinzipien *hierarchischer, funktionaler* und *territorialer* Arbeitsteilung vereint und außerhalb des Schulsystems i.e.S. noch die „privaten" Eltern umfasst – als Zubringer, Förderer und Unterstützer einerseits, als fordernde Anspruchsgruppe (und potenzieller Türöffner für eine Marktorientierung der Schule) andererseits. Eine Sonderstellung nehmen die SchülerInnen ein, die als ebenfalls private Akteure zum Besuch der Schule gezwungen sind.[8] Hierarchie bezieht sich auf die legitimierte politische (Selbst-)Gesetzgebungsfunktion, funktionale Differenz darauf, dass der Gesetzgeber, weil er nicht selbst Schule geben kann, auf sie angewiesen ist und territorial schließlich ist jedes Schulsystem dezentral organisiert, in Form segmentärer, (nicht funktionaler) Differenzierung, d.h. es gibt in Form zahlreicher Schulhäuser und -typen mehreres vom Gleichen. Der Begriff Verbundsystem beinhaltet, dass verschiedene Akteure auf unterschiedlichen Systemebenen – in Abhängig-

---

7 Auch Helmut Fend operiert aus der Perspektive der Schulforschung mit dem Konzept verschiedener Ebenen, die gleichzeitig als Reformhebel dien(t)en (Fend 1998; Fend 2000; vgl. auch Purkey/Smith 1991). Der Begriff der Ebene, der eng mit der EU-Forschung verbunden ist, wird allgemein wenig analytisch, vielmehr „altinstitutionell" gebraucht in Anlehnung an die formale, verfassungsgemäße Differenzierung politischer Systeme (vgl. Marks/Hooghe 2004), in Deutschland und der Schweiz als föderalen Systemen unterschieden nach Bund, Ländern/Kantonen und Gemeinden – in zentralistischen Systemen entfällt die mittlere Länderebene, wird i.d.R. aber durch Regionalgliederungen gebrochen – und im Schulsektor je nach Konzeption noch Schulhaus, Schulleitung und LehrerInnen. Diese Verwendung ist in der Mehrebenenforschung üblich, aber theoretisch noch weiterzuverfolgen, etwa im Hinblick auf die Unterscheidung zwischen Ebenen und „ihre" Akteure mindestens durch differente Zuständigkeiten, differente Reichweite von Aufgaben und Entscheidungen (Grad der verbindlichen Generalisierung), entsprechend differente Relevanzkriterien und differente Wissensbestände. Besonders wichtig: Eine an Jurisdiktion orientierte Fassung des Mehrebenensystem kann auf die Kategorie der Interdependenz verzichten, weil sie in Delegations- und Vollzugsketten denk. Für ein Governancekonzept ist dagegen Interdependenz eine Schlüsselkategorie.

8 Bis 1972 unterlagen in Deutschland die SchülerInnen (wie Beamte, Soldaten und Strafgefangene) dem sog. besonderen Gewaltverhältnis. Danach durfte der Staat in ihre Rechte ohne gesetzliche Grundlage eingreifen (Avenarius 2001, 71).

keit von der historischen Situation, den Machtkonstellationen, den Problemstellungen etc. – empirisch variable spezifische Aufgaben bearbeiten und Beiträge leisten. Insofern trägt diese Differenzierung arbeitsteilig-strukturelle wie auch funktionale Merkmale in sich (die strukturelle Seite betont Berger 2003, bes. 225-228): Politik und Schule agieren in differenten institutionellen Ordnungen und Organisationsformen und orientieren sich an unterschiedlichen Rationalitätskriterien.

Zur Dezentralität der Schulhäuser und Schulklassen
Auch wenn ich mich hier vor allem mit den funktionalen Aspekten der schulischen Governancestruktur befasse, soll doch kurz auf ihre sozialräumliche Ausprägung eingegangen werden. „Schule" besteht aus einer Formation räumlich dezentral verteilter Schulhäuser, die weitgehend unverbunden nebeneinander bestehen. In einer juristischen Sichtweise wird das Territorium mit einer schulischen Infrastruktur „durchdrungen", vergleichbar der polizeilichen Infrastruktur, der anderen großen Disziplinierungsinstitution (zur Schule: Kuhlemann 1992). Diese Beschreibung besitzt trotz allen Zentralisierungstendenzen – Schließung und Zentralisierung von Schulen und Polizeiposten – auch heute Gültigkeit. Die dezentrale Formation ist politisch-administrativ zentral pyramidenförmig überwölbt, regional gebrochen nur durch mehr oder weniger ausgebaute intermediäre Suborganisationen (Schulaufsicht). Welche Auswirkungen davon auf die schulische Regelungsstruktur ausgehen, ist m.a.W. noch nicht untersucht. Aber bei aller Kritik an bürokratischen Regulierungsformen: historisch ist eine solche „Haufen"-Formation bisher nur bürokratisch-regelgebunden zusammengehalten worden.[9]

Hier sollen einige wesentliche Merkmale der dezentralen Grundstruktur der „Schule", die sich im Schulhaus fortsetzt, beschrieben werden, einer dezentralen Grundstruktur, die im scharfen Kontrast zur politisch-administrativen Zentralität steht. Auch Schul- und Organisationsentwicklung und Ausbau der Schulleitungsfunktion, werden die Diskrepanz zwischen Zentralität und Dezentralität wenig anhaben. Weil Schulhäuser nach wie vor mit individuellen LehrerInnen als „amorphes Publikum" (für Steuerungsabsichten; Mayntz 1993, 39) besetzt sind, trifft auch der Satz, die Umwelt von Organisationen sind andere Organisationen, nicht individuelle Akteure, für die schulische Regelungsstruktur nur begrenzt zu.

---

9 Vgl. auch die Diskussion um den Zusammenhang zwischen Größe einer Ansammlung von Akteuren und ihrer Fähigkeit, sich zu organisieren (Olson 1968) oder kollektiv handlungsfähig zu werden (Marwell/Oliver 1993; Simmel 1992, 63-159). Vor allem unter Gesichtspunkten der Verbreitung von neuen Ideen und Konzepten sind Größe eines Systems und die Beziehungen der Einheiten von Interesse. Ob Leistungsvereinbarungen mit Schulen (Vertragsmanagement) unter diesen Bedingungen über die Form standardisierter Formularverträge hinauskommt, bleibt abzuwarten.

5.2 Regelungsstruktur und Differenzierungsformen

Das Volksschulsystem — hier orientiere ich mich beispielhaft am Zürcher Schulsystem — ist zu beschreiben als

- auf Dauer gestellter,
- personell „zufälliger", nicht „frei" assoziierter (und assoziationsfähiger),
- räumlicher Zusammenschluss von LehrerInnen in einem Schulhaus, die eine soziale Einheit bilden,
- die ihren Zweck im öffentlichen (gesetzlichen) Bildungsauftrag findet,
- der als Aufgabe von den Lehrpersonen „cellular" (Lortie 1975, 14) im Klassenverband abgearbeitet wird,[10]
- woraus nur rudimentär entwickelte horizontale Kooperationsgelegenheiten und -formen folgen.
- Weiter sind sie durch einen schwach ausgeprägten Zweck zu charakterisieren. Der „Zweck der Schule" und ihre Aufgaben sind einzig an das vorgegebene Organisationsprinzip der Einheit Klasse (Jenzer 1991, 372-408) gebunden (segmentäre Differenzierung) und der Klassenlehrperson zugeschrieben.[11] Insofern ist „Schule" ein Kürzel für das jeweilige Aggregat von einem Schulhaus zugewiesenen, separierten Klassen und Lehrpersonen.
- Die LehrerInnen sind nur durch spezifische Formen der Arbeitsteilung (z.B. Verteilung von Räumen) kooperativ verbunden. In der Binnenperspektive wird der Schulzweck nicht im Verbund abgearbeitet, sondern in nach Klassen organisierter Individualaktivität.[12] Die Klassenorganisation folgt dem physischen Wachstum der Kinder – „Alle alles zu lehren" (Comenius), aber nicht zur selben Zeit und nicht im selben Raum. In Form der „Produktionsteilung" (Karl Bücher) werden die Kinder, die die Schule durchlaufen, in Klassen zusammengefasst und Jahr für Jahr bis zum Ende der obligatorischen Schule „beschult".
- Das Schulhaus stellt ein Aggregat von LehrerInnen dar, eine „Quasigrupe" mit der gemeinsamen Eigenschaft „Lehrberuf", aber – für ihre primäre *Unterrichtsfunktion* – ohne *funktional notwendige professionelle* Beziehungen.
- Alle arbeiten in der gleichen Funktion „am Selben", differenziert nur durch die Klassenorganisation. Arbeitsteilung zwischen den LehrerInnen findet

---

10 „[...] schools were organized around teacher separation rather than teacher interdependence" (Lortie 1975, 14).
11 Zur Organisationsform und Geschichte der Schulklasse Jenzer 1991, der ihre Entwicklung von den Ursprüngen des Einzelunterrichts über den kollektiven Einzelunterricht (43-51), den wechselseitigen Unterricht (301-350) bis hin zur räumlichen Konzentrierung (253-280) in „Gesamtschulen" oder strukturell differenziert, analysiert.
12 In dieser Hinsicht ist die „Schule" nicht lose gekoppelt, sondern „eher fest gefügt" (Rolff 1992, 313). In der Steuerungsperspektive mündet dieser Sachverhalt in der These von der „(Fern-)Steuerung" der Lehrpersonen (Brägger/Oggenfuss/Strittmatter 1997, 9).

unter Gleichen statt und wird „nur" zeitlich, personell und räumlich differenziert organisiert, nicht pädagogisch. Im strengen Sinn ist die *Arbeitsteilung nicht kooperativ* ausgeformt und das Schulhaus keine Organisation (sofern Kooperation Definitionsbestandteil ist), sondern eine räumlich situierte Sozialform. Kooperative Arbeitsteilung muss unter diesen Bedingungen zu (mindestens funktionaler) „ungleicher" Spezialisierung führen.

- Spezifisch an der Arbeitssituation der LehrerInnen ist ihre geringe funktional notwendige Kooperation (die auch horizontale Kooperation zwischen Schulen – Schulnetzwerke – nicht erleichtert). Sie sind *professionell* weder solidarisch, noch konkurrent, altruistisch oder feindlich orientiert, sondern nur „vereinzelt" auf sich gestellt und in der Lage, ihre Arbeit alleine, auch „einsam", zu erledigen. Verbunden sind sie einzig in der vertikalen (biographischen) Dimension, nämlich die Klasse in einem „guten Zustand" an die KollegIn zu übergeben (im Wege einer „sequential interdependence" (Thompson 1967, 54) im Unterschied zu reziproker Interdependenz). Anders gesagt: einzig in dieser Hinsicht erzeugen die LehrerInnen wechselseitige externe Effekte und damit professionelle Interdependenzen als Bedingung der Notwendigkeit kollektiven Handelns;[13] im Übrigen können LehrerInnen ihre Aufgaben unabhängig voneinander bewältigen.
- Alle LehrerInnen (eines Schultyps) weisen die gleiche Ausbildung auf.
- Das bisherige Schulhaus ohne Hierarchie (die nicht geleiteten Schulen im Kanton Zürich besitzen bisher z.B. nur einen Hausvorstand) kennt keine interne (und externe) Konkurrenz und ist deshalb „theoretisch" eine Einrichtung ohne professionellen Wetteifer, ohne interkollegialen Ehrgeiz, ohne Reputationsstreben, ohne Neid. Anreizstrukturen fehlen im politischen Instrumentenkasten weitgehend (Elmore 1996). Insofern würde ein Umbau der Regelungsstrukturen nicht nur Makrofaktoren betreffen, sondern müsste bis in die Organisation der Unterrichtsfunktion mitsamt der Struktur der Jahrgangsklasse reichen (die bisher nicht „inputbefreit" ist).
- Prozesse der Organisationsentwicklung entdifferenzieren neuerdings das Schulhaus. Es entstehen z.B. über Arbeitsgruppen gegenüber der Klassen

---

13 Für die Schweiz kommt noch hinzu: Das Schulhaus verfügt allenfalls über begrenzte kollektive Handlungsfähigkeit, die sie im Sinne von Rechtsfähigkeit sogar erst durch den Zusammenschluss mit der kommunalen Schulbehörde erhält. Und: Handlungsfähig sind die LehrerInnen nur individuell-professionell, nicht hingegen rechtlich und auch nicht organisatorisch; das werden sie erst über die jeweilige kommunale Schulbehörde. Unter den gegebenen institutionellen Bedingungen sind LehrerInnen und Schulbehörde zur Aufgabenerledigung notwendig aufeinander angewiesen. Kooperationsbeziehungen werden zwingend (z.B. Promotionsentscheide) und erst daraus entsteht korporative Handlungsfähigkeit (wobei untersucht werden müsste, in welchem Verhältnis Kooperation und administrativ-regelhafte Mechanismen zueinander stehen).

differenzierung entdifferenziertere Einheiten. Daneben bleibt aber das Schema der Klassendifferenzierung erhalten.

Auch wenn diese Beschreibung im Einzelfall und programmatisch generell dabei ist, überholt zu werden, zeigt sie die extreme Dezentralität und von individueller Aktivität geprägte Form der Schule. Sie sind systematische Bestandteile schulischer Regelungsstruktur, die allfällige Interventionen voraussetzungsvoll macht, sollen sie als Innovationen jedes Schulhaus, alle LehrerInnen in allen Klassen und alle SchülerInnen erreichen (will man sich nicht auf „Elitenbildung" zurückziehen). In dezentralen Strukturen bleibt das Problem der räumlichen Erreichbarkeit des „letzten" Schulhauses (Knoepfel/Kissling-Näf 1993). Oder: Die „connection between the big ideas and the fine grain of practice in the core of schooling is a fundamental precondition for any change in practice" (Elmore 1996, 18).

5.3 Das Modell des Leistungsaustausches zwischen Politik und Schule

Die politischen und schulischen Akteure unterscheiden sich in ihrem *Interesse* an institutionalisierter Bildung und der *Kontrolle* über die Fähigkeiten, Bildungsleistungen bereitzustellen. Soll Schule entstehen, sind die Akteure zwingend aufeinander angewiesen (theoretisch Coleman 1994, 27-44; Esser 1999a, 342-343). Politik hat ein Interesse an Bildung und Erziehung und verfügt über die dazu erforderlichen Ressourcen wie Geld, meist rechtlich verbindliche Organisationsmittel, materielle Definitionsrechte; ohne sie existiert keine allgemeine, öffentliche Schule. Politik besitzt jedoch nicht die *Fähigkeit*, Bildungs- und Erziehungsleistungen zu erbringen und ist auch nur begrenzt in der Lage, diese Fähigkeiten und ihre Umsetzung in Ergebnisse zu kontrollieren. An diesem „Defizit" setzt der neue Beobachtungsmodus des Monitoring (großflächige Leistungsuntersuchungen und Externe Schulevaluation) an. Die Kontrolle dieser Fähigkeiten liegt bei der Schule, deren pädagogisches Vermittlungsinteresse jedoch nicht ausreicht, um die Ressourcen für den Aufbau und Betrieb eines Schulsystems zu mobilisieren. Ohne Schule erhalten Gesellschaft und Staat nicht die differenziert benötigten Qualifikationen, fallen die Selektions- und Allokationsfunktion als über die Schule vermittelte „Sortierung" der Kinder in berufliche Positionen und damit verbundene soziale Statuschancen ebenso aus wie die Legitimationsfunktion als Beitrag der Schule zur Sicherung und Stabilisierung der normativen Grundlagen der Gesellschaft. Kein Akteur kann für sich Schule konstituieren und betreiben. Die Verteilung von Interesse und Fähigkeiten auf unterschiedliche Akteure auf verschiedenen Systemebenen führt dazu, dass die Akteure auf Leistungsbeiträge anderer angewiesen sind, die sie selbst weder erbringen noch gewährleisten können – und das ohne „Exit"-Option, d.h. Möglichkeit sich von den erwarteten Leistungsbeiträgen zu dispensieren (Hirschman 1970). Schule ist deshalb nur durch die Zusammenlegung der Ressourcen politischer und pädagogischer Akteure möglich (allgemein Vanberg 1982, 8-15). Weil Politik und Schule ungleichartige Einheiten sind, die nicht substituierbare, spezialisierte Leistungen herstellen, sind sie unersetzlich. Diese funktionale Gleichrangigkeit (allgemein Schimank 1996, 150-161) schließt wirksame hierarchische „Steuerung" der *pädagogischen* Unterrichtsfunktion aus (vgl. in institutioneller Perspektive Meyer/Rowan 1992 sowie das Theorem der losen Kopplung von Weick 1976). Es entsteht eine Konstellation der Zwangskooperation, in der beide Seiten daran interessiert sind, Vorteile zu mehren und Kosten zu mindern, kurz: eine „antagonistische Kooperation".[14]

Zur Analyse des Verhältnisses zwischen Politik und Schule eignet sich das Modell des Leistungsaustauschs zwischen beiden „Systemen". Als Modell beschreibt es vereinfacht und zugespitzt die Beziehungskonstellation zwischen Politik und Schule, die empirisch, zeitlich und in Abhängigkeit von den Aktivitäten der beteiligten Akteure je unterschiedlich ausfallen kann. Politik und Schule sind im Sinne einer „pooled interdependence" (allgemein Thompson 1967, 54) zwischen Akteuren auf verschiedenen Ebenen zusammengeschlossen, die spezifische Leistungen anbieten und austauschen. Politik und Schule sind dabei sowohl Leistungsanbieterin wie Leistungsabnehmerin von Vor- bzw. Komplementärleistungen. Auf der Input-Seite sind je spezifische, politisch zu organisierende Vorleistungen erforderlich, ohne die eine öffentliche Schule nicht existenzfähig ist: Finanzielle Ausstattung der Schulen, die Herstellung infrastruktureller Voraussetzungen, die Bereitstellung von Organisationsmitteln und Personal, die Organisation und Zertifizierung der Ausbildung; und schließlich stellt die Politik traditionell auch die Lehrmittel zur Verfügung und generalisiert einen verbindlichen Lehrplan resp. Bildungsstandards. Die garantierte Konstitution der Schule ist nach wie vor ein bisher nicht in Frage gestellter Teil eines Realmodells wohlfahrtsstaatlicher Ordnung (Allmendinger 1999; Heidenheimer 1984).[15] In letzter Zeit werden von Seiten der LehrerInnen zunehmend immaterielle politische Vorleistungen eingefordert, nämlich die soziale Anerkennung ihrer Berufsaus-

---

14 „Vorteile des Austauschs führen die Menschen zusammen und Anreize, sich die Tauschvorteile einseitig anzueignen, treiben sie tendenziell auseinander. Dies sind die beiden Grundkräfte menschlicher Vergesellschaftung und damit [...] die Wurzeln sozialer Evolution in einem *Prozeß antagonistischer Kooperation*" (Kliemt 1986, 16-17; kursiv im Original, zit. nach Esser 1999a, 356).

15 Auch wenn im kontinentaleuropäischen Verständnis soziale Sicherung eher als nachträgliche Schadensminimierung begriffen wird und Bildung als vorgängige Vermeidungsstrategie aus dem sozialstaatlichen Politikfeld ausgegrenzt ist.

5.3 Das Modell des Leistungsaustausches

übung und Schutz vor der Verpflichtung, neue und zusätzliche Aufgaben übernehmen zu müssen (LCH 1999; umgekehrt dagegen EDK 2003). Von der Schule werden im Gegenzug auf der Output-Seite Komplementärleistungen erwartet. Sie beinhalten die – bei effektivem und effizientem Umgang mit den zur Verfügung gestellten Ressourcen – Bereitstellung eines Ausbildungsniveaus der SchülerInnen, das den gesellschaftlichen Erfordernissen, vor allem denen des Beschäftigungssystems genügt. Diese politischen und schulischen Leistungsbeiträge erscheinen aus der jeweiligen Beobachtungsperspektive als positive oder negative externe Effekte, die aufgrund der Interdependenz als ermöglichende/entgegenkommende Bedingungen oder Aufgaben- und Problembelastung im je anderen System anfallen. Wenn es nicht gelingt, ein (empirisch kaum je existentes bzw. als eingelöst wahrgenommenes) Leistungsgleichgewicht herzustellen, entsteht an dieser Stelle die Spannung zwischen Politik und Schule: Die Politik verschafft der Schule keine optimalen Vorleistungen, die Schule stellt der Gesellschaft komplementär nicht die optimalen qualifikatorischen Kompetenzen (und Abschlüsse?[16]) zur Verfügung. Politisch erzeugte, negative externe Effekte engen die Schule in ihrem Leistungsvermögen ein. Stichworte der Diskussion sind z.B. unzureichende Ausstattung der Schule mit Geld und Zeit; Überregelung, d.h. das aus Sicht der LehrerInnen überindividuelle System Politik nimmt ihnen Handlungsmöglichkeiten, auf die sie im interaktiven Modus der unterrichtlichen Vermittlung zwingend angewiesen sind; im Zusammenhang mit den augenblicklich stattfindenden „Schulreformen" Be- und Überlastung der Lehrerschaft durch sachlichen und zeitlichen Reformdruck; eine schulisch wahrgenommene Aufgabenüberbürdung, gegen die die Politik die Schule zu wenig schützt (z.B. Belastung mit Erziehungsproblemen). Einer politischen Logik, die sich den LehrerInnen als Mischung aus finanzieller Knauserigkeit und „Großzügigkeit" im Regelungsbereich präsentiert, steht die Schule gegenüber, die in der Maximierung ihrer pädagogischen Rationalitätswerte als Beschäftigung mit sich selbst keine Stoppregeln kennt, auf pädagogische Perfektionierung aus ist, deshalb wirtschaftliche Überlegungen suspendiert, unersättlich ist in ihren Ressourcenforderungen und das Problem finanzieller Restriktionen nicht „versteht", weil sie zwar ressourcenabhängig ist, aber selbst nicht für Ressourcen sorgen muss.

---

16 Ansätze zur Kompetenzsteigerung konkurrieren mit dem Erwerb „schulischer Titel" (Bourdieu 1983, 189f.). Idealerweise sind beide Merkmale zusammengedacht. Trotzdem besteht eine Spannung zwischen (überspitzt) „Titeln ohne Kompetenz" und „Kompetenz ohne Titel". Jedenfalls werden neben Kompetenzwachstum nach wie vor Titel gefordert werden, z.B. eine Steigerung der Zahl der MaturantInnen. Kompetenzansätze sind z.T. auch kontraintuitiv zum Schulwahlverhalten und daran geknüpfte Erwartungen eines möglichst anspruchsvollen Schulabschlusses. Vgl. auch die in den *Wirkungen* ähnliche Konzeption der Codierung der Erziehung als „*soziale Selektion*" für die berufliche „Karriere" (nicht „kompetenzbezogene Selektion"; Gause/Schmidt 1992, 186-194, Zitat 189).

Die Schule als pädagogische Einrichtung befindet sich auf einem selbstreferentiellen Wachstumspfad, der ihr (bei fehlender Orientierungssicherheit als zweifelhaft wahrgenommene) Optionsvorteile und Reflexionsgewinne verschafft. Dieses „unkontrollierte Wachstum" findet „nur noch am Geld Schranken, [...] die aber pädagogisch nicht legitimiert werden können" (Luhmann 2002, 122f.; generell Rosewitz/Schimank 1988, 301-303; Scharpf 1988, 65f.). Schulisch erzeugte negative Externalitäten – Kompetenzdefizite – gefährden umgekehrt die kantons- oder länderspezifische und vor allem internationale Standortqualität und Wettbewerbsfähigkeit, so die augenblickliche bildungspolitische Sprache. Politik und Schule sind einander Bedingung und Restriktion, interdependent verhakt; sie kommen nicht voneinander los.

Leistungsaustausch ohne gemeinsame „Währung"
Dieses Tauschverhältnis ist nicht marktförmig organisiert (generell Kappelhoff 1993), sondern gründet auf einem politisch definierten, hierarchisch vermittelten Auftrag, in dem sich das Interesse an Schule legitimatorisch, finanziell, organisatorisch und inhaltlich ausdrückt und an die professionellen Akteure delegiert wird, die fähig sind, das Interesse in Ertrag umzuwandeln. Es handelt sich nicht um intentional angelegten Tausch; er ergibt sich vielmehr aus der Akteurkonstellation, auf der Grundlage bestimmter Handlungsorientierungen und -kapazitäten der beteiligten Akteure und ihren Interessen und Fähigkeiten. Ferner ist der Tausch auf Distanz zwischen den Tauschpartnern angelegt, die sich institutionalisiert nur über die Schulaufsicht direkt begegnen.[17] Die „Interaktionen" sind durch anonymen und distanzierten Tausch (politischen) Inputs (Budget, Zeit, Regelungen) gegen (schulischen) Output (Abschlüsse, Kompetenzen) gekennzeichnet.

Das Verhältnis zwischen Politik und Schule ist in der Alltagspraxis nicht als Verhandlungssystem ausgebildet.[18] Beide Sphären sind wechselseitig voneinander abhängig, ohne sozial einander zu sehen. Ferner ist der Leistungsaustausch legitimatorisch und regulativ asymmetrisch zugunsten der Politik ausgebildet. Die Politik beruft sich auf den legitimatorisch begündeten Anspruch, die Schule über ein Set von Instrumenten „zwingend zu veranlassen", ihre Leistungen zu

---

17 Selbstverständlich sind Schulbesuche als Ereignisse möglich. In der Schweiz begegnen sich LehrerInnen noch über ihren Kontakt zu den kommunalen Schulbehörden, die *auch* Aufsichtsbehörden sind, sowie bei den obligatorischen Vernehmlassungen (schriftlichen Formen der Stellungnahme zu einzelnen Vorhaben, die die Schule betreffen). In Deutschland, wo die intermediäre Ebene schwach entwickelt ist, treffen sich Politik und Schule nur in politisierter Form in Auseinandersetzungen mit den Verbänden und Gewerkschaften der LehrerInnen.
18 Von einem Verhandlungssystem unter Beteiligung politisch-administrativer und lehrerschaftlicher Akteure kann nur in der Phase der Politikformulierung gesprochen werden, in denen Regelsysteme geschaffen/geändert oder Schulprojekte initiiert werden sollen.

5.3 Das Modell des Leistungsaustausches

erbringen. In einer funktionalen Sichtweise, die die nur schwer kontrollierbare Autonomie der LehrerInnen betont, ist dieser Anspruch sachlich nicht gedeckt und erscheint in der lehrerschaftlichen Wahrnehmung als Zumutung, die ihre Verarbeitungskapazitäten „rücksichtslos" überfordert und ihre Rationalitätswerte negativ tangiert (vgl. auch Offe 1986, 100-105). Der interdependente Leistungsaustausch entspricht in dieser Sicht keinem äquivalenten Tausch und wird als Verletzung der Reziprozitätsnorm empfunden (Gouldner 1960; „reciprocal interdependence"; Thompson 1967, 54f.), weil das politische, mit Legitimationsbegründung und Anordnungsmacht versehene Interesse sich wenig „rücksichtsvoll" gegenüber der Schule verhält und ihr Aufgaben auferlegt, die es nicht durch angemessene eigene Vorleistungen einlöst.[19] Die LehrerInnen nehmen sich in ihrer Leistungsrolle als nicht voll sozial integriert wahr, wenn sie einerseits für gesellschaftliche Probleme den „Kopf hinhalten" müssen, dafür aber keinen für „gerecht" gehaltenen Lohn erhalten oder ihre Lektionenzahl erhöht wird. Was sich in struktureller und funktionaler Sicht als interdependentes Verbundsystem darstellt, verwandelt sich in sozialintegrativer Sicht, indem es „durch den Filter der Interpretationsmuster und Interessenstrategien" der LehrerInnen durchläuft (allgemein Schwinn 1995, 35f.), in eine *antagonistische* Deutungskonstellation zwischen Politik und Schule (zum Begriff Deutungsstruktur: Schimank 2000a, 177). Damit wird, aus Sucht der LehrerInnen, das Durkheimsche Kriterium der Komplementarität in „organischen" Austauschprozessen verletzt[20], oder so etwas wie eine „Norm der Wohltätigkeit" (Gouldner 1984: 125-128), die über reziproken Tausch insoweit hinausweist, als sie die „*ungefähre* Gleichwertigkeit der Gegenleistung" toleriert (ebd., 105; kursiv im Original). Es wäre zwar übertrieben, die gemeinsame *politische* Wertebasis zwischen Politik und Schule zu bestreiten. Im „Tagesgeschäft", in dem es spezifisch um *Schule* geht, zeigt sich jedoch, dass es zu Tauschdisparitäten kommt, die instrumentell zwar bearbeitet werden (können): Lohn- und Zeitpolitik gegen Qualifikationen. Die ungleichen Tausch-„Gegenstände" wirken jedoch auf die Rezeption von Instrumenten zu-

---

19 In einer systemtheoretischen Formulierung heißt das: Zwar kann das „Erziehungssystem nur pädagogisch relevante Operationen verwenden". Darin ist jedoch keine Widerspruch zu „rechtlichen Regulierungen und finanziellen Abhängigkeiten" zu sehen, „solange diese nicht als Machtquelle benutzt werden, um pädagogische Absichten zu unterdrücken und durch etwas anderes zu ersetzen." (Luhmann 2002: 114)

20 Organische Solidarität (Integration) beruht bei Durkheim auf sozialer Differenzierung durch komplementären Leistungsaustausch, während mechanische Solidarität auf geteilten Normen, Erfahrungen und Identität aufbaut (Durkheim 1977, 111-184). Vgl. auch Siegenthaler 2000, 100f., der im Blick auf die schweizerischen Arbeitsbeziehungen „Fairness-Standards" in der Wirkungsdimension auf die gleiche Stufe stellt wie „vertragliche Vereinbarungen" und „positives Recht".

rück und lassen die Beteiligten immer am nur „ungefähren" Äquivalenzprinzip zweifeln. Getauscht werden mithin Geld, Zeit, materielle Vorgaben und Regelungen (Politik) gegen schulische Leistungen, heute vor allem Qualifikationsleistungen. Dem Tauschsystem fehlt jedoch *eine gemeinsame*, konvertierbare *Verrechnungseinheit* und entsprechende *Verrechnungsregeln*, wie sie z.b. das Medium Geld auf Märkten bietet. Als weitere Eigenheit kommt bei diesem Tausch ungleicher Güter hinzu, dass Geld und Zeit knapp sind, Qualifikationen jedoch nur deshalb, weil das „an sich offen zugängliche Gut" Bildung durch Sortierungsprozesse „künstlich" verknappt wird (Graf/Lamprecht 1991, 77f.), wobei weniger die am Stand der Arbeitsteilung ausgerichtete Verknappung der Egalitätsnorm entgegensteht als die „Kontamination" arbeitsteilig-organisatorischer und funktionaler mit stratifikatorischer Differenzierung (soziale Herkunft als Determinante schulischen Erfolgs; vgl. Baumert/Schümer 2001; für die Schweiz PISA 2002, 90-112).[21] Deshalb ist der Leistungsaustausch als diffus zu beschreiben; die Leistungen sind nicht wechselseitig unstrittig verrechenbar. An dieser diffusen Leistungsbeziehung ändert sich selbst dann nichts, wenn exakte Indikatoren der jeweiligen Leistungsbeiträge gegenübergestellt werden. Auf Seiten der Politik findet dies heute bereits statt. Geld, Zeit, materielle Vorgaben und Regelungen (Recht) liegen sichtbar und nachprüfbar vor. Daraus lassen sich freilich keine Kalküle ableiten über Umfang und Intensität des Einsatzes dieser „Steuerungsmedien". Die Schule wird nicht über Marktpreise betrieben, Aufwand und Ertrag bleiben ungewiss; ebenso verhält es sich mit den Instrumenten Zeit und Recht sowie den Ressourcen als den Zuwendungen des Staates. Entscheidungen bleiben politisch strittig. Umgekehrt ist der Leistungsbeitrag der Schule ebenso unscharf. Bisher hat sie „schulische Titel" (Bourdieu 1983, 189f.) geliefert – eine bestimmte Zahl an MaturantInnen, SekundarschülerInnen usw. In den letzten Jahren soll sie Kompetenzen erzeugen und dem Beschäftigungssystem zur Verfügung stellen. An dieser Stelle setzt nun die neue Regelungsstruktur an. Die Nachweispflicht der Schulen über ihre Leistungen einerseits, die systematisch Beobachtung (Monitoring) der Schulen andererseits indizieren die Absicht, dem Leistungsaustausch eine präzisere Kontur zu geben. Die Formel, was die Schule abliefert, steht zur Verfügung, wird abgelöst durch die Formel „value for money", messbare und gemessene Leistungen von SchülerInnen gegen „differenzierte Ressourcenzuweisung" (AG PISA-Vergleich 2003, 22). Freilich bleibt auch dann die Leerstelle einer gemeinsamen Verrechnungseinheit mit der Folge,

---

21 Insofern wird sich die Forderung nach genereller, nicht differenzierter Kompetenzsteigerung als Illusion erweisen, auf die spätestens die Finanzpolitik aufmerksam machen wird. Eine funktional differenzierte Gesellschaft benötigt differenzierte Ausbildung. Ist diese Gesellschaft zusätzlich stratifiziert, sind auch einfache Qualifikationen erforderlich.

dass die jeweiligen Leistungsbeiträge Gegenstand politischer Auseinandersetzungen werden. Bisher waren eher die politischen Vorleistungen als Ergebnis konflikthafter Auseinandersetzungen definiert; die Schule produzierte ihre Abschlüsse als unbefragte Selbstverständlichkeit. Nun muss sie ihre Leistungsfähigkeit selbst thematisieren und ausweisen.

5.4 In die Akteurkonstellation eingebaute Merkmale der Regelungsstruktur

In die skizzierte Akteurkonstellation zwischen Politik und Schule sind eine Reihe von Merkmalen „eingebaut", von denen ich hier einige diskutieren möchte, weil sie maßgeblich sind für das schwierige Verhältnis zwischen Politik und Schule, sofern es tatsächlich um die Verbesserung der schulischen Qualität und eine Kompetenzsteigerung der SchülerInnen geht. Beschrieben werden die pädagogische Autonomie der LehrerInnen, die durch ihre spezifischen interaktiven, partikulären und situativen Arbeitsformen noch gefördert wird (5.4.1), eine „pädagogisch" begründete Vetoposition der LehrerInnen, die nur politisch majorisiert werden kann (5.4.2) und schließlich das Principal-Agent-Verhältnis (5.4.3).

5.4.1 Regelungsstruktur und Schulautonomie

Bei der Schule handelt es sich, wie gesagt, um einen, allerdings unvollkommen, ausdifferenzierten funktionalen Teilsektor (Surace 1992) mit staatlich *delegierter* Unterrichtszuständigkeit (vgl. allgemein Braun/Gilardi 2006; Schimank/Glagow 1984), in dem seine Akteure, die LehrerInnen, anderen Rationalitätswerten folgen (*müssen*) als in den politischen Vorgaben enthalten sind (vgl. zu den differenzierten Autonomievarianten Heinrich 2007, 59-70; 2006). *Pädagogisch* sind die LehrerInnen und Schulen (relativ) autonom (z.B. „Methodenfreiheit"; zuletzt EvaMAB 2003, 8, 33), weil sie eine spezifische, gesellschaftlich geforderte/erwünschte, nicht substituierbare Leistung erbringen. Lehrerschaftliches Handeln entzieht sich einer abschließenden politischen (rechtlichen) Normierbarkeit, sei es durch Vorgaben, sei es durch Technologisierbarkeit. Als fachgestütztes Handeln besteht es in der Bearbeitung von Aufgaben und Problemen, die gesellschaftlich für notwendig gehalten werden. Diese Aufgabe wird als Verhältnis zwischen ExpertIn/LehrerIn und KlientIn/SchülerIn organisiert. In diesem Verhältnis finden expertenhafte, advokatorische, fallorientierte, interaktive, flexible und situative Vermittlungsprozesse statt, die über eine rein technische Wissensanwendung hinausgehen (Combe/Helsper 1997, bes. 21). Die LehrerInnen koppeln sich *pädagogisch* von ihrer Umwelt ab und regulieren die entsprechenden

Unterrichtsaktivitäten selbst – mit staatlicher und kommunaler Kontrolle versehen, die ihre Grenze eben in pädagogischer Autonomie sowie in der Kontrollökonomie (Kosten und Instrumente) findet. Schulische Autonomie ist jedoch auf den pädagogischen Bereich beschränkt, ohne dass es der Schule gelungen wäre, professionelle Standards unstrittig durchzusetzen.

Im Verhältnis zwischen Politik und Schule ist in einem öffentlichen/staatlichen Schulsystem, in dem der politischen Sphäre eine legitime Gestaltungsaufgabe zugewiesen ist, eine unaufhebbare, nicht zwingend konflikthafte Spannung eingebaut – solange, wie die schulische Kernaufgabe, der Unterricht, nicht außerpädagogischen Rationalitätswerten unterworfen wird oder umgekehrt, die öffentliche Volksschule sich als „pädagogische Anstalt" autonom von der Gesellschaft abkoppelt, gesellschaftliche Maßstäbe mithin ihre regulative Bedeutung verlieren.

Funktionale Differenzierung (und Arbeitsteilung) als konstitutive Merkmale gesellschaftlicher Entwicklung[22] sind begleitet von sich pluralisierenden, „verschiedenen Wertordnungen der Welt", die „in unauflöslichem Kampf untereinander stehen" (Weber 1964b, 328), mit differenten Orientierungsmustern, Handlungsnotwendigkeiten und „sinnhaften Spezialisierung(en)"[23], die einhergehen mit „Verengung + Intensivierung + Abkoppelung von Zusatzgesichtspunkten" (Mayntz 1988, 19; kursiv im Original; Schimank 1988)[24] und damit zu Homogenisierung der je (teil-)system- oder sektorspezifischen Rationalitätsmaßstäbe führen. In der Konstellation des Schulsystems sind Abgrenzungen von Aufgaben und Kompetenzen zwischen verschiedenen Institutionen und Ebenen enthalten, die entlang der „Trennlinie" des Primats demokratischer Politik und pädagogischer Vermittlung mit ihren inhärenten Spannungen und Widersprüchen abgearbeitet werden müssen. Es geht darum, „[...] welche Probleme einer politischen Lösung *bedürfen* und welche nicht politisiert werden *können*" (Luhmann 1996b, 32; kursiv J.K.). Schule ist das Produkt der Leistungsbeiträge verschiedener Akteure auf der Grundlage unterschiedlicher Handlungslogiken – und „auf der Handlungsebene als besondere(r) Tätigkeit" (Mayntz 1988, 17): LehrerInnen geben Schule[25], die Bildungsverwaltung plant, organisiert, verwaltet, die Politi-

---

22 Dabei wird hier keine evolutionäre Zwangsläufigkeit funktionaler Differenzierung angenommen. Differenzierung ist das Ergebnis sozialen Handelns und an die Interessen (z.B. Professionsinteressen), Orientierungen und Tätigkeiten von Akteuren gebunden (vgl. Joas 1990; Wagner 1996; Rueschemeyer 1986).

23 „Eine wirklich endgültige und tüchtige Leistung ist heute stets: eine spezialistische Leistung." (Weber 1964b, 311)

24 Funktionale Teilsysteme bilden Leitorientierungen aus, die „hohe *Sensibilität für bestimmte Sachfragen* mit *Indifferenz für alle übrige* verbinden" (Luhmann 1981, 21; kursiv im Original).

25 Die Tätigkeit der LehrerInnen ist interaktiv, in dieser Eigenschaft partikulär (wenn auch – vielleicht – auf ein Ziel gerichtet) und situationsgeprägt.

5.4 Merkmale der Regelungsstruktur 173

kerInnen diskutieren öffentlich[26] und entscheiden, wobei Schule auf Anwesenheit basiert und die Vermittlung beider Systemebenen gerade durch keine gemeinsame Anwesenheit charakterisiert ist. „Erziehung und Bildung (können) nicht Direktresultat des normalen alltäglichen Operierens der Politik sein" (Luhmann 1996b, 29). Diese Konstellation hat freilich Folgen. Im Modell des Leistungsaustauschs scheint es eine Grenze der Leistungserwartung zu geben: Wo sich die politischen Vorleistungen dem Kern der Schule, dem Unterricht, nähern, werden sie von den LehrerInnen als Eingriff in ihr „berufsständisches Revier" wahrgenommen. Zwischen Politik und Schule kommt es zu einer streitbaren Auseinandersetzung um die Hegemonie in Schulangelegenheiten. Für die LehrerInnen sind politische Interventionen eine Zumutung. Sie importieren „fremden Sinn" (allgemein Berger 2003, z.B. 222; Knorr Cetina 1992, 413), die Politik überschreitet die Schwelle „legitimer Indifferenz", hier: funktionaler Indifferenz gegenüber der Schule; umgekehrt versucht diese die Grenze ihrer sektoralen Praxis einschließlich ihrer Handlungslogik zu markieren, abzuschirmen und thematisch zu reinigen und schließlich wird die Unterscheidung zwischen „exklusiver Zuständigkeit" vs. „Unzuständigkeit" konstruiert (allgemein Tyrell 1978, 183f.). Letzten Endes geht es um die Durchsetzung (monopolistischer) Zuständigkeit für die Schule, anders gesagt um Interdependenzunterbrechung, um sich gegen externe Störungen oder Zumutungen zu wappnen (Tyrell 1998, 127f.; zum Konzept der Interdependenzunterbrechung Luhmann 1967, 629). Sie kann in einem öffentlichen Schulsystem freilich immer nur als partielle Unterbrechung gedacht werden, weil die Schule von „externen" Ressourcen abhängig ist. Und in dieser Auseinandersetzung versuchen die LehrerInnen, ihre Identität zu behaupten und zu stärken (zum Akteurtyp des „Idendiätsbehaupters": Schimank 2000a, 121-143). Umgekehrt kann es sich die Politik nicht mehr leisten, sich ausschließlich auf der Input-Seite zu finden und wenig darüber zu wissen, was mit den Inputs geschieht. Schon legitimatorisch ist dieser Weg in der „audit society" (Power 1997) verbaut.[27]

Wenn politische und schulische Akteure unterschiedlichen Rationalitätswerten folgen, können in einem strengen Sinn politische Vorgaben nicht pädagogisch umgesetzt werden. Sie müssen vielmehr pädagogisch (um)interpretiert werden und erhalten in diesen Prozessen der Sinnerzeugung eine je veränderte Deutung – durch jede einzelne LehrerIn. Pädagogischer Sinn und pädagogische Rationalität beruhen auf ihrer, normativ erwarteten, Zugehörigkeit zu einer von

---

26 Und demokratiepolitisch einzufordern. Vgl. die allenfalls halböffentliche Diskussion über Schulstandards, die nicht dadurch öffentlich wird, dass sie von öffentlichen Akteuren, vor allem in Verwaltung und Wissenschaft, geführt wird.

27 Damit ist freilich keineswegs demokratische Transparenz verbürgt, solange nicht je im Einzelfall untersucht ist, ob Rechenschaft abgelegt oder Rechenschaft fingiert wird.

der Politik unterschiedenen „Wertsphäre" mit einem bestimmten „Leitwert" (mit „tendentiellem Absolutheitsanspruch"), der „einen eindeutigen ‚frame' der Nutzenausrichtung" vorgibt (generell Schimank 2000a, 102) – von LehrerInnen wird erwartet, dass sie Schule geben. Dann wird viel weniger Widerstand geleistet und ein Unterlaufen politischer Vorgaben ist zu großen Teilen keine absichtsvolle „Obstruktion"[28], sondern Ausdruck der Geltung anderer, nicht politischer Rationalitäts- und Relevanzkriterien (vgl. z.B. Terhart 1986, der ein „pädagogisches" Unverständnis der LehrerInnen gegenüber politischen und organisatorischen Fragen feststellt). In dieser Sicht sind Politik und Schule autonome Sinndeutungssysteme, die sich bestenfalls wechselseitig aneinander adaptieren.

Funktionale Differenzierung und eine darin eingelagerte Spannung spielen über das Konzept der relativen Autonomie auch eine Rolle in der bildungstheoretischen Diskussion (z.B. Dale 1982; Luhmann 2002, 111-141; zum folgenden Kolbe/Sünker/Timmermann 1994, besonders 22-24). Der Zusammenhang zwischen Politik und Schule wird im Begriff der relativen Autonomie des Bildungssystems thematisiert[29]. Danach folgen Funktionssysteme wie das ökonomische System, das System institutionalisierter Bildung, der Staat, aber auch lebensweltliche Strukturen je einer „Eigenlogik", die wechselseitige, korrespondenztheoretisch begründete Determinationsbeziehungen zwischen den Teilsystemen ausschließt. „Innerhalb jeder dieser Sphären handeln Subjekte nach ihren Rollen, Funktionen, Interessen und Bedürfnissen ebenso wie nach ihrer Position in der Hierarchie. Jede Lebenswelt produziert eigene Wertsysteme, Haltungen und Einstellungen (gegenüber Arbeit, Politik und Bildung) und eigene kulturelle Muster und Haltungen, die von den Subjekten entsprechend ihren Lebenswelten hervorgebracht werden". Für das Verhältnis von Politik und Schule folgt daraus, dass „abhängig vom Grad der wahrgenommenen Interessengegensätze und Unterschiede dieser Kulturen [...] die Ökonomie ebenso wie das Bildungssystem und der Staat Schauplatz der Auseinandersetzungen zwischen sozialen Klassen sein" wird (Kolbe/Sünker/Timmermann 1994, 23). Dieses Konstellationsmodell beinhaltet eine Absage an ein umstandsloses Durchschlagen politischer oder „ökonomischer" Interessen auf die Schule (auch Apple 1978, 495f.)[30], ausge-

---

28 Veränderungswiderstand von LehrerInnen (Bohnsack 1995) müsste um diese Lesart erweitert werden.
29 In systemtheoretischer Perspektive wird dieses Verhältnis als Paradoxie beschrieben: „Das Erziehungssystem verlangt vom politischen System Autonomie. Es kann aber die eigenen Kontroversen (vor allem mit Bezug auf den Dauerbrenner ‚Reform') nicht selber politisch, also nicht in der Form kollektiver Verbindlichkeit lösen" (Luhmann 1996b, 30). Um dieser Paradoxie zu entkommen, erfolgt der Griff zur „Rettungsformel" der relativen Autonomie als einem „modus vivendi", einem „historische(n) und veränderbare(n) Kompromiß" (ebd., 32).
30 Die Unterrichtsfunktion wird heute weder „politisiert" noch „ökonomisiert", wohl aber werden auf der Grundlage der gouvernemental konfektionierten New Public Management-

5.4 Merkmale der Regelungsstruktur

nommen der „Verpflichtung" der Schule, sich dem Grad der funktionalen/arbeitsteilig-organisatorischen Differenzierung anzupassen (Durkheim 1972, 72-93). Relative Autonomie ist ein theoretisches Konstrukt externer Beobachtung, das sich auch nicht zwingend in der Selbstbeschreibung widerspiegeln muss. Wieweit wird sie von den LehrerInnen als Handlungsspielraum wahrgenommen resp. wie sehr ist sie durch Wahrnehmungslücken und -verzerrungen gekennzeichnet? Relative Autonomie scheint als differente Rationalität pädagogisch genutzt zu werden[31]. Politisch hingegen nehmen die LehrerInnen sich vielfach als gegängelt wahr – politische Vorgaben als nicht legitimierbare (legitime?) schulexogene Größe. Sie übersehen dabei, dass sie gegenüber politischen Akteuren funktional gleichrangige Akteure sind und vergessen um ihre pädagogische Macht, z.B. in der Sortierungsfrage, in der sie, vielleicht gegen ihre Absicht, Schulpolitik machen (Brunner 1989; Kronig 2001)[32] oder, andersherum, um ihre Fähigkeit, „anders zu handeln", als politische Vorgaben es vorsehen (Giddens 1997, 65; allgemein Crozier/Friedberg 1993). Ihre Macht leitet sich dabei aus der oben dargestellten Asymmetrie zwischen ihrer Kontrolle der pädagogischen Fähigkeiten und dem politischen Interesse am pädagogischen Output ab. Das Verhältnis zwischen Öffentlichkeit, Politik und Schule ist von gegenseitigem Misstrauen geprägt. Dieses Misstrauen ist ebenso wenig hintergehbar wie die Beteiligten damit „irgendwie" umgehen und es aushalten müssen (oder auch gar nicht bemerken). Die LehrerInnen müssen, selbst unter widrigen Bedingungen, ebenso Schule geben, wie die Politik die Schule garantieren und sichern und

---

Scheinrationalisierung (vgl. Delwing/Windlin 1995; Maeder 2001; Pelizzari 2001) die finanziellen und organisatorischen Opportunitäten/Restriktionen zunehmend (a) politisch bestimmt – hier vor allem über das Schwergewicht der Aufmerksamkeit am Schulimpact – und (b) unter die ökonomischen Kriterien der Effektivität und Effizienz („Effizienzrendite") gestellt. Die pädagogische Unterrichtsfunktion geht deswegen nicht in außerpädagogischen Rationalitätswerten auf, aber um das unbegrenzte und unbegrenzbare pädagogische Wachstum wird ein engerer, pädagogisch schwach legitimierter Ring gezogen; Schulpolitik ist auf der Ebene der Metakriterien durch aus pädagogischer Sicht „fremden Sinn" politisch und ökonomisch „kontaminiert" (Offe) bzw. systematisch selektiv (allgemein Jessop 1996). Die Totalisierung von Effizienz erschwert umwegreiche und langfristige Bildungsprozesse (auch abzulesen an der Transformation der Schule in ein Unternehmen zur Produktion von Dienstleistungen für Kunden). Anders gesagt: Dem New Public Management-Konzept scheint es zu gelingen, eine Realitätsdefinition der Schule zu etablieren, die ihre Funktion festlegt, bestimmte Maßnahmen leichter durchsetzbar macht und die Tür vor allem zu einer via Politik vermittelten Ökonomisierung öffnet. Davon zu unterscheiden ist die Frage nach der gesellschaftliche Funktion der Schule in marktwirtschaftlichen oder kapitalistischen (Wohlfahrts-)Systemen.

31 Vgl. auch das Beharren der LehrerInnen auf der relativen Autonomie lehrerschaftlicher Praxis gegenüber erziehungswissenschaftlicher Theorie (Moser/Rhyn 1999, 22; generell Tenorth 1989).

32 Weber 1964a, 159, der die strukturelle Seite hervorhebt und von Herrschaft, „welche in der Schule geübt wird" spricht, die für eine einheitliche „Sprach- und Schreibform" sorgt.

deshalb für ihre Finanzierung, Organisation, Ausstattung und Kontrolle aufkommen muss, auch wenn die Schulleistungen unzureichend sind.

5.4.2 Die politisch nicht majorisierbare funktionale Vetostellung der LehrerInnen

Die Konstellation relativ autonomer politischer und schulischer Akteure und ihre spannungsvolle Abhängigkeit in einem Zusammenschluss des Leistungsaustauschs beinhaltet, dass die LehrerInnen als pädagogisch autonome Akteure eine faktische Vetoposition einnehmen (aus politikwissenschaftlicher Sicht: Immergut 1990; Tsebelis 2002). Umgekehrt besitzt auch die Politik eine Vetoposition, wenn sie etwa Geld und Zeit restriktiv handhabt. Hier interessiert allerdings die Abhängigkeit der Politik von den Leistungen der Schule im Kontext des Programms, die Kompetenzen der SchülerInnen zu erhöhen. Eine Vetoposition zu besetzen, besagt, dass zur Änderung des Status quo eine bestimmte Zahl individueller oder kollektiver Akteure dieser Absicht zustimmen muss (Tsebelis 2002, 2). Gemäß dieser Definition nehmen LehrerInnen eine verdeckte *pädagogische* Vetoposition ein, weil Politik zwar nicht ihrer formalen (Politikformulierung), jedoch ihrer faktischen Zustimmung zur Umsetzung als Bedingung der Programmrealisierung bedarf. Dabei „okkupieren" die LehrerInnen ihre Vetoposition nicht absichtsvoll.[33] Mit der pädagogischen Schlüsselrolle der LehrerInnen, die in Schulangelegenheiten systematisch Beteiligte und Betroffene sind, mithin gleichzeitig eine Leistungs- und eine Publikumsrolle (an Vorgaben gebundenes Personal) besetzen (Stichweh 1988), ist in das Schulsystem mit seinen differenten politischen und pädagogischen Handlungslogiken diese Vetostelle „eingebaut". Sich selbst regulierende, gesellschaftlich unverzichtbare (für unverzichtbar gehaltene) Sektoren (hier die Schulen in der pädagogischen Dimension) sind

---

33 Dieses Konzept eines funktional begründeten und in die Akteurkonstellation eingebauten Vetos unterscheidet sich von einer Konzeptualisierung von Vetopunkten als strukturellen Barrieren, die eine Politik bis zu ihrer tatsächlichen Wirksamkeit durchlaufen muss (Immergut 1990), oder von „clearance points" (Pressman/Wildavsky 1973, XVI), die in einer Kette von „zustimmungspflichtigen" Entscheiden bearbeitet werden müssen, bis ein Programm vorliegt. Hier wird angenommen, dass eine policy nicht nur verschiedene Entscheidungsknoten passieren muss, sondern die Scheidung zwischen Politikprogramm und seiner Umsetzung in der Schule entlang differenter Rationalitätswerte eine Vetostruktur im Schulsystem institutionalisiert. Jeder politische Entscheid muss den Filter der Umsetzung durch jede einzelne LehrerIn durchlaufen und ggf. den Filter des Schulhauses als Einheit. Das Veto der LehrerInnen läuft bei allen ihren Aktivitäten mit und ist zu unterscheiden vom Veto auf der Ebene von Prozessen der Politikformulierung (Mayntz/Scharpf 1995b, 60-65), das in der Schweiz im 19. Jahrhundert als „Veto", d.h. Einspracherecht über das Referendum institutionalisiert wurde (Schaffner 1998; zur international vergleichenden Positionierung der Schweiz hinsichtlich von Vetopunkten: Kaiser 1998).

nicht wie „Esel mit Stock und Karotte"[34] (Giegel) von außen direktiv zu „steuern". Diese „Steuerung" funktioniert allenfalls im sozialen Nahbereich, wenn „Steuerungsimpuls" und Sanktion unmittelbar aufeinanderfolgen, also Zwang ausgeübt wird. Schule wäre dann allerdings als „totale Institution" (Goffman) zu verstehen. Daraus den Schluss zu ziehen, Akteure in funktionalen Teilsektoren könnten nicht „übermächtigt" werden, wäre voreilig (z.B. EvaMAB 2003, 57f.: Die LehrerInnen erleben die Mitarbeiterbeurteilung als „Unterwerfung"). Jedoch muss dazu ein Kontrollapparat bemüht werden. Damit kann (im Rahmen einer eigenen Kontrollökonomie) Macht demonstriert werden, die sich jedoch im Blick auf eine Qualitätssteigerung der Schule als hilflos erweisen muss, für die betroffenen LehrerInnen sozial freilich unerträglich sein kann. Aus einer Vetoposition resultieren spezifische Handlungspotenziale, die die LehrerInnen in Stand setzen, sich vom Modus der Normbefolgung gegenüber politischen Vorgaben selektiv zu lösen. „Auf der Ebene des konkreten beruflichen Handelns bleibt immer noch Raum für Eigenbestimmung, Selbsttätigkeit, von Umdefinition, ja: von Abwehr" (Terhart 1997, 462). Die LehrerInnen vermögen (auch) strategische, d.h. individuell kalkulierte Handlungsressourcen aufzubieten (Oliver 1991). Insofern spitzen Vetopositionen die Herstellung kollektiver Handlungsfähigkeit als strittige Auseinandersetzung um kollektive Güter, bei denen kein Konsens angenommen werden kann, dramatisch zu bzw. verhindern sie durch Abweichung, Subversion, Blockade, hier nicht als politische Blockade zu verstehen, sondern Blockade in der je „besonderen Tätigkeit" der Vermittlung.

Die Vetoposition ist für die Verbesserung der Schulqualität folgenreich, weil die LehrerInnen als pädagogische Akteure zwar *politisch*, aber nicht *pädagogisch* majorisiert werden können (Kussau 2002, 95-98). Weniger wichtig ist dabei, dass Minderheiten – Angehörige spezialisierter Berufe sind immer in einer Minderheitenposition – einen Mehrheitsentscheid mit ihrem Veto blockieren können (Immergut 1990, 395). Ihre spezifische Vetoeigenschaft liegt auch nicht darin, dass LehrerInnen im Schulhaus eine Mehrheit bilden, sondern darin, dass sie sich, gesellschaftlich unersetzlich, pädagogisch selbst regulieren und in ihren eigensinnigen Rationalitätsmaßstäben Vetopotenzial institutionalisiert ist. Selbst direktdemokratische Mechanismen entschärfen dieses Dilemma nicht. Zwar fallen in der Direktdemokratie Beteiligung an und Betroffenheit von Entscheidungen zusammen. Empirisch erweist sich jedoch diese Identitätsannahme mit Blick auf funktionale Teilsysteme als Fiktion. Funktionale Teilsektoren können *politisch* ebenso regelmäßig majorisiert werden wie diese Mehrheiten den auto-

---

34 "[…] Ich habe ein Unternehmen mit 45000 Menschen aufgebaut. Ich habe Heerscharen von Führern ausgebildet, und zwar mit Karotte und Stock!" (Silvio Berlusconi) In: Alexander Hagelüken, Christian Wernicke: Dumme Späße zwischen Roll- und Beichtstuhl. In: Süddeutsche Zeitung 15.12. 2003.

nomen Eigensinn sektoraler, jedenfalls pädagogischer Handlungslogiken nicht außer Kraft setzen können. Darin liegt ein Dilemma des „Primats der Politik", das besonders in demokratischen und öffentlichen Schulsystemen verstört. Für Schulentwicklung folgt aus dieser Konstellation weiter, dass jede einzelne LehrerIn eine Vetoposition besetzt, von der nicht der Erfolg in der politischen Abstimmung abhängt, wohl aber das Gelingen der Veränderung des schulischen Status quo. So entsteht eine faktische Entscheidungsregel, die das Mehrheitsprinzip unterläuft, unilaterales Handeln aussichtslos werden läßt und an seine Stelle eine Form von „beinahe-Einstimmigkeit" setzt (vgl. auch das Konzept der „negativen Koordination" als Herunterkoordinieren auf einen klein(st)en gemeinsamen Nenner; Scharpf 1993).

Vetopositionen können im Schulsystem durch Vermittlungsleistungen entschärft werden. Sie sind vertikal und horizontal zu beobachten. Zwar denkt vor allem die politische Praxis das Schulsystem eher vertikal („Gesetzgeberperspektive"). Damit ist zwar der legitimatorische, nicht jedoch der funktionale Status des politischen Systems zutreffend beschrieben. Legitimatorische Geltung ist mit funktionaler Leistungsfähigkeit in der Weise negativ verknüpft, dass disfunktionale politische Vorgaben ihre legitimatorische Geltung (langfristig) auszehren (Kussau 2000).[35]

Die Vetoposition der LehrerInnen lenkt bei *pädagogischen Reformversuchen* die Aufmerksamkeit auf den Implementationsprozess. In dieser Perspektive erscheint ein top-down-Modell, das der Schule den hierarchisch nachgeordneten Vollzug vorgängiger Mehrheitsentscheide zuweist, analytisch nicht geeignet. Angemessener ist ein Modell, das eine, im Einzelfall empirisch zu bestimmende, vertikale und horizontale Vermittlung zwischen politischen Vorgaben und lehrerschaftlicher Umsetzung annimmt. Implementation (hier = Schulegeben) ist ein Prozess von „policy politics" (Pressman/Wildavsky, zit. nach Brodkin 1990, 117[36]) in einem „politischen Feld" (Bourdieu), d.h. Auseinandersetzung um eine materielle Programmatik, die nicht mit einem politischen (Volks-)Entscheid beendet, sondern danach auf der Ebene der Schule, im Zusammenspiel mit den kommunalen Schulbehörden und vor allem in den normierten und situativen

---

35 Neben hierarchischen Vermittlungsleistungen enthält das Schweizer Schulsystem auch horizontale bzw. funktional nicht hierarchisch geschichtete Ausprägungen. Zu nennen sind vor allem die kommunalen Schulbehörden und die Inspektorate, die zwar dem Kanton zugeordnet sind, sich aber (vermutlich) als Bedingung der eigenen Handlungsfähigkeit auch horizontal auf die LehrerInnen einlassen müssen, da sie sonst zwar hierarchisch stark, aber funktional schwach bleiben. Die hierarchische Stärke spüren negativ sanktionierte LehrerInnen; dadurch wird die pädagogische Vermittlungsleistung jedoch nicht erhöht (zu Veränderungen der Schulaufsicht in Schweizer Kantonen: Trachsler 2004).

36 Policy politics ist danach definiert als „the politics of what policy should be" – im Unterschied zu Parteipolitik und Politik, die zu bindenden Entscheidungen führt.

Interaktionen zwischen LehrerInnen und SchülerInnen (und ggf. Eltern) fortgesetzt wird und dort erst Wirkungs- und erst recht Wirksamkeitseigenschaften gewinnt (Brodkin 1990; aus dem Bildungssektor dazu instruktiv Weatherly/Lipsky 1977). Auf dieser Ebene ringen Politik und Schule um den Vorrang differenter Rationalitätswerte. In der für Außenstehende halböffentlichen schulischen Praxis werden bindende Entscheide in Form institutionell eingehegter, aber doch eigenständiger Schulpolitik umgesetzt. Die Vetoposition ist somit Ausfluss der pädagogischen Autonomie der LehrerInnen.

5.4.3 Zur Principal-Agent-Beziehung zwischen Politik und Schule

Die Austauschbeziehung zwischen Politik und Schule ist nicht dem marktförmigen Tausch nachgebildet, sondern beruht auf einem generalisierten, politisch definierten Auftrag, bei dem die Akteure ihre spezifischen Fähigkeiten und Leistungen zusammenlegen, um das kollektive Gut Schule zu schaffen.

Die LehrerInnen erhalten für ihren Leistungspart einen politischen Auftrag, wie er z.b. von der Zürcher Bildungsdirektion formuliert wurde:

„Die Volksschulreform basiert auf der Erkenntnis, dass sich die Schule den gesellschaftlichen Entwicklungen stellen muss. Ob die Globalisierung, veränderte Kommunikationsmittel, neue Familienformen, um nur einige Stichworte zu nennen, begrüsst oder abgelehnt werden, ist aus Sicht der Schule sekundär. Aufgabe der Schule kann es nicht sein, gesellschaftliche Entwicklungen zu steuern oder zu korrigieren. Es ist aber Aufgabe der Schule, gesellschaftliche Anforderungen und Entwicklungen zur Kenntnis zu nehmen, und die Kinder und Jugendlichen auf die Welt von morgen vorzubereiten." (RR Kanton Zürich 2001, 30)

Die LehrerInnen werden als institutionelle Akteure verstanden, als normgebundenes „Staatspersonal" (funktional zu Recht, auch wenn sie in der Schweiz von der Gemeinde gewählt resp. angestellt sind). Sie entsprechen damit dem Akteurtyp des Homo Sociologicus, der in seine Rolle sozialisiert und im Fall der Abweichung sanktionierbar ist. Als AuftragnehmerInnen haben sie sich nicht um die „großen Themen" zu kümmern, sondern sind auf einen politisch definierten Auftrag verpflichtet. Im Auftraggeber-Auftragnehmer-Modus tauschen die LehrerInnen demnach Anstellung und Entlohnung gegen die unbefragbare Akzeptanz politischer Vorgaben (Kussau 2002, 108-114). Die Politik als Principal erteilt an die Lehrerschaft als Agent den Auftrag, etwas zu leisten, wofür sie selbst weder Fähigkeiten noch Kapazitäten hat. Sie kann den Auftrag „nur" organisieren. Konstitutionell zwingende politische Hierarchie ist also auf einen funktionalen Sektor angewiesen und beansprucht, ihn zu steuern. In der schulischen Regelungsstruktur lässt sich ein hierarchischer Strang ausmachen, der dem

Principal Politik einen Primat sichert; ihm steht ein funktionaler Strang zur Seite, der hier mit „pädagogischer Autonomie" und einer Vetoposition der LehrerInnen bezeichnet wird und die LehrerInnen als Agents vor hierarchischem Zugriff partiell schützt. Das Tauschmodell ist gekennzeichnet durch eine hierarchische Autonomie der Politik und eine funktionale Autonomie der Schule, die sie der Politik entzieht, ohne sie von ihr zu lösen.

Der Principal-Status der Politik schließt noch immer an die Idee des souveränen Staates, seiner Autonomie und seines Primats an (Krasner 1984; Nordlinger 1981; vgl. auch das institutionalistische Programm bei March/Olsen 1984). Wieweit kann „demokratische Hierarchie" in funktional autonome Sektoren „hineinregieren", wieweit sind diese Sektoren „steuerbar", in welchem Ausmaß verliert sich politische Steuerung der Schule im *„black hole of democracy"* (Rothstein 1998: 80; kursiv im Original), weil unbekannt bleibt, was im Klassenzimmer geschieht? Von der Idee eines politischen Primats ist auch das New Public Management-Konzept geleitet. „Entlastet von operativen Detailfragen, die den Blick auf das Ganze häufig verstellen, sollen Politikerinnen und Politiker wieder vorausschauend planen, gestalten und steuern können und nicht bloss krisenhaften Entwicklungen hinterherrudern müssen" (Hablützel/Haldemann/ Schedler/Schwaar 1995, 2). Zwar ist kaum zu bezweifeln, dass die Regulierung der öffentlichen Schulangelegenheiten in die politische Zuständigkeit fällt. Im Zeichen funktionaler Differenzierung – staatlich geführte Arbeitsorganisation einerseits, in dieser Arbeitsorganisation professionelle Leistungsausübung andererseits – bleibt jedoch die Frage, bis in welche Bereiche der „Arm des Gesetzes" reichen kann, darf und soll. Und wenn heute das staatliche Beobachtungssystem der Schule massiv auf- und ausgebaut wird, schließt sich die weitere Frage an, wieweit das „Auge des Gesetzes" sich mit seinem „belohnenden oder strafenden Arm" verbündet (Stolleis 2004) – mit Daten auch positive oder negative Sanktionen verknüpft sind.

Das Verhältnis zwischen Politik und Schule kann als hierarchielastiges Tauschverhältnis verstanden werden, von dem sich beide Seiten Vorteile erwarten: Erreichung der Wohlfahrtsziele (z.B. konkurrenzfähige Schulqualität) im Tausch gegen Beschäftigung, Entlohnung, soziale Absicherung bis hin zu befriedigenden Arbeitsverhältnissen.[37] Das Principal-Agent-Modell sucht eine Antwort auf die vermeintlich einfache Frage: Wie können die Agents dazu gebracht werden, den Auftrag des Principals zu erfüllen? In einem solchen Tauschmodus suchen rationale Akteure mindestens nach äquivalenten Gegenleistungen, eher

---

37 Zum auf der Rational Choice-Theorie gründenden Principal-Agent-Modell als organisationstheoretische Übersicht Ebers/Gotsch 1995, 195-208; aus Unternehmenssicht Pratt/Zeckhauser 1985; soziologisch Coleman 1994, 146-157; aus politischer Perspektive Braun 1993; 1999; Moe 1984.

sogar nach ihrem Vorteil. Unbefragte Auftragsakzeptanz kann gerade nicht vorausgesetzt werden. Wenn die Tauschbedingungen nicht stimmen, wird das Auftragsverhältnis gekündigt – offen oder latent (letzteres für wirksame Auftragserledigung deutlich problematischer, weil kaum beobacht- und deshalb sanktionierbar). Eine solche Kooperationsform ist geeignet, intransparent zu bleiben, wechselseitig opportunistisch gehandhabt zu werden und sogar ausbeutbar zu sein. Wenn von politischer Seite etwa die Lektionenzahl erhöht wird, bleibt den LehrerInnen nicht nur der offene Protest, sondern auch die stille Verweigerung („shirking"), ggf. sogar die Täuschung, nicht formal, jedoch faktisch, indem die Leistungseffizienz nicht entsprechend erhöht wird. Im dezentralen Schulsystem mit seiner relativ schwach ausgebauten Aufsicht können Anordnungen zwar kaum formal unterlaufen werden, wohl aber im tatsächlichen pädagogisch autonomen Handeln.

Diese in die Regelungsstruktur eingebaute Asymmetrie zwischen politischer Anordungszuständigkeit und schwer kontrollierbarem Handlungsopportunismus kann auf mindestens zwei Wegen begegnet werden. Einmal durch systematische Beobachtung, wie sie jetzt über Monitoringsysteme und Externe Evaluation aufgebaut wird. Zum anderen durch Vertrauensbildung. Dem sozialen Funktionsmechanismus des Vertrauens und der Vertrauensbildung in seinen Ausprägungen als personales bzw. institutionelles Vertrauen kommt deshalb eine besondere Bedeutung zu (ausführlicher Abschnitt 5.6).

Allerdings darf die Principal-Agent-Beziehung auch nicht dramatisiert werden. Denn einmal sind LehrerInnen BürgerInnen, die i.d.R. mit einer Grundloyalität gegenüber dem Staat als Arbeitgeber ausgestattet sind, zumal die Abhängigkeit von politischen Vorgaben die allen bekannte Eintrittsvoraussetzung in den Beruf darstellt. Politische Vorgaben für die Schule sind jedenfalls (noch?) nicht vollends delegitimiert. Ferner und vermutlich wichtiger ist das professionelle Ethos der LehrerInnen. „Die Verpflichtung auf ein Berufsethos kompensiert das Risiko, welches eine Gesellschaft dadurch eingeht, dass sie die Lösung gravierender [...] sozialer und/oder individueller Probleme an eine bestimmte Berufsgruppe delegiert und dabei die Bildung eines Monopols toleriert" (Terhart 1987, 788). Im Verhältnis zwischen Politik und Schule beinhaltet ein Berufsethos, dass die LehrerInnen *trotz* und nicht *wegen* politischer Interventionen Schule geben.

5.5 Schulische Akteurkonstellation und Koordination

Die beschriebene Akteurkonstellation und ihre Eigenschaften erklärt ansatzweise, warum Schule auch im Zeichen von Verfachlichung und Professionalisierung möglich ist, warum es jedoch gleichzeitig schwierig ist, eine Qualitätssteigerung der Schule über den Impuls hinaus politisch zu gestalten.

In sozialen Situationen, in der zwei und mehr Akteure beteiligt sind, sind vier soziale Konstellationen zu erwarten:

- Soziale Dilemmasituationen: Auch wenn kollektiv ein gemeinsames Anpacken von Aufgaben das für beide Seiten beste Ergebnis brächte, mag sich A weigern. Die Last bleibt bei B, obwohl A davon in gleicher Weise profitiert. Wenn sich B diesem Handlungsmuster anschließt, kommt es zum Stillstand.
- Soziale Konfliktsituationen: Welche Handlung auch immer erfolgt, entweder A oder B müssen Nachteile in Kauf nehmen, weil sie unterschiedliche Interessen verfolgen.
- Kooperation: Sie ist dann geboten, wenn A etwas besitzt, an dem B teilhaben möchte.
- Koordination: Auch wenn gemeinsame Interessen an Handlungen und die Handlungen selbst vorausgesetzt werden können, müssen sie zwischen A und B trotzdem sachlich, zeitlich und sozial aufeinander abgestimmt werden.

Soziale Dilemmasituationen sind in der schulischen Regelungsstruktur (nicht im z.B. Schulhaus bei der Organisationsentwicklung; Kussau 2001) deshalb ausgeschlossen, weil die politischen und lehrerschaftlichen Akteure in funktionale Sektoren ausdifferenziert sind, d.h. beide „Gruppen" mit spezifischen, voneinander klar geschiedenen Aufgaben betraut sind. Als Minimalstandard genügt, wenn beide „nebeneinander herleben."

Soziale Konflikte sind ein prägendes Merkmal in der Konstellation zwischen Politik und Schule. Beide Seiten sind zu einer Art Kooperation verdammt, haben (wahrscheinlich) sogar ein gemeinsames Interesse an einer „Guten Schule", unterscheiden sich aber in ihren Handlungsorientierungen, besonderen Tätigkeiten und Kommunikationen sowie spezifischen Interessen, die, wenn sie organisiert vorgetragen werden, vor allem um Geld und Zeit kreisen.

Kooperation ist als antagonistische Kooperation ausgeprägt. Politik und Schule legen ihre Ressourcen zusammen. Dazu ist Interaktion nicht notwendig. Die Kooperation besteht darin, dass Politik und Schule auf Distanz an unterschiedlichen Orten mit unterschiedlichen Instrumenten ihre Ressourcen einbringen, als deren Ergebnis Schule entsteht. Insofern könnte der Begriff der Koope-

ration in diesem Fall sogar eher metaphorischen Charakter besitzt, der freilich auf die reale Interdependenz zwischen Politik und Schule verweist.
Die Ressourcenzusammenlegung wird hierarchisch organisiert.[38] Hierarchie ist der die schulische Regelungsstruktur durchziehende Koordinationsmechanismus, der in bislang unbefragten Routinen eines Input-Output-Modells aufgegangen ist. Dabei wurde periodisiert oder unregelmäßig an Input-Schrauben gedreht (Budgetierung, curriculare Veränderungen etc.). Dass Schule existiert und fortbesteht, begründet sich in gleichsam automatisierten, politisch organisierten Inputleistungen und schulischen Vermittlungsleistungen. Koordination kann deshalb als eher *passiv-selbstläufige* Form des Zusammenhalts der schulischen Haufen-Formation beschrieben werden. Auf der Grundlage staatlicher Vorgaben (Input) entsteht dann eine eigentümliche Form der Selbstkoordination, die keiner besonderen Steuerungsimpulse mehr bedarf, um sich stetig fortzusetzen. Solange Schule obligatorisch ist, sie ihre Klientel zwangsläufig zugeführt erhält, sie wenigstens einigermaßen mit Finanzen und Personal ausgestattet ist, die Ausbildung des Personals gesichert, eine Gliederung des Schulsystems und eine Arbeitsorganisation (Jahrgangsklasse, Zeitvorgaben etc.) vorgegeben sind, sie curricular „ausgestattet" ist, reproduziert sie sich selbst. Politik und Schule sind lose gekoppelt. Das reicht aus, um die Schule im Bestand zu erhalten. Aus Sicht der Politik reicht es nicht, um die Schule im (inter)nationalen Wettbewerb konkurrenzfähig zu halten. Damit ist der Schule jetzt ein sogar messbarer Erfolgsmaßstab vorgegeben.

Jede Kritik an diesem Modus unterschätzt freilich seine Rationalität. Wenn kein spezifisches Interesse an der Leistungsfähigkeit der Schule besteht bzw. selbstgewiss von einer guten Schule ausgegangen wird, gibt es wenig Gründe, diese Form umfassend zu verändern. Wenn und solange Politik und Schule unterschiedliche Aufgaben wahrnehmen, kommt man sich solange nicht ins Gehege, wie nach den jeweiligen Leistungsbeiträgen nicht weiter gefragt wird. Das war zwar alles andere als konfliktlos, betraf die Koordinationsform aber nicht weiter. Dabei war für die Zeit „vor PISA" typisch, dass die Lehrerschaft der Politik mangelnde Ausstattung mit Geld- und Zeitressourcen vorwarf. Diese Asymmetrie hat sich nach PISA insofern eingeebnet, als jetzt die Politik der Schule vorhält, nicht die notwendigen Qualifikationen zur Verfügung zu stellen.

Seit nun ein politisches Interesse erwacht ist, die Schule über ihren Bestand hinaus zu einer international wettbewerbsfähigen „Kompetenzerzeugungsein-

---

38 Nicht-hierarchische Koordination ist im Prozess der Politikformulierung zu finden, wenn Mehrheiten organisiert werden, Vernehmlassungen, vielleicht sogar Hearings und Verhandlungen stattfinden, auch die Lehrergewerkschaften kontaktiert werden bzw. selbst aktiv werden. Und sie ist zu finden auf der Ebene Schulhaus und ansatzweise zwischen Schulaufsicht und Schule. Aber eben nicht zwischen Politik und Schule im Dauerbetrieb.

richtung" zu entwickeln, wird die routinisierte Koordination selbst zum Thema. Dabei wird jedoch nicht das Hierarchieprinzip der Koordination aufgegeben, sondern die staatliche Selbstbescheidung, sich damit zufrieden zu geben, Input einzuspeisen. Der Staat entwickelt Datenhunger und wandelt sich zum „evaluative state" (Henkel 1991), der seine gleichgültige bis selbstgewisse Zuschauerposition aufgibt und seinen Input in die Schulen unter *systematische Beobachtung* stellt, einmal um, aufgeschreckt durch internationale Vergleichsuntersuchungen, schulische Qualität zu verbessern, zum anderen, um den Einsatz von Steuergeldern zu rechtfertigen – „value for money".

5.5.1 „Intelligente" Koordination durch Intermediäre?

Seit ihren Anfängen wird institutionalisierte schulische Bildung über *Hierarchie* zusammengehalten und, so die These, auch über *Hierarchie* weiterentwickelt. Ausfluss dieser hierarchischen Form ist die in den letzten Jahren so genannte Inputsteuerung: Rechtliche Regelungen, die auch inhaltliche Vorgaben umfassen, finanzielle und infrastrukturelle Ausstattung etc. Dabei setzt hierarchische Koordination auf die „selbsttransformative Kraft" (Bröchler 2004, 20[39]) ihrer Vorgaben. Sie sind (a) eindeutig, verständlich, also selbsterklärend, können (b) deshalb regelkonform umgesetzt werden (outcome) und (c) entsteht daraus im Ergebnis (impact) eine Schule, die die je gesetzten Schulfunktionen (Sozialisation, Qualifizierung etc.) erfüllt. Die Qualität der Schule hing in der politischen Selbstbeschreibung maßgeblich von der Eignung und „Richtigkeit" der politischen Vorgaben ab. Rückmeldeverfahren, Ergebnisüberprüfung und -kontrolle waren nicht als systematische Beobachtungsformen etabliert (Oelkers 1995), sondern allenfalls über die eher an Regelkonformität orientierte Schulaufsicht abgedeckt bzw. durch die offizielle Schulstatistik, die Schulabschlüsse, Übergangsquoten an weiterführende Schulen bzw. in die Berufsausbildung etc. erfasste.

Zwar wird die Fiktion der Selbsttransformativität nicht aufgegeben; die neu einzurichtende Regelungsstruktur gilt ebenfalls als „richtig", um die Kompetenzen der SchülerInnen zu steigern (oder: um den Anschluss an die weiter vorne plazierten Länder zu schaffen?). Dazu soll jedoch die passive Koordination durch eine *aktive* und *systematische* Fremdbeobachtung – Monitoring und Externe Evaluation – ausdrücklich ergänzt werden. Sie bleibt freilich hierarchisch ausgerichtet. Nicht im *Modus* der Hierarchie unterscheiden sich alte und neue Regelungsstruktur, sondern in der *Handhabung* des Modus'. Der Staat bleibt

---

39 Selbsttransformation bezieht sich auf die Ergebnisse von Politikberatung, kann jedoch ebenso die Wirkungen von Politik selbst bezogen werden.

Koordinator⁴⁰, genauer: Er wird jetzt aktiver Koordinator. Sofern die bürokratische Schule polemisch so bezeichnet wird, wird auch die neue Regelungsstruktur dieses Stigma nicht los. Denn die Beobachtungsrichtung weist einseitig von der Politik auf die Schule. Der Principal in seiner „Souveränität" ist durch die LehrerInnen nicht unmittelbar und schon gar nicht systematisch beobachtbar. Es ist eine empirische Frage, ob bereits mit der einseitigen Beobachtungsrichtung alte Beziehungsmuster prolongiert werden, in dem willkürliche, sachfremde politische Interventionen als, aus ihrer Sicht, Zumutung über die LehrerInnen kamen.

Die Schule bleibt hierarchisch koordiniert, ihre Inputabhängigkeit besteht fort, schon allein deshalb, weil sie als allgemeine Schule einen „zwangsweise" zugeführten Input an SchülerInnen aufzunehmen verpflichtet ist. Trotzdem muss nichts bleiben, wie es war. Systematische Beobachtung umfasst nicht nur elaborierte Verfahren und Messtechniken. Neben großkalibrige, nationale und internationale Leistungsuntersuchungen tritt ein Umbau der Regelungsstruktur, der sich besonders auf (a) die Organisation der intermediären Ebene richtet, die mit einer schulnahen, interaktiven Beobachtung in Form Externer Evaluation betraut wird und (b) auf die Ausstattung der LehrerInnen mit *legitimen* Verfügungsrechten zur Regelung ihrer Angelegenheiten im Schulhaus (Methodenfreiheit, professionelle Unterrichtsinteraktion, Organisationsentwicklung), Verfügungsrechten, die sie sich bisher selektiv *genommen* haben. Die Schulen werden (im Prinzip) autonom gestellt, im Gegenzug sind sie rechenschaftspflichtig und werden in Ergänzung und im Zusammenspiel mit Selbstevaluation extern evaluiert. Die Formel lautet kurz: Tausch von Autonomie und Verfügungsrechten gegen Fremdbeobachtung. Es entsteht, ob absichtsvoll oder nicht, Koordinationsbedarf. Denn mit Externen Evaluationsagenturen treten neue Akteure in die Regelungsstruktur ein und die LehrerInnen sollen nicht mehr nur regelgebundene institutionelle Akteure sein, sondern eigene legitimierte Verfügungsrechte beanspruchen.⁴¹ Wenn aber mehr Akteure mit Mitspracherechten sich in der Regelungsstruktur tum-

---

40   Ein Unterschied zwischen der Schweiz und Deutschland ist insofern auszumachen, als der Hierarchiemechanismus in Deutschland über die intermediäre, freilich schwache, Schulaufsicht und das Rektorat bis in die Schulen hinein verlängert ist, während der Hierarchiestrang in der Schweiz gebrochen ist. Zwar verfügen die meisten Kantone über ein kantonales Inspektorat, aber kantonaler „Durchgriff" auf die Schule muss immer den Filter der kommunalen Schulbehörde durchlaufen, die einerseits zwar Vollzugsbehörde ist, andererseits aber autonome Gemeindebehörde der in kommunaler Trägerschaft befindlichen Volksschule. Kantonale Fremdbeobachtung ändert diese gebrochene Hierarchie freilich erheblich, denn erstmals erhält kantonale Politik einen unmittelbaren Zugriff auf die kommunalen Schulen (vgl. 6.4 und 6.5).

41   Ob diese Verfügungsrechte gewährt werden, werden weniger die rechtlichen Normen zeigen als die Praxis. Hier kann nicht darauf eingegangen werden, aber die LehrerInnen bleiben nach wie vor auch individuell gesteuert und disziplinarisch gefesselt. Auch die z.B. im Kanton Zürich als Förderinstrument gedachte sog. Mitarbeiterbeurteilung ist geeignet, als negatives Sanktionsinstrument eingesetzt zu werden.

meln, wird selbst hierarchische Koordination (a) aktiver und (b) kooperativer, d.h. die schulische Regelungsstruktur verliert nicht ihre hierarchische Grundierung, wird jedoch kollektiver und anerkennt diese Kollektivität.

Systematische Beobachtung steigert die Intelligenz hierarchischer Koordination, macht die Schule erstmals jenseits von Willkür systematisch kontrollierbar, indem Information in qualitätsrelevantes Wissen transformiert werden soll (van Ackeren 2003) und über die bisherige Schulaufsicht, die in eine politisch unabhängige, professionelle Evaluationsagentur umgewandelt wird, für die Schulen fruchtbar gemacht werden soll. Die politisch „souveräne" Selbsttransformativität wird reflexiv beobachtbar. Nachjustierungen sind erstmals nicht nur möglich, sondern erklärte Absicht und in der Programmatik der Schulentwicklung geradezu systematisch angelegt, wobei es auch hier eine empirische Frage sein wird, ob und wieweit sich schulische Entwicklung *abkoppelt* von politischen Inputs, obwohl sie *beobachtet* wird.

Systematische Schulbeobachtung beinhaltet eine teilweise Rücknahme der funktionalen Differenzierung zwischen Politik und Schule und ihre Erweiterung – nicht Ersetzung – um „funktionale Koordination", die unter der Fragestellung steht: „Wie können Teilsysteme zugleich funktional autonom und koordiniert gedacht und organisiert werden" (Beck 1993, 78). Entdifferenzierungsprozesse (Tiryakian 1985) werden durch die Absicht der Politik in Gang gesetzt, die Schule (vermutlich zum ersten Mal) systematisch zu beobachten, wodurch zwar noch keine „gemeinsame Währung" geschaffen wird, in der die Leistungen der jeweiligen Akteure nicht nur anerkannt, sondern sogar eindeutig verrechnet werden können. Die Politik sichert sich jedoch Währungsanteile. Die Schule kann sich nicht mehr selbstbezüglich abschotten, sondern muss sich einer *politisch* initiierten Beobachtung mit *pädagogisch-professionellen* Mitteln stellen, die nicht bei Beobachtung stehen bleibt, sondern auf ihrer Grundlage intervenieren kann. Zudem ist im Augenblick eine (Eigen-)Dynamik festzustellen, die Beobachtungsverfahren, -themen und -techniken zu verfeinern und tendenziell immer weiter in die pädagogische Praxis einzudringen. Die Metapher der Klassentür, hinter der Beobachtung endet, verliert ihre Geltung. Der Staat eignet sich pädagogische Kompetenz an und wird (wieder?) zum „pädagogischen Staat" (Schmidt 2000). Gerade die Unterbrechung von Interdependenz sichert der Schule pädagogische Autonomie, schützt sie vor externen (politischen) Störeinflüssen, oder umgekehrt: Wenn die Schule systematisch beobachtet wird, ist der Import fremden Sinns nicht vollkommen auszuschließen. Jedenfalls resultiert aus Beobachtung keine nicht-hierarchische Koordination. Hingegen werden Anschlussknoten installiert, die auch (horizontal) koordinativ genutzt werden (können), vor allem wenn man weitere Neuerungen berücksichtigt, besonders die Stärkung der intermediären Instanzen, die über Externe Evaluation auch die

5.5 Schulische Akteurkonstellation und Koordination 187

Chance bieten, von Unilateralismus und Hierarchie auf Verhandlung umzustellen – konkret zunächst einmal als problembezogene Beobachtung, „Anhörung" und Besprechung von Stärken und Schwächen. Das Verhältnis Politik und Schule (und nicht nur die Schule selbst) könnte sich ein wenig in Richtung einer „negotiated order" bewegen (Strauss 1978). Auf dieser Ebene entsteht durch Beobachtung auch eine Transformation von Beobachtung zu Verhandlung mit dem Ziel der Beeinflussung (vgl. zur Trias Beobachtung, Beeinflussung, Verhandlung: Schimank 2000a, 207-322).

Wird so hierarchische Koordination durch Beobachtung intelligenter, bedient sie gleichzeitig die professionellen Interessen der LehrerInnen. Sie werden beobachtet, aber nicht, jedenfalls nicht nur, nach politisch-administrativen Kriterien disziplinierender Regelkonformität, sondern nach professionellen Kriterien. Es entsteht die Gelegenheit eines interaktiven Diskurses nicht mit der Politik, aber wenigstens mit ihren Repräsentanten, den *unabhängigen* Evaluationsagenturen. Aus Sicht der Schule besteht die Chance, sich nicht nur mit abstrakten Daten(mengen) über ihre Qualität auseinandersetzen zu müssen, sondern mit aus unmittelbarer Beobachtung gewonnenen Daten, die dann vielleicht sogar zur Diskussion stehen (vgl. zu den differenzierten Anforderungen der Datenqualität der verschiedenen Ebenen Bähr 2006; Kuper/Schneewind 2006). Intermediäre Datenproduktion setzt nicht nur den legitimierten, sondern den faktischen Zugang zur Schule mitsamt dem Aufbau von Vertrauensbeziehungen voraus (Lipsky 1980)[42], ferner interaktive Beobachtungsverfahren und Miteinander-Reden und Argumentieren. Neben großflächigen Untersuchungen, deren Qualitätswert für schulische Veränderungen noch offen ist (van Ackeren 2003), könnten eher kleinteilige Daten ihre Bedeutung bekommen, sogar weniger in ihrer „Abbild"-Funktion schulischer Qualitätszustände, als in der Prozessdimension der interaktiven Datensammlung, des Datenaustauschs, und vielleicht sogar des Sich-in-die-Karten-schauen-Lassens. So würde sich die schulische Regelungsstruktur massiv ändern, weil bzw. wenn Evaluationsagenturen nicht als Staatsattrappen oder Staatsvögte auftreten.

Die bisherige, gleichsam unsichtbare Demarkationslinie zwischen Politik und Schule – im Blick auf schulische Qualitätseffekte der Kompetenzsteigerung – wird durch „Intermediation" perforiert, nur schon um systematische Beobachtung organisieren zu können. Zwar wird auch in der neuen Regelungsstruktur

---

42 Personennahe Dienstleistungen können sich nicht an Regelkonformität orientieren, weil so die Klientel nicht zu erreichen ist. Hier braucht es erst den Zugang, den Aufbau von Vertrauen, die Sicherung von Legitimität und im Ergebnis beinhaltet das massive Veränderungen der normativen Vorgaben. Das Prinzip ist eher: niemals gegen das Gesetz. „Nicht gegen das Gesetz" ist aber zu unterscheiden von einer „gemeinten" Gesetzeskonformität. In der Manier des Staatsvogtes sind Aufsichtsfunktionen informationsreich nicht zu leisten.

zwischen Politik und Schule keine Verhandlungsebene etabliert. Die Schule bleibt im Principal-Agent-Modell Implementationsinstanz. Aber der staatliche Zugriff via Informationen auf die Schulen wird gleichzeitig ermöglicht wie gebrochen durch die Unabhängigkeit der intermediären Externen Evaluation (auch das eine empirisch Frage). Es entsteht so etwas wie ein (entdifferenziertes) „politisches peer review", das staatliche Intervention ebenso zulässt wie die Erwartungen der Lehrerschaft an sachgerechte Beobachtung und Beurteilung bedient.[43]

Gesteigerte Intelligenz hierarchischer Koordination ist indes janusköpfig. Auf der einen Seite wird sie rationaler, begründeter und begründbarer, datengestützt, der bloßen Meinung entzogen. Auf der anderen Seite jedoch wird die Koordination unabweisbarer, evidenter, als solche der Kritik entzogen. Durch systematische Schulbeobachtung gewonnenes Wissen ist aufklärend und argumentationsfördernd. Gleichzeitig jedoch wird auch das Schulfeld „aufgeklärt" im Sinne von umfassender Erkundung – als kontrollorientierte Grundlage für Interventionen.

5.5.2 „Zusammenwerfen" von Ressourcen vs. rationale Zusammenlegung der Ressourcen

Wie betont, ist Schule nur möglich, indem die Akteure ihre je spezifischen Ressourcen und Fähigkeiten zusammenlegen. Ohne systematische Beobachtungsdaten gleicht solches Zusammenlegen jedoch eher einem unkontrollierten *Zusammenwerfen*. Jeder wirft in den „Schultopf", was er gerade hat. Obwohl beide „Seiten" voneinander abhängig sind, agieren sie wie in einer „parametrischen Situation" a-sozial, *als ob* sie es jeweils mit einer „Natur" zu tun haben, in der „ein Akteur sein Handeln *nicht* auf andere Akteure ausrichtet" (Esser 2000c, 1; kursiv im Original). Auf der politischen Seite orientiert sich die Legitimations-, Ressourcen- und Vorgabenzufuhr an politischen Maßstäben der Mehrheitsfähigkeit. Auf Seiten der Lehrerschaft werden in einer Mischung aus staatlichen Vorgaben und individuellen Qualitätskriterien Schule gegeben und Abschlüsse produziert. Es existiert keine Zielfunktion, an der ein Ressourcen*bedarf* festgestellt und optimiert werden könnte. Überspitzt ausgedrückt entsteht auch durch Zusammenwerfen immer etwas: Wir nennen es Schule. Wenn dann zu einem bestimmten Zeitpunkt etwas gemessen wird, dann eben das, was gerade in dem „Topf" ist. Aufgrund der Inputvorgaben wird allerdings nicht etwas Beliebiges in den Topf geworfen, sondern nur Dinge, die mit Schule zu tun haben. Schule ist

---

43 Ob hier tatsächlich ein Netzwerk entsteht (Powell 1990), ist ebenfalls abzuwarten.

deshalb gleichzeitig das beabsichtigte[44] wie das nicht intendierte Ergebnis intentionaler Intervention. Sofern z.B. Fremdsprachenkenntnisse auf schulischen Lerngelegenheiten beruhen, bedeutet die Einführung von Fremdsprachen, z.B. in der Primarschule, eine intendierte Erweiterung von Lerngelegenheiten. Politische Steuerung der Schule ist in diesem Fall sogar erfolgreich. Diese Wirkung erster Ordnung garantiert freilich nicht Wirkungen zweiter Ordnung, nämlich Fremdsprachenkompetenzen. An dieser Stelle beginnt das in diesem Beitrag thematisierte schwierige Verhältnis zwischen Politik und Schule.

Systematische Beobachtung bietet jedenfalls die Chance, die Ressourcenzusammenlegung (bedarfsgerechter) zu rationalisieren. Was bisher eher als ein Zusammenwerfen der Ressourcen beschrieben werden kann, weil keine Seite genau wusste, was die andere tut, kann jetzt auf ein solideres Fundament gestellt werden, sofern es gelingt, die Frage zu beantworten, wie mit den angesammelten Datenmengen adäquat umzugehen ist. Die Austauschbeziehungen zwischen Politik und Schule sind nicht marktförmig ausgeprägt, sondern als Auftragsverhältnis. Deswegen fehlt auch ein Investitionskalkül, das Ressourcen gemäß Kosten und Erträgen verteilt (generell Offe 1975, 89f.). Die Ressourcenzufuhr muss einzig den jeweiligen Kriterien genügen, die Politik und Schule anleiten. Damit steigt das Risiko, dass die eingebrachten Ressourcenanteile die jeweiligen *Erwartungen* der Akteure enttäuschen, Ressourcenlücken entstehen, die als wechselseitig hinderlich wahrgenommen werden.

Die systematische Beobachtung von Schule kann hier Änderungen hervorbringen, weil nun „objektive" Daten vorliegen, die die Diskussion um Schule auf ein empirisch(er)es Fundament stellen. Mit systematischer Beobachtung und datengestützter Dokumentation gewinnt die Bildungspolitik eine anderen Politikbereichen gegenüber ebenbürtigere Stellung, die ihr Gewicht vergrößert und sie in der Auseinandersetzung um knappe Ressourcen zwischen den Politikfeldern (und ihren dazugehörigen Departementen und Ministerien) stärkt. Bildung ist dann nicht nur Rohstoff, die Schulen sind nicht nur „nach Meinung von ..." gut oder (zu) schlecht; vielmehr werden solche Einschätzungen via Daten beoder widerlegbar. Es entsteht eine anderen Politikfeldern vergleichbare statistische Grundlage, z.B. Arbeitslosenstatistik, Sozialstatistik, Gesundheitsstatistik. Zudem wächst die Chance des politisch-konzeptuellen Vergleichs (vgl. auch Brosziewski 2005, 10). Ob es freilich tatsächlich zu einer „Entideologisierung der ‚Diskurse' über Bildung" (ebd.) kommen wird, ist fraglich. Denn die Politik als Principal wird ebenfalls Täuschungs-, Rechtfertigungs- und Ressourcenver-

---

44 Ausschließlich nicht intendierte Ergebnisse zu betonen, wäre als „Sinnverkehrung" intentionalen Handelns zu verstehen. „[...] ihr zufolge führt [...] *jeder Versuch, die Gesellschaft in einen bestimmte Richtung zu lenken, zwar sehr wohl dazu, dass diese sich bewegt, allerdings in die entgegengesetzte Richtung.*" (Hirschman 1993, 252; kursiv im Original)

weigerungsstrategien entwickeln.⁴⁵ Wer das Hickhack um die vergleichsweise einfache Messung des Unterrichtsausfalls beobachtet, könnte desillusioniert werden. Auch dokumentierte, auf Messung beruhende Daten werden „interessiert" gelesen. Außerdem lassen sich aus Daten keine politischen und schulischen Konzepte oder Zuweisungskalküle für Ressourcen deduzieren; sie müssen durch die Interessen, Wertungen und Handlungsorientierungen der Akteure „hindurch" (zur Messung: Kula 1986; vgl. auch Kuhlmann/Bogumil/Wollmann 2004; Nullmeier 2005). Auch die zu erwartenden Beobachtungsdaten sind nur die Bedingung der Möglichkeit eines rationalen Umgangs mit Ressourcen; sie befreien die Politik nicht davon, Bildungsentscheidungen zu treffen. Solange an einer allgemeinen Schule festgehalten wird, „geht Schule auch weiter", wie prekär der Leistungsaustausch auch organisiert sein mag. Es besteht so etwas wie „Interdependenzunterbrechung", die das Schulsystem auch dann existenzfähig hält, wenn der Leistungsaustausch schier zusammenbricht.

5.5.3 Umstellung von Input- auf Output-Steuerung?

Systematische Schulbeobachtung behält die hierarchische Inputreferenz, wenn die Beobachtungsergebnisse dazu eingesetzt werden, „eine differenzierte Ressourcenzuweisung in Verbindung mit einer gezielten Unterstützung der Akteure im Bildungsprozess" zu begründen (AG PISA-Vergleich 2003, 22). Es wird abzuwarten sein, ob (hierarchische) Standards ein einigendes Band knüpfen, an dem sich systematische Beobachtungsformen (Large Scale Assessments) im Verbund mit intermediären Beobachtungsverfahren orientieren, hierarchische Koordination eine Verbindung eingeht mit horizontale(re)n Formen der Koordination, die die Idee der Vermittlung zwischen politischen Vorgaben und lehrerschaftlicher Praxis stärkt. In der Begrifflichkeit von Input- und Outputsteuerung erfolgt keine Umstellung auf Outputsteuerung, sondern die Outputseite wird (vielleicht) gestärkt, die Inputseite bleibt erhalten, so dass eine erst noch zu untersuchende Mischung mit einem anderen Verhältnis zwischen Input und Output entsteht (vgl. Bähr 2003, 221; allgemein Nullmeier 2005).⁴⁶ Die Umstellung auf „Output-Steuerung" könnte begrifflich in die Irre führen. Der Staat übernimmt nicht die Produktionsfunktion schulischer Kompetenzen. Er gibt einen Lehrplan vor oder setzt jetzt Bildungsstandards: *Was* müssen junge Menschen wissen?

---

45 So fordert die baden-württembergische SPD-Vorsitzende Ute Vogt, die Schulaufsicht durch die Schul- und Oberschulämter aus finanziellen Gründen abzuschaffen und stattdessen den LehrerInnen einen Vertrauensvorschuss zu gewähren (Südkurier Konstanz, 9.1. 2006).
46 Trotz Schule als Organisation bleibt z.B. auch die individuelle Beobachtung der LehrerInnen aufrechterhalten, etwa in Form der in verschiedenen Schweizer Kantonen praktizierten Mitarbeiterbeurteilung.

5.5 Schulische Akteurkonstellation und Koordination

Wie die Standards erreicht werden, bleibt Sache der Schulen. Die autoritativ-definitorische Vorgabe von Standards ist keine Output*steuerung* (s. auch Böttcher 2002, 139-154), auch wenn größerer Wert auf Wirkungen gelegt wird; aber die Definition zu erzielender Wirkungen ist nicht identisch mit Wirkungen, zumal dann, wenn der Faktor Zeit (= Geduld) nicht mitberücksichtigt wird. Wohl aber zeigt sich das nach wie vor beibehaltene Muster hierarchischer Koordination, das nicht als bürokratisch abzutun ist. Zum ersten ist die Wie-Funktion nicht inputfrei gestellt; die Arbeitsorganisation der Einzelschule ist nicht in ihr Ermessen gestellt. Ferner müssen die Standards angemessen und erreichbar formuliert werden. An dieser Stelle wird die Schule über mangelnde Ausstattung mit materiellen und immateriellen (z.B. zu wenig Autonomie) Ressourcen klagen; die Politik entkommt im Verhältnis zur Schule nicht ihrer Inputverpflichtung (auch wenn politisch darauf spekuliert wird, dass in der ohnehin ausbeutungsgefährdeten Principal-Agent-Beziehung durch Autonomisierung der Schule bisher nicht ausgeschöpfte motivationale Ressourcen bei den LehrerInnen zu mobilisieren sind). Schließlich ist vorgesehen, dass der Staat überall dort – über Inputs – eingreift, wo die Standards nicht erreicht werden. Mit diesen Bemerkungen ist nicht die These verbunden, dass die ergriffenen bzw. beabsichtigten Maßnahmen „falsch" sind. Irreführend ist ihre begriffliche Fassung. Angesichts der systematischen Ungewissheit von Wirkungen fällt viel eher die Behauptung auf, dass (a) die Maßnahmen „richtig" sind und (b) kaum eine Diskussion über Schule außerhalb des Bezugsrahmens ihrer neuen Steuerung stattfindet. Ihre Eignung zu thematisieren, bleibt eine Außenseiterposition, sieht man von den Bedenken aus der Lehrerschaft ab. Die Lücke zwischen neuer Regelungsstruktur und schulischem Alltag bleibt riesig.

Zudem führt aus grundsätzlicheren Erwägungen die Kritik an der Input-Steuerung auf eine analytisch verkürzte Fährte. Zunächst benötigt jede Veränderung einen Input. Output entsteht nur durch Input, den man als Faktoreinsatz verstehen kann und in dem „Ursache-Wirkungs-Zusammenhänge ihrer internen Prozesse zu einem geschlossenen Kreis" zusammengeführt werden (vgl. zur Entdeckung von Rückkoppelungssystemen im 18. Jahrhundert Mayr 1980; Zitat: 263). Output-Steuerung kann Inputsteuerung nicht *ersetzen*. Die Betonung von Output-Steuerung schneidet den Regelkreislauf von seinen Input-Wurzeln ab und zerstört das Kreislaufmodell. Die Inputseite wird gleichzeitig gekappt wie, vor allem in ihrer finanziellen Form, gleichsam automatisiert als gegeben vorausgesetzt. Empirisch gehen neue Steuerungsmodelle indes einen anderen Weg. Neben die Finanzierung der Schule treten Standards als substanzielle Zielvorgaben. Wenn beide Instrumente auf der Input-Seite zu verorten sind, bleibt von der Output-Steuerung nicht mehr viel übrig.

Faktoreinsatz ist nicht auf materielle (Finanzen, Infrastruktur) und immaterielle Ressourcen (Lehrplan, Bildungsstandards) zu reduzieren (vgl. auch Nullmeier 2005, 431), sondern umfasst zusätzlich die *zwei politischen* Faktorenbündel *Forderungen* und *Unterstützung* („demand" und „support" in der politikwissenschaftlichen Adapation der allgemeinen Systemtheorie bei Easton 1965, bes. 111-117). Werden Forderungen und Unterstützung ebenfalls auf der Inputseite berücksichtigt – für westliche Demokratien unhintergehbare Bedingungen –, liefe eine Inputkritik auf eine Demokratiekritik hinaus. Anders gesagt: Inputs sind nicht begrenzt auf materiellen (Finanzen, Infrastruktur) und immateriellen (Regelungen aller Art) Faktoreinsatz in die Schule. Ohne Forderungen nach Ressourcen und Unterstützung für einen Ressourceneinsatz (im Minimum: politische Mehrheiten) sind keine Inputs mobilisierbar; es gibt dann auch keine veränderbare Schule. Die Inputlastigkeit entspricht der demokratischen Konstitution einer öffentlichen Schule; sie ist selbst Politik und nicht apolitisch auf vor allem eher technisch verstandene Finanz- und Rechtszufuhr reduzierbar. In Inputs sind systematisch politische Wertentscheidungen enthalten, sie sind selbst Wertentscheide, auf die in westlichen Demokratien *niemand* zu verzichten bereit ist (auch wenn sich keineswegs alle an diesen Entscheiden aktiv oder auch nur passiv beteiligen). Nur schon die Finanzierung der Volksschule besitzt nicht „den Status eines Naturgesetzes" (Büeler 2006, 1). Insofern ist die obige Beschreibung von Inputs als Ressourcen und „zusätzlich" Forderungen und Unterstützung genau umzudrehen: Ressourcen sind Ausfluss von Wertentscheidungen, aus diesen abgeleitet. Wie anders als durch Input (= in diesem Fall rechtliche Regelungen), der aus Forderungen entsteht und mehrheitsfähig organisiert wird, wäre etwa Schulautonomie denkbar (pädagogisch, Personalplanung, Globalbudget etc.)? Damit ist nicht zwingend eine Politisierung der Schule verbunden; vielmehr handelt es sich um eine *demokratische Konstitutionsfrage*, die in dieser Perspektive nicht hinter die Frage nach der *Leistungsfähigkeit* von Dienstleistungen geschoben werden kann. Schule ist eine *politische Veranstaltung.* Wenn Wertentscheidungen sachfremd sind, dann deshalb, weil alle BürgerInnen und politisch-administrativen Akteure schulfremd sind – und gleichzeitig eigentümlich geeint in einer Eigenschaft, die *Schul-Politik* auszeichnet: alle sind ehemalige *SchülerInnen* und haben, seien sie auch noch so verschwommen, Erfahrungen als BürgerInnen, haben deshalb *Ahnung* von beiden Sphären, der bis zur angenommenen Expertenschaft gehen kann.[47] Empirisch ist zu beobachten, dass Staat und Schule unter erheblichem Druck stehen, sich zu verändern. Sie werden durch Inputs bewegt, nämlich Forderungen nach Veränderung, für die auch politische

---

47 Umgekehrt können auch entsprechende FachwissenschaftlerInnen in allen öffentlichen Auftritten kaum ihren Expertenstatus kenntlich machen, den Status einer *wissenschaftlichen* Aussage entfalten.

5.5 Schulische Akteurkonstellation und Koordination

Mehrheiten, Unterstützung, mindestens in Aussicht stehen. Auch die augenblicklich beabsichtigten schulischen Veränderungen beruhen ihrer Forderungsstruktur nach maßgeblich auf Inputs, die nur auf diesem Weg Outputorientierung stark (stärker) machen kann (z.B. durch substanzielle Zielvorgaben mittels Standards).[48] Deshalb ist die Kritik an die Input-Steuerung unmittelbar rückzubinden an das Politik- und Staatsverständnis. Wenn die Schule eine hierarchisch inputgesteuerte bürokratische Schule ist, so beruht sie zu einem Gutteil auch auf den in Forderungen und Mehrheitsentscheiden zum Ausdruck kommenden Erwartungen. Und eine weitere analytische Verkürzung erfolgt dann, wenn der Staat ausschließlich als von den Bürgerinteressen und Forderungen losgelöster „Apparat" begriffen wird. Sicher entwickelt der „arbeitende Staat" seine eigene Handlungslogik, aber doch nicht durch demokratische Entscheidungen vollkommen unbeeinflusst. Damit wird nicht bestritten, dass die neuere Schulpolitik ein Demokratiedefizit aufweist. So scheint die Formulierung von Bildungsstandards – Inputs! – völlig in die Obhut von Regierung und Verwaltung als dem arbeitenden Staat zu fallen. Entsprechende Forderungen nach öffentlicher Diskussion werden entweder nicht erhoben oder konnten sich politisch nicht durchsetzen (vgl. z.B. die Absage an die Forderung nach öffentlich deliberierter Formulierung von Bildungsstandards bei Klieme u.a. 2003, 122f.). Hierarchie schlägt Demokratie, wenn staatliche Politik in einer Koalition mit der Wissenschaft – eine Art „administratv-wissenschaftlicher Komplex" – nicht durch Forderungen und Verweigerung von Unterstützung dazu gezwungen wird, sich öffentlich zu legitimieren und stattdessen vermeintlichen Sachgesetzlichkeiten folgen kann. Wenn nun aber die Governanceperspektive die Aufmerksamkeit gerade über staatliche Politik hinaus ausweitet, dann zeigt sich, wie der Staat als „Apparat" seine scharfe Kontur verliert und die Grenzen zwischen Staat und Gesellschaft sowie der Marktsphäre durchlässig(er) werden. Der „Staat" wird selbst zum Hybrid. Er ist nicht mehr alleiniger Träger der Leistungsrolle. Das Publikum begnügt sich nicht nur nicht mehr mit seiner Rolle, es wird selbst in verschiedenen Partizipations- und Organisationsformen Leistungsträger, mindestens als Koproduzent. Freilich geschieht das um den Preis „organisierter Verantwortungslosigkeit", die ausschließt, eindeutige Zurechnungsregeln von Handlungen auf Akteure anzuwenden.

In einer polykontexturalen Gesellschaft mit hochdifferenzierten und spezialisierten Sphären ist der arbeitende Staat außerstande, irgendwelche inhaltlichen Produkte selbst herzustellen. Er kann immer „nur" entgegenkommende Bedingungen für materielle und soziale Innovationen schaffen, oder sie auch bremsen.

---

48 Das Modell Evaluationsbasierter Steuerung, das Output-Variablen betont, wird eines ständigen Inputs bedürfen, sich auf Beobachtung und Informationsgewinnung zu konzentrieren, um nicht in Kontrolle aufzugehen.

Der Staat, mindestens der moderne Staat, ist systematisch auf der Inputseite verortet und ist nicht zufällig *die* Adresse für Input-Forderungen. Für schulische Kompetenzprogramme folgt daraus nicht, dass sie durch höheren Inputeinsatz gelingen (Hanushek 2003). Nur werden sie ohne Inputeinsatz nicht auskommen und die Praxis zeigt, dass der Staat sein, vor allem auch inhaltliches Inputmonopol, nicht abgibt, gar nicht abgeben *kann*. Was möglich wird, ist viel weniger eine „Output-Steuerung", als eine schulische Regelungsstruktur, die nicht nur etwas produziert, sondern auch institutionell so arrangiert ist, zu beobachten, was sie produziert. Denn bisher wurde das „Schulsystem" nicht im Modell eines Regelkreislaufs gedacht. Die staatlichen Inputs wurden als Leistungsbeiträge mit denen der LehrerInnen „zusammengeworfen", ohne daran andere als selbstgewisse Erwartungen zu knüpfen. Der Ressourceneinsatz aller beteiligten Akteure galt als selbstverständlich, als „Naturgesetz" (Büeler), und die nicht beobachtete und allenfalls schwach kontrollierte Schule blieb „output-autonom". Wird jetzt systematische Beobachtung in das Schulsystem eingefügt, könnte erstmals so etwas wie ein geschlossener Regelkreislauf konstruiert werden – jedoch keine Output-Steuerung. Und ob sich die erwarteten Wirkungen einstellen ist erst in einem weiteren Beobachtungsschritt herauszufinden.

Die schulische Regelungsstruktur bleibt nach wie vor staatlich dominiert und weist einen nicht globalisierten, nationalstaatlichen bzw. in föderalen politischen Systemen substaatlichen, relativ kleinräumigen und territorial begrenzten Bezug auf.[49] Zwar haben die internationalen Leistungsvergleichsuntersuchungen die Politik und das allgemeine Publikum aufgeschreckt und Veränderungen der Regelungsstruktur in Gang gesetzt und gefördert. Den Referenzpunkt geben jedoch nach wie vor die (sub-)nationalen Gesellschaften ab.[50] Obwohl „Schulreformen" durchaus mit Globalisierungsdruck begründet werden, interpretieren sie Globalisierung nicht als Weltoffenheit, sondern in einer Art von *Bildungs-*

---

49 Mit gegenläufigen Entwicklungen in der Schweiz und in Deutschland. Während die Schweiz die Grundstrukturen der Volksschule zu zentralisieren beabsichtigt (Neue Zürcher Zeitung 17.2. 2006) und den neuen Bildungsartikel der Bundesverfassung am 21.5. 2006 in einer Volksabstimmung angenommen hat, geht, so jedenfalls das augenblickliche politische Verständnis der Großen Koalition, Deutschland den entgegen gesetzten Weg, indem der Bund aus Schulangelegenheiten herausgedrängt wird (vgl. zum Kontext dieser Diskussion Lange 2002). Zentralisierung von Bildungsfragen stellt sich in der Schweiz als eine konditionale Zentralisierung dar: Wenn die Kantone sich nicht auf gemeinsame Regelungen einigen könne, dann kommt dem Bund eine Regelungszuständigkeit zu.

50 Diesem Referenzpunkt schließen sich die entsprechenden Fachwissenschaften an. „Der Gesellschaftsbegriff ist der Kristallisationspunkt des methodologischen Nationalismus der Soziologie." (Beck 2005, 3)

Nationalismus als (sub-)nationalen Wettbewerb.[51] Kleine Kantone und Bundesländer werden in eine Konkurrenzbeziehung gesetzt. Kleinstaatliche Konzepte fragen nur danach, wie können wir den je eigenen Standort sichern resp. ausbauen, orientieren sich also am „irischen Modell". Dabei handelt es sich um einen Gegenentwurf zu wirtschaftlichem Handeln, das dort produziert und einkauft, wo Güter bzw. Produktionsfaktoren am günstigsten sind. Wenn man dann den Referenzpunkt des Wettbewerbs über die je eigenen Einheit hinaustreibt, wird schnell deutlich, dass der Wettbewerb ruinöse Züge erhält. In föderalen Systemen ist dann auch mit Ungleichgewichten im Bundesstaat zu rechnen und vermehrten Koordinationsproblemen. Schulpolitik ist nicht nur (sub-)national angelegt – Globalisierung im Schulsektor schwächt staatliche Handlungsfähigkeit nicht –, sondern fördert und stärkt nationalstaatliche (bzw. Kantons-/Länder)Bezüge sogar. „Schulreformpolitik" stellt recht genau und vielleicht überraschend die Frage nach dem Nationalstaat. Lautete vor etwa zwanzig Jahren eine politikwissenschaftliche Forderung „bringing the state back in" (Skocpol/Evans/Rueschemeyer), so hatte Schulpolitik niemals den (sub-)nationalstaatlichen Bezugspunkt verloren.

Die „Tragik" staatlicher Schulpolitik liegt darin, dass sie ihr „eigenes" Funktionssystem in den aktuell in den Vordergrund gerückten Fragen nur begrenzt steuern kann. Entgegen Aussagen zu anderen Politikfeldern ist der Staat trotz Globalisierung in der Schulpolitik voll handlungsfähig. Nur pädagogisch ist er nicht „Herr im Hause". Und je mehr er sich der pädagogischen Sphäre nähert, desto weniger Kompetenz besitzt er, die er sich jetzt freilich durch systematische Schulbeobachtung anzueignen trachtet. Mit diesem Prozess ist freilich der Lernprozess verbunden, dass der Staat (a) ein „eigenes" professionelles Teilsystem unterhält, das (b) nicht gänzlich im Verhältnis zwischen Staat und Schule aufgeht, in das vielmehr (c) der private, zivilgesellschaftliche und als Anspruchsteller der marktförmige Sektor hineinragen und mindestens bei SchülerInnen und Eltern zentrale „Steuerungshebel" liegen, die (d) die Einsicht erzwingen, das Kompetenzwachstum nicht nur eine Frage der „vermittelten Vermittlung" ist – der Staat delegiert die Vermittlungsaufgabe an die Schule –, sondern auch eine Frage, wie geeignete Aneignungsbedingungen hergestellt werden können (Mobilisierung der zivilgesellschaftlichen Sphäre, vor allem der Eltern als Voraussetzung für den Politikerfolg).

---

51 Auch das Programm der Organisationsentwicklung ist nach „innen" gewandt und gerade nicht auf Systemziele gerichtet. Diese können nur als summierte Aggregate einzelschulischer Leistungen „zusammengezählt" werden.

5.5.4 Das neue institutionelle Arrangement als soziale Innovation

Auch wenn hier die schulische Regelungsstruktur als nach wie vor hierarchisch beschrieben wird und ein Paradigmenwechsel schulischer Steuerung erst in Ansätzen zu erkennen ist, ist die Umstellung auf eine „Governance der Beobachtung" keine nur technische Frage. Im Augenblick findet ein Prozess der Entinstitutionalisierung der „alten" schulischen und auf schulische Steuerung bezogenen Leitwerte statt. Gleichzeitig wird versucht, zunächst neue Organisationen und organisatorische Arrangements zu etablieren, sie mit Leitideen zu versehen — Outputsteuerung – und zu institutionalisieren. Im Augenblick haben wir es bei der „Neuen Schulsteuerung" mit einem (noch) instabilen Arrangement von Akteuren, Organisationen, Interessen, Ideen, Instrumenten, Handlungs- und Interaktionsorientierungen zu tun. Und vollends unübersichtlich wird es, wenn man berücksichtigt, dass mit einer *Neuen* Steuerung die bisherige Steuerung keineswegs aufgehoben ist. Es müsste im Einzelnen untersucht und belegt werden, aber es sieht danach aus, dass die Neue Steuerung koexistent *neben* die Alte Steuerung tritt, sie *nicht ersetzt*. Und auch die Teilstücke der neuen Regelungsstruktur sind längst nicht verbindlich kanonisiert. Hier ist politisch, aber auch wissenschaftlich Geduld gefordert, Erfahrungen, die Zeit beanspruchen, abzuwarten.

Trotzdem ist die neue schulische Regelungsstruktur als (noch kleine) Innovation der Beziehungen zwischen Politik und Schule zu beschreiben, die sich freilich in der Auseinandersetzung mit einer „alten" Praxis befindet, so dass nicht von einem Nebeneinander umstandslos kompatibler Aktivitäten, Interessen und Orientierungen auszugehen ist und die neuen Formen sich erst noch habitualisieren, verobjektivieren und sedimentieren müssen (vgl. zu diesem Phasenmodell: Tolbert/Zucker 1996, 180-184; vgl. auch Quack 2005). Wenn man Institutionen als geteilte und für selbstverständlich gehaltene, gleichsam objektive Regeln und Strukturen versteht, die in sich normative und kognitive Leitideen widerspiegeln, die wiederum sozialem und politischem Handeln (in Grenzen) Berechenbarkeit, Regelhaftigkeit und Stabilität verleihen, dann scheint im Blick auf die Schule die „Verobjektivierung" („Vertrautheit"; vgl. 5.6) dessen abzunehmen, was bisher unter Schule und seiner Regulierung verstanden wurde. Dieser Prozess wird „von oben" in Gang gesetzt (allgemein Lepsius 1995; 1997), indem die Politik die veränderten Anforderungen an ihre Leistungsfähigkeit aufgreift, inspiriert durch Ideen des New Public Managements die bürokratische Verwaltung zu einer Dienstleisterin umbaut (umzubauen beabsichtigt), in dieses Konzept auch die Schule einbezieht und neue Steuerungsformen zu entwerfen beabsichtigt.

Prozesse der Institutionalisierung durchlaufen verschiedene Phasen. Zunächst prägen sich spezifische Denk- und Handlungsformen, meist im sozialen

Nahbereich oder sogar in einer Zweier-Beziehung, zur Lösung ganz bestimmter Probleme aus. Wenn sie sich bewähren, werden sie argumentativ unterfüttert und gleichzeitig über den sozialen Nahbereich hinaus ausgeweitet und in einem weiteren Schritt zu generalisieren versucht. Gelingen vorausgesetzt, werden diese Denk- und Handlungsweisen „normal", zu „sozialen Tatsachen" (vgl. Berger/Luckmann 1987, 49-98. Diese Normalität von Schule und schulischer Steuerung scheint sukzessive verloren zu gehen bzw. sich zu wandeln. Die stabile Institution „Schulsystem" wird entinstitutionalisiert bzw. entinstitutionalisiert sich, wobei im gleichen Zug einer neuer Prozess der Institutionalisierung einsetzt. So wie Handeln ständig im Fluss ist, so sind auch Institutionalisierungs- und Deinstitutionalisierungsprozesse, weil auf Handeln beruhend, ständig in Bewegung. Wenn sich bislang bewährte Handlungsformen erschöpfen, können sich bereits neue Formen ausbilden, lösungsbedürftige Problemlagen vorausgesetzt, und auf den Pfad der Institutionalisierung gebracht werden. Wieweit die Institutionalisierung der neuen Regelungsstruktur gelingt, wird auch davon abhängen, ob die Entinstitutionalisierung der alten Regelungsstruktur nicht nur ein „top down"-Projekt ist, sondern auch „von unten" durch die LehrerInnen genährt wird, weil auch sie die eingespielten Denk- und Handlungsmuster in ihrer selbstverständlichen Geltung anzweifeln. Verblassen bisherige institutionelle Leitideen und haben sich neue Institutionenmuster noch nicht als Routinen ausgebildet, geraten institutionelle Ordnungen, hier: die Schule, in Turbulenzen, geprägt durch Unsicherheit und Ungewissheit. Neue Steuerungsformen müssen sich an den alten Beziehungsmustern mitsamt ihren Interaktionsorientierungen abarbeiten (z.B. Individualismus, Solidarität, Wettbewerb, Altruismus, Feindschaft; vgl. allgemein Scharpf 1997, 84-89). In diesem Ansatz ist enthalten, dass sich (a) das institutionelle Arrangement institutionalisieren muss, (b) die neuen Instrumente im Mix mit alten Instrumenten, (c) die Beziehungsformen und (d) die Mechanismen, die die Akteure miteinander verbinden (unilateral, hierarchisch, Mehrheitsentscheidungen, Verhandlungssysteme). Ob die Institutionalisierung einer neuen Regelungsstruktur gelingt, ist eine empirische Frage. Allerdings dürfte sie kein Selbstläufer werden. Weil sie von oben eingeführt wird, können auf der politisch-administrativen Seite der Regelungsstruktur Veränderungen eingeleitet werden. Sie werden sich aber gegenüber der schulischen Seite der Regelungsstruktur mit ihrer pädagogischen Autonomie und ihrer nicht majorisierbaren Vetoposition erst noch zu bewähren haben und sind in der Beziehung zwischen Politik und Schule mit dem Makel der Intervention durch die Politik versehen, die von Schule nichts versteht.[52]

---

52 Die andere, widersprüchliche Seite antagonistischer Kooperation, die auch historisch bzw. vor allem zeitgeschichtlich zu untersuchen wäre, ist die Bereitschaft der LehrerInnen, sich staatlichen Vorgaben, freilich selbst interpretiert, anzuschließen. Die deutschen VolksschullehrerIn-

5.6 Kontrolle ist gut, Vertrauen ist besser – Zur Unverzichtbarkeit von Vertrauen in schulischen Regelungsstrukturen

5.6.1 Beobachtung und Information

Die schulische Regelungsstruktur ist im Dauerbetrieb als hierarchische Koordinationsstruktur auf Entfernung ausgebildet, in der Politik und Schule sich nicht sehen, wenig voneinander wissen und bisher auch nicht systematisch beobachtet haben. Die schulische Regelungsstruktur entspricht nicht einem *Verhandlungssystem*. Bisher war das Verhältnis zwischen Politik und Schule weniger von einer Vertrauensbeziehung getragen als von einer aufmerksamkeitsarmen Selbstgewissheit, dass Politik und Schule ihre Sache gut machen und „unsere Schule", wenn schon nicht die beste, so doch gut genug ist. Solange der Schule kein qualitativer Erfolgsmaßstab zur Verfügung steht, ist diese Position aus Politik- und Schulsicht rational. In dem Augenblick jedoch, in dem die Schülerleistungen (z.B. im internationalen Vergleich) gemessen werden, kann die Position der Schule in eine Rangliste eingeordnet werden; Schulen und Schulsysteme werden vergleichbar und die „gefühlte" Zufriedenheit verliert ihre Grundlage. Eher unter der Hand entsteht ein Erfolgskriterium. Als eine Folge des *gemessenen (Miss-)Erfolges*, z.B. in den PISA-Untersuchungen, wird jetzt die schulische Regelungsstruktur auf systematische, freilich weiterhin hierarchische Beobachtung umgestellt. Selbstgefällige Gleichgültigkeit wird recht abrupt in penible Aufmerksamkeit verwandelt und in einem Dreischritt von Aufpassen, Kontrolle und (möglicher) Sanktion abgearbeitet. „Bürokratische Steuerung" der Schule soll in evaluationsbasierte Steuerung auf der Grundlage eines systematischen Schulmonitorings transformiert werden (Heinrich 2006), das großflächige Untersuchungen des Schulsystems und seiner Leistungsfähigkeit (Large Scale Assessment) ebenso umfasst wie Externe Evaluationsverfahren, mit denen intermediäre Stellen[53] die Schule (nicht die LehrerInnen) mit dem Ziel, Entwicklungs- und Qualitätsimpulse auszulösen, beobachten und beurteilen (ohne dass deswegen die individuelle Kontrolle der LehrerInnen aufgehoben ist).

Die herkömmliche Schulaufsicht war als Regel*kontrolle* angelegt. Politik, auch als liberale „Regierung der Freiheit" (Fach 2003), ist mit Misstrauen gegenüber der Befolgungsbereitschaft seiner BürgerInnen gepaart; sie verzichtet

---

nen „haben sich spätestens seit dem ausgehenden 19. Jahrhundert intensiv an staatlichen Erwartungen orientiert […]" (Müller/Tenorth 1984, 164).
53 In Schweizer Kantonen meist unter dem Namen Neue Schulaufsicht (Trachsler 2004), in Deutschland unter der Bezeichnung Inspektorat (Institut für Qualitätsentwicklung 2006, 19-97).

nicht auf Kontrolle, sie passt allenfalls ihre Kontrollformen an. Auch die staatlichen Implementationseinrichtungen unterliegen der Kontrolle des Auftraggebers, erst recht, wenn es sich wie beim Schulsystem um eine dezentral über das Staatsterritorium verteilte Einrichtung handelt. Freilich basieren demokratische Verfassungen selbst auf institutionellen Regelungen, die Misstrauen mittransportieren. So ist Gewaltenteilung als Misstrauenserklärung gegenüber den einzelnen *Gewalten* zu verstehen, die indes paradoxerweise dazu beiträgt, Vertrauen in die *politischen Institutionen* zu erzeugen (Sztompka 1998). Die Exekutive soll durch das Parlament kontrolliert werden, Regierungs- und Parlamentsbeschlüsse unterliegen der richterlichen Überprüfung, die Judikative hat sich an die gesetzlichen Vorgaben zu halten. Jeder der drei Gewalten wird Misstrauen entgegengebracht, um ihnen trauen zu können.[54] Kontrolle ist gut – lästig zwar, aber in demokratischen politischen Systemen, gefasst im Begriff von „checks and balances", selbstverständlich. Vertrauen ist somit eine hochgradig zerbrechliche Ressource, zumal auch bzw. gerade der liberale Staat kein „heimeliger" Staat ist, der die „Sehnsucht nach politischer Gemeinschaft [...]" stillt (Walzer 1992, 190). Der Staat ist zwar vertraut, verstanden als „Selbst-Verständlichkeit des Seienden" (Luhmann 2000c, 21, im Anschluss an Alfred Schütz). Ihm wird auch Vertrauen entgegengebracht, ohne ihm vertrauen zu können. Dieser paradoxe Mechanismus erfasst jetzt auch die Schule. Beobachtung kann dabei als Beachtung und sogar Anerkennung gedeutet werden, jedoch auch als Misstrauen. Aber selbst dann kann gerade daraus Vertrauen in die Schule erwachsen. Und wenn erstaunen mag, dass erst jetzt Kontrolle durch Beobachtung vom Kopf auf die Beine gestellt wird, so könnte man im Prinzip auch rationalere Kontrolle erwarten (auch wenn die Kontrollpraxis andere Beispiele kennt). Beobachtung rationalisiert Kontrolle; Kontrolle ohne Beobachtung nähert sich Willkür an.

Wenn jetzt systematische Schulbeobachtung die bisherige Gleichgültigkeit gegenüber schulischen Leistungen – schulischer Produktion *und* schulischer Produktivität – beendet und Schule zur Adresse wird, dann könnte sich darin auch die Idee verbergen, nun sei die Politik zu „instrumenteller Ereignisbeherrschung" in der Lage. „Wo solche Beherrschung sichergestellt [...] werden kann, ist Vertrauen unnötig." (Luhmann 2000c, 19) Systematische Schulbeobachtung erlaubte dann nicht nur die gezielte Intervention in Lehr-Lern-Prozesse, sondern auch eine fein abgestimmte Politik der differenzierten Ressourcenzuweisung. Die Fiktion einer „selbsttransformativen Kraft" politischer Vorgaben (Bröchler

---

54   Besonders das Prinzip der Volkssouveränität gegenüber der englischen Parlaments- und der deutschen Verfassungssouveränität (Abromeit 1995), etwa in der Ausprägung der direkten Demokratie in der Schweiz, reibt sich mit Kontrolle, obwohl gerade in der Schweiz „das institutionalisierte Misstrauen gegenüber jeder Art von Macht" besonders entwickelt ist (Kölz 1998, 32).

2004, 20) würde durch die Fiktion der Planbarkeit ersetzt, ein Vorhaben, das auf der Grundlage von Information die „politische Planung" der 1960er und 1970er Jahre anleitete und als „Gesellschaftssteuerung" gescheitert ist (was nicht gleichbedeutend ist mit einem Versagen der Politik und mit Ergebnislosigkeit wie etwa die, bei aller Problematik, erweiterte Inklusion des „katholischen Arbeitermädchens vom Lande" zeigt; vgl. generell Wiesenthal 2003).

Hier soll freilich umgekehrt die These stark gemacht werden, dass auch die ausgeklügelsten Beobachtungsverfahren und -techniken die Politik nicht in einen Stand der Ereignisbeherrschung im Sinne einer Kontrolle sämtlicher bzw. auch nur der wichtigsten die Schule begründenden Faktoren versetzen (Miller 1992), um schulische Qualität zu erzeugen. Und selbst wenn solch Wissen bestünde, ist Politik nicht in der Lage, sämtliche dieser Faktoren auch zu beeinflussen.[55] Auf Seiten der Politik hat systematische Beobachtung ihre Grenzen mindestens in

- rechtsstaatlichen Gesichtspunkten. Jenseits einer bestimmten Beobachtungshäufigkeit und -intensität *darf* das Klassenzimmer nicht bis in den letzten Winkel ausgeleuchtet werden.
- Ferner sind Kosten einer Beobachtungsökonomie ins Kalkül zu ziehen. Werden die Beobachtungseinrichtungen auch personell, qualifikatorisch, sachlich ausreichend ausgestattet, um kontinuierliche Aufmerksamkeit zu garantieren? Hier sind mindestens in Deutschland bis zum Nachweis des Gegenteils Zweifel angebracht.
- Schließlich und vor allem stellen sich technisch-informatorische Hürden, die komplex verschachtelten Variablenbündel, die Qualität erzeugen, völlig zu erfassen.

Systematische Schulbeobachtung steht erst am Anfang. Ergebnisse liegen bisher einerseits eher als pauschale Defizitbeschreibung von Schülerkompetenzen vor. Auf der anderen Seite legt die empirische Schulforschung gleichzeitig differenzierte Analysen zu den verschlungenen Konstitutionsfaktoren einer „Guten Schule" vor.[56] Forschung ist freilich ein unvollendbares Projekt, das keine Stopp-

---

55 Diese Aussage gilt nicht nur „prinzipiell". Beeinflussung bestimmter schulrelevanter Faktoren hat sich jenseits der prinzipiellen Frage nach verfügbaren Instrumenten und Programmen mit fehlender Zuständigkeit des zuständigen Ressorts und mit Zuständigkeiten anderer Ressorts auseinanderzusetzen, die wieder nach anderen Relevanzen und Regeln arbeiten, so dass „eigentlich" eigenständige Politiksektoren sich unübersichtlich verweben (vgl. dazu Sproule-Jones 1989).
56 Die Studien sind mittlerweile so differenziert, dass sie (a) nur noch ExpertInnen zugänglich sind und im übrigen (b) paradoxerweise nur noch pauschal gelesen werden können, wenn die Ergebnisse in Instrumente und Programme gegossen werden sollen. Solche Studien besitzen

regeln kennt. Wissen über politische und soziale Beziehungen, das sich zudem ständig wandelt, erzeugt einen größeren Bestand an Nicht-Wissen, der wieder mit ausgefeilteren, raffinierteren Verfahren – mehr vom Gleichen – aufzuklären ist. Und so „ist nicht zu erwarten, dass das Fortschreiten der technisch-wissenschaftlichen Zivilisation die Ereignisse unter Kontrolle bringen und Vertrauen als sozialen Mechanismus durch Sachbeherrschung ersetzen und so erübrigen werde" (Luhmann 2000c, 19f).[57] So ist der Informationsstand gleichzeitig hoch wie relativ schwach.

Wichtiger aber ist, dass sich selbst aus besten Informationen zunächst „gar nichts" ergibt, d.h. aus Informationen lassen sich keine Instrumente und Maßnahmen deduzieren. Sie müssen immer durch den Filter der Werte, Interessen, Orientierungen und Deutungen der beteiligten Akteure hindurchlaufen. Die technokratische Idee, wonach „an die Stelle eines politischen Volkswillens […] die Sachgesetzlichkeit (tritt), die der Mensch als Wissenschaft und Arbeit selbst produziert" (Schelsky 1979, 465), erweist sich als Illusion. Messung und systematische Beobachtung erzeugen zwar Wissen, das in einer Expertengesellschaft freilich politisch strittig bleibt – für jede Expertise findet sich eine Gegenexpertise – und deshalb als unsicheres Wissen nur *politisch* qua Entscheidung verbindlich gestellt werden kann.

5.6.2 *Beobachtung als Konstellation einer Beobachtung der Beobachtung*

Politische „Willkür" – so eine beliebte Sicht von LehrerInnen – ist zwar nicht ausgeschlossen, aber für eine qualitätsvolle Schule verhängnisvoll, weil die Schule ihr Veto im Prozess der Nacherfindung einlegen kann, de facto eine „Exit"-Option wahrnimmt (Mayntz/Scharpf 1995a, 30), nicht formal, aber als Rückzug aus den transparenten Zonen und faktischer Abschied in eine je individuell zubereitete „pädagogische Sinnprovinz". In der schulischen Governance ist der Staat im Blick auf Schulqualität kein unilateral handlungsfähiger Akteur. Anders als in elementaren Sozialbeziehungen („elementares soziales Verhalten"; Homans) kann Beobachtung der Schule nicht gleichsam automatisiert und nebenbei erfolgen. Ist Beobachtung in sozialen Nahbeziehungen unvermeidbar, muss sie im Schulsektor organisiert werden und ist durch die Beobachteten immer beobachtbar. Genau diese Doppeleigenschaft von Beobachtung, der Situati-

---

beinahe zwangsläufig einen selbstreferenziellen, wissenschaftlichen Teil und einen öffentlichen bzw. politischen Teil, über den diskursiv und instrumentell verfügt wird.

57 Im Zitat geht es dann unmittelbar weiter: „Eher wird man damit rechnen müssen, dass Vertrauen mehr und mehr in Anspruch genommen werden muss, damit technisch erzeugte Komplexität der Zukunft ertragen werden kann."

on der doppelten Kontingenz vergleichbar[58], macht sie anfällig. Sie muss dabei intentional gar nicht Ausdruck von Misstrauen sein. Die Beobachteten aber können (sogar gleichzeitig) Beobachtung ebenso als Bedeutungszuwachs wahrnehmen wie als Ausdruck von Misstrauen und einen Einstieg in Kontrollformen, die deswegen riskanter bzw. sanktionsgefährdeter als die alte Kontrolle der Schulaufsicht sind, weil sie auf dokumentierter Messung, also „objektiven" Daten, beruhen. Wenn die Beobachteten die staatliche Schulbeobachtung beobachten, gewinnen sie bereits dadurch strategische Potenziale, mit dieser Beobachtung umzugehen. Die Reaktionen können dabei von völliger Zustimmung über Hinnahme, kompromisshafte oder opportunistische Anpassung, bewusste Abweichung als Vermeidung, Trotz oder Manipulationsstrategien bis hin zu Täuschung und Widerstand reichen (Oliver 1991, 152). Schulleitungen und LehrerInnen besitzen „[...] the wisdom of knowing where and how to disobey (!), in order to protect the integrity and operation of the local (= their) school" (Lenz, 1991, 111f., zit. nach Bohnsack 1995, 24). Sollte schulische Qualitätsmessung mit spezifischer Ressourcenzufuhr resp. -verknappung gekoppelt werden, ist im Principal-Agent-Ansatz sogar mit *rationalen* Täuschungsversuchen der LehrerInnen, die es bisher nicht gab, weil dazu kein Anlass bestand, zu rechnen. An dieser Stelle steht Schulbeobachtung vor einem Dilemma. Sie muss auch die Ausweich- und Vermeidungsstrategien mitbeobachten und nicht nur eine vermeintlich objektive schulische Qualität, oder sie kann in das alte Kontrollmuster der Schulaufsicht zurückfallen, gewinnt dann aber nicht die qualitätsrelevanten Informationen. Jedenfalls „verbietet" die Beobachtung der Schulbeobachtung durch die LehrerInnen Schulbeobachtung als technischen Akt zu begreifen. Beobachtung und Messung konstituieren eine soziale Situation, die bei jeder Interpretation der Messergebnisse mitzuflektieren ist und jenseits von Täuschung ihre Validität tangiert. Organisierte Beobachtung wirkt wie ein „Fremder", „[...] der fast alles, das den Mitgliedern der Gruppe, der er sich nähert, unfraglich erscheint, in Frage stellt", einschließlich des Wissens „von vertrauenswerten *Rezepten*" (Schütz 1972, 59, 58; kursiv im Original). Beobachtung als „reines" Wissensmanagement, das sich der Technokratieillusion annähert, zu begreifen, könnte die Beobachtungsergebnisse entwerten.

Dazu kommt in Beobachtungskonstellationen das Problem: Wer beobachtet die Beobachtung (Monitoring) der Beobachteten (LehrerInnen)?

- Zunächst sind die Beobachteten (LehrerInnen) die erste Instanz, die die Externe Evaluation beobachtet.

---

58 Unter doppelter Kontingenz ist zu verstehen, dass meine Intention einer Aktivität in ihrer Realisierungschance immer auch von den Intentionen, Handlungen, Reaktionen anderer Akteure abhängig ist (vgl. Parsons u.a. 1951, 16).

- Auf der formal-rechtlichen Ebene werden ihnen deshalb Widerspruchs- und Rekursrechte eingeräumt, allerdings vor allem bei individueller Beobachtung.
- Der kritische Fall ist jedoch die Klientelisierung zwischen Beobachtung und Beobachteten, die dem Staat verborgen bleibt und nur vielleicht über Leistungsuntersuchungen annähernd vermutet werden kann. Wie bei der klassischen Frage: who guards the guardian? verfängt sich auch Beobachtung in unendlichen Beobachtungsschleifen, die nur über unverzichtbare Vertrauensmechanismen sozial und politisch auszuhalten sind.

Außerdem ist schulische Governance durch eine Kluft in den verfügbaren Wissensorten und ihrer Relevanz geprägt. Aggregierte, freilich differenzierbare, Systemdaten stehen auf der einen Seite und werden in der *öffentlichen* und *politischen* Schuldiskussion verwendet. Auf der anderen Seite findet sich der Fundus des lehrerschaftlichen Praxiswissens. Diesen Korpus des Wissens über Schule kann man als Gesamtwissen über die Schule imaginieren; es wird aber mindestens auch entlang der funktionalen Differenzierung in „Politik" und „Schule" separiert und spezialistisch gemäß differenten Rationalitätsmaßstäben genutzt und ist dann nur noch „zerfallen" den jeweiligen Akteuren in ihren Domänen zugänglich. In diesem Verwendungsprozess dürften große Teile der Wissensbestände wegen wechselseitiger Gleichgültigkeit oder Einsicht in die je eigene Unzuständigkeit und Inkompetenz unter den Tisch fallen. Ferner besteht das beobachtbare Risiko, dass die unterschiedlichen Wissenssorten gegeneinander ausgespielt werden. Unter Steuerungsgesichtspunkten sind die unterschiedlichen Wissenssorten (noch?) nicht vollkommen kompatibel im Sinne ihrer je praxisbezogenen Verwendung. Lehrerwissen nützt der Politik ebensowenig,[59] wie globale Messdaten von zahlreichen LehrerInnen mindestens skeptisch beäugt werden (was freilich ebenfalls erst genauer nachzuweisen wäre; vgl. Hinweise bei Schwippert 2005). Solange dann jenseits von Beobachtung die BürgerInnen in vertrauter Weise erwarten, dass die Schule „läuft" und sie Qualifikationen und Abschlüsse produziert, ist eine schulische Regelungsstruktur durch einen Wissensmix gekennzeichnet, der gleichzeitig durch viel Wissen, wenig Wissen und separierte Wissenssorten gekennzeichnet ist – eine „ideale" Mischung für Missverständnisse, die sich zu Misstrauen auswachsen können.

---

59 Ob es als politisch relevant anerkannt wird und in Entscheidungen einfließt oder den LehrerInnen unter politischen Rationalitätskriterien negative Externalitäten aufgebürdet werden (z.B. Überdehnung ihrer Motivationsreserven), wäre erst noch zu untersuchen.

5.6.3 Information und Vertrauen

An dieser Stelle ist der Platz, auf die Ressource Vertrauen zu „vertrauen".[60] „Überall dort, wo die handelnden Subjekte auf die Kooperation mit anderen angewiesen sind, die sie nicht kennen oder deren Motive (und Informationsgrundlage ihrer Handlungen und Entscheidungen; J.K.) ihnen verschlossen sind, taucht die Notwendigkeit des Vertrauens auf" (Hartmann 2001, 16). Anders ist unter Bedingungen hoher Interdependenz koordiniertes Handeln nicht vorstellbar. „Trust is a bet on the future contingent actions of others" (Sztompka 1998, 20). Als widerrufbarer Wechsel auf die Zukunft dient Vertrauen, je nach Zustand der Vertrauensbeziehungen, gleichsam als Schmiermittel für Handeln unter Unsicherheit, der die Akteure erst handlungsfähig macht. Was für Sozialität gilt, die ohne Vertrauen nicht nur als kalkulierbare Gefahr riskant wäre, sondern buchstäblich gefährlich und unfähig, Kontingenz einzugrenzen, gilt auch für das Verhältnis von Politik und Schule. Vertrauen ist eine zentrale Größe für das Funktionieren des Schulsystems, weil auf allen Ebenen und zwischen allen Akteuren nur unzureichendes Wissen darüber besteht, was jeder eigentlich tut. Der Vertrauensmechanismus kann für Ausgleich sorgen und (systematische) Informationsdefizite substituieren. Vertrauen und Information bilden hier das Bindeglied in der Beziehung zwischen den zwei Teilsektoren (oder institutionellen Ordnungen) Politik und Schule, die unterschiedlichen Rationalitätsmaßstäben folgen, aber nur zusammen Schule konstituieren können. Information und Vertrauen stehen unter der Voraussetzung, dass weder das eine noch das andere als „ein mittlerer Zustand zwischen Wissen und Nichtwissen" vollkommen ausfallen darf, in einem partiellen, wechselseitigen Substitutionsverhältnis. „Der völlig Wissende braucht nicht zu *vertrauen*", der „völlig *Nicht*wissende kann vernünftigerweise nicht einmal vertrauen" (Simmel 1992, 393; kursiv im Original). Deshalb muss Schulpolitik ein Interesse an funktionierenden Vertrauensbeziehungen zu den LehrerInnen haben, weil nur so das notorische Informationsdefizit ausgeglichen und verlässlich überbrückt werden kann – verlässlicher jedenfalls als mit noch so raffinierten Techniken der Sammlung von Informationen und außerdem finanziell unschlagbar günstiger. „Trust begins where prediction ends" (Lewis/Weigert 1985, 976). Vertrauen jedoch zu instrumentalisieren und deswegen nur dort zu pflegen, wo Informationen fehlen, ist freilich ein reduziertes Verständnis. Die These hier lautet vielmehr umgekehrt: Vertrauen ist die Grundlage politischen und sozialen Handelns, die selbstverständlich informatorisch angereichert werden darf und muss, nicht um Vertrauen entbehrlich zu machen, sondern um sachliche, soziale und zeitliche Komplexität bearbeiten zu können.

---

60 Aus verschiedenen theoretischen Perspektiven Gambetta 1988; Simmel 1992; Sztompka 1998 u. 1999; Giddens 1999; Luhmann 2000c; Hartmann 2001; Möllering 2005.

Die neuere „Schulreformpolitik" orientiert das Verhältnis zwischen Wissen und Nicht-Wissen eindeutig instrumentell in Richtung Mobilisierung von Organisationen und Instrumenten zur Informationsgewinnung, um diese Informationen in die Schulen zurückzuspeisen und auf ihrer Grundlage Verbesserungseffekte zu erzeugen. In einer handlungspraktischen Wendung des (erklärenden) Principal-Agent-Ansatzes, der eine hierarchische Beziehung zwischen politischem Auftraggeber und administrativen und pädagogischen Implementationsinstanzen annimmt, ist beabsichtigt, über Informationsgewinne die Schule zu „steuern". Dieser sozialtechnologische Zugang zur Verbesserung der Schule ist ziemlich einseitig und lässt eine Fortsetzung der verständnislosen Kommunikation über Schule nicht unwahrscheinlich erscheinen: Die Schule schneidet – in „vertrauter Manier" – in der politischen Rede ebenso schlecht ab wie umgekehrt die LehrerInnen der Politik bestenfalls eine „Inkompetenzkompetenz"[61] bescheinigen. Diese Konstellation ist zwar im Verhältnis zwischen Politik und Schule angelegt, aber auch Ausdruck gestörter Vertrauensbeziehungen. Informationssammlung allein – so die These – ist jedenfalls nicht geeignet, Vertrauen aufzubauen, weil es immer auch einen Gegenentwurf zur Ressource Vertrauen darstellt. Wieweit sich Vertrauensrisse mindern lassen, wird (u.a.) davon abhängen, wie (a) häufig, intensiv und tief die Beobachtung in die Schulen „eindringt", was (b) beide Seiten mit den Informationen anfangen können (z.B. Schneewind/Merkens/Kuper 2005) und wie sehr (c) Informationen auch kontrollierend und sanktionierend eingesetzt werden. Diese Ambivalenz liegt in der „Doppelnatur" von Informationen, Grundlage von Wissen und Kontrolle zu sein. Nur ist der Kontrollstrang weniger geeignet, die Qualität der Schule zu verbessern. Der (sich in diesem Falle seiner ihm zugeschriebenen Rolle nicht bewusste) „Revisor" (Gogol 1996) versetzt zwar die Provinzstadtgesellschaft in helle Aufregung, löst Befürchtung, sogar Angst aus, erzeugt jedoch kein relevantes Wissen (wobei hier keine Analogie gezogen werden soll, weil Gogol seinen Revisor eine durch und durch korrupte Kleinstadt besuchen lässt). In einer solchen informationsarmen Beziehung liegt auch der Kern der Kritik an der „alten" Schulaufsicht. Was sie an Wissen produzierte, war Wissen über Regelkonformität, aber kein Wissen über die Eignung der Regelvorgaben (z.B. Lehrplan), über Qualifikationen der LehrerInnen und erst recht nicht über tatsächliche Leistungen und Wirkungen und die dazwischen vermittelnden Mechanismen.

Wenn es nicht nur so etwas wie ein Ideal der „Guten Schule" gibt, sondern auch das kongruente Ideal einer „Guten Schulpolitik", kommt sie nicht darum herum, die Ressource Vertrauen zu aktivieren und sie, ohne Beobachtungsverfahren aufzugeben, zu pflegen. Wenn Vertrauen die Differenz zwischen Wissen,

---

61 Zu unterscheiden von „Inkompetenzkompensationskompetenz" (Luhmann 1981, 8).

unsicherem Wissen und Nicht-Wissen (Engel/Halfmann/Schulte 2002) überbrückt, dann ist Vertrauen nicht nur geeigneter als Kontrolle, sondern *unverzichtbar*. Zudem ist Vertrauen auch eine weitgehend kostenfreie Ressource. Zwar ist Anerkennung als eine Voraussetzung von Vertrauen nicht völlig kostenlos, weil sie sich auch in einer angemessenen Ressourcenzufuhr ausdrückt. Im übrigen aber ist sie kostenlos und mit der verblüffenden Eigenschaft ausgestattet, sich, ähnlich wie Sozialkapital, durch Nutzung nicht nur zu stabilisieren, sondern sogar zu vermehren – freilich nie enttäuschungssicher und deshalb nur bis auf Widerruf stabil.

In dieser Sicht kann mit allem Analogievorbehalt die Autonomisierung der Schule mit einem *staatlichen Kredit* gleichgesetzt werden, der umgekehrt an streng gefasste *Sicherheiten* gebunden ist, die systematische Beobachtung der Schule. Der Kredit ist jedoch als ungleicher Vertrag zu beschreiben, weil es in öffentlichen Schulsystemen eine politische Autonomiegrenze gibt. Schulen *dürfen* dort nicht autonom sein, soll das Prinzip der Rückkopplung an demokratische Politik nicht aufgehoben werden. Autonomie ist staatlich delegierte Autonomie (vgl. allgemein Schimank/Glagow 1984).[62] Aber auch einseitige Verträge benötigen nicht-kontraktuelle Grundlagen (Durkheim). Eine davon ist staatliches Vertrauen in die LehrerInnen, dass sie sich – in der Schulsprache – Mühe geben, ihren Auftraggeber nicht täuschen (wollen) und ihr Bestes geben.

Indes ist diese immanente Grenze schulischer Autonomie nicht nur potenzieller Zankapfel zwischen Politik und Schule[63], sondern gleichzeitig Antrieb für Dynamik in der schulischen Regelungsstruktur, weil sie die Frage nach der Hegemonie in Schulangelegenheiten ständig auf der Agenda hält. Sie ist auch ein Ärgernis im Blick auf das Bemühen, in der schulischen Regelungsstruktur aufgabenspezifische Verantwortlichkeiten einzuführen und zu festigen, die durch die „administrative Verstörung der Schule" (Rumpf 1966) ständig verwischt wird. Der Austausch von Schulautonomie gegen Beobachtung kann als Versuch gelesen werden, *Eindeutigkeit* herzustellen (dazu grundsätzlich Bauman 1995). Die neuere Diskussion über Schulsteuerung lässt sich nicht auf Ambivalenz ein. Was geschieht, ist Kritik an Maßnahmen, Hinweise darauf, dass manches nicht so geht wie vorgestellt. Diese Diskussion aber ist von Ambivalenz zu unterscheiden, wonach in ein und demselben Konzept Vorzüge mit Mankos zu verrechnen sind (z.B. Luhmann 1968[64]). Neue School Governance mag danach

---

62 Unter dem Gesichtspunkt der empirischen Spannung zwischen staatlicher Schule und professionellem Handeln der LehrerInnen thematisiert Hans-Günter Rolff (1995, 128-130) die immanenten Grenzen schulischer Autonomie.
63 Auf einem Kontinuum, das von zu wenig bis zu viel Autonomie (Autonomie als Zumutung) reicht.
64 „Für nahezu alles, was ist, lassen sich systemerhaltende oder problemlösende Funktionen angeben. Das rechtfertigt das Bestehende nicht. Aber daraus folgt, dass eine Änderung des Be-

gewisse Schulqualitätsprobleme lösen, aber nur um den Preis, neue Probleme zu erzeugen. Gezielt wird in der Diskussion vielmehr auf Eindeutigkeit im Verhältnis zwischen Politik und Schule. Darin ist ein typisch bürokratisches Verhaltensmuster zu sehen, gemäß einer administrativen (hier metaphorisch verwendeten) „Codierung" entlang zuständig/nicht zuständig, einer Differenz, die geneigt ist, Zuständigkeit und reale Probleminterdependenz zugunsten von Zuständigkeit zu kappen (zu den Möglichkeiten der Problemdekomposition und der Zuständigkeitsverteilung: IOS/Scharpf 1972). Jede Vermischung von Bereitschaften, Fähigkeiten und Zuständigkeiten (vgl. Bähr 2006) wird argwöhnisch betrachtet. Differenzierung und nicht Entdifferenzierung ist das bürokratische Handlungsmotto. Mit separierten und fragmentierten Wissensbeständen – einem *„Regime der heterogen verteilten Wissensproduktion"* (Rammert 2003, 487-490; kursiv im Original) –, wie sie für schulische Governance konstitutiv sind, kann eine auf Eindeutigkeit des Verhältnisse gerichtete Politik nur schwer umgehen (obwohl ihre Praxis anders aussieht). Im Sinne des Ziels, Eindeutigkeit herzustellen[65], leistet der Tausch von Schulautonomie gegen Beobachtung dann unschätzbare Dienste. Denn dort wird das Problem der Spannung zwischen Politik und Schule/Profession auf elegante Weise „gelöst". Die Politik gibt Ziele und Standards vor und fügt sich im übrigen den Professions*notwendigkeiten*. Ob dieses formalisierte Kalkül – politische Vorgaben als formaler Akt – aufgeht, bleibt abzuwarten (heute kann bereits gesagt werden, dass es dann nicht aufgeht, wenn Beo-

---

stehenden nur sinnvoll ist, wenn dem zu Ändernden in all seinen Funktionen äquivalente Leistungen substituiert werden können. Änderung hat hier die Form des mühsamen Abtausches von Leistungen. Dabei ist die Grundeinstellung keineswegs konservativ, sondern gerade kritisch. Alle Strukturen und alle gewählten Problemlösungen haben auch dysfunktionale Folgen. Aber Dysfunktionen sind mit jeder Struktur gegeben, also für sich allein noch kein Änderungsgrund. Sie müssen zunächst als Folgeprobleme der Strukturentscheidung behandelt, kleingearbeitet und schließlich gelöst werden. Strukturänderungen wären nur dann gerechtfertigt, wenn eine neue Lösung die Last der Folgeprobleme verkleinern und die Struktur in all ihren Funktionen ersetzen könnte" (Luhmann 1968, 78). Allerdings bleibt dabei ein Problem von Veränderung bestehen: Sie setzt gerade voraus, das Bestehende nicht in allen Funktion äquivalent zu ersetzen.

65 An diesem Prinzip orientieren sich auch Föderalismusreformen, in der Schweiz der bereits beschlossene Neue Finanzausgleich (NFA), der jedoch noch in Praxis umgesetzt werden muss, in Deutschland ein Reformprojekt mit tiefgreifenden (absehbaren) Einschnitten in die Bildung. Während die Schweiz sogar beabsichtigt, ihr Schulsystem vorsichtig zu zentralisieren, will Deutschland genau den umgekehrten kleinstaatlichen Weg gehen und sämtliche Bildungszuständigkeiten in die Hände der Länder legen, wodurch bereits im Vorfeld der bindenden Entscheidung Eindeutigkeit wieder aufgehoben wird, z.B. durch die Gründung eines (kläglich legitimierten) Hochschulpaktes, einer freischwebenden Einigung, die genau die Grundlage für das Gegenteil von Eindeutigkeit wird, für Mauscheleien und Durchstechereien, die dann besonders auffallen werden, wenn die Große Koalition beendet ist.

bachtung Schulen unterhalb des Durchschnitts ausfindig macht. Dann sind wieder politische Intervention *und* lehrerschaftliche Anstrengung gefragt).

5.6.4 *Personales und institutionelles Vertrauen*

Die Beziehung zwischen Politik und Schule beruht auf sozial, räumlich und zeitlich distanzierter und abstrakter „Kommunikation" – als „Gesicht" war und ist vielfach nur die jeweilige politische Spitze (ErziehungsdirektorIn oder MinisterIn) (re)präsent –, die wechselseitige Informationsleistungen implizit voraussetzt. Diese ist jedoch von unterschiedlichen Rationalitäten der Akteure geprägt – Kanton/Bundesland mit ihrer Systemorientierung, die LehrerInnen in ihrer Ausrichtung an pädagogischen kleinteiligen Vermittlungsaktivitäten. In einem strengen Sinn wissen beide Seiten nicht, was die jeweils andere tut. Dabei nimmt sich die Politik jetzt das legitime Recht, die Schulen zu beobachten. Eine umgekehrte Richtung ist nicht vorgesehen. Bisher ist auch einseitige Kommunikation (entsprechend der hierarchischen Koordination) der vorherrschende Modus und wird dort wieder in Form generalisierter und abstrakter Regelsysteme (Gesetze, Absichtserklärungen, Projekte etc., systemtheoretisch Programme) in das Schulfeld getragen. Die Zwischenschritte zwischen z.B. dem Beschluss eines Schulgesetzes und seiner Anwendung in den Gemeindeschulen sind indes nicht selbstevident („selbsttransformativ"), sondern müssen als pädagogische Realität ausgebildet werden – durch eine Mischung aus normativen, hier meist rechtlich formalisierten Regeln auf der Grundlage der Anerkennung der legitimierenden Identität zwischen Selbstgesetzgebung und Gesetzesbefolgung, Anreizen (gesteigerter Nutzen für die, die darauf eintreten bzw. Erhöhung der Kosten bei denen, die Anreize verweigern[66]), neuerdings systematischem Monitoring und Rückmeldeleistungen, die Qualitätssteigerung auslösen sollen, kognitiven und Sinnaneignungsprozessen und schließlich sozialen Koordinationsmechanismen, die, weil Regel- und Anreizakzeptanz der LehrerInnen nicht vorauszusetzen sind, durch den Einbau von Beobachtungsformen und intermediären Akteure ergänzt werden.

Normative Regeln und institutionelle Faktoren reichen jedoch nicht aus, um komplexe Vermittlungsprozesse zielgerecht abzusichern. Dem sozialen Funkti-

---

66 Anreizen wird ebenfalls eine „selbsttransformative Kraft" zugeschrieben, mehr noch als politischen Regelvorgaben. Vorteilsgewinne bzw. Kostennachteile müssen doch, so die Annahme, regulierend im Sinne vorgegebener Ziele wirken. Dabei wird übersehen, dass hauptsächlich der Akteurtyp des Homo Oeconomicus Anreizen zugänglich ist, Anreizen, die der Homo Sociologicus nicht braucht bzw. gar nicht erst versteht. Und weil Akteure vermutlich Anteile beider Akteurtypen in sich vereinen, müssen Anreize ihre „ökonomische", nutzenkalkulierende Seite ansprechen. Es ist jedoch wahrscheinlich, dass Akteure gar nicht ständig kalkulieren wollen, sondern auch das Bedürfnis nach verbindlicher Orientierung haben. Dort versagen Anreize.

onsmechanismus des Vertrauens und der Vertrauensbildung kommt deshalb besondere Bedeutung zu. Dabei kann man *personales* von *institutionellem* Vertrauen unterscheiden. Personales Vertrauen beruht auf sozialer Interaktion und Bekanntschaft, institutionelles Vertrauen bezieht sich auf unpersönliche Vertrauensbeziehungen, die einer sachlichen Logik folgen, z.b. „Expertensystemen" (Giddens 1999, 40-43). Danach fahren wir in fraglosem Vertrauen mit dem Zug, weil wir mit impliziter Erwartungssicherheit ausgestattet sind, dass er nach allen Regeln der Technik funktioniert. Prekärer freilich ist die Anerkennung sozialer Expertensysteme wie z.b. demoskopische Befunde, Budgetzahlen, die finanziellen Grundlagen der Sozialversicherungssysteme oder eben auch Schulleistungsmessungen. Institutionelles Vertrauen ist in einem funktionalen Zusammenhang zwischen Leitideen, ihrem Geltungsraum und Normen und Verfahren, die Handeln anleiten, angesiedelt (Lepsius 1997, 285f.).

Schule beruht auf einem Vertrauen, das als ein allgemeiner „Glaube" bezeichnet werden kann (Simmel 1989, 215f.). So wie in Georg Simmels Beispiel ein Landwirt daran glaubt, dass seine Saat eine so gute Ernte einbringt wie im Jahr zuvor und deshalb wieder sät, so vertrauen heute Eltern ihre Kinder der Schule an. Bei aller Kritik im Einzelnen, vertrauen sie (a) personal den LehrerInnen und (b) den die Schule regulierenden „abstrakten Systemen" (Zielvorgaben wie Lehrplan, jetzt Standards, der Differenzierung der Schule in verschiedene Typen, der Organisation der Schule wie z.B. dem Schulbeginn, der Dauer der Schulstunden etc.).[67]

Allerdings sind gerade in diesem Glauben an eine vertraute Einrichtung in den letzten Jahren Risse zu verzeichnen, wenn z.B. die alte Dorf- oder Quartierschule in eine Mittelpunktsschule oder Schulzentrum etc. verwandelt wurde oder die Zunahme von privaten Volksschulen auch einen Verlust an Glauben an die Institution ausdrückt (vielfach auch als Delegitimierung der Volksschule bezeichnet). Die Volksschule als fraglos anerkannte Einrichtung (allgemein Schütz 1971) ist heute zwar nicht zur Disposition gestellt, aber (a) ist die heutige Schule selbst jungen Eltern nicht mehr vertraut, nicht mehr in dem Zustand, den sie selbst noch erfahren haben (das war vermutlich immer schon so) und muss (b) gerade deshalb reformiert werden (ein Henne-und-Ei-Problem). Dabei *kann* jede Defizitbeschreibung via Messung die Schulen verbessern, ebenso jedoch das

---

67 Zweifel an der Volksschule (general support) sind nicht gleichzusetzen mit Zweifeln an ihrer Akzeptanz (specific support). Dieser Schluss wäre auch nicht plausibel. Die Schule unterliegt nach wie vor einer mindestens „opportunistic obedience", bei der Vorteile der Anerkennung der öffentlichen Schule ihre Kosten übersteigen – gepaart mit einer „habitual obedience" (Levi 1997, 16-21), die in etwa Vertrautheit entspricht. Dazu trägt die Angewiesenheit auf die Schule bei. Sie ist nach wie vor als Ausbildungsort unerlässlich, selbst wenn ihre Leistungen umstritten und ihre Zertifikate weniger Anerkennung auf der Nachfrageseite finden. Vgl. hierzu Oelkers 2003, 45-51, im Sinne der öffentlichen Bildung als eines Generationenvertrages.

Vertrauen in sie unterminieren. Historisch lässt sich eine Relevanzverschiebung von personalen Vertrauensbeziehungen zu unpersönlichen, institutionellen Vertrauensbeziehungen feststellen. Dadurch freilich kommt es zu mindestens Gefährdungen der fraglosen Selbstgewissheiten, dass die Dinge bleiben, wie sie sind, und wir uns auf unser Wissen ebenso verlassen können wie darauf, dass die anderen dieses Wissen teilen und anwenden (Schütz 1972, 58f.). Diese Effekte wirken wieder zurück auf die personalen (Vertrauens-)Beziehungen. Zwar besteht gerade in modernen Gesellschaften die Neigung, personales gegen institutionelles Vertrauen auszuspielen und in *Gemeinschafts*ideen aufgehen zu lassen. Personales Vertrauen, das auf Beobachtung von und Erfahrung mit Verhalten/Handeln anderer beruht, ist in seiner Reichweite jedoch zu begrenzt, um auf „objektiviertes" institutionelles und Systemvertrauen verzichten zu können.

Dass die Schule ihrer Vertrautheit verlustig geht, kann als ein Merkmal eines Modernisierungsprozesses verstanden werden. Die traditionale vertraute Schule als unbefragte Selbstverständlichkeit wird zum Entscheidungsgegenstand. Alle ihre Merkmale können thematisiert werden und, anders als bisher, entschieden werden. Damit geht eine Politisierung der Schule einher; alles, was entscheidbar ist, ist gleichzeitig auch strittig.

5.6.5 *Institutionelles Vertrauen in das Expertensystem der großflächigen Leistungsuntersuchungen*

Das Schulsystem als dezentral im Territorium verteilte Vielzahl von Schulhäusern agiert im Zwiespalt zwischen „entbetteter" und „ortsgebundener" Interaktion (allgemein Giddens 1999, 33). Die Schule selbst beruht auf personaler Interaktion im Klassenzimmer. Die Beziehungen zwischen Politik und der Schule folgen der Dynamik der „Entbettung" als „'Herausheben' sozialer Beziehungen aus ortsgebundenen Interaktionszusammenhängen und ihre unbegrenzte Raum-Zeit-Spannen übergreifende Umstrukturierung" (ebd.). Entbettete Sozialsysteme basieren fundamental auf „Glauben" an „abstrakte Systeme" – „symbolische Zeichen" (z.B. Geld) und Vertrauen in „Expertensysteme" (ebd., 33-43; vgl. auch Simmel 1989) –, die die Lücke zwischen raum-zeitlich erweiterter Kommunikation und personaler, lebensweltlicher Kommunikation schließen, um kulturelle und ökonomische Reproduktion zu sichern. Das Schulsystem war bislang schon nach dem Modus von Entbettung und personaler „Rückbettung" (Giddens 1999, 102f.) organisiert. Die neuere Schulpolitik dynamisiert Entbettungsprozesse. Schulqualität wird zum symbolischen Zeichen als Maßeinheit, die, im Prinzip weltweit, den Schulsystemzustand abbildet. Und über Expertensysteme (Schulleistungstests aller Art; Fachbeurteilungen von Schulen und LehrerInnen) wird die Schule in zwei Richtungen „gesteuert": Einmal stellen sie der Politik „Steuerungswissen" zur Verfügung, das auf der anderen Seite in die schulische Praxis transportiert werden muss (Brügelmann 2001; Schrader/Helmke 2003[68]). Wie symbolische Zeichen verstanden werden müssen (Schwippert 2005, 76, der auf die Ausbildung setzt), so muss Expertensystemen vertraut werden.

Bisher ist nicht geklärt, in welchem Umfang LehrerInnen den Ergebnissen der großflächigen Schuluntersuchungen vertrauen. Ihre Akzeptanz zu erhöhen, scheint nicht aussichtslos (Schwippert 2005). Vertrauen von LehrerInnen aber beinhaltet, das eigene Handeln als Vorwegnahme einer ungewissen zukünftigen Praxis verlässlich auf die expertenhaft, technisch elaboriert gemessene Beschreibung ihrer Arbeit gründen zu können. Vermutlich ist zunächst mit einer Vertrautheitslücke bei den LehrerInnen zu rechnen. Die fraglose Selbstverständlichkeit von Schule und ihren Operationen wird durch „Schulreformen" (Reformabsichten)[69], die sich an standortbezogener Wettbewerbsfähigkeit und Schulqualität orientieren und dazu großflächige Leistungsuntersuchungen einsetzen, einer Probe unterzogen. Hingegen scheinen Politik und große Teile der Öffentlichkeit daran zu „glauben", dass Zustand und relative Stellung der (sub-)nationalen Schulsysteme auf diesem Weg valide zu beschreiben sind. Und die Politik und große Teile der Fachwissenschaft setzen darauf, über „evaluationsbasierte Steuerung" auch aus großflächigen Schuluntersuchungen qualitätsrelevante Interventionen für die Einzelschule bis hin zur einzelnen LehrerIn formulieren zu können. Es wird in „Verordnungsmanier" gefordert, eine „evidence based" Wissenssorte anzunehmen – es *muss* vertraut werden –, deren Sinn sich den LehrerInnen nicht ohne weiteres erschließen *kann*, weil es kaum mit ihrem „experienced based" Wissen und ihren Erfahrungen korrespondiert (und deshalb auch kommunikativ weniger produktiv anschlussfähig ist, vielmehr die, auch kommunikative Spannung zwischen Politik und Schule, fortsetzt). Die Differenz beider Wissensformen ist jedenfalls nicht per se geeignet, selbstevident vertrauenswürdig zu sein und lehrerschaftliches Handeln daran auszurichten (grundsätzlich Rein/Schon 1991). Hier kann nur eine These formuliert werden. Der schulischen Messung (Expertensystem) wird dann vertraut werden, wenn die Messergebnisse den Anschluss finden an (a) die lehrerschaftliche Praxis und ihre Erfahrungen und (b) es gelingt, ihre tägliche Arbeit zu erleichtern bzw. verbessern. Diesen Zugang legen die großflächigen Leistungsuntersuchungen selbst nahe, indem sie ein *Erfolgs*kriterium in die Beschreibung und Bewertung der Schule einführen. Vertrauen in das Expertensystem wird erfolgsabhängig, zumal die Schule als autonome Einrichtung für ihre Leistungen verantwortlich gestellt wird. Also

---

[68] Dazu sind nicht nur Rezeptionsstudien notwendig (Schrader/Helmke 2003, 80), sondern auch „Vermittlungsstudien".

[69] Strenggenommen handelt es sich um Veränderungsabsichten. Ob es sich um Reformen handelt, ist eine Frage von Bewertungen.

muss aus den großflächigen Leistungsuntersuchungen für die Arbeit etwas herausspringen. So ist nicht systematische Beobachtung vertrauenskritisch[70], sondern die *politische* Verwendung der Ergebnisse. Daran entscheidet sich das Vertrauen in großflächige Leistungsuntersuchungen.

Man kann es bei den Ergebnissen und ihrer mehr oder weniger pauschalen öffentlichen Diskussion belassen. Vorgesehen ist jedoch, Beobachtung durch systematische Rückmeldungen, die in die Schulen einfließen, zu ergänzen und sie zu Handlungsänderungen veranlassen, die sie sonst nicht vorgenommen hätten (Döbert/Fuchs 2005). Dieser Ansatz ist durchaus als innovativ zu bezeichnen. Denn zahlreiche wissenschaftliche Untersuchungen und Expertisen haben lediglich die Funktion, Legitimation durch Berufung auf die Rationalität der Wissenschaft zu begründen. Schulforschung wird hier unmittelbar handlungsrelevant. Dabei ist der Begriff des Feedbacks freilich eher verwirrend, weil er technisch konnotiert ist. Rückmeldung von Leistungsdaten in die Schule ist aber ein *sensible soziale* Leistung und kein Feedback in eine „triviale Maschine" (von Foerster 1984) mit automatisierten (oder automatisierbaren?) Mechanismen, die Empfänger-Innen zu dauerhaften Lernanstrengungen „nötigt". Feedback aus Ergebnissen von Expertensystemen sind nicht selbsterklärend (unter Bedingungen unterschiedlicher Wissenssorten erst recht nicht), sondern sind zu vermitteln und anzueignen (vgl. z.B. das Konzept der PISA-ModeratorInnen in Deutschland). In dieser Hinsicht könnte sogar der pädagogische Dual von Vermittlung und Aneignung (Kade 1997) auf den politischen Auftraggeber überspringen, der neben seiner neuen Beobachtungsfunktion jetzt in einem Sinne „pädagogisch" werden muss, will er tatsächlich via die LehrerInnen die Schulqualität verbessern.

5.6.6 *Personales Vertrauen in Externe Evaluation*

Schule soll im neuen Steuerungskonzept freilich nicht einzig auf dem Expertensystem der (inter-)nationalen Leistungsuntersuchungen gründen. Vielmehr werden Versuche unternommen die schulische Regelungsstruktur intermediär anzureichern. Dort besteht dann die Chance, entpersonalisiertes Vertrauen in Expertensysteme durch personale Vertrauensbeziehungen zu ergänzen (die folgenden Aussagen sind stark „konjunktivisch" und verweisen lediglich auf Potenziale, weil noch zu wenige Erfahrungen mit Externer Evaluation vorliegen).

Ein ein Territorium umspannendes Schulsystem muss dezentral organisiert sein und ist nur über komplexe Vermittlungsinstrumente und -prozesse zu

---

[70] Politisch ist Beobachtung sogar „eigentlich" überfällig, wenn die Principal-Agent-Beziehung zwischen Politik und Schule eine plausible Beschreibung abgibt und die LehrerInnen auch empirisch als AuftragnehmerInnen eines politisch definierten Auftrags definiert werden.

betreiben. Um mit Entscheidungen, die Folgehandlungen in ihrer Streuung einzugrenzen versuchen und damit Ereignisbeherrschung dennoch annähernd sicherzustellen bzw. wenigstens die Chance zu erhöhen beabsichtigen, werden neben die o.g. normativen Befolgungserwartungen, Anreize, evaluationsbasierte Steuerungsanstrengungen und Sinnaneignungsprozesse intermediäre Behörden dazwischengeschaltet, die der Distanzminderung zwischen Kanton/Bundesland und Schule dienen und die in absteigender Linie eine geringere Entfernung zur Schule aufweisen und entsprechend über differenziertere, in ihrer Relevanz und Reichweite jedoch „engere" und spezifischere Informationen verfügen. Über Nähe zur Schule können intermediäre Organisation „Glauben" als „abgeschwächtes induktives Wissen" (Simmel 1989, 216) an symbolische Zeichen und Vertrauen in Expertensysteme in eine personale, räumlich und sozial eng zusammengerückte, „gesichtsabhängige" (Giddens 1999, 103[71]) Kommunikation umformen, die wenigstens teilweiser Anwesenheit der Beteiligten und dem „Gesetz des Wiedersehens" (Luhmann) unterworfen ist sowie der Möglichkeit bzw. Verpflichtung, miteinander reden zu können bzw. zu müssen. Abstraktes institutionelles Vertrauen wird durch personales, gesichtsgestütztes Vertrauen ergänzt, ggf. sogar ersetzt, so dass zwar Systemvertrauen (schwach) ausfallen kann, damit aber nicht die gesamte Vertrauensstruktur zerfällt (vgl. Svallfors 2002, 198f., der zum Ergebnis kommt, dass Implementationsagenturen ein höheres Maß an Vertrauen genießen als staatliche Politik). Personale Vertrauensbeziehungen leisten ihren Beitrag zur Rückbettung einer auf dem Expertensystem der Leistungsmessung beruhenden Schule.

In der Schweiz sind das Inspektorat (in der deutschsprachigen Schweiz bis auf die Kantone St. Gallen und Zürich) und die kommunalen Schulbehörden als Intermediäre zu nennen. Dazu etablieren sich im Augenblick zusätzlich die Externen Evaluationsstellen sowie behördliche und vor allem private Beratung als Vermittlungsinstanzen. In Deutschland sind dem Ministerium dezentralisierte Schulämter als Schulaufsichtsämter nachgeordnet; neuerdings werden in fast allen Bundesländern zusätzlich und neben der Schulaufsicht Inspektorate mit Aufgaben der Externen Evaluation eingerichtet. Damit war zwar auch bisher schon eine intermediäre Organisationsebene in die schulische Regelungsstruktur eingezogen, die jedoch in Form von Kontrollbesuchen praktiziert wurde.[72] Im Weiteren werden beide Formen als Externe Evaluation(sagenturen) bezeichnet.

Über Externe Evaluation erweitert der Staat seinen (a) hierarchischen Modus, verzichtet (b) partiell auf Organisation und Entscheidung in der Organisati-

---

71   Anthony Giddens (1999, 103) unterscheidet „gesichtsabhängige" von „gesichtsunabhängigen Bindungen".
72   Die Schweizer Form der kommunalen Schulbehörde, die eher auf sozialem Vertrauen als auf Kontrolle gründet, bleibt hier unberücksichtigt.

onsentwicklung und lässt sich (c) auf den Schulmodus der Interaktion zwischen *peers* und *peer review* ein. Er kommt damit den LehrerInnen entgegen, die sich „sachfremder" Beobachtung und erst recht Kontrolle verweigern. Intermediäre Einrichtungen, die die Chance der Kommunikation unter Anwesenden besitzen, könnten zum staatlichen „Außendienst" werden und sich als *die* Vertrauensagenturen etablieren, die auch institutionelles Vertrauen stärken.[73] Denn die Neue Schulaufsicht in der Schweiz und das deutsche Inspektorat orientieren sich am alltagspraktischen Wissen der LehrerInnen und weniger (nicht?) an Expertensystemen, wodurch sie in Konkurrenz zum Expertensystem treten und es in seiner Relevanz mindestens relativieren (eine Forschungshypothese). Für die schulische Praxis könnte es sogar marginalisiert werden, wenn ihm nicht als praxisrelevant vertraut wird. Dann könnte sich die funktionale Differenzierung zwischen Politik und Schule sogar in die Organisationsstruktur im Mehrebenensystem fortsetzen. Das Expertensystem der großflächigen Leistungsuntersuchungen liefert die Informationen für die öffentliche und politische Diskussion; in der Externen Evaluation „verbünden" sich peer review mit peers und produzieren in einem prozesshaften Diskurs (aus Sicht der LehrerInnen) schulrelevantes Wissen.

Merkmale personalen Vertrauens in Externe Evaluation
Mit der Einrichtung Externer Evaluation wird ein „Zugangspunkt" (Giddens 1999, 107) in Form von Schulhausbesuchen geschaffen, an denen sich *professionals* und *peers* treffen. Und der (beabsichtigte) Zweck dieser Veranstaltungen ist nicht Kontrolle, sondern Beobachtung, Rückmeldung, Unterstützung und vielleicht Beratung. Zunächst signalisiert Externe Evaluation nur Aufmerksamkeit gegenüber der beabsichtigt unvertraut gemachten Schule – eine Voraussetzung für Veränderung. Um sie wieder in den Zustand der Vertrautheit zu versetzen, sie als notwendige Routine zu stabilisieren – Vertrautheit zu institutionalisieren –, ist Zeit notwendig. Außer man wagt ein wirkliches *Gesellschafts-Experiment* und versetzt die Schule aus dem Zustand der vertrauten Institution in einen „Zustand" permanenter *Bewegung*. Flexibilität als reflexive Veränderungsstrategie wird selbst zum Programm. Damit würde die Idee der „rollenden" Reform (Rolff 1970) wiederbelebt.[74] Wenn die Auflösung traditionaler Vertrautheit permanent gesetzt wird, fallen Veränderungen jedenfalls leichter. Wenn es gar nicht erst zur

---

73 Allerdings müsste an den „Übertragungswegen", die personales Vertrauen in institutionelles Vertrauen verwandeln, noch geforscht werden. Dazu gehört auch das Problem, wie zwei *kollektive* Akteure – Schulen und Inspektorat – Vertrauensbeziehungen aufbauen und institutionalisieren können.

74 Diese Aussage ist nicht negativ gemeint, sondern in den historischen Kontext der „Epoche" der „politischen Planung" mit ihren unilateralen Machbarkeitsideen einzuordnen, die ja längst nicht verschwunden sind, sondern sich von der Politik auf die (Natur-)Wissenschaft verlagert haben.

Institutionalisierung von Handlungsformen kommt, können sie keine Tradition ausbilden und Veränderungen müssen sich nicht mühsam damit herumschlagen. Alles wird dann akzidenziell entscheidbar. Ob die permanent „bewegte Schule" den SchülerInnen ein günstiges Lernumfeld bietet, wäre indes noch zu diskutieren (vgl. Sennett 1998). Indes braucht sich über diese Möglichkeit niemand ernsthafte Sorgen zu machen, weil (a) noch gar nicht ausgemacht ist, was aus der beabsichtigten „Schulreform" tatsächlich in Praxis überführt wird, (b) Routine (und „Bürokratie", verstanden als verlässliche Regelhaftigkeit) nicht nur allemal Bewegung schlägt, Routine (c) sogar unerlässliche Bedingung von, auch bewegungsorientiertem, Handeln ist (vgl. z.B. Giddens 1997, 11-116), erst recht in dem von „endemischer Unsicherheit" gekennzeichneten Lehrberuf (Lortie 1975, 134-138) und (d) schließlich Bewegung selbst zur Routine werden kann.

Zur Etablierung als Vertrauensagentur wird eine nur interaktiv zu erreichende *Zuwendung* notwendig sein, die Zuwendung auf dem schmalen Grat gegenüber ihren Kontroll*potenzialen* immer aufs Neue auslotet.[75] Interaktive Vermittlung durch Externe Evaluation bedarf ebenfalls einer Vermittlungssensitivität, die aber anders gelagert ist als im Fall von Expertensystemen und sich, soll sie erfolgreich im Sinne von Schulqualität sein, vom Modell eines aufsichtlichen Kontrollbesuchs unterscheiden muss. Sensitivität wäre hier zu beschreiben (a) über den Beobachtungsauftrag, weil er (b) auf die andere Komponente zurückwirkt, wie nämlich die EvaluatorInnen in die Schulen mit ihrer anderen Sinnwelt „einziehen", als Staatsvögte oder in bescheidener, aufmerksamer Zurückhaltung.

Der Aufbau von Vertrauensbeziehungen zur Schule wird für die Externe Evaluation zum kritischen Nadelöhr. Während Expertensysteme den Schulen als relevant übergestülpt werden können, gelangt Externe Evaluation, bemüht sie sich nicht um den Aufbau von Vertrauen, nur formal in die Schule. Soll nicht das Revisor-Syndrom Raum greifen, sind immer dort, wo Akteure in *interaktive* Beziehungen eintreten, soziale Zutrittsbarrieren zu überwinden. Staatliche Beobachtungseinrichtungen bewegen sich in einem ambivalenten Verhältnis zu den Beobachteten. Sie können zwar mit Beobachtungs-, Zutritts- und sogar (auch positiven) Sanktionsrechten ausgestattet werden und hierarchische Überlegenheit ausspielen. Wenn es ihnen aber nicht gelingt über den Zutritt hinaus auch den Zugang zu den LehrerInnen zu finden, werden sie wenig Entwicklungsimpulse auslösen und ggf. sogar mit Täuschungsmanövern konfrontiert („Potemkinsche

---

75 Hier wird die soziale Tatsache von Interaktion, den interaktionistische Theorien herausarbeiten, zum präskriptiven Programm. Im interaktionistischen Erklärungszusammenhang dienen Regeln als generalisierte Handlungsorientierungen, die jedoch ständig interpretiert werden und sich verändern. In dieser Theorie ist Organisation kein, jedenfalls nicht nur, Arrangement von Mitgliedschaften, (hierarchischen) Positionen, Regeln, Rollen, Organisationszielen, sondern eine stabile und doch ständig flexible „negotiated order" (für die Schule: Martin 1966).

Dörfer"), mindestens aber mit „Schaustunden" und generell mit einer dem „Impressions-Management" (Goffman) nachgebildeten Selbstpräsentation, die ihre Beobachtung nicht hinfällig werden lässt, aber ihr doch Effektivität nimmt. Hierarchische Zuständigkeit wird partiell funktional umgedreht. Selbstverständlich kann man sich, so gegeben, per Anordnungsmacht Zutritt verschaffen.[76] Taugliche, hier: informationsförderliche interaktive Beziehungen, wie sie die Externe Evaluation ausbilden soll, „leben" jedoch von einem Minimum an Vertrauen (Lipsky 1980), das seine Quelle in Handlungsroutinen haben kann, ferner in Handlungsverdichtungen, Handlungsprofessionalisierungen, Handlungsrahmungen und bestimmten Handlungsstrategien, etwa einem Vorgehen in kleinen Schritten (Endreß 2001, 192f.).

Weitere Leistungen der Externen Evaluation könnten sein:

- Über soziales Vertrauen Informationsdefizite und Unsicherheit der LehrerInnen aufzufangen. Der schulische Entbettungsprozess wird durch Externe Evaluation, die personal und ortsbezogen interagiert und kommuniziert, gebrochen und rückgebettet (Giddens). Die lehrerschaftliche Unsicherheit, wie abstrakte Programme zu lesen und anzuwenden sind, wird ansatzweise intermediär absorbiert. Wenn immer Externe Evaluation schulisches/lehrer–schaftliches Handeln billigt (mindestens duldet), ist es legitimiert. Sie wirkt wie ein Schutzschild für die LehrerInnen. Nichtwissen darüber, was Politik „eigentlich will" bzw. beabsichtigt, wird unter diesen Bedingungen weniger zum sanktionsgefährdeten Defizit, sondern durch personales Vertrauen ersetzt. Externe Evaluation kann auch Vermittlungsarbeit leisten durch den Aufbau von Vertrauen und in der Garantie von Handlungssicherheit für die LehrerInnen.
- Externe Evaluation leistet damit gleichzeitig einen systemintegrativen Beitrag, indem sie die Schulebene mit der politischen Systemebene verkoppelt.
- Ferner absorbiert sie negative Emotionen gegenüber staatlicher Politik und streut sie breiter. Lehrerschaftlicher Unmut muss sich nicht nur unmittelbar über dem Staat entladen. Zentralistische Schulsysteme wie das deutsche verfügen bisher nicht über diese Option. Als emotionales Ventil steht ihnen nur die zentrale Politik zur Verfügung, weil die dezentralen Schulaufsichtsämter als nachgeordnete Behörden emotionale Regungen abweisen müssen, weil sie gegenüber der Politik wenig konfliktfähig und -bereit sein können. Zentrale politische Institutionen sind jedoch fern und die LehrerInnen haben dazu keinen unmittelbaren Zugang. Er kann nur über ihre gewerkschaftlichen Organisationen hergestellt werden, wird damit aber sofort „politisch" –

---

76 Dieser Modus verspricht aber nur für die Polizei unter der Bedingung: „Gefahr im Verzug", Erfolg.

5.6 Vertrauen

als Forderung oder Opposition, seltener als Zustimmung. Das System kennt daneben keine institutionelle Form, bei der „Dampf abgelassen" und emotionale Entlastung gesucht werden kann.

- Die LehrerInnen können sich bei Externer Evaluation gleichzeitig aufgehoben fühlen und sie „beschimpfen". Denn Externe Evaluation muss die Schule als eigene Handlungsbedingung ernst nehmen. Darin könnte eine wesentliche Leistung für das gesamte Schulsystem liegen. Besonders in den letzten Jahren leiden die LehrerInnen darunter, dass ihnen von Seiten der politischen Akteure die gewünschte soziale Anerkennung versagt wird (und sie im Zweifel auch noch zeitlich und finanziell Einbußen hinnehmen müssen). Einen guten Teil dieser Anerkennung können sich die LehrerInnen im sozialen Nahbereich über die Externe Evaluation holen. Politische Akteure können Anerkennung verweigern, für die Akteure Externer Evaluation sind soziale Nähe, die bis zur Distanzlosigkeit gehen kann, und Gratifikationsverteilung Handlungsbedingungen. Der „weiche" Mechanismus des Aufbaus von Vertrauen ist allerdings zeitaufwendig, unscharf, ständig gefährdet, kaum (bzw. nur in Detailstudien) überprüfbar, kausal schwer zurechenbar auf die Leistungsfähigkeit der Schule (eher schon auf die soziale Organisation der Schule als Einheit) und nicht zuletzt sozialtechnologisch schwierig und schon gar nicht schnell herstellbar.

- Schließlich werden in die schulische Regelungsstruktur Elemente eines Verhandlungssystems eingezogen, das in der bisherigen schulischen Governance nicht vorgesehen war.[77] Damit wird die Kluft zwischen systemischer Generalisierung und lokalen Verhältnissen etwas geschlossen, die Spannung gegenüber hierarchischer Koordination jedoch erhöht. Im Unterschied zum schulaufsichtlichen Kontrollbesuch könn(t)en sich die LehrerInnen von gleich zu gleich mit der Externen Evaluation „gesichtsabhängig" austauschen und diskutieren. Damit wird eine gegenüber großflächigen Leistungsuntersuchungen alternative (und konkurrente?) Form der Datenproduktion konstituiert. An die Stelle objektiver Messung tritt eine prozessual-interaktive Wissensproduktion, die unmittelbar an die Kenntnisse, Erfahrungen und Bedürfnisse der LehrerInnen anschließen kann und deshalb für die Qualitätsentwicklung Relevanzvorteile aufweisen kann (ohne deshalb Systeminformation ersetzen zu können[78]).

---

77 Anders als Lange/Schimank 2004, 22f., fasse ich formale Hierarchien nicht unter dem Begriff des Verhandlungssystems. In der schulischen Regelungsstruktur gab es bisher zwischen staatlicher Politik und Schule keine „abgesprochene(n) [...] Handlungsabstimmungen" auf der Grundlage der Möglichkeit, die „je eigene Position dar(zu)legen".

78 Es wäre zu untersuchen, wieweit die differenten Wissenssorten, die Monitoring produziert, miteinander kompatibel sind oder konkurrieren oder sogar miteinander interferieren.

Externe Evaluation ist, weil sie ohnehin Vertrauen erwerben *muss*, zur Vertrauensagentur prädestiniert, will sie nicht obrigkeitlich wahrgenommene Aufsicht prolongieren. Freilich sind Vertrauensbeziehungen auch geeignet, in Kumpanei umzuschlagen. Auch hier bietet die Polizei Anschauungsbeispiele, wenn PolizistInnen sich in kritischen Milieus bewegen und in bestimmten Fällen selbst kriminell „kontaminiert" werden. Sozialwissenschaftlich beschrieben wird dieser Zusammenhang, der zwei Ausprägungen kennt, in einem Begriff wie „capture" (Selznick 1966, 259-261; vgl. auch das Konzept der „Kolonisierung" bei Mayntz/Scharpf 1995, 25f.).

Die eine Ausprägung dieses Verhältnisses ist die „Belagerung". Genannt wird hier häufig die Landwirtschaftspolitik, in der die Landwirte das zuständige Ministerium umzingeln und es in ein Klientelministerium verwandeln. Davon zu unterscheiden ist der Fall, dass peers „vergessen", zwei (oder mehr) unterschiedlichen Referenzsystemen zuzugehören, sogar „die Seiten" wechseln und damit das Vertrauen des Auftraggebers verspielen, um es bei den „eigenen" peers zu gewinnen. Vor eine Bewährungsprobe wird die Externe Evaluation hier ebenfalls bei der Rückmeldung gestellt werden. Erweisen sie sich in schulkritischen Fällen, in denen staatliche Intervention ansteht, als peers oder trotz Unabhängigkeit als Akteure, die dem Auftraggeber näher stehen?

Fasst man die Aufgabe des Inspektorats normativ, so besteht ihre Aufgabe darin, zu *vermitteln*. Es besetzt dann die Position „zwischen den Stühlen" und muss sich funktional daran orientieren, „critical friendship" (Standaert 2000, 12) zu den Schulen, aber auch zum Auftraggeber aufzubauen.

Es bleibt abzuwarten, welche Beziehungsdichte das Inspektorat zu den Schulen überhaupt aufbauen kann. Es ist nämlich nicht nur die dichte Variante denkbar, sondern auch ein Modell, in dem die InspektorInnen periodisch wechseln, so dass sie niemals dieselbe Schule zweimal besuchen. Weil in diesem Fall der Aufbau personaler Vertrauensbeziehungen absichtsvoll unterbrochen ist, müssten die LehrerInnen ein Systemvertrauen zu den Inspektoraten entwickeln.

Externe Evaluation wird belastende Rollenkonflikte auszuhalten haben, obwohl sie formal als „unabhängige" Einrichtung konstituiert ist, die sich zudem an detaillierte Verfahrensschritte zu halten hat (Binder/Trachsler 2002; Institut für Qualitätsentwicklung 2006, 109-112)[79] „Unabhängigkeit" beinhaltet weniger die Unabhängigkeit des Beobachtungsauftrags als die Chance, den LehrerInnen als peers zu begegnen. Unabhängigkeit bedeutet, dass zwischen den Staat und die

---

79 Durch Veränderungen von Konstitutionsmerkmalen und Verfahrensregeln ist es möglich, Abhängigkeitsverhältnisse, die Macht in Akteurkonstellationen, den Zugang zu Entscheidungsstellen etc. zu beeinflussen, ohne formal Ergebnisse bereits vorwegzunehmen (vgl. z.B. Dunsire 1993).

5.6 Vertrauen

Schulen die Externe Evaluationsagentur geschaltet ist, so dass unmittelbare staatliche Eingriffe aufgrund von Beobachtungsergebnissen ausgeschlossen sind. Die Konstruktion von Verfahren schließt an das Modell der „prozeduralen Steuerung" an (Offe 1975, 93-95). Dabei enthält sich der Staat der Festlegung bestimmter Ergebnisse und normiert ausschließlich bestimmte Regularien der Verfahren.[80]

Vertrauen und Beobachtung mit dem Ziel der Informationssammlung stehen zueinander in einer paradoxen Beziehung. Wenn die Politik ihr hierarchisches Instrumentarium im Rahmen evaluationsbasierter Steuerung durch systematische Schulbeobachtung ergänzt, wird gleichzeitig die Vertrauensbasis zwischen Politik und Schule geschwächt wie die Voraussetzungen geschaffen werden, Vertrauen neu zu begründen. Über Beobachtung wird der Faktor Kontrollinformation gestärkt und Formen personalen Vertrauens zwischen Externer Evaluation und LehrerInnen werden durch „objektiviertes" Systemvertrauen ersetzt. In einem demokratietheoretischen Kontext ist systematische Beobachtung der Schule als eine paradoxale Misstrauenserklärung zu beschreiben (Sztopmka 1998, 25-30[81]), die schulische Leistungen misst und Schulen zur Rechenschaft verpflichtet, darin institutionalisiertes Misstrauen ausdrückt und über diesen Umweg die Grundlage für den Aufbau von Vertrauen in die Schule herstellt. Sie wird beaufsichtigt und „macht nicht, was sie will." Misstrauen kann Vertrauen begründen. Wenn zutrifft, dass die öffentliche Volksschule an Legitimation eingebüßt hat, dann könnten Evaluations- und Testverfahren zumindest ihre Reputation aufbessern. Sogar die Beobachtung selbst kann schon als Anerkennung begriffen werden. Eine Einrichtung, der eine Bedeutung eingeschrieben war, die in ihrer Selbstverständlichkeit in Nicht-Beachtung mündete, erhält nun öffentliche und explizite Bedeutung. Was beobachtet wird, besitzt Bedeutung. Sollen sich indes Information und Vertrauen nicht ausschließen, wird es wesentlich vom Maß der Kontrolle abhängen – Informationen besitzen immer die „dual use"-Eigenschaft, sanktionierende Kontrolle zu ermöglichen –, ob eine Vertrauensbeziehung zwischen Schule und politischer Nachfrage entsteht oder ob Qualitätssicherung sich nach den „Gesetzen" von Differenzierungsprozessen rücksichtslos spezialisiert und unstillbaren Informationshunger entwickelt. Arbeit an Vertrauensbeziehungen nimmt den (unverzichtbaren) Beobachtungsverfahren ihre Schärfe und mindert ihren systematisch mitlaufenden Kontrollaspekt. Beobachtung als Kontrolle

---

80 Zwar wird dabei auf direkte Verhaltens- und Ergebnis-„Steuerung" verzichtet, gleichwohl bleibt das Instrument nicht neutral, weil die Regularien die Beteiligten (sozial), die zu verhandelnden Materien (sachlich) und die Zeit und Dauer der Verhandlungen (zeitlich) bestimmen.

81 Vgl. auch Kölz 1998, 32, der als ein Schweizer Erbe der französischen Revolution „das instutionalisierte Misstrauen gegenüber jeder Art von Macht" beschreibt (daraus leiten sich dann z.B. ab das Kollegialprinzip, die hierarchische Kontrolle der Gerichte, besondere Aufsichtsbehörden, die Finanzkontrolle, die Öffentlichkeit der Gesetzgebung und der Verwaltung).

(miss)zuverstehen ist nämlich kein Wahrnehmungsmanko der LehrerInnen, sondern in „intelligenter" Beobachtung und Informationen selbst angelegt.

6. Beziehungsumbau durch Intermediäre?

Wurde in den vorangehenden Kapiteln ein Überblick über Facetten der School Governance – mit dem Schwerpunkt auf den Beziehungen zwischen Staat und Schule – gegeben, so beschäftigen wir uns in diesem Kapitel mit intermediären Instanzen, die in diese Beziehung „geschoben" werden. Konkret angesprochen sind neu geschaffene bzw. einzurichtende Schulinspektorate (so die Begrifflichkeit in Deutschland) bzw. die Neue Schulaufsicht (so der analoge Begriff in der Schweiz), außerdem die bestehende (deutsche) Schulaufsicht sowie (schweizerische) kommunale Schulbehörden, bekannter unter dem Namen „Schulpflegen".

Unsere Beschäftigung mit diesen intermediären Einrichtungen begründet sich aus der Beobachtung, dass Politik und Schule zwar strukturell antagonistisch gekoppelt sind, sich jedoch im Zustand „sprachloser Distanz" bewegen und unter Bedingungen der Anwesenheit kaum institutionalisiert kooperiert oder verhandelt haben. Im institutionellen Arrangement fehlte bislang dazu ein sozialer Raum.

Der formale hierarchische Aufbau der Beziehung zwischen Politik und Schule in Deutschland und der Schweiz ist i.d.R. dreistufig: Die für die Schule zuständigen Ministerien (obere Schulaufsicht) agieren nicht direkt mit den Schulen – was ihre Kontrollspanne angesichts einer Vielzahl von einzelnen Schulen hoffnungslos überfordern würde –, sondern der Kontakt erfolgt in Deutschland über die Zwischeninstanz der Regierungsbezirke (untere Schulaufsicht), in der Schweiz in den meisten Kantonen über ein den Bildungsdirektionen (Ministerien) angegliedertes Inspektorat. Unmittelbare Formen für einen systematisierten Informationsaustausch, etwa im Wege von „Verhandlungen", existieren nicht bzw. nur auf der Ebene der Regionen und Gemeinden.

Die intermediäre Instanz der konventionellen Schulaufsicht war und ist unmittelbar als staatliche, nicht-professionelle Aufsicht ausgebildet. Außerdem ist sie personell zu schwach ausgestattet, um kontrollieren zu können und umgekehrt teilweise auch mit den Schulen zu stark „verbandelt". Mit (deutschen) Inspektoraten und (Schweizer) Neuer Schulaufsicht, oder allgemeiner: Verfahren der Externen Evaluation, ist dagegen eine institutionelle Innovation beabsichtigt, deren Programm beinhaltet, zusammen mit datengestütztem Monitoring die Schulen systematisch zu beobachten. Als intendierter oder nicht beabsichtigter Effekt könnten Staat und Schule enger zusammengeführt werden.

Im deutschsprachigen Bildungsraum wird damit ein Schritt nachgeholt, der im Ausland seit längerem vollzogen ist. Hier gibt es zum Teil – siehe die Niederlande – einen etablierten Berufsstand staatlich unabhängiger Kontrolleure, die im öffentlichen Auftrag die Qualität von Schule und Unterricht begutachten und die Ergebnisse Schulen und Öffentlichkeit rückmelden; auch in England und Wales wird die Evaluation von unabhängigen externen Instanzen (Evaluationsagenturen) durchgeführt (vgl. zu den Niederlanden und England: van Ackeren 2003). Die damit verbundene institutionelle Unabhängigkeit Dritter ermöglicht eine sachgerechte, professionelle, peer-förmige Beurteilung der schulischen Qualität; Leistungserbringer (das staatliche Schulsystem) und Begutachter (Evaluatoren) müssen hierbei getrennt sein – so die Grundidee der Externen Evaluation. Diese Idee wird in den deutschen Bundesländern teilweise anders interpretiert bzw. institutionell umgesetzt. Denn hier gibt es bereits mit der Schulaufsicht eine intermediäre Instanz sowie Personal, welches – wie auch immer geartete – Erfahrungen im Umgang mit Schulen hat. Entsprechend wird in einigen Bundesländern versucht, die herkömmliche Schulaufsicht mit veränderten Aufgabenstellungen zu erhalten und gleichzeitig einen Teil des Personals der Schulaufsicht zu Evaluatoren „umzuschulen", d.h. in die neu geschaffene Schulinspektion einzugliedern.

Kurz: Auf der Ebene der Intermediären findet sich aktuell mit der stärkste Umbruch in der institutionellen Beziehung zwischen Politik und Schule.

Intendiert ist, mit der Externen Evaluation Schulen regelmäßig zu überprüfen und ihnen eigene Leistungen zurückzuspiegeln. Empirisch völlig offen ist jedoch, ob die neu geschaffene Möglichkeit, dass sich Staat und Schule vermittelt über Intermediäre begegnen könnten, doch wieder entlang bestehender Handlungslogiken umgedeutet werden – die Inspektion wird von den Schulen als weitere Form staatlicher Kontrolle „entlarvt" oder Schulen erfinden, wie immer schon, Praktiken, auf ihre Art darauf zu antworten. Offen ist auch, ob etwas „Drittes" entsteht: eine Mischung aus staatlicher Kontrolle und professionellem peer review.[1] Diese Varianten auszuleuchten, ist ein weiteres Thema der schulischen Governanceforschung.

Eine Arbeitshypothese dazu, die wir hier freilich nicht behandeln können (auch weil noch kaum Erfahrungen zu den Inspektoraten vorliegen), lautet, dass

---

[1] In der internationalen Diskussion lassen sich mindestens drei Formen des peer review ausmachen (diese Betrachtung verdanken wir Uwe Schimank): eines, das nur mit Hilfe standardisierter Kennzahlen, die staatlicherseits festgelegt werden, begutachtet; eines, in dem die peers sehr eng fachlich mit den zu Untersuchenden verbunden sind; und als dritte Variante das „informed peer review" als Mischform, in der einerseits standardisierte, staatlich vorgegebene Kennzahlen verwendet werden, die dann jedoch andererseits durch die peers gewichtet und interpretiert werden (mit Blick auf die besonderen Kontextbedingungen, unter denen die Untersuchten Leistungen erbringen).

das neue institutionelle Arrangement die zentrale politisch-administrative Ebene eigentümlich unberührt lässt. Wird das Monitoring an wissenschaftliche Einrichtungen ausgelagert, so wird Externe Evaluation an (a) intermediäre nachgeordnete Stellen (Schulaufsicht) oder (b) unabhängige Instanzen delegiert. Der Staat beabsichtigt zwar systematische Schulbeobachtung, ist aber nicht fähig, sie selbst durchzuführen, d.h. beauftragt stattdessen intermediäre Dritte. Er beschränkt sich auf eine indirekte Schulbeobachtung und – das bleibt abzuwarten – auf daraus abgeleitete strategische Interventionen. Seine eigenen Handlungsprozeduren, insbesondere seine direkten Interventions- und Umbildungsmöglichkeiten bezüglich der Arbeitsorganisation der Lehrkräfte (so auch das Resümee in Abschnitt 2.6) sowie die bisherige Detailsteuerung, bleiben (vorerst wenigstens) von Veränderungen verschont. Entsprechend ist weiter zu vermuten: Bildungsadministrationen lassen sich im deutschen Sprachraum in ihren Kernbereichen davon kaum beeindrucken, dass auf intermediären Ebenen outputorientiert, mit Daten gearbeitet wird. Für die Administration selbst resultiert daraus die – gewiss weiter zu überprüfende These –, dass die bisher bürokratisch verfasste Schulorganisation weitgehend eine solche bleibt, eben weil man wesentliche institutionelle Änderungen „nur" über den Umweg von Intermediären vollziehen lässt.

Blickt man auf intermediäre Ebenen für sich genommen, eröffnet der institutionelle Umbruch allein an dieser Stelle eine Vielzahl von Fragestellungen für die schulische Governanceforschung. Intermediäre Organisationen bewegen sich als „Grenzorganisationen" in „Interpenetrationszonen" oder „strukturellen Kopplungen", d.h. Bereichen, an denen sich gesellschaftliche Teilsysteme und -sektoren einander annähern. Ist die politische Leitung eines Bildungsministeriums institutionell weit entfernt vom schulischen Alltag, so ist schon der (bisherige) Aufsichtsbeamte daran weit näher heran gerückt; und zumindest von der Konzeption her könnte dies auch für die neu geschaffene Schulinspektion (Neue Schulaufsicht) gelten. Es interessiert dann für die Ebene der Intermediären insgesamt, wie solche Kopplungen im Einzelnen aussehen. Untersuchungsthemen für die künftige Forschung beziehen sich z.B. auf Wissensformen der Akteure Schulaufsicht, Schulinspektion und Schule; auf Differenzen solcher Wissensformen; auf Arten der Verteilung des Wissen; auf ein mögliches Zusammenwirken dieses Wissens; auf Überzeugungssysteme (belief systems); auf eine (synkretistische?) Rationalität von Grenzorganisationen, die zwischen den (allen?) Stühlen sitzen; auf die Verteilung von Verantwortung; auf Verhandlungsformen und -strategien; auf Argumentation und strategisches bargaining u.ä. Antworten auf diese Fragen stehen für die schulische Regelungsstruktur noch aus. Auch wir sprechen diese Themen nur zum Teil an, möchten jedoch einen Anfang machen.

Zu den kommunalen Schulbehörden in der Schweiz
Zwei Beiträge dieses Abschnitts (6.4, 6.5) beschäftigen sich mit kommunalen Schulbehörden in der Schweiz, die eine Laienbehörde ist. Da es diese Form in anderen Ländern nicht gibt, seien hier zum Verständnis wesentliche Merkmale in aller Kürze beschrieben:

Trägerinnen der Volksschule sind in den Schweizer Kantonen die Gemeinden. Zwar beruht die Volksschule auf verbindlichen, kantonal (staatlich) gesetzten Regelungen; die Schulen werden jedoch von Behörden der Gemeinden geführt. Je nach institutioneller Konstruktion sind sie Teil der allgemeinen Gemeindeverwaltung oder auch außerhalb angesiedelte, autonome Spezialbehörden. Ihre Zuständigkeiten sind als „unmittelbare Schulaufsicht" zu beschreiben und umfassen u.a. nicht nur die Finanzierung der Schule – die Gemeinden finanzieren ihre Schulen in unterschiedlich hohen Anteilen selbst –, ihre Infrastruktur, ihre Organisation, den Schulbetrieb, die Anstellung der LehrerInnen („Arbeitgeberfunktion"), sondern auch pädagogische Belange einschließlich der Schulaufsicht i.e.S. Im Verhältnis zum Kanton und seinen generalisierten Regelungen sind die Behörden einerseits Vollzugsinstanz; andererseits können sie als „autonome Gemeindebehörden" die Vollzugsaufgaben selbst organisieren, z.B. Prioritäten setzen und sie zeitlich staffeln.

Sämtliche Aufgaben der kommunalen Schulbehörden (Schulpflegen) drücken die Idee einer Volksschule als „Schule des Volkes" aus. In dieser Idee ist enthalten, dass die Schulpflege eine Behörde ist, deren Mitglieder aus dem Volk heraus gewählt werden, d.h. aus Laien bzw. BürgerInnen besteht. Die Gemeinde wählt BürgerInnen aus ihren Reihen zu Mitgliedern der Schulpflege (die im Minimum drei, vielfach jedoch sieben und mehr Mitglieder umfassen). So können sie unmittelbar auf die Volksschule Einfluss nehmen und die Behörde mit originärer Legitimation versehen. Zur Wahl stehen BürgerInnen ohne spezifische Kenntnisse der Schule. Die kommunale Schulbehörde ist also keine Fachbehörde, sondern eine Laien- bzw. genauer: BürgerInnenbehörde, die ihre Aufgaben neben einer beruflichen Beschäftigung im sog. „Milizdienst" erfüllen.[2]

Wie in den Beiträgen (6.4 und 6.5) ausgeführt, gerät diese Verwaltungsform zunehmend an Grenzen ihrer Leistungsfähigkeit: z.B. gibt es Probleme, Laien für das zeitaufwendige Amt zu gewinnen; es zeigen sich Be- und Überlastungen der Amtsführung; zudem sind Schulpflegen – durch berufliche Schulsekretariate als administrativem Unterbau – mit einer Bürokratisierung konfrontiert; insbesondere zeigen sich steigende Anforderungen an eine Qualifizierung, ausgelöst durch komplexere Aufgaben auf anderen Ebenen des Schulsystems, durch die Einrichtung von Schulleitungen – die es zuvor in der Schweiz nicht gab und die zahlrei-

---

2   Die nebenamtliche Milizform ist die kommunale Verwaltungsform in der Schweiz, freilich mit einem beruflichen administrativen Unterbau.

che operative Aufgaben der kommunalen Schulbehörde übernehmen – sowie durch eine Professionalisierung der Schulaufsicht, im Rahmen Externer Evaluation. Diese Entwicklungstendenzen werden in den nachfolgenden Kapiteln aufgegriffen, wobei deutlich wird, dass institutioneller Wandel auf der Ebene der Intermediären nicht nur bedeutet, gänzlich neue Akteure und Funktionsaufgaben einzuführen, wie bei der Schulinspektion bzw. Externen Evaluation. Dadurch, aber auch aus anderen Gründen, geraten vielmehr auch bestehende Intermediäre unter Veränderungsdruck. Für die kommunalen Schulbehörden konkretisiert sich dies als „Zwang" zur Professionalisierung. Angesichts einer Vielzahl von Maßnahmen, die Qualität der Schule mit wissenschaftlichen, „professionellen" Methoden extern zu beobachten, wird es zu einer – auch politischen Frage –, ob sich Gemeinden und BürgerInnen noch eine Laienbehörde leisten wollen und können. Vielfach ist dabei der externe Druck der Veränderung so groß, dass Leistungen der Laienbehörde kaum mehr in den Blick geraten. Einigen Themen und Fragen in diesem Zusammenhang wird in den Abschnitten 6.4 und 6.5 nachgegangen.

6.1 Audit Society und Berichtswesen
Thomas Brüsemeister

Die Schulsysteme in Europa und insbesondere auch Schulsysteme im deutschsprachigen Kontext durchlaufen gegenwärtig Veränderungen der Steuerung. In den – im unterschiedlichen Grade – von Konzepten der „Neuen Steuerung" und des „New Public Management" beeinflussten Bildungsadministrationen beginnen Controlling- und Evaluationsmaßnahmen eine bedeutsame Rolle zu spielen. Organisationseinheiten werden dazu angehalten, kontinuierlich ihre Leistungen in einem Berichtswesen zu dokumentieren und untereinander zu vergleichen. Die daraus folgenden Informationen sollen dann in Entscheidungen der Ressourcenzuweisung und der Organisationsgestaltung eingehen. Michael Power hat dies 1997 unter dem Titel „The Audit Society" als Phänomene des Wirtschaftssystems gekennzeichnet, die zunehmend auch im Sozial- und Bildungswesen relevant werden. Diesem Phänomen will ich nachgehen, in dem ich zunächst (a) von der bürokratischen Steuerung im Wohlfahrtsstaat, die weitgehend kein Berichtswesen kennt, zur Steuerung im Rahmen von NPM übergehe, in dem das Berichtswesen eine Rolle spielt. (b) Danach schwenke ich auf das Schulsystem über und beleuchte mögliche Haltungen zweier Akteure zu Berichtswesen: Schuladministration und Lehrkräfte.

(a) Zur Entfaltung eines Berichtswesens
Bevor man zu gegenwärtigen Entwicklungen für das Schulwesen hinsichtlich eines Berichtswesens kommt, ist es angebracht, einen Ausgangszustand ohne Berichtswesen zu betrachten, nämlich die bürokratische Steuerung im Wohlfahrtsstaat, wie sie nach dem Zweiten Weltkrieg in den Industrienationen vorherrschte. „Ohne Berichtswesen" meint hier, dass sich die Aktivitäten der Organisation weitgehend auf eine Verwaltung beziehen, deren Ethos im Auflegen von immer besseren Leistungen (Inputs) für das gesellschaftliche Publikum besteht.[3]

Hier folge ich der differenzierungstheoretischen Sicht von Parsons. Er beschreibt, dass nach dem Zweiten Weltkrieg immer breitere Leistungsangebote für immer mehr BürgerInnen bereitgestellt werden. Dies geht über die Gewährung politischer Rechte weit hinaus und beinhaltet – in Anlehnung an Thomas Marshall – soziale Rechte, die immer mehr BürgerInnen Beteiligungschancen eröffnen. Parsons (1972, 121) spricht hier insbesondere für den Bereich der Bildung von einer Dritten Revolution, einer „ungeheuren Ausweitung der Chancengleichheit" (ebd.). Inhaltlich sollen den Individuen erstens lebenslange Wettbewerbe im Wirtschaftsleben ermöglicht werden. Zweitens geht es um die Beförderung des Bürgerstatus´ als Zweck an sich; beides mit der Aussicht, eine höhere soziale Integration mit höheren Lebenschancen für Alle zu erreichen. Korrespondierend müssen auch die Leistungsapparate konstruiert sein. Dabei geht es um Organisationsarten und ein Zusammenspiel verschiedener Organisationsbereiche; und nur diese Perspektive der systemischen Integration möchte ich im Weiteren behandeln.

Für die Inklusion Aller ist in der Sichtweise von Parsons die angemessene Organisationsart die Bürokratie. Sie ermöglicht flächendeckende und dabei beinahe gleich bleibende Leistungsangebote. In den Jahrzehnten sozialstaatlicher Entwicklung nach dem Zweiten Weltkrieg führte dies in den Industrienationen dazu, dass sukzessive immer mehr BürgerInnen von Leistungen profitieren. Diese Entwicklung ist jedoch mit Nebenfolgen verbunden. Abteilungen bürokratischer Organisationen arbeiten auf einem relativ schmalen Grat vorab festgelegter Strukturen; sie haben keine Freiheiten der Selbstbeobachtung oder autonome Entwicklungsaufgaben; es gibt innerorganisatorische Blindstellen in den Beziehungen der Abteilungen untereinander. Insgesamt geht es nicht um Outputs, sondern um Inputs. Das Ziel der bürokratischen Organisation ist erreicht, wenn – vereinfacht gesagt – das Geld für Angebote ausgegeben ist. Nachrangig erscheint, welche Effekte in der Umwelt tatsächlich erzeugt werden. Ein auf Out-

---

3   Damit ist kein an Outputs orientiertes „Berichtsystem" verbunden, wie man es heute dem Wortsinn nach kennt. Natürlich lässt sich die Aktenführung der Bürokratie auch als Berichtsystem verstehen. Aber es unterscheidet sich gravierend von dem ergebnis- und leistungsbezogenen Berichtsystem unserer Tage.

6.1 Audit Society und Berichtswesen

puts und Wirkungen bezogenes Berichtswesen ist so gut wie nicht vorhanden. Auch ohne es werden Leistungssysteme für erfolgreich gehalten.

Seit spätestens Mitte der 1980er Jahre werden in den Industriestaaten im Zusammenhang mit einer wahrgenommenen Krise des Sozialstaates immer stärker suboptimale Leistungen dieser Organisationsform wahrgenommen. Eine Reaktion darauf war und ist NPM als neue Verwaltungsorganisation. Es hatte seine Hochzeit in den 1990er Jahren, wird international vielfach verwendet, ist in Reinform in Deutschland nie realisiert worden, wird aber in Variationen eingeführt und fortentwickelt. Als Grundidee wurde aus der betriebswirtschaftlichen Organisationslehre übernommen: Strategische Führung und operative Autonomie werden voneinander getrennt. Damit werden dynamische Verhältnisse gesetzt zwischen einerseits zielgebenden Instanzen – das sind der Staat oder andere Agenturen –, und andererseits operativ ausführenden Instanzen, wie z.B. einzelnen Krankenhäusern oder Schulen. Ein Berichtswesen ermöglicht dabei Feedbacks zwischen strategischen und operativen Einheiten. Hierbei benötigt die Zentrale Berichte von operativen Einheiten, um auf ihrer Basis strategische Entscheidungen treffen zu können. Und operative Einheiten benötigen die im Berichtswesen enthaltenen strategischen Zielvorgaben der Zentrale, um zu wissen, in welche Richtung Leistungsangebote erstellt werden sollen.

In diesem Zusammenhang ist der Begriff Audit platziert. Unter Audits lassen sich in einem allgemeinen Sinn verstehen:
- Prüfverfahren für ein System, einen Prozess oder ein Produkt,
- durchgeführt von einer dritten Instanz, die nicht Teil der Leistungserstellungskette ist (Externes Audit) und/oder von der eigenen Organisation ausgeht (Self-Audit),
- mit dem Ziel, management- und entscheidungsrelevante Daten zu erhalten,
- mit dem sozialen Effekt, Konformität und Abweichung einer Praxis – gemessen an substanziellen Zielvorgaben – zu beobachten. In diesem Sinne können Audits Mittel der Disziplinierung sein, die im Gewand von Sachbeobachtungen erfolgen.

Über solche allgemeinen Merkmale hinaus gibt es für den Begriff jedoch keine exakte Definition. Diese Vagheit gehört wiederum nach Power mit zum Wesenszug der Verfahren, begründet ihre Anpassungsfähigkeit und offensichtlich auch ihren Erfolg: „Vagueness is an important part of the audit explosion phenomenon" (Power 1997, XVII). Tatsächlich, so Power anhand einer Untersuchung über die Ausbreitung von Finanzaudits im Sozialwesen Großbritanniens, findet sich die Idee von Finanz- und Qualitäts-Audits in immer weiteren Bereichen der Gesellschaft. Power wendet sich hierbei der Ausbreitung der Audit-Idee als eines *kulturellen* Phänomens zu. Die Audit-Society, so sein Begriff, beinhaltet hierbei einen grundsätzlichen Kulturwandel: „a hard managerialism has displaced trust" (ebd., 102). Angesichts der in Sozial- und Bildungseinrichtungen eingeführten Berichtsformen gilt offensichtlich auch für sie gegenwärtig, dass einer Leistungserbringung des gesellschaftlichen Teilbereichs nicht mehr per se vertraut wird, sondern dieser Bereich überprüft werden muss – sicher ist sicher. An Stelle von Vertrauen treten ein Manageralismus, Überprüfungen und ein kleinteiliges Berichtswesen.

(b) Haltungen von Schuladministration und Lehrkräften
Diese Gegenwartsdiagnose ist für das Schulsystem interessant, aber noch zu grob. Es gebietet sich eine akteur- und differenzierungstheoretische Spezifizierung, indem man fragt, wie Haltungen von einzelnen Akteuren zu einem Berichtswesen sind und ob diese sich unterscheiden. Differenzierungstheoretisch wird hierbei „Audit" als eine der neuen Leitideen eines Teilsystems verstanden, die sich dahingehend befragen lässt, wie Akteure mit ihr umgehen, sie durch Interpretationen handlungswirksam werden lassen, abschwächen oder verändern. Dies lässt sich zunächst für den Akteur Schuladministration skizzieren.

Bei diesem Akteur liegt natürlicherweise der stärkste Impuls für den Aufbau eines Berichtswesens, denn auf dieser Ebene – der so genannten „Zentrale" nach OECD – werden traditionell Steuerungsentscheide getroffen. Sie könnten mit einem Berichtswesen auf neue Grundlagen gestellt sein. Auf der Ebene Zentrale etablieren sich heute tatsächlich neue Formen der Steuerung und Planung, insbesondere in Form von Bildungsstandards. Sie lassen sich als strategische und substanzielle Zielvorgaben in Form von Kalibrierungssystemen verstehen, die anschließend einzelne Messungen möglich machen – Überprüfungen, Tests, Berichte zu einzelnen Inputs, Prozessen, Outputs und Outcomes –, um sie schließlich im Rahmen eines Bildungsmonitorings zu vergleichen und zu bewerten.

Als Kalibrierungssysteme finden wir aktuell kognitionstheoretische Kompetenzmodelle für einzelne Schülerinnen und Schüler sowie erste neue Leistungsbeurteilungen von Lehrerkompetenzen, die aber erst schwach lohnwirksam sind (mit Ausnahme einiger Schweizerischer Kantone; vgl. Abschnitt 6.5.3). Zudem wird ein Systemmonitoring von vielfältigen Entwicklungen auf intermediären Ebenen begleitet. Auf diesen „Zwischenebenen" zwischen Staat und Schule arbeiten neue wissenschaftliche Qualitätsagenturen in den Bundesländern sowie bei der KMK, die periodische Qualitätsberichte zu einzelnen Leistungsbausteinen – siehe den „Bildungsbericht für Deutschland" (Avenarius u.a. 2003) – sowie wissenschaftliche Expertisen zu ausgesuchten Problembereichen verfassen. Dazu kommen in den Ländern WissenschaftlerInnen, die als BeraterInnen der Bildungspolitik firmieren. Die wichtigste Entwicklung auf den „Zwischenebenen" ist dabei die Einrichtung von Schulinspektionen als eines neuen Akteurs. Er hat explizit die Aufgabe, Daten für ein Systemmonitoring zu liefern und gleichzeitig die Einzelschulentwicklung zu befördern. Intermediäre Ebenen haben damit weitaus größere Aufgaben als in der bürokratischen Steuerung des Schulsystems. Die Idee ist, dass sich der Staat zurückzieht, und aus der Distanz heraus andere – nämlich Intermediäre – die Arbeit machen lässt. Deren Tätigkeit ändert dabei ihren Charakter, wirkt mehr anregend als anordnend, ist wissensbasiert, d.h. gibt der Steuerung der Zentrale Informationen. In diesem Sinne ist derzeit – als starker Impuls in allen deutschen Bundesländern – der massive Aufbau relativ unabhängiger Schulinspektionen zu verzeichnen, oft angelehnt an das Vorbild der Niederlande. Ihre Aufgabe ist es, alle vier bis fünf Jahre einen Entwicklungsbericht über die Schule – und zusammen mit ihr – zu verfassen.

Über diese kursorische Kennzeichnung hinaus, die andeutet, dass auf sowie zwischen den Ebenen *der Schuladministration* Berichte als Steuerungs- und Gestaltungsinstrumente Verwendung finden, ist nun nach möglichen Verwendungsweisen und Resonanzen auf der Ebene der Lehrkräfte zu fragen. Hierbei lassen sich entlang von sieben Kriterien – die keine Vollständigkeit beanspruchen – verschiedene Dimensionen eines Berichtswesen aufzeigen, die einen Kulturwandel für Lehrkräfte beinhalten könnten:

Erste Dimension: Offizialisierung
Ein Berichtswesen für Schulen beinhaltet eine Offizialisierung. Darunter lässt sich zweierlei verstehen: (a) *Interesse bekunden*: Zum einen wird mit einem Berichtswesen wieder ein höheres öffentliches Interesse am Schulwesen ausgedrückt. Bildungspolitik und Schuladministration werfen einen genaueren Blick in die Schule. Und sie berichten der Öffentlichkeit mit aggregierten Daten – zu Übergangsquoten, Abbrecherquoten, im Durchschnitt erreichte Kompetenzniveaus – über wesentliche Entwicklungen. (b) *Durchleuchten*: Zum anderen bedeutet „Offizialisierung", dass informelle und schwach beobachtete Bereiche, die es bislang sowohl zwischen den Lehrkräften, als auch in deren Beziehungen zur Administration gab, nicht mehr geduldet werden. Diesbezüglich wird das Schulegeben insgesamt an die Oberfläche geholt, „dunkle Ecken" werden ausgeleuchtet.

Zweite Dimension: Unausgesprochener Verdacht unzureichender Lehrerleistungen
Qualitätseinrichtungen in den Ländern, neue Schulinspektionen, kontinuierliche Schülerleistungstests: Damit wird symbolisch massiv bezweifelt, dass es wie bisher ausreicht, nur der Profession der Lehrkräfte SchülerInnen anzuvertrauen. Dazu kommen muss – so die symbolische Botschaft des Berichtswesens – eine kontinuierliche externe und interne Ergebnisprüfung. Das vormalige Vertrauen

in die gute Absicht der Lehrkräfte, in den „guten Anfang" – so Luhmann – wird durch fortlaufende Kontrollen ergänzt. Wir wissen dabei nicht, ob die Lehrkräfte den im Aufbau befindlichen Berichtssystemen (wie z.b. der Schulinspektion) mit diffusen Ängsten begegnen, ob vielleicht externe Deutungshilfen für den eigenen Unterricht begrüßt werden, oder erst einmal abgewartet wird.

Dritte Dimension: Schulautonomie
Diese vielleicht ambivalente Haltung der Lehrkräfte kann damit zu tun haben, dass mit den freiheitseinschränkenden Überprüfungen gleichzeitig eine freiheitseröffnende Schulautonomie gewährt wird. Wenn Lehrkräfte als die zentralen Leistungsträger der Schule zur Rechenschaftslegung angehalten sind, benötigen sie in ihrer Schule eine erweiterte Autonomie, in rechtlicher und faktischer Hinsicht. Denn nur wenn ein Akteur entscheiden kann, lassen sich ihm auch Folgen seines Tuns zurechnen – insbesondere wenn man Schulen daran bemessen will, wie sie mit Bildungsstandards umgehen. Obwohl – nach einer Untersuchung von Avenarius/Kimmig/Rürup 2003 – Schulen gleichsam erst eine „halbierte" Autonomie haben, sind gerade mit Bildungsstandards zumindest semantische Bemühungen der Bundesländer erkennbar, die Autonomie der Schulen zu erweitern. Es wird gesehen, dass Rechenschaftslegung und Autonomie zwei Seiten einer Medaille sind.

Vierte Dimension: Schriftlichkeit
Eine informelle und mündliche Austauschkultur zwischen Lehrkräften wird durch das Berichtswesen umgestaltet in Richtung Schriftlichkeit und schriftlicher Planungsdokumente. Dies ist ebenfalls Teil eines möglichen Kulturwandels, da die bisherige Berufskultur der Lehrkräfte – mit ganz wenigen Ausnahmen wie Zeugnissen und Klassenbuch – schriftlos ist. Festlegung von Kompetenzprofilen für Lehrkräfte, Mitarbeitergespräche und individuelle Zielvereinbarungen, sowie Dokumente über Unterrichtsleistungen der Schülerinnen und Schüler stellen dagegen eine Flut neuer Dokumentationstechniken dar, die direkt oder indirekt Leistungen von Lehrkräften schriftlich belegen.

Fünfte Dimension: Kollektivierung und Organisationsbildung
Schulprogramme, Lernstandserhebungen, Kompetenzergebnisse zu SchülerInnen u.a. fordern die Lehrerschaft teils implizit, teil explizit auf, sich *kollektiv* zu diesen Ergebnissen zu verhalten. Berichte fordern eine kollektive Reaktion heraus, anstelle von früheren einzelnen Zuständigkeiten eines Lehrers für seinen Unterricht. Berichte drängen damit auf Abkehr von der – nach Terhart (2001, 58) – individualistischen Lehrerprofession, hin zu einer verstärkten Organisationsbildung.

Sechste Dimension: Berechenbarkeit und Standardisierung
Kleinteilige Berichte ermöglichen im Prinzip, auf Leistungsabweichungen sofort reagieren zu können, sei es auf der eigentlichen Leistungsebene, d.h. direkt in den Schulen, sei es durch intermediäre Systeme wie die Schulaufsicht und die Schulinspektion, oder sei es auf der Ebene der Zentrale durch ein Bildungsmonitoring. Jede dieser Berichtsebenen sowie ihr Zusammenspiel möchte das Schulsystem intern und öffentlich berechenbarer machen. Im Zentrum steht dabei die individuelle Förderung der Unterrichts- und Entwicklungskapazität einer einzelnen Schule, mit den Kompetenzergebnissen von SchülerInnen als derzeitigem zentralen Fokus. Die Mittel eines Berichtswesens sind jedoch ihrerseits standardisiert. Messkategorien werden nicht für jede Schule neu erfunden. Insofern erscheint Standardisierung als Rückseite der Medaille „Berechenbarkeit".

Siebte Dimension: Verobjektivierung von Berufsarbeit durch die Lehrkräfte selbst
Diesem wichtigen Aspekte möchte ich mich ausführlicher widmen. Während die vorigen Dimensionen mögliche Haltungen der Lehrkräfte *angesichts administrativ eingeführter Reformen,* das heißt eines Differenzierungsprozesses „von oben", ansprechen, gilt es nun die Perspektive zu ändern und zu fragen, ob sich nicht auch *Lehrkräfte selbst* Berichten zuwenden. Es geht hierbei um eine gesellschaftliche Differenzierung gleichsam „von unten". Im Rahmen explorativer qualitativer Beobachtungen, die ich im Jahr 2003 in der Schweiz und in Baden-Württemberg bei Besuchen von Schulen gemacht habe, deutet sich hier inhaltlich eine Verobjektivierung der Berufsarbeit von Lehrkräften mittels der Verwendung von Leistungsdokumenten an.

a) Deutschland
Ein erstes Projekt, an dem ich als Beobachter teilnehmen konnte, geht von einer Schulverwaltung einer Region in Baden-Württemberg aus, und zwar in Reaktion auf den Ruf der örtlichen Industrie und des Handwerks: Reine Notenzeugnisse werden nur noch für wenig aussagekräftig gehalten, um junge Menschen in den Beruf einzuführen. Daraufhin wird ein Schul-Projekt begonnen, an dem Schulen freiwillig teilnehmen können. Die Initiative geht von einer leitenden Person in der Schulverwaltung aus, die gute Kontakte zum örtlichen Handwerk und der Industrie hat. Zudem beteiligt sich eine ansässige Hochschule an der Evaluierung des Projekts. Es melden sich zwei Schulen, die jede für sich Konzepte erarbeiten, in das Abschlusszeugnis eine Reihe weiterer Angaben über Qualifizierungen der Schulabgänger einzufügen.

In beiden Schulen neu ist die Hinwendung zur formativen Leistungsbeurteilung, die ergänzend zu der „summativen" Note hinzugenommen wird. Dies bedeutet: Im Zeugnis stehen neben den bekannten Fachnoten auch Noten und Beschreibungen, wie der Schüler an Praktika und AGs teilgenommen hat und wie sich sein Lern- und Sozialverhalten über die Zeit entwickelte.

b) Schweiz
Im Schweizerischen Kanton Thurgau konnten ebenfalls mehrere Schulen beobachtet werden, wie sie mit Verfahren der Leistungsbeurteilung umgehen.[4] Hierbei wurde sichtbar:

(1) Neue Leistungsbeurteilungen werden erstens von einzelnen Personen eingeführt, d.h. nicht von der ganzen Schule oder gar der ganzen Gemeinde (die in der Schweiz der formelle Schulträger ist). Dieses für deutsche Verhältnisse erstaunliche Faktum erklärt sich durch Kontextbedingungen in der Schweiz, d.h. die Tatsache, dass wir es oftmals mit kleinen Schulen zu tun haben – teilweise besteht das Schulhaus nur aus einer einzigen Lehrkraft –, so dass eine Lehrperson viel erreichen kann, wenn sie es will. Exemplarisch steht dafür das von einer Lehrkraft eingesetzte Konzept der „Lerntagebücher".[5] Lern- oder auch „Reisetagebücher" werden dabei in mehreren Fächern eingesetzt, u.a. in Mathematik. Die Schüler notieren in diesen Tagebüchern über das Schuljahr hinweg nicht nur ihre täglichen Aufgaben und deren Lösungen, sondern auch wie sie zu Lösungen gelangen und was sie selbst meinen, verbessern zu müssen. Wesentlich ist zudem, dass die Schüler ein peer-review machen, sie lesen sich in Klein- und Großgruppen Textfassungen vor, testen Entwürfe, lassen sich verbessern und verbessern selbst. Zudem sieht sich die Lehrkraft Aufzeichnungen kontinuierlich an und gibt Anstöße für eine selbständige Weiterentwicklung. Durch den stetigen Kontakt mit der Gruppe verlieren Schüler ihre Scheu, Lernschritte vorzutragen. Es entsteht eine Kultur des gegenseitigen permanenten Vorlesens und zwanglosen Korrigierens von Fehlern. Der Einzelne macht gleichsam eine „Lernreise": Ausgehend von seinen eigenen Sichtweisen begegnet er anderen Meinungen und Zugangsweisen und gelangt so zur Reflexion seines eigenen Zugangs. Am Ende des Schuljahres hat jede Schülerin und jeder Schüler ein Portfolio, und es ist in den begleitenden Videoaufnahmen, die die Lehrkraft gemacht hat, aufschlussreich zu beobachten, wie intensiv und zugleich zwanglos sich die einzelnen ihre Skripte vorlesen, und wie jede/r zusätzlich zu Aufgaben und Lösungen das Ta-

---

[4] Dies wurde möglich durch einen von Erhard Eglin, von der pädagogischen Maturitätsschule in Kreuzlingen (Kanton Thurgau), Klaus-Dieter Eubel und mir veranstalteten Workshop, zu dem Erhard Eglin im Sommer 2003 sieben Schulen eingeladen hatte, ihre Projekte zur Leistungsbeurteilung vorzustellen.

[5] Diese Lehr- und Lernform geht zurück auf den von Urs Ruf und Peter Gallin (1998) in der Schweiz entwickelten „Reisetagebücherunterricht".

gebuch ausschmückt und verziert. Darin kommt eine Wertschätzung der Dokumente zum Ausdruck.

Insgesamt kann man hierin eine beginnende Qualitätsentwicklung auf der Unterrichtsebene sehen. Die Leistungsbeurteilung wird neben den klassischen Noten an Dokumente gebunden, die die Schüler eigenständig produzieren. Das Besondere ist hierbei, dass diese Leistungsdokumente/Portfolios der SchülerInnen *gleichzeitig* die Betreuungsleistungen der Lehrkräfte wiedergeben. Lässt sich in dem Tagebuch nicht erkennen, dass ein Schüler seinen (schriftlichen) Reflexionsgrad hinsichtlich seiner Lernergebnisse und -wege verändert hat, ist ganz offenkundig auch die Betreuung unzureichend gewesen. Andersherum gesagt: Bringt das Tagebuch eine solche Entwicklung des Schülers zum Ausdruck, entlastet es die Lehrkraft. Es ist ein – für sich genommen – unpersönliches Zeugnis über eine Lehr-Lern-Gemeinschaft (Ruf/Gallin 1998), ein Dokument, das darüber berichtet, wie eng sich Lehr- und Lernleistungen verzahnt haben. Ein- und dasselbe Medium stellt die professionelle Kompetenz der Lehrkraft sowie Entwicklungen von Kompetenzen der SchülerInnen dar.

Dies ist ein entscheidender Unterschied gegenüber der gegenwärtigen Vorgehensweise im deutschen Sprachraum, der auf kein einheitliches Dokumentationsinstrument setzt, sondern mehrere einzelne Messungen vornimmt: Erstens werden Kompetenzdaten von SchülerInnen ermittelt; zusätzlich werden zweitens – in der Zukunft verstärkt – Kompetenzen von Lehrkräften evaluiert; des Weiteren sind drittens (vgl. Kuper/Schneewind 2006) Rückkoppelungssysteme notwendig, die die Kompetenzergebnisse von SchülerInnen in die Berufspraxis der Lehrkräfte rückübersetzen; viertens ist ebenfalls ein Monitoringsystem erforderlich, dass die Qualität der genannten drei Teilschritte evaluiert und auch die Qualität der Übergänge beobachtet.

In Lerntagebüchern sind dagegen mehrere Dinge gleichzeitig enthalten: Eine eng mit der Unterrichtsentwicklung verzahnte Angabe zur Lehrkompetenz (Schüler auf ihren eigendynamischen Lernwegen begleitet zu haben); Angaben zu Kompetenzentwicklungen der SchülerInnen; und ein Evaluationsmedium, das ebenfalls mit generiert wird, d.h. *in der Leistungserzeugung als solcher* mit hervorgebracht wird. Rückkoppelungssysteme sind kategorisch überflüssig, da „Test"-Inhalte und „Test"-Kriterien nicht gesondert von den Leistungen sind, sondern gleichursprünglich aus einem kooperativen Wissenscluster zwischen SchülerInnen und Lehrkräften hervorgehen.

Es ist zudem kein geringer Effekt, dass aus Sicht der Lehrkräfte eine Kompetenzentwicklung, die man von ihnen verlangt, nicht als Selbstzweck dasteht, den man für sich genommen beurteilen muss, sondern dass das Instrument „Lerntagebuch" an demjenigen Entwicklungsbereich ansetzt, den Lehrkräfte in ihrem eigenen historischen Selbstverständnis fortwährend als den Bereich markiert haben, in dem sie sich am besten auskennen: Unterricht.

(2) Weitere Entwicklungen konnten für die Ebene einer ganzen Schule beobachtet werden. Zum Beispiel entwickelte eine Schule in einer Thurgauer Gemeinde mit Eltern Fragebögen für die gemeinsame Beurteilung der SchülerInnen. Diese Fragebögen werden mehrmals im Jahr an Eltern verteilt, und auch die Lehrkraft beurteilt mehrmals im Jahr die Beteiligung und Kompetenz seiner Schülerin bzw. seines Schülers in einzelnen Fächern. Anhand des Dokumentationsbogens wissen die Eltern das Jahr über, dass und wie eine Lehrkraft eine/n Schüler/in beobachtet, und die Lehrkraft weiß dies auch von den Eltern. Eltern können sich mit den Beurteilungsbögen auf Versetzungsgespräche vorbereiten, die es gemeinsam zwischen dem Schüler, dem Lehrer und den Eltern gibt. Der Schüler hat dabei ebenfalls Einsicht in die Beurteilungsbögen seiner Eltern und seiner Lehrer.

Die Lehrkräfte berichten, sie empfänden insbesondere die Versetzungsgespräche nun sehr viel klarer strukturiert und einfacher zu handhaben. Die verschiedenen Parteien müssen nicht mehr mühselig ad hoc rekonstruieren, was in den zurückliegenden Viertel- oder Halbjahren passierte, sondern man kann sich auf Leistungsdokumente stützen. Mit Hilfe der Dokumente wird die Verfahrensweise der Beurteilung verobjektivierbar, man produziert kulturelle Artefakte. Dies war auch im vorherigen Beispiel mit Hilfe der Lerntagebücher möglich.

(3) Schließlich soll drittens eine weitere Einführung von Dokumentationsverfahren angesprochen sprechen, ich erwähne dies aus Abkürzungsgründen nur noch: Es geht darum, dass wir auch Schulen kennen gelernt haben, bei denen sich die Gemeinde entschloss, alle Schulen in ihrem Einzugsbereich auf neue Verfahren der Leistungsbeurteilung zu verpflichten, wie sie von Lehrkräften lokal entwickelt werden.

Insgesamt lässt sich also beobachten, dass in den Schulen in unterschiedlichen Reichweiten – d.h. bei Einzelpersonen, ganzen Schulen, oder ganzen Gemeinden – Qualitätsentwicklungen beginnen, die sich auf neue Leistungsdokumentationen erstrecken.

Was ist nun aus der Analysesicht von Governance dazu zu bemerken? Ich komme zu Folgerungen, die weitestgehend unvorhergesehene, transintentionale Effekte beinhalten:

a. Akteurkonstellationen verändern sich
Es entstehen im Zuge der Dokumentationen lokale Verhandlungskonstellationen (vgl. generell Brüsemeister/Eubel 2003, 281-284). Zum Teil erstrecken sie sich auf Schulverwaltung, Lehrkräfte, Vertreter von Hochschulen und der örtlichen

Wirtschaft, wie in Baden-Württemberg zu beobachten. Hintergrundgespräche ergaben als Bezugspunkt eine gemeinsame Herkunft eines Teils der Akteure aus der nahe gelegenen Hochschule. Auch in den schweizerischen Schulbeispielen verändern sich Konstellationen des handelnden Zusammenwirkens, insbesondere wenn Lehrkräfte und Eltern über gemeinsame Leistungsdokumente intensiver kommunizieren und durch die Dokumente natürlich auch der Austausch mit SchülerInnen intensiver wird. Letztlich beinhalten die Beispiele aus der Schweiz und Deutschland, dass sich Beziehungen zwischen Lehrkräften verändern, sofern man sich über Sinn und Zweck solcher Dokumente austauscht. Und dies bedeutet, dass wir es bei den Dokumentationsverfahren nicht nur mit einer Technologie zu tun haben, sondern noch mit etwas anderem:

b. Es gibt eine Sozialtechnologie im Schatten der Technologie
Die Dokumentationsverfahren – dies die zweite Folgerung aus den Fallbeobachtungen – sind nicht nur eine Technologie, die technische Verfahren zur Beobachtung von Inputs und Outputs beinhalten. Vielmehr ist erkennbar, dass sich im Schatten der technologischen Revolution eine soziale Revolution ereignet. Unter dem Begriff „Sozialtechnologie" lässt sich mit Wolfgang Zapf (1989) die Anwendung von Wissen durch Akteure, das Geschick der Akteure, die „Zähigkeit von Praktikern", wie Zapf schreibt (ebd., 182), verstehen. Wesentlich ist nach Zapf, dass sich die Individuen angesichts einer neuen Technologie gleichsam neu erfinden. Sie entwickeln neue Selbst-Sichten und praktizieren andere Formen der Partizipation. Ein wesentlicher Gesichtspunkt der Praktiker – d.h. in unserem Fall: der Lehrkräfte, die die neuen Verfahren handhaben – ist, dass sie nicht auf die „eine große Reform" warten, sondern beginnen, dringlichste Probleme zu lösen, eben z.B. bei der Leistungsbeurteilung. In der Umwelt von Schule wird vielfach Kritik an der klassischen Notenbeurteilung geübt – siehe das Beispiel aus Baden-Württemberg und die Unzufriedenheit von Industrie und Handwerk mit der bisherigen reinen Notenbeurteilung, oder siehe die gestiegenen Elternerwartungen, die von den Lehrkräften so wahrgenommen werden, dass immer höhere Ansprüche von außen an die Schule gerichtet sind.

Eine Lehrkraft formulierte in diesem Zusammenhang: Man habe sich auch deshalb dokumentarischen Formen der Leistungsbeurteilung zugewandt, weil die KollegInnen es leid waren, mit den Eltern immer wieder nur individuell und jeder für sich zu verhandeln – mit wechselnden Aussichten auf Erfolg. Die neuen Beurteilungsformen beteiligen dagegen die Eltern kontinuierlich an dem – jetzt formativen – Beurteilungsprozess; die verteilten Fragebögen sind einfach gehalten und können relativ schnell ausgefüllt werden, und sie erlauben über die Zeit hinweg ein Bild der Schülerleistungen zu erstellen. Die Beurteilungen von SchülerInnen, Eltern und Lehrkräften werden untereinander vergleichbar. Dies erhöht wechselseitig die Erwartungssicherheit. Und offensichtlich konstruieren sich die Beteiligten mit den Fragebögen auch eine einheitliche Formsprache. Dies führt unter dem Strich vor allem zur Entlastung der Lehrkräfte, die jetzt nicht mehr die alleinigen Beurteiler sind und jeweils einzeln mit kontingenten Elternbeteiligungen zu kämpfen haben, sondern sich kollektiv auf formative und summative Leistungsdokumente stützen können, die gemeinsam mit KollegInnen, Eltern und SchülerInnen erstellt wurden. Es entsteht, ähnlich wie im Wirtschaftssystem mit dem Geld, ein sachliches Austauschmedium.

c. Medien der Verobjektivierung von Berufsarbeit
Dieses Medium bedeutet für das Schulsystem eine Revolution angesichts der Tatsache, dass die bisherigen mündlichen Verhandlungen mit den Eltern kontingent waren; zudem wohnt Interaktionen generell die Gefahr des Nichtverstehens einer Mitteilung, des Scheiterns, des Nicht-Verstetigen-Könnens, der Überlastung inne. An einem Dokument als etwas sachlichem Dritten kann jedoch über die Zeit hinweg immer wieder Kommunikation orientiert werden, und so verstetigen sich Kontakte zwischen allen schulischen Akteuren. Lehrkräfte können sich ihre Leistungen als Professionelle deutlicher bewusst werden, wenn sie Dokumente zu Schülerleistungen verwenden. Und vor allem: Sie können ihre Leistungen mit Hilfe der Dokumente auch nach außen hin zeigen, und zwar ganz im Sinne einer sachlichen Leistungsbilanz und ohne den Anschein, man habe es mit profilierungssüchtigen Personen zu tun. Es ist eine erstaunliche Tatsache, dass keine einzige Lehrkraft der Schulen, die wir beobachten konnten, darüber berichtete, dass die Leistungsdokumente in der Umwelt irgendwie anstößig wirkten – im Gegenteil wurde offensichtlich das Dokumentieren von Leistungen sogar erwartet. Und dies ist auch verständlich, sofern die Rechenschaftslegung in den allermeisten Gesellschaftsbereichen heute, im Zeitalter des Auditing, als wichtiger Vorgang angesehen wird. Ein solches Auditing mit Hilfe von Leistungsdokumentationen bietet den Lehrkräften die Möglichkeit für ein erhöhtes Selbstbewusstsein im Sinne einer kollektiven Profession – ganz wie Zapf schreibt, dass im Schatten einer neuen Technologie, hier sind es Leistungsdokumentationen, eine Sozialtechnologie gedeihen kann, die eine Selbsterfindung der Akteure im Sinne einer spezifizierten Selbstwahrnehmung impliziert. Besonders das Schulsystem, das stark an personale Fähigkeiten der Lehrkräfte gebunden ist, zeigt, dass sich Akteure im Zusammenhang mit den neuen Qualitätsmethoden selbst neu erfinden können. Zapf wird auf solche Prozesse der Sozialtechnologie aufmerksam, sofern die großen technologischen Planungsoffensiven nach dem Zweiten Weltkrieg scheiterten – dies unter anderem auch deshalb, weil sich die Akteure im Zuge der Handhabung einer Technologie verändern. Es gilt offensichtlich nicht die ceteris paribus-Klausel, dass ein Veränderungsprozess unter

sonst gleichen Umständen in Gang kommt, da sich durch die Einführung von Technologien die Akteure in einem sozialen Prozess der Selbstinterpretation verändern.

Man kann beobachten, dass sich in Einzelschulen Lehrkräfte von einer individuellen zu einer kollektiven Profession weiterentwickeln, sofern sie die angesprochenen Dokumentationspraktiken gemeinsam erfinden – und damit nicht nur Unterrichts-, sondern auch ihre eigenen Betreuungsleistungen verobjektivieren. Dies ist exakt jene Verobjektivierung der Qualität pädagogischer Arbeit, wie sie über offizielle Audit-Systeme erreicht werden soll, nur dass die Lehrkräfte dies auf eine ganz andere Weise tun – und dabei auch eine viel „effektivere" Verzahnung der Lehr- und der Lernkompetenzen erreichen. Wir haben es hier mit emergenten Teilprozessen zu tun, die an einzelnen lokalen Schulstandorten einsetzen und von der Schulverwaltung kaum beobachtet werden.

Dass formative Leistungsdokumentationen von jüngeren Lehrkräften als selbstverständlich angesehen werden, scheint ein enormer Erfolg der Lehrerbildung – der sich freilich still und leise vollzieht und der dann im praktischen Berufsfeld zu weiteren, nicht geplanten Effekten führt: zu neuen Akteurkonstellationen; zu Verhandlungen mit der externen Schulumwelt im Rahmen von Dokumenten; zur selbstbewussten Handhabung dieser Medien und eine damit zum Ausdruck kommende Entwicklung hin zu einer kollektiven Profession, die sich berufsfeldpraktischen Erfordernissen stellt, die natürlicherweise in der Lehrerbildung nicht vollständig vorweggenommen werden können. Damit ist die Entwicklung einer Dokumentationspraxis die Form einer Transintentionalität, die sich aus dem beiläufigen Handeln Mehrerer entwickelt.

Das Aufgreifen von Leistungsbeurteilungen, wie es sich in vielen Bundesländern (so auch Bohl 2003) und Kantonen beobachten lässt, kann dabei auf den ersten Blick kaum auf einen Nenner gebracht werden. Im Kern jedoch zielen die Neuerungen auf etwas Ähnliches: Nämlich versachlichte Austauschmedien, die es erlauben, Kommunikationen zwischen verschiedenen Akteuren mit kulturellen Artefakten zu versehen – den Leistungsdokumenten als solchen –, die dann zwischen den Akteuren zirkulieren. Es wird ein gesellschaftlicher Differenzierungsprozess sichtbar, in dem durch die neue Dokumentationspraktiken ein Teil der bisherigen persönlichen Bezüge zur Professionsarbeit unterbrochen, stattdessen versachlichte Austauschmedien hergestellt werden, über die man kommuniziert.[6]

---

6 Dies ist exakt Luhmanns Vorstellung bezüglich einer emergenten Kommunikation, die sich in der Gesellschaft ereignet. Nicht was der Einzelne über seine Mitteilung denkt oder wie er sie selbst versteht, ist für den Fortgang der Kommunikation wichtig, sondern dass in der Kommunikation von Personenbezügen abstrahiert wird; in der Autopoiesis werden, so Luhmann, die

Dies bedeutet, dass über Leistungen des Schulsystems im System selbst sowie in der Gesellschaft spezifiziert gesprochen werden kann. Formative Dokumente zu Schülerleistungen, die von einer Kollektivorganisation der Lehrkräfte erzeugt werden, sind die entscheidenden kulturellen Artefakte, die als Vermittlungsmedium eingesetzt werden können, um Leistungen der Schule gegenüber verschiedenen Akteuren in der internen und vor allem in der externen Umwelt der Schule darzustellen. Möglichkeiten für Letzteres hatten staatliche Schulsysteme bislang nicht. Und dies bedeutet, dass Mängel des Systems bislang personal, d.h. wesentlich Lehrkräften zugerechnet wurden.

Dagegen steht eine andere, schon gegenwärtige Zukunft des Schulsystems, in der etwas Drittes hinzukommt, was zwischen die Verhandlungen des Schulsystems und seiner Umwelt tritt. Dieses Dritte erlaubt es, sich über etwas zu unterhalten, nämlich Leistungsdokumente. Und so wird nicht mehr direkt auf Kompetenzen „der" Lehrkräfte Bezug genommen oder auf eine übergeneralisierte Weise „die" Schule verantwortlich gemacht, sondern Besser- und Schlechterstellungen innerhalb eines Mediums.

Fazit

In einer gegenwartsdiagnostischen Dimension lässt sich *erstens* mit Power konstatieren, dass die Audit-Society mittels Berichtssystemen in Schulsysteme Einzug hält. Die Kernthese hat hierbei kulturalistischen Charakter. Mit der Diagnose einer sich ausbreitenden Audit-Society wird ein Warnhinweis verbunden, dass die Entwicklung durchaus negative Folgen für einen Kulturwandel haben kann: von „trust" zu „hard manageralism".

Diese These lässt sich *zweitens* differenzierungstheoretisch und für die Ebene der Systemintegration weiter spezifizieren. Zunächst hinsichtlich eines „von oben", durch den Akteur Bildungsadministration eingeleiteten Modernisierungsprozess. Es wird hierbei auf ein Berichtswesen gesetzt, zu denen insbesondere Bildungsstandards gehören. Diese substanziellen Zielvorgaben des Staates werden offensichtlich – in Reaktion auf eine als unzureichend empfundene Handlungsabstimmung[7] im bisherigen Schulwesen – eingeführt. Mit einem Berichtswesen sollen dagegen die Leistungen verschiedener Organisationseinheiten beobachtet, verglichen und aufeinander abgestimmt werden. Und diese Aufgaben der systemischen Integration haben zum Ziel, die Qualität des Schulegebens bzw. die soziale Integrationsleistung des Schulsystems zu erhöhen. Darüber hinaus habe ich für Lehrkräfte verschiedene Dimensionen von Berichtswesen angesprochen: von Überprüfung und Autonomie, bis hin zur möglichen Verob-

---

„psychischen und körperlichen Reproduktionen, Fakten, Zustände, Ereignisse" ausgeschlossen (Luhmann 2002, 262).

7   Vgl. Lange/Schimank 2004, 30.

jektivierung von Berufsarbeit, die sich als Teil eines „emergenten" Differenzierungsprozesses „von unten" ausnimmt.

Schließlich ist angesichts der differenten Sicht, die die Schuladministration einerseits sowie die Lehrkräfte andererseits bezüglich Berichtssystemen erkennen lassen, die Forschungsfrage nach der *Rationalität* von Berichtswesen aufgeworfen. Hierbei äußert sich beispielsweise Günter Ortmann, Professor für Allgemeine Betriebswirtschaftslehre, kritisch zum Effekt der Standardisierung, wie er Berichtswesen eigen ist. Standardisierung könne, so Ortmann, zwar „Gleichbehandlung, Transparenz und so etwas wie prozedurale Fairness" implizieren (Ortmann 2003, 244). Standardisierung könne „aber auch genutzt werden, um andere zu unterdrücken und auszubeuten" (ebd., 245). Unter anderem werden nicht alle Akteure daran beteiligt, was überhaupt in Berichte eingehen soll. Zudem geschehe in der Audit-Society – so Ortmann explizit bezugnehmend auf Power (2003, 245f.) – unter Umständen Folgendes: „Wenn schon die jeweilige Leistung nicht allgemein beurteilt und also standardisiert werden kann, so doch die Prozedur der Leistungserstellung; wenn nicht sie, dann doch ihr Management; wenn nicht dieses, so wenigstens die Dokumentation des Management-Systems: [...] Ersatz, und Ersatz des Ersatzes, und Ersatz des Ersatzes des Ersatzes" (Ortmann 2003, 246). Damit scheinen – abschließend gesagt – Schulen zum einen mit Verheißungen einer neuen, in nie zuvor gekanntem Ausmaß detaillierten, mit Informationen arbeitenden Steuerung konfrontiert. Zum anderen könnte der Schule in der Audit-Society – wie vielen anderen von Audits erfassten Bereichen – ein Auseinanderfallen drohen: zwischen einerseits hohen Standards, die mit Evaluations- und Prüf-Verfahren gesetzt scheinen, und andererseits bloßen „rituals of verification" – so Michael Power –, die kaum an Leistungskerne herankommen.

6.2 Facetten der Schulinspektionen in Deutschland

Spätestens seit Beginn der 1990er Jahre hat im deutschen Sprachraum eine – bis heute anhaltende – Diskussion über die Modernisierung sozialstaatlicher Verwaltungen eingesetzt. Ausgerichtet an Modellen des New Public Management, wurden in vielen Bereichen des Sozialstaats neue Formen einer „managieriellen" Steuerung eingeführt. Des Weiteren orientieren sich Bildungsverwaltungen in jüngster Zeit an Steuerungserfahrungen anderer europäischer und angloamerikanischer Länder, insofern auf substanzielle Zielvorgaben (Standards), Autonomisierung von Einzelschulen, kontrollierte Wettbewerbsbildung, Ausbau hierarchischer Steuerung via Schulleitung, Schülerleistungstests und zentrale Prüfungen sowie Schulinspektionen gesetzt wird. Mit diesen neuen Steuerungskonzepten wird der Rückbau der bürokratischen Steuerungsform angestrebt. Damit steht eine tief greifende Änderung der Beziehung zwischen Staat und Bildungsverwaltungen einerseits sowie der Lehrerschaft andererseits auf der Tagesordnung, wobei die „modernisierenden Eliten" hierbei wesentlich auf Seiten der Schulpolitik und -verwaltung zu finden sind.[8]

Die wenigen empirischen Untersuchungen, die der Frage nachgehen, welche Konsequenzen Neue Steuerungsmodelle für Schulverwaltungen und ihre Deutungs- und Handlungsmuster haben (Dedering u.a. 2003; Kussau/Rosenmund 2005), legen die Annahme nahe, dass Schulverwaltungen gegenwärtig hinsichtlich zweier zentraler Funktionen herausgefordert scheinen: Zum einen implizieren neue Steuerungsmodelle eine stärkere Rechenschaftslegung und Legitimierung des Schulsystems als Ganzem gegenüber der Öffentlichkeit und der Bildungspolitik. Insbesondere die PISA-Studien haben gezeigt, dass ein Legitimationsdruck beantwortet werden muss, die Qualität von Lehr-Lernprozessen sowie konkrete Beschulungserfolge bei Kohorten von Schülerjahrgängen nachzuweisen (Dedering u.a. 2003), was derzeit im Rahmen eines Systemmonitorings insbesondere mit large-scale-assessment-Daten sowie aggregierten Berichtsdaten von neu geschaffenen Schulinspektionen möglich sein soll. Kurz: Es besteht die Aufgabe einer öffentlichen Rechenschaftslegung von Leistungen des Schulsystems, und in diesem Sinne sind – aus Interessen der Öffentlichkeit legitim abgeleitete – Kontrollfunktionen gegenüber den Schulen auszuüben. Dies ist die wesentliche Aufgabe von Schulaufsichtsbehörden.

Darüber hinaus gibt es seit einigen Jahren einen weiteren Aufgabenbereich für die Schulaufsichtsämter, der dem Kontrollparadigma entgegensteht: nämlich die Beratung von Schulen. Insbesondere auf der unteren intermediären Ebene sind Schulverwaltungen mit individuellen Bedürfnissen der Einzelschulen konfrontiert, die – in Kenntnis der Nöte und Fähigkeiten dieser Schulen – aufgegriffen werden müssen. Es geht hierbei insbesondere um den Aufbau von Unterstützungssystemen für Einzelschulen, um Qualitätsmanagement und Evaluation handhaben zu können. Der Akteur untere Schulaufsicht ist in diesem Punkt zu einer engen Zusammenarbeit mit professionellen Lehrkräften aufgefordert, was die Anwendung von Kontrollmechanismen weitgehend ausschließt und es stattdessen erfordert, mehr Prinzipien von Professionen zu verwenden, nämlich die Kraft des besseren Arguments zu nutzen, eine Vertrauen fördernde Kommunikation aufzubauen und so auch die Autonomie der Profession zu wahren. Nimmt man beide Kommunikationsanforderungen zusammen, scheinen Schulverwaltungen vor einem historischen Differenzierungsprozess zu stehen, nämlich sich zwischen einer professionellen Beratung und einer angenäherten Identifikation

---

8 Genau genommen gehören dazu auch Teile der Bildungswissenschaften und Akteure auf intermediären Ebenen (z.B. Beratungseinrichtungen, Stiftungen).

mit den Bedürfnissen von Einzelschulen identifizieren oder aber nach wie vor verwaltungsmäßige Formen der Kontrolle – heute in der neuen Form des ‚manageralism' – praktizieren zu müssen.

Schulinspektion
Zu diesem Differenzierungsprozess hat sich gegenwärtig ein weiterer gesellt: In allen deutschen Bundesländern wird ein neuer Akteur aufgebaut: Die Schulinspektion als eine externe, unabhängige Evaluationsinstanz.[9] Es wird hierbei von den Hoheitsträgern im deutschen Schulsystem, den Kultusministerien, ein Umbau des bestehenden Regelkreislaufs der schulischen Governance verfolgt. Schulen werden als selbständig handelnde Einheiten und nicht mehr als 'nachgeordnete Behörden' angesehen; daraus ergibt sich für die Bildungs- und Schuladministration als erste Konsequenz, von ihnen Rechenschaftslegung zu verlangen und entsprechende Systeme dafür zu organisieren; als zweite Konsequenz müssen klare bildungspolitische Ziele in Form von Leistungsstandards formuliert werden, damit sich die Rechenschaftslegung daran orientieren kann. Die zweite Konsequenz hat die Kultusministerkonferenz seit Ende 2003 umgesetzt, mit ersten Bildungsstandards für Deutsch, Mathematik und die erste Fremdsprache (Englisch/Französisch) für die Jahrgangsstufe 10; Ende 2004 sind weitere gefolgt (vgl. Veröffentlichungen der Kultusministerkonferenz 2005, 5). Und auf Rechenschaftslegung durch die Schulen wurde in den Bundesländern reagiert, indem neu geschaffene Schulinspektionen (teilweise heißen sie Visitationen, wie in Brandenburg, teilweise Schul-TüV) eingerichtet wurden. Einige Bundesländer haben dabei Pilotphasen mit ausgewählten Schulen bereits hinter sich und gehen an eine flächendeckende Implementierung, so dass in absehbarer Zeit zu erwarten ist, dass es Inspektionen in allen Bundesländern gibt.

Inspektorenteams erhalten die Aufgabe, nacheinander alle Schulen eines Bundeslandes zu besuchen und eine Art TÜV-Bericht über wesentliche Schul- und Unterrichtsqualitätsmerkmale zu verfassen. Den Bericht erhält die Schule und das zuständige Schulaufsichtsamt. Die Inspektoren haben keine Aufsichtsfunktionen im Sinne der Schulämter und verfügen über keine Sanktionsmöglichkeiten im Sinne des Dienstrechts, sondern werden als unabhängige Fachbeurteilungen verstanden (so explizit in der Schweiz, aber inhaltlich genau so in Deutschland), die den Schulen alle vier bis fünf Jahre Rückmeldung geben bzw.

---

[9] In Deutschland sind vielfach die Niederlande Vorbild. In den Bundesländern wird der Neuaufbau der Schulinspektionen begleitet von einem Umbau oder der Neuschaffung der institutionellen Trägerschaft, um die Unabhängigkeit und Qualitätsorientierung der Inspekteure – jenseits der klassischen Schulaufsichtsfunktionen – auch institutionell stimmig zu verankern. So ist z.B. der Träger der Schulinspektion in Hessen das neu geschaffene „Institut für Qualitätsentwicklung (IQ)", als eigenständige Einrichtung, die direkt dem Kultusministerium unterstellt ist.

ihnen ihre Leistung spiegeln. Falls vorhanden – und dies wird in den nächsten Jahren flächendeckend der Fall sein – nehmen die Inspektoren auch die (künftig bzw. teilweise jetzt schon regelmäßig vorliegenden) Ergebnisse aus Schülerleistungstests mit in die Schule und fragen, welche Qualitätssicherungsmaßnahmen eingeleitet wurden.[10] Wenn man berücksichtigt, dass in einigen Bundesländern überwiegend Lehrkräfte die Inspektorenteams bilden, erscheint die neue Schulinspektion als eine Instanz, in der Fachkollegen andere Fachkollegen anregen sollen.

Schulaufsichtsämter sind überwiegend auf die Funktion der *Regelkontrolle* begrenzt (obwohl diese, wie oben bemerkt, zumindest zum Teil Beratungsaufgaben mit übernommen haben). Dagegen ist die Inspektion keine Kontrollinstanz, sondern soll eine *Rechenschaftslegung* der Leistungen von Schulen ermöglichen. Die Bildungspolitik stellt die Aufgabe der Rechenschaftslegung mitunter als eine leidige Aufgabe dar, die sie nicht gern fordert, aber um der öffentlichen Aufsicht Willen verlangen muss. Es wird symbolisiert, dass eine externe Evaluation durch die Inspektoren wegfallen könnte, würden Schulen ihre Leistungen eigenständig evaluieren. Das bedeutet vereinfachend gesagt: Inspektoren sind gleichsam eine „Krücke" oder Behelfseinrichtung, die Schulen „nur" dazu anregen sollen, sich selbst zu beobachten, sich über die eigene Qualität des Unterrichtens bewusst zu werden.

Dieses Ideal führt zu realen operativen Vorgehensweisen. Die Inspektion kann z.B. bestimmte Qualitätsbereiche einer einzelnen Schule von der Beobachtungsliste streichen, wenn vorherige Inspektionsbesuche gezeigt haben, dass eine Schule in diesen Bereichen eine gute Qualitätsentwicklung und -sicherung macht. Die Inspektoren können sich dann bewusst andere Bereiche anschauen (und natürlich nach ein paar Jahren auch wieder die Qualitätssicherung des zwischendurch ausgeklammerten Bereichs). All dies zeigt, dass die Inspektionen eine Anregungsfunktion haben, ein Behelf sind für das mittel- und längerfristige Ziel, die Schulen mögen selbst ein eigenes Qualitätsbewusstsein entwickeln.

Während das Kontrollparadigma der bürokratischen Schulorganisation beinhaltet, dass ein Schulaufsichtsbeamter „seine" Schulen in „seinem" Aufsichtsbezirk möglichst gut kennt und sie immer wieder, wenn auch in Abständen, aufsucht, nähert sich die Anregungsfunktion der Inspektion eher dem soziologischen Modell des Fremden nach Georg Simmel (1992) an: Man trifft einen Fremden ein einziges Mal, etwa in einem Zugabteil, und weil man weiß, dass man ihn wahrscheinlich nie wieder sehen wird, fällt eine Offenbarung leichter. Tatsächlich soll ein Teil der Inspektoren der Teams, die Schulen besuchen, im-

---

10 So lange diese Kompetenzdaten nicht flächendeckend für alle SchülerInnen aller Schulen als „Output-Qualitäten" vorliegen, geben die Berichte (notgedrungen) nur Prozessqualitäten wider (vgl. Bildungsdirektion des Kantons Zürich 2001, 31).

mer wieder ausgetauscht werden, so dass sich in diesem Sinne eben keine Beziehung zu einer Schule aufbauen kann, sondern immer wieder von neuem eine unabhängige Begutachtung erfolgt. Es wird also diesbezüglich eine deutliche Weiche verstellt in Richtung neutraler Begutachtung, die entlang von festgelegten (und der Schule bekannten) Qualitätskriterien erfolgt; dabei tauschen sich die Begutachter aus; was bleibt, sind „Qualitätsbereiche", die durchgehend beobachtet werden.[11]

Somit wird eine andere Alternative nicht gewählt: eine engere Beratung und kontinuierlichere Begleitung der Schulen, wie sie durch die bestehende Schulaufsicht möglich wäre. Wegen dieser Weichenstellung könte auf dem Spiel stehen, dass die individuellen Kenntnisse und das Wissen, das die Schulaufsichtspersonen über die Schulen ihres jeweiligen Bezirks haben, nicht mehr sehr hoch geschätzt sind. Dies ist umso bemerkenswerter, als in anderen Ländern teilweise wieder eine Abkehr von flächendeckenden externen Inspektionen erfolgt, für die zuvor viel Geld ausgegeben wurde; stattdessen wird massiv in Unterrichtsprogramme *einzelner* Schulen investiert.[12] Und dies beinhaltet offensichtlich eine Feinabstimmung für jede Schule, inklusive Beratung, Kenntnis der Fähigkeiten der Akteure und Ressourcen der Schule – also etwas, was in Deutschland durchaus im Wissensbereich der Schulaufsichtspersonen liegt, die zwar formell Kontrolleure der Schulen sind, aber (wie angedeutet) doch seit einigen Jahren dazu auch Beratungskompetenzen und ein verändertes Selbstbild aufgebaut haben. Es gibt offensichtlich Alternativen zu unabhängigen Inspekteuren, die keine tieferen Kenntnisse der einzelnen Schule entwickeln können und auch nicht sollen.

Denn in der Regel ist in den Konzeptionen zu Inspektionen in den deutschen Bundesländern festgehalten, dass Zielpunkte der Beobachtung die Schul- und Unterrichtsqualität der einzelnen Schule *als Ganze* ist. Die Schule wird mit summativen bzw. aggregierten Daten informiert, die nicht die Tiefe *einzelner* Unterrichtsstile *einzelner* Lehrkräfte berühren. Zudem wäre bei einer *flächendeckenden* Visitation *aller* Schulen eines Bundeslandes eine detaillierte Erfassung weitergehender Schul- und Unterrichtsprozesse kaum möglich. Was bleibt, sind – trotz oder auf Grund der Untergliederung in verschiedene Qualitätsbereiche, zu denen Beobachtungen gemacht werden – recht allgemein gehaltene Visitationen, deren Ergebnisse in Protokollen relativ stark standardisiert festgehalten werden.

---

11 In den deutschen Bundesländern finden dabei ähnliche Rahmenmodelle für die Beobachtung der Schulqualität Verwendung, vgl. exemplarisch den „Referenzrahmen Schulqualität in Hessen" (Institut für Qualitätsentwicklung 2006).

12 So der mündliche Beitrag von Michael Schratz auf der Fachtagung des Instituts für Qualitätsentwicklung (IQ): „Qualitätsentwicklung durch externe Evaluation – Konzepte, Strategien und Erfahrungen", 30. Juni bis 1. Juli 2005, Wiesbaden.

Was die Schule erhält, ist im günstigsten Fall ein guter Querschnittsbericht über den Durchschnitt ihrer Leistungen – was keinesfalls gering zu schätzen ist. Jedoch ist es eben etwas anderes, ob man als Schule durch einen allgemeinen Bericht zu etwas angeregt werden soll, oder ob einer Schule durch einen ständigen Begleiter spezielle Problembereiche und Stärken fortlaufend kommuniziert sind.

Wenn Berichte über ihre indirekte Anregungsfunktion einen Einfluss auf die Qualität des Unterrichts haben sollen, wenn also das Ziel die Verbesserung des Unterrichts ist, ist zudem zu fragen, warum dann nicht gleich Zeit und Energie darin investiert werden, mit massiven Hilfen den Unterricht einzelner Lehrkräfte zusammen mit diesen zu verändern – statt den Umweg über allgemein gehaltene Berichte zu gehen. Diese Frage unterstellt jedoch eine zu intentionalistische Sicht, so als gäbe es im Schulsystem nur eine Funktion zu erfüllen. Tatsächlich – und dies wird auch in allen Konzepten betont – werden mit den Inspektionen zwei Ziele und Interessen gleichzeitig verfolgt (s.u. 6.3.1). Neben der Beförderung der Schulentwicklung und dem Unterricht geht es auch um Rechenschaftslegung des Schulsystems als Ganzem gegenüber der Öffentlichkeit. Das flächendeckende Berichtssystem durch die Inspektion soll der Bildungsadministration aggregierte Informationen über den Stand der Dinge in den Schulen liefern, die dann für Steuerungsentscheidungen genutzt werden. Damit legitimiert sich auch die Bildungsadministration selbst, als gesonderter Akteur im Mehrebenensystem der Schule. Dies aber kann aus Sicht der Schulen so gelesen werden, als ginge es nicht nur um Hilfen für die Schul- und Unterrichtsqualität, sondern um eine weitere, zur bisherigen Schulaufsicht hinzukommende Überprüfung. Das Anregungsverhältnis – die Inspektionsberichte sollen den Schulen helfen, sich ihrer eigenen Leistungen bewusst zu werden – droht, in einen bloßen Kontroll- und Überprüfungsaspekt umzuschlagen.

Bei der Einführung bzw. Implementierung der Schulinspektionen ist deshalb geboten, die Differenz der beiden Ziele – ein Berichtswesen mit aggregierten Daten aufzubauen, um die Öffentlichkeit zu informieren und Steuerungsinformationen zu erhalten, sowie die Schulentwicklung mit Individualdaten zu befördern und den Schulen in ihrer Selbsterkenntnis zu helfen – gegenüber den Schulen klar zu benennen.

Problembereiche
Darüber hinaus ist wichtig, wie die Qualität der einzelnen Bausteine einer Inspektion beschaffen ist. Auf einige der damit zusammenhängenden Problembereiche sei im Folgenden eingegangen.

a. *Hohe Investitionen in Berichte, aber wenige daraus folgende Entscheidungen:*
Ein erster wichtiger Problempunkt ist, dass in den deutschen Bundesländern sehr viel Energie in den Aufbau eines systemischen Inspektions-Berichtswesens gesteckt, jedoch weniger konzipiert wird, was die Schulen mit den Berichten anfangen, d.h. welche Entscheidungen in den Schulen und in der Schuladministration aus den Berichten folgen. Dieses Missverhältnis ist zunächst verständlich, da das Inspektionssystem ja erst einmal aufgebaut werden, konzeptionell „rund laufen" soll und muss. Jedoch ist mitunter zu beobachten, dass in Konzeptions- und Pilotphasen der Schulinspektion – letztere dauern in der Regel ein Jahr und bestehen aus freiwillig teilnehmenden Schulen – das eigentliche Ziel, auf Basis von Berichten zu entscheiden, nicht mit der gleichen Vehemenz antizipiert wird, wie die Techniken und Methodiken des Inspizierens als solche. Ein großes Problem ist jedoch die Rückkopplung der Systemdaten an die Schulen. Manchmal hat man den Eindruck, als sollten die Daten „irgendwie" auch der einzelschulischen Organisationsentwicklung zu Gute kommen. Es scheint weniger konzipiert, wie man von flächendeckenden Systemdaten zu auf einzelne (!) Schulen bezogenen Entwicklungshilfen gelangt. Diese Schwierigkeit verdeutlicht ein grundsätzliches Problem, dass nämlich mit Berichten die Komplexität eines Systems, die Komplexität von Sinn, erhöht wird – liegen Daten auf dem Tisch, ist es gar nicht mehr so einfach, Schlussfolgerungen daraus zu ziehen.

b. *Rolle der staatlichen Schulämter[13]:*
Von der Konzeption her ist vorgesehen, dass die bestehenden staatlichen Schulämter an einem bestimmten Punkt in den neu geschaffenen Regelkreislauf der schulischen Governance eingreifen, und zwar dann, wenn das Inspektionsteam den Bericht verfasst hat. Dieser wird nicht nur den Schulen erläutert, sondern er geht gleichzeitig auch an das zuständige Schulaufsichtsamt. Auf Basis des Berichts erarbeiten das Amt und die jeweilige Schule eine Zielvereinbarung mit bestimmten Entwicklungsgesichtspunkten.

In diesem Zusammenhang wird ersichtlich, dass zwischen den Inspekteuren und den staatlichen Schulaufsichtsämtern unter der Hand Konkurrenz eingeführt ist. Während die Bedeutung der Inspektion hochgehalten wird, sind die Schulämter von einer Art Rückführung betroffen. Ihre Aufgaben begrenzen sich vornehmlich darauf, Schulen entlang der Zielvereinbarung zu beraten. Inspektion und Ämter arbeiten der Konzeption nach in neu geschaffenen, getrennten Regelkreisläufen, insofern die Inspektion Entwicklungsbereiche der Schule feststellt, deren „begleitende Bearbeitung" dann im Rahmen von Zielvereinbarungen durch

---

13 Die nachfolgende Skizze geht von Bundesländern aus, die InspektorInnen nicht vornehmlich aus Schulaufsichtsämtern rekrutieren (was durchaus in einigen Bundesländern der Fall sein soll), sondern in denen die Inspektionsteams auch mit (abgeordneten) Lehrkräften besetzt sind.

die Ämter (zusammen mit der Schule) erfolgt. Jedoch könnte die auf dem Papier gut klingende Aufgabentrennung in der Praxis aufgeweicht sein, dann nämlich, wenn in den Inspektionsberichten durchscheint, dass die festgestellte Schul- und Unterrichtsqualität etwas mit den institutionellen Rahmenbedingungen zu tun hat, für die das Schulamt zuständig ist. Die externe Evaluation würde dann auch die Qualität der Ämter indirekt mit überprüfen. Dies soll zwar explizit nicht der Fall sein und nicht zum Aufgabenbereich der Inspektion gehören. Aber faktisch lässt sich die Schul- und Unterrichtsqualität eben nicht vollständig von den Rahmenbedingungen trennen, die in den Aufgabenbereich der Ämter fallen. Es kann also sein, dass die Inspektion indirekt den Ämtern „auf die Finger klopft". Nicht ausgeschlossen ist ebenfalls, dass die Ämter hierin eine Konkurrenz sehen, auf die sie werden reagieren müssen. Dabei ist durchaus unklar bzw. eine offene Forschungsfrage, ob es nicht unterhalb offizieller Verlautbarungen der Bildungspolitik, in der *politischen* Konzeption der Schulinspektion zumindest geduldet wird, wenn die Ämter mit Konkurrenz konfrontiert sind, da Konkurrenz allgemein als Mittel der Innovation angesehen wird. Dies ist jedoch ein heikles Thema, da sich die Bildungspolitik so letztendlich auch selbst angreifbar machen würde, ließen Inspektionsberichte die Schulämter in ein schlechtes Licht rücken.

Regelkreisläufe von Inspektion und Schulämtern werden darüber hinaus an einer weiteren Stelle problematisch, nämlich dort, wo ebenfalls Personen aus den Schulämtern an einem Inspektionsteam teilhaben (dies ist in einigen Bundesländern vorgesehen). Es wird in diesem Zusammenhang davor gewarnt, Dezernenten im eigenen Schulamtsbezirk als Evaluatoren auftreten zu lassen. Denn dann wäre es um die Unabhängigkeit von Fachkollegen sowie die Anregungsfunktion geschehen; Lehrkräfte wären mit den gleichen Personen konfrontiert, die sie bislang disziplinarisch kontrolliert hatten. Dies wäre dann nicht mehr Anregung, den eigenen Unterricht gespiegelt zu bekommen, sondern Kontrolle. Zu Recht wird also deutlich davor gewarnt, es könne zu einer Verquickung von Schulaufsicht und Schulinspektion, Disziplinarhoheit und Anregung kommen. Die empfohlene Lösung, Schulaufsichtspersonen in einem fremden Schulamtsbezirk als Inspektoren einzusetzen, scheint jedoch halbherzig. Denn laut vielen Konzeptionen sind eben Personen der Ämter konstitutiver Bestandteil der Inspektionsteams. Wenn sich dies im schulischen Feld herumspricht – was zweifellos der Fall sein wird –, hilft es wenig, Schulamtspersonen in anderen Bezirken einzusetzen. Das Klima der Evaluation kann vergiftet werden.

c. Zusammensetzung und Kompetenzen der Evaluationsteams:

Wie angedeutet, soll es in manchen Bundesländern „gemischte" Inspektionsteams geben, gebildet aus abgeordneten Lehrkräften und Schulamtspersonen.[14] Beide Akteure haben jedoch unterschiedliche berufliche Sozialisierungen bzw. Herkünfte. Es steht zu befürchten, dass die „antihierarchischen Affekte" (Krainz-Dürr 2000) der Lehrkräfte gegenüber der bisherigen Schulaufsicht – die im Berufsfeld immer als Teil einer externen Bürokratie gesehen wurde – in den Teams per Dekret hinein genommen werden.

Ein weiterer damit zusammenhängender Kritikpunkt bezieht sich auf die erforderlichen Kompetenzen der Inspektoren. In den Konzeptionen der Bundesländer werden eine Reihe von Kompetenzbereichen genannt. Diese sind jedoch teilweise sehr formal (z.B. Erste und Zweite Staatsprüfung zu haben sowie Unterrichtstätigkeiten nachzuweisen), teilweise sind sie speziell auf die Handhabung wissenschaftlicher Evaluationsmethoden und Methoden der Sozialforschung bezogen. Es ist jedoch Stand der Empirischen Bildungsforschung, dass wissenschaftliche Qualifikationen im Berufsfeld der Lehrkräfte geradezu „ausgetrieben" werden. Das gleiche kann auch für Schulamtspersonen gesagt werden. Daraus ergeben sich Fragen: wie man wissenschaftsferne Kräfte zu Evaluatoren machen will; ob die konzipierten Schulungsmaßnahmen ausreichend sind; welche Kosten intensive Schulungen hätten; welche Schwierigkeiten sich einstellen, als ein unabhängiger Beobachter aufzutreten, der nach wissenschaftlichen Qualitätsrahmen beurteilt. Es wird nicht leicht sein, Lehrkräfte, die in einer individualistischen und zellularen Berufskultur sozialisiert sind, dazu zu bringen, sich als Inspekteur/in nun gerade in Belange anderer KollegInnen einzumischen und eine Beobachtungshaltung als unabhängige Kollege/in aufzubauen. Es ist hierbei nicht das Problem, dass Methoden der Evaluation nicht kognitiv beherrscht werden könnten; dies lässt sich erlernen. Was jedoch längere Zeit in Anspruch nehmen wird, ist die notwendige Umstellung einer Kultur des Wünschenswerten, der evaluativen Haltung. Denn in der bisherigen Berufskultur galten Einmischungen in Unterrichtsbelange anderer KollegInnen als nicht erwünscht. Kurz: Abordnungen von Lehrkräften (sowie das Beistellen von Personen aus den Ämtern) sind sicher kurzfristig machbar – und zudem kostengünstig; jedoch werden sich mittelfristig Schwierigkeiten zeigen. Allein die Tatsache, dass es im bisherigen Berufsfeld der Lehrkräfte informelle Normen der Nichteinmischung in Belange anderer KollegInnen gibt (Terhart 1987), erschwert eine Kultur der Evaluation. Eine solche neue Kultur wird zwar in vielen Konzeptionen semantisch beschworen, aber dazu steht im Missverhältnis, auch die operativen Konsequenzen zu ziehen und aufwändigere Schulungen zu finanzieren.

---

14 Teilweise sollen auch Schulleitungen sowie Laien mitwirken; dies ist in den Bundesländern unterschiedlich geregelt.

d. Informationsveranstaltungen in Schulen:
Um über Sinn und Zweck einer Inspektion zu informieren, sind sicher Informationsveranstaltungen in Schulen wichtig, was auch in vielen Konzepten der Administration berücksichtigt ist. Teilweise finden sich jedoch in den Papieren Formulierungen, dass „spätestens" auf solchen schulischen Veranstaltungen der Sinn der Inspektionen einsichtig sein sollte. Dies verkennt, dass wir es mit dem Aufbau einer vollständig neuen Kultur (der Evaluation) zu tun haben, die nicht durch Appelle an die Schulen hergestellt werden kann, auch nicht durch Appelle an eine – vermeintliche – Nützlichkeit, z.B. bezüglich eines Informationsbedarfes der Schulen. Es ist zu bezweifeln, ob *Schulen* in Inspektionen einen Bedarf sehen. Vielmehr werden Schulen vermutlich erkennen, dass es das Interesse der schulischen *Administration* ist, ein systematisches Berichtswesen aufzubauen. Auch Hinweise auf eine Transparenz der Verfahren nützt hier wenig. Denn wenn man Evaluation nicht als etwas Wünschenswertes ansieht, nützt es auch nichts, dass auf ihre Transparenz hingewiesen wird.

Damit ist insgesamt ein wichtiger Problembereich angedeutet, der sicher nicht durch isolierte Informationsveranstaltungen für Schulen bewältigt werden kann. Man kann nicht von einer selbsttransformativen Kraft der Idee der Inspektion ausgehen, deren Nützlichkeit sich irgendwie herumsprechen wird. Und man sollte sich auch nicht auf Anordnungen oder Bekanntmachungen, z.B. im Internet, stützen, in dem Glauben, Schulen würden diese Informationen schon abrufen. Erforderlich sind vielmehr gezielte Koordinationsmaßnahmen, die auch mit sperrigen Rezeptionsbereitschaften rechnen; die langfristig angelegt sind; die Weiterbildungen und Schulungen mit einem möglichst hohen Grad an Verbindlichkeit anbieten und/oder mit Anreizen (Weiterbildungszertifikate) einhergehen.

e. Aufwand und Nutzen:
Auch das Stichwort Aufwand und Nutzen findet sich in der Regel in den Konzepten. Es ist jedoch fraglich, ob der Aufwand, Evaluationsverfahren einzurichten, realistisch eingeschätzt wird. Denn in der Regel werden keine Transaktionskosten untersucht, d.h. was es kostet, die Maßnahmen in die Glaubens- und Handlungspraxis der Akteure zu überführen; und diese Kosten sind immens höher als reine Personalkosten. Einstellen werden sich insbesondere (siehe oben) kostenintensive Verfahren der Vermittlung.

Zudem schafft die Einführung einer neuen Institution teilweise selbst Probleme: Sie legt Kompetenzen fest, Evaluationen handhaben zu können; sie schafft damit das Problem, in welcher Beziehung neue zu bestehenden Kompetenzen stehen. Dabei wird der Wert Letzterer nicht bemessen. Entsprechend wird nicht gewusst, welche Kosten die Einführung des Neuen beinhaltet und was zerstört wird, da eben keine Bestandsanalyse mitsamt deren Leistungen gemacht wird.

Angaben zu Kosten/Nutzen bewegen sich damit innerhalb von Blindstellen, werden aber vermutlich trotzdem aus legitimatorischen Gründen formelhaft angeführt.

f. Wem gehören Berichtsdaten?
Wie angedeutet, sollen mit den Inspektionen gleichzeitig zwei Funktionen erfüllt werden: es soll ein Berichtswesen aufgebaut werden, um Informationen für die Steuerung zu erhalten. Und es soll Schulen bei ihrer Entwicklung geholfen werden. Diese doppelte Zielausrichtung wirft Probleme auf: Darf die Inspektion und die Schulaufsicht (die ja auch die Berichte erhält) alles über eine Schule wissen? Droht eine gläserne, durchleuchtete Schule? Gibt es Entwicklungsbereiche in der Schule, die durch Berichte gestört würden? Haben nicht Lehrkräfte auch Rechte an Daten, die sie betreffen? Haben sie die „Ownership", gehören Berichte der Administration, oder beiden? Diese Fragen umreißen ein bislang kaum bearbeitetes Problemfeld. Und es scheint: es ist in vielen Konzeptionen noch nicht einmal als solches bemerkt.

Dennoch gibt es in einigen Ländern bereits Erfahrungen mit Lösungsversuchen. Ich greife dabei einen Vorschlag einer gleichsam gestaffelten Rechenschaftspflicht auf, der Konsequenzen für die Ownership von Daten hat. Der Vorschlag, der hier nur in groben Zügen wiedergegeben werden kann, stammt von Konstantin Bähr (2003; 2006), aus der Abteilung Bildungsplanung der Bildungsdirektion (Kultusministerium) des Kantons Zürich:

1. Auf der Ebene des schulischen Gesamtsystems weist eine Bildungsverwaltung Leistungen der Schulen mit aggregierten Daten zu Schülerkohorten am Ende bestimmter Schulstufen im Rahmen eines Systemmonitorings aus. Funktionales Erfordernis ist hierbei Rechenschaftslegung gegenüber Politik und Öffentlichkeit. Um der Funktion genüge tun zu können, der Öffentlichkeit über Leistungen des Schulsystem entlang ausgewählter Kennzahlen zu berichten, gehören diese aggregierten Daten i.S.v. Ownership der Administration.

2. Den Einzelschulen werden, schon für die allgemeine Öffentlichkeit teilweise nicht mehr einsehbar, von der Zentrale Daten zur Verfügung gestellt – z.B. im Rahmen von Lernstandserhebungen –, so dass die einzelne Schule eine Qualitätsentwicklung, angepasst an lokale Bedürfnisse von SchülerInnen und Eltern, voranbringen kann. Diese Entwicklung wird von der Zentrale nicht in allen Belangen kontrolliert; sie kann sie jedoch mit Unterstützungssystemen systematisch befördern (genannt werden hier gute Rahmenbedingungen, erneuerte Lehrerbildung, Lehrpläne, Weiterbildung, Wissensmanagement, Kollegienstrukturen, Supportsysteme; Bähr 2003, 221).

3. Auf der Ebene der Klasse können der einzelnen Lehrkraft Vergleichsdaten zur Verfügung gestellt werden, so dass sie sehen kann, wo ihre SchülerInnen stehen. Die Lehrkraft kann diagnostische und fördernde Maßnahmen beginnen, die für Schulverwaltungen nicht mehr einsehbar sind. Funktionale Erfordernisse sind hier Unterrichts- und Schulentwicklung.

Auf dieser letzten – und für die Leistungserbringung zentralen – Ebene des Schulsystems setzt die Governance also gerade nicht auf Kontrolle, sondern regt die Profession in mehrfacher Hinsicht an: indem sie Unterstützungssysteme bereitstellt; indem sie einen Vertrauensvorschuss gibt, dass Ergebnisse von Leistungsvergleichen, die sich auf einzelne SchülerInnen beziehen, nach Belangen der Profession entschieden werden; und indem sie die Ownership wahrt, die eine Klasse über „ihre" Daten hat.

Während Kontrolle und Rechenschaftslegung dem Erfordernis geschuldet sind, gegenüber der Öffentlichkeit Leistungen auszuweisen – was mit large-scale Daten zu bestimmten Kohorten von SchülerInnen geschehen kann –, beinhaltet das Vertrauen in Schulentwicklung und Fehlerkorrektur vor Ort, dass Schulen mit Rückkoppelungssystemen geholfen werden muss (vgl. Kuper/Schneewind 2006). Und während der diagnostischen Maßnahmen in der Klasse und entsprechender Entwicklungsarbeiten kann und braucht die Öffentlichkeit nicht über Entwicklungsmaßnahmen in einer vollständig transparenten Weise informiert zu werden. Dies wäre für Entwicklungsmaßnahmen in der Klasse sogar kontraproduktiv. Es sollte hier das Prinzip der Ownership gelten: die einzelne Lehrkraft sollte für ihre Klasse jeweils selbst entscheiden können, welche Daten über einzelne Entwicklungsmaßnahmen sie gegenüber Dritten kommuniziert. Dies meint explizit nicht, dass nicht ex-post gesehen summative Leistungsdokumentationen möglich wären. Diese bewegen sich aber im Modus aggregierter Daten (über bestimmte Merkmale bestimmter Kohorten) und tun so auch hinreichend der Funktion der öffentlichen Rechenschaftslegung genüge. Öffentliche Daten über einzelne diagnostische Arbeiten mit einzelnen SchülerInnen würden dagegen eine „gläserne" Klasse schaffen, die die Entwicklungsarbeit (zer)stören würden.

Insgesamt, so deuten die thematischen Facetten an, haben wir es mit den neu aufgebauten Schulinspektionen mit einem ambitionierten Vorhaben zu tun. Es soll Steuerungsinformationen liefern und gleichzeitig Schulen in ihrer Entwicklung helfen. Dass dies nicht einfach sein wird, scheint allein schon in dieser doppelten Zielausrichtung begründet. Damit zusammenhängend müssen mögliche Konkurrenzverhältnisse zwischen neuer Schulinspektion und alter Schulaufsicht, die Zusammensetzung der Inspektorenteams sowie Kompetenzen für eine unabhängige Begutachtung weiter untersucht werden.

Berichte, als methodische Beobachtung verstanden, eröffnen vielleicht erstmals die Möglichkeit, verobjektivierte Daten, ein breiteres Wissen über

Schulen zu erhalten. Dies würde auch Lehrkräfte entlasten, denn Berichte sind eben nicht nur Kontrollmedium, sondern auch Leistungsdaten, die von der Profession für eine „Leistungsschau" genutzt werden könnte. Es kommt jedoch offensichtlich viel darauf an, von wem die Innovation ausgeht. Berichte können von den Lehrkräften selbst verfasst werden, oder sie können von Dritten eingeholt werden – die dann jedoch, selbst wenn sie „unabhängig" sind, als vom Staat Geschickte „entlarvt" werden könnten. Ob so eine Spiegelung von Leistungen der Schule erreicht werden kann, wird sich zeigen.

6.3 Zur Implementierung von Schulinspektion

Nach der Auslotung einiger inhaltlicher Dimensionen von neu eingeführten Schulinspektionen geht es nachfolgend darum, ausgewählte Bedingungen für die Implementierung von Schulinspektionen zu analysieren. Es handelt sich hierbei um einen präskriptiven Text, da der Autor für eine Tagung darum gebeten wurde, Gelingensbedingungen für die Einführung von Schulinspektionen anzuführen.[15] Dafür wird die Sicht der sozialwissenschaftlichen Innovations- und Implementierungsforschung sowie der schulischen Governance-Forschung eingenommen. Tenor wird sein: Interessen – und wie diese dargestellt werden – spielen für die Implementierung eine entscheidende Rolle, und zwar auf Seiten derjenigen, die eine Schulinspektion initiieren sowie auf Seiten derjenigen, die daran beteiligt werden sollen. Dabei schält sich – als eine an praktischen Erfordernissen der Governance orientierte Strategie – eine „dialogische Implementierung" heraus, die es nicht bei einer Anordnung von Maßnahmen belässt, sondern zusammen mit beteiligten Akteuren kleinteiliger ihre Umsetzung bespricht bzw. im günstigsten Fall: Vereinbarungen trifft. Implementierung wird damit als ein gesonderter Prozess mit je eigenen Prozessabläufen begriffen, denen am „kostengünstigsten" mit einem bewussten Management verschiedener Interessen und Interdependenzen begegnet wird.

Modernisierungstheoretisch gesehen ist die Einführung der Schulinspektion eine neue Leitidee. Neue Leitideen beanspruchen, handlungspraktisch relevant zu sein, sind es jedoch zu Beginn noch nicht. Sie haben zunächst einen eingeschränkten Geltungsbereich. Denn in einem Handlungsfeld gibt es permanente Kämpfe zwischen bisherigen und neuen Leitideen (nach Lepsius, Faust, Esser; vgl. dazu mit weitergehender Literatur: Brüsemeister/Eubel 2003, 23-27). Neue Leitideen versuchen bisherige Leitideen und die damit einhergehende Handlungspraxis zu de-legitimieren. Dagegen wehren sich jedoch Akteure. Zu Recht,

---

15 Die Tagung des Hessischen Kultusministeriums und der Textbeitrag sind dokumentiert in: Institut für Qualitätsentwicklung 2006.

da die Praxis auch aus erfolgreichen Handlungsroutinen besteht (Evans 1996). Sie werden aus Sicht des Einzelnen aus *rationalen Nutzen-Überlegungen*, aus Gründen der sozialen Erwünschtheit, d.h. wegen der Sanktionsgewalt bestehender *Normen*, sowie aus Gründen der *Identitätsfortsetzung* zunächst einmal beibehalten (vgl. allgemein zu diesen Handlungsdimensionen: Schimank 2000a). Genau an diesen drei Punkten sollte eine Implementierung ansetzen: Die Schuladministration (hier als Kürzel für die obere und untere Schulverwaltung verstanden) muss möglichst gezielt vorhandene Normen, Interessen und die Identität der Akteure beeinflussen. Und die Initiatoren der Schulinspektion müssen ebenfalls eigene Normen, von denen sie ausgehen sowie Interessen, nach denen sie handeln, ansprechen. Wird in beide Richtungen gedacht, d.h. wird Implementierung als Zusammenspiel zweier Akteure begriffen – der Administration und der Schulen –, und wird von einer Interdependenz zwischen diesen Akteuren ausgegangen – keiner kann ohne den anderen auskommen –, dann wird von der Administration im günstigsten Fall ein bewusstes Management dieser Interdependenzen angestrebt. Wie zu zeigen sein wird, lässt sich dabei im Einzelnen der Geltungsbereich einer Leitidee, damit ihre handlungspraktische Bedeutung, über die Beeinflussung von (6.3.1) Interessen, (6.3.2) Normen und (6.3.3) die Identität erweitern. Dies umschließt ebenfalls Aufgaben der Administration, eigene Interessen, Normen sowie Belange ihrer Identität klar zu kommunizieren. Zu diesen Dimensionen im Folgenden:

6.3.1 Interessen

(a) Ziele/Reichweite der Inspektion herausstellen
Eine erste Möglichkeit, den Geltungsbereich einer Leitidee zu vergrößern, besteht darin, klar die Ziele und die damit verbundenen Interessen herauszustellen, die man mit einer Schulinspektion verbindet. Dies obliegt dem initiierenden Akteur, also der Schuladministration. Die Herausstellung der Ziele wird auch von Evaluationsstandards gefordert (vgl. Sanders 2000).

Bei den Zielen lassen sich zwei Teilziele unterscheiden: (1) Ein Berichtswesen mit aggregierten Daten aufbauen, und (2) die Schulentwicklung mit Individualdaten befördern:

(1) Berichtswesen mit aggregierten Daten aufbauen:
Es sind Schuladministrationen, die ein Interesse an ausgewählten Kenndaten über Leistungen des Schulsystems haben, die der Bildungspolitik und der Öffentlichkeit zur Verfügung gestellt werden (müssen), insbesondere um die Legitimation des gesamten Schulsystems herauszustellen. Die Einführung der Schulinspektion wird also staatlicherseits initiiert, wobei die In-

spektions-Agentur in der Regel als unabhängige Einrichtung gefasst ist. Diese Unabhängigkeit symbolisiert etwas Neues, nämlich eine Fachbeurteilung der Schulen, und nicht die Beurteilung durch bisherige Dienststellen (Schulaufsicht), die immer auch eine Personalbeurteilung durchführen durften und sollten. Die Schulinspektion ist dagegen eine unabhängige Instanz, die Schulen von außen beobachtet und zu ihr als ganzer – nicht zu einzelnen Lehrkräften oder Schüler-Lehrer-Beziehungen – Daten liefern soll. Dazu sind „nur" aggregierte Daten erforderlich, die nicht bis auf die Ebene einzelner Klassen oder des einzelnen Lehrerhandelns herunter gebrochen sind. Gleichwohl eine Inspektion diese Ebene mit erfasst, darf der Staat als Auftraggeber der Inspektion kein Interesse daran haben, einzelne Unterrichtsprozesse zwischen einer Lehrkraft und ihren SchülerInnen öffentlich zu machen, weil es sich hier um individuelle Lernarrangements handelt, die durch das Eingreifen Dritter (des Staates) oder Vierter (der Öffentlichkeit) zerstört würden.

Weil er das Schulwesen ohnehin im Auftrag der Öffentlichkeit führt, hat der Staat gleichwohl das Recht, in Form von large scale assessment Daten – oder allgemeiner: aggregierten, summativen, damit anonymisierten Daten – der Öffentlichkeit wesentliche Leistungskennzahlen darzulegen, insbesondere zu Übertrittzahlen und -leistungen von SchülerInnen. Diese Aufgabe fällt in den originären Zuständigkeitsbereich der Administration; dies gilt auch für eine beauftragte Schulinspektion; und die Schulen müssen nicht gesondert gefragt werden, ob man von ihnen aggregierte Daten haben darf. Trotzdem gebietet es sich schon hier – sowie, wie zu zeigen sein wird, erst Recht bei dem zweiten Teilziel, der Förderung der Schulentwicklung –, auf eine gesonderte Implementierung zu achten (in der eben Normen, Interessen und die Identität der Akteure angesprochen sein sollten).

Es ist deutlich, dass Ziel (1), ein Berichtswesen mit aggregierten Daten aufzubauen, nicht von Interessen der Schulen ausgeht, sondern von Interessen der Administration. Denn nur diese benötigt ein Berichtswesen, um anhand von Daten strategische Entscheidungen für das Schulwesen treffen zu können. Entsprechend sollte die Administration ihre Eigeninteressen klar kommunizieren, und nicht von „der" Qualitätsverbesserung der Schule sprechen, in der dann Interessen der LehrerInnen und der Administration als in einen Topf geworfen erscheinen, so dass die LehrerInnen potentiell vermuten könnten, die Administration verstecke hinter dem Qualitätsbegriff eigene Interessen. Wird dagegen Ziel (1) klar benannt – das legitime Interesse der Administration am Aufbau eines Berichtswesens, um bestimmte Leistungen des Schulwesens öffentlich zu legitimieren – wird mit offenen Karten gespielt, und die Aufgabe der Inspektionen ist klar umgrenzt, d.h.

auf aggregierte oder summative Daten bezogen. Anders das zweite Teilziel der Schulinspektion:

(2) Schulentwicklung mit Individualdaten fördern:
Das zweite Ziel ist umfangreicher; es geht um die Beförderung der Entwicklung einzelner Schulen. Dieses Ziel führt zu deutlich weiter gefassten Anforderungen an die Implementierung. Während der Aufbau eines Berichtswesens in den legitimen Hoheitsbereich der Administration fällt, der von der Zuständigkeit her gesehen keine gesonderte Abstimmungsarbeit mit den Schulen erfordert, sind für das Teilziel „Schulentwicklung fördern" Administration und Schulen gleichermaßen angesprochen. Es geht wesentlich darum, wie den Schulen Daten der Inspektion so zurückgespiegelt werden können, dass in den Schulen eine gezielte Entwicklungsarbeit – und das heißt vor allem eine veränderte Unterrichtsarbeit – beginnt. Die Anpassung der Daten an die Interpretationsleistungen der Schulen wird je nach der Schule unterschiedlich ausfallen. Es werden eine dialogische Abstimmung mit der einzelnen Schule und eine Beratung zwingend; dies im Gegensatz zum Modus der rechtlichen Zuständigkeit und der Anordnung bei Teilziel (1). Die gesamte Implementierung wird entsprechend zeitlich, sachlich, und personell aufwändiger.

Zudem ändert sich die Datenart. Statt aggregierter Daten gibt es Individualdaten über Entwicklungen einzelner Schulen, die immer auch auf Personen zurückgerechnet werden können. Dies erfordert eine andere öffentliche Handhabung der Daten. Die nun vorherrschenden „Entwicklungsdaten" sind im Prinzip nicht-öffentlich; die Ownership der Daten liegt bei den Lehrkräften der jeweiligen Schule. Es hat keinen Sinn, wenn Informationen zu einzelnen Lehrkräften oder zu den von ihnen initiierten Entwicklungsprozessen einer größeren Öffentlichkeit mitgeteilt werden; ja die Administration hat die Pflicht, Individualdaten (der Schüler, der Lehrkräfte, der Lehrer-Schüler-Beziehungen) zu schützen.

Zusammengefasst: Für einen reflexiven Umgang mit der Implementierung ist es entscheidend, dass die Administration die beiden Teilziele herausstellt. Beide Ziele haben unterschiedliche Reichweiten, erfordern andere Ressourcen, sprechen andere Interessen an, beinhalten andere Datenformen. Eine Administration sollte sich nicht scheuen, die mit Teilziel (1) verbundenen Eigeninteressen auch als solche darzustellen. Dies hat den Vorteil, dass das Ziel „Aufbau eines Berichtswesens mit aggregierten Daten" klar umgrenzt ist. Und so kann deutlich gemacht werden, dass die Inspektion nicht alles und jeden beobachtet, was dann als Überforderung der Schulen durch ein vollständiges Publikmachen (falsch) gedeutet werden könnte. Für

Teilziel (2) sollte herausgestellt werden, dass die Entwicklungsdaten bei den einzelnen Schulen verbleiben (ownership) und von daher keine öffentliche „Durchleuchtung" des Schullebens vorgesehen ist. Ebenfalls sollte mit Teilziel (2) die Langfristigkeit des Vorhabens bzw. der größere Aufwand der Schulentwicklung kommuniziert werden.

(b) Nutzen für Lehrkräfte nennen
Darüber hinaus sollte der Nutzen der Schulinspektion für die Lehrkräfte angesprochen werden. Dabei scheinen folgende Dimensionen wichtig:

Wie vorstellbar sind die „Produkte"?
Ein erster Punkt ist, ob die Ziele der Inspektion, die „Produkte", zu denen sie führen soll, gut oder schlecht vorstellbar, konkret oder abstrakt sind. Konkrete Produkte, die man sich leichter vorstellen kann, sind z.B. die "Qualitätskarten", die die Schulinspektionen – wie z.B. in den Niederlanden – über jede Schule verfasst (darin sind z.B. vermerkt: Schülerzahl, Zahl der Sitzenbleiber, Schulformwechsler, Examensresultate). In diesem Fall ist das Produkt „haptisch" – anders als abstrakte Produkte wie „Schulentwicklung", die letztlich ein immerwährender Prozess ist. Eben deshalb sollten möglichst konkrete (Zwischen-)Produkte aufgezeigt werden, d.h. es sollten die Formen der Berichte an Beispielen vorgeführt werden, die die Schulinspektion liefert. Je konkreter diese Formen benannt werden, desto leichter können sich Schulen vorstellen, was auf sie zukommt, und was sie von den Produkten haben.

Welche Handlungsentlastungen bieten die Produkte?
Dieser Punkt wird viel zu wenig herausgestellt, ist aber extrem wichtig, zumal der Aufbau eines Berichtswesens ja zunächst zusätzliche Arbeit ist (dazu unten). Umso mehr müssen mögliche Entlastungen der Lehrkräfte klar benannt und diskutiert werden. Zum Beispiel:

- Die Inspektion liefert Hinweise für die an der jeweiligen Schule vorherrschende Kultur des Unterrichtens, so dass jede Lehrkraft ihren Unterricht darauf beziehen und abgleichen kann, inwiefern ihr Unterricht Teil dieser Kultur ist; der Nutzen liegt in der Möglichkeit der individuellen Selbstverortung.
- Die Selbstverortung stützt sich auf den Außen-Blick Dritter, sie kann sich an verobjektivierten Inspektionsberichten orientieren. Die Lehrkraft kann sich damit von informellen Selbstverortungen, durch stillschweigende – und damit in gewissem Maße immer auch unsichere – Vergleiche mit anderen Lehrkräften entlasten.

- Verobjektivierte Daten der Inspektion ermöglichen gezieltere Unterrichtsabsprachen zwischen Lehrkräften, was von einer allein individuellen Unterrichtsvorbereitung entlasten kann.
- Die verobjektivierten Daten stehen gleichsam als neutrale Referenzpunkte zur Verfügung, und diejenigen Lehrkräfte, die sich daran orientieren, entlasten sich von einer je individuellen Legitimation ihrer Unterrichtsmethoden.

Welche Handlungsbelastungen beinhalten die Produkte?
Diese Entlastungen stellen gleichzeitig Belastungen dar. Denn die Vergleiche, die mittels der verobjektivierten Referenzpunkte möglich sind, sind in einer individualistischen Kultur der Lehrkräfte zunächst einmal ungewohnt. Auch dies sollte offen angesprochen werden. Mögliche Belastungen können darin liegen,
- dass Teile der informellen Unterrichts- und Lernkultur gleichsam an die „Oberfläche" geholt werden, was die – ungewohnte – Reflexion eigener Routinen nach sich zieht; die Komplexität des Wissens wird erhöht und muss – individuell und/oder kollektiv im Kollegium – verarbeitet werden.
- Die kollektive Verarbeitung von Inspektionsberichten durch das Kollegium stellt einen weiteren Arbeitsaufwand dar, sofern dieser nicht schon zu den Routinen der Schule gehört (die sich z.B. im Zuge der Arbeit an einem Schulprogramm eingestellt hat). Eine Administration sollte in diesem Zusammenhang herausstellen, inwiefern sie erwartet, dass – und welche – Unterrichtsstrategien in einer Schule kollektiv entschieden werden.
- Wesentlich die Schulleitung wird von den Inspektoren als Adressatin der Berichte verantwortlich gemacht, nicht nur was die gegebene Schul- und Unterrichtskultur, sondern auch was deren künftige Änderung angeht. Darauf bezogene Interventionen der Schulleitung im Sinne einer „transformational leadership" entsprechen nicht dem traditionellen Rollenbild der Leitung, die bislang ‚Gleiche unter Gleichen' war. Dies kann von Lehrkräften als „belastende" Einmischung in die Zuständigkeit angesehen werden. Auch in diesem Punkt sollte die Administration offen legen, was sie von der Schulleitung erwartet, und wie Lehrkräfte mit dieser Rolle umgehen sollten.

Gibt es Anreize/Tauschangebote?
Solche belastenden Aspekte können von der Administration wiederum bewusst aufgefangen werden, in dem man den Schulen bzw. Lehrkräften Tauschangebote macht. Diese Tauschangebote bewegen sich größtenteils auf der Ebene der symbolischen Politik (deshalb können Möglichkeiten, die man dazu hat, leicht übersehen werden):
- Es kann kommuniziert werden, dass die externe Evaluation in dem Maße zurückgebaut wird, wie die jeweilige Schule zu einer Selbstevaluation über-

6.3 Zur Implementierung von Schulinspektion

geht (so in den Niederlanden). Dies eröffnet zudem einen gemeinsamen Entwicklungsweg, sofern hier zwischen Administration und Schule eine Verhandlung und Erkenntnis über das von einer Schule Geleistete Voraussetzung ist.

- Die Administration kann ein symbolisches Tauschgeschäft herausstellen, insofern Belastungen, die mit dem Aufbau eines Berichtswesens verbunden sind, ausgeglichen werden mit dem Zuerkennen höherer Grade von schulischer Autonomie.[16] Der Nutzen dieser Autonomie wird sich konkret an erweiterten Entscheidungsbefugnissen – in den Bereichen Personal, Finanzen, schulische Organisationsentwicklung – beweisen müssen.

- Durch Zuerkennen von Autonomie wird eine symbolische Anerkennung ausgedrückt, da man Schulen für entscheidungsfähig hält und man ihnen explizit eigene Interessen zugesteht. Auf diese Weise wird die gesamte Implementierung auf eine andere Grundlage gestellt. Schulen werden mehr als eigenständige Akteure gesehen, mit denen man, da mit eigenen Interessen und Entscheidungsfähigkeiten ausgestattet, bindende Vereinbarungen treffen kann und muss. Die Ernsthaftigkeit dieses Vorgehens wird sich daran bemessen, inwieweit sich die Administration von einer Kultur der Anordnung gegenüber Schulen verabschiedet.

- In dem Maße, wie dies geschieht, wird eine „dialogische" Implementierung möglich, ja notwendig, da man nicht mehr einer „selbsttransformativen" oder „anordnenden" Durchsetzung guter Ideen vertrauen kann, sondern sieht, dass der Sinn der Inspektion unter Einbeziehung der Interessen, Normen und Identitätsgesichtspunkte der beteiligten Akteure umgesetzt, erklärt, verhandelt werden muss. Die Verhandlungsfähigkeit impliziert, dass auch die Administration in bestimmten Bereichen lernt, was keine Schwäche ist, sondern zeigt, dass Feedbacks zwischen Administration und Schulen wechselseitig genutzt werden.

6.3.2 Normen

Neben Interessen ist zweitens die Beeinflussung von Normen ein weiterer Punkt, den Geltungsbereich einer Leitidee zu erweitern. Dies bedeutet insbesondere, dass die bestehenden und künftigen Sanktionsmittel von der Administration

---

16 In den 1990er Jahren wollte ein Teil der Schulen eine erweiterte Autonomie; ein Bedürfnis, das gegen die Administration formuliert werden musste. Heute wird dagegen von der Administration Autonomie als Forderung erhoben. Das Argumentationsmuster ist: Da die Schulen autonomer werden, müssen sie Rechenschaft ablegen. Autonomie kann innerhalb dieses Diskurses als weitere Belastung erscheinen. Im Rahmen eines Tauschangebotes ließe sie sich zu einer Belohnung machen.

angesprochen werden sollten, und zwar sowohl die negativen, wie die positiven Sanktionen:

a) Negative Sanktionen:
Die Administration sollte mit „offenem Visier" herausstellen, welche negativen Sanktionsmittel sie einzusetzen gedenkt, wenn die Inspektoren kritische Stellen in ihren Berichten ansprechen. Welche Folgen hat es für Schulen, die Schulleitung, die Lehrkräfte, wenn Inspektionen Mängel aufdecken? Sind z.B. dienstrechtliche Konsequenzen vorgesehen? Dies anzusprechen verhindert von vornherein, sich falsche Vorstellungen über die Folgen der Inspektion zu machen.

b) Positive Sanktionen:
Von der Lernforschung wissen wir, dass positive Sanktionen weitaus wirksamer sind. Die Administration sollte entsprechend kommunizieren, wie sie diejenigen Schulen belohnen will, die in den Berichten „gut" abschneiden. Dies ist eine Herausforderung, sofern man sich von einer Verteilungsgerechtigkeit nach dem „Gießkannenprinzip" verabschieden und im Prinzip anerkennen muss, dass nicht alle Schulen gleich sind bzw. sogar in Konkurrenz zueinander stehen. Gerade deshalb braucht es „vernünftige", offen gelegte Kriterien der Belohnung. Für die „guten" Schulen lässt sich an die schon oben angesprochenen Tauschgeschäfte denken, dergestalt, dass die externe Evaluation zurückgenommen wird, in dem Maße, wie es eine Selbstevaluation gibt. Zudem ließe sich für alle Schulen herausstellen, dass bestimmte Bereiche nicht mehr auf der Beobachtungsliste der Inspektoren stehen, wenn sich erweist, dass eine Schule in diesen Bereichen gut abgeschnitten hat. Diese Bereiche werden dann u.U. erst in der übernächsten Runde erneut inspiziert; auch dies kann als eine symbolische Belohung dargestellt werden. Ebenfalls kann das Herunternehmen eines Beobachtungspunktes von der Inspektionsliste als Belohnung kommuniziert werden. Damit sind gänzlich neue Möglichkeiten einer symbolischen Politik angedeutet.

Wichtiger als symbolische Politik sind jedoch „harte" Unterstützungsressourcen, die man Schulen zur Verfügung stellt bzw. ihnen ankündigt (z.B. Weiterbildung). Die Administration sollte sich klar machen, dass es unterschiedliche Grade der Beteiligungen von Schulen (an guten Unterrichtssystemen) gibt, die entsprechend differenziert belohnt werden sollten. Dabei müssen die Kriterien der Belohnung den Schulen einsichtig sein. Nur so können sie wissen, bei welchen Leistungen sie welche Belohnungen zu erwarten haben und ihr Handeln daran ausrichten.

6.3.3 Identität

Eine – gleichzeitig zu verfolgende – dritte Möglichkeit, den Geltungsbereich einer Leitidee zu erweitern, ist, auf Identitätsmuster einzugehen. Bei einer Implementierung gibt es die Schwierigkeit, dass veränderte Identitätsmuster, die man sich im Zuge der Herausbildung einer „Kultur der Evaluation" wünscht, eben noch nicht zur Verfügung stehen. Deshalb meint „Berücksichtigung der Identität" im Wesentlichen, auf vorhandene Identitätsmuster einzugehen. Dabei bestehen sicher große Aufgaben bezüglich der Einbeziehung der Eltern und vor allem der SchülerInnen in die Evaluation, die zwar oftmals auf dem Papier vorgesehen ist, für die aber nur wenige Erfahrungswerte und praktische Programme vorliegen. Ähnliche Aufgaben gibt es dahingehend, sensible Bereiche der Identität bei Lehrkräften zu erkennen, die mit einer Implementation berührt sind. Hierzu gehört sicher die von Lehrkräften beanspruchte Exklusivität für Unterrichtsfragen. Eine Inspektion geht darauf ein, wenn sie Rückmeldungen zum Unterricht in der Schule anonymisiert gibt (was nicht heißt, dass man nicht, wie in den Niederlanden, unmittelbar nach dem Unterrichtsbesuch der Lehrkraft kurz ein Feedback geben kann). Eine solche anonymisierte Rückmeldung berücksichtigt damit zumindest teilweise, dass bei den Lehrkräften zunächst informelle Normen der Nichteinmischung in den Unterricht (Terhart 1987) weiter gelten.

Ein ähnlicher Bereich der Identität ist die relativ autonome Berufsausübung der Lehrkräfte. Diese kann durch die gesetzliche Erweiterung der Schulautonomie gestützt werden. Dabei geht es, wie bereits erwähnt, nicht nur um die Aufwertung operativer Fähigkeiten der Schulen, sondern auch um eine symbolische Anerkennung von Entscheidungsfähigkeiten und eigenen Interessen. Selbst wenn diese in den Schulen wenig bewusst sein sollten, eine entsprechende symbolische Politik verhilft – nach Art einer sich selbst erfüllenden Prophezeiung – dazu, dass diese Fähigkeiten in den Schulen gestärkt werden. Und genau darauf kommt es in einer dialogischen Implementierung an, denn nur mit entscheidungsfähigen Schulen lassen sich bindende Vereinbarungen treffen, lässt sich überhaupt ein Dialog eröffnen.

Ein solches symbolisches Zuerkennen von Seiten der Administration kann jedoch durch ein bestimmtes Menschenbild, wie Strittmatter (2003) betont, blockiert werden. Nicht immer scheint es in der Administration die Annahme zu geben, dass man es in den Schulen mit interessierten Akteuren zu tun hat, die zur Selbstevaluation fähig sind; dagegen wird mitunter von ‚blinde Flecke pflegenden Menschen' (vgl. ebd.) ausgegangen, die dann im Prinzip nur noch kontrolliert werden können. Eine Administration sollte sich also deutlich machen, von welchen Annahmen und Voraussetzungen sie selbst bezüglich der Mitarbeit von Schulen ausgeht, und inwieweit diese Annahmen realistisch sind.

Designs der Einführung testen
Die Einführung einer Schulinspektion in einjährigen Pilotphasen und mit freiwilligen Schulen scheint die übliche Vorgehensweise in den Bundesländern/Kantonen zu sein (weitergehende wissenschaftliche Untersuchungen dazu gibt es m.W. nicht). Dagegen ließe sich einwenden[17], dass es Maßnahmen gibt, die von vornherein ausschließen, mit ausgewählten Schulen zu beginnen. Dazu gehören offensichtlich Maßnahmen wie die Schulinspektion, die flächendeckend alle Schulen betreffen.

Hieran anschließend lässt sich problematisieren: Wenn schon Schulen ausgewählt werden, wäre es dann nicht besser, gerade mit Schulen zu beginnen, die sich nicht freiwillig melden, da bei ihnen größere Probleme vermutet werden können? Dieses Vorgehen könnte auch öffentliche Zustimmung finden, da nach PISA der Veränderungs- und Interventionszwang gerade in Schulen mit hohen Anteilen von Benachteiligten potentiell groß ist. Zudem ließe sich argumentieren: Warum beweist sich die externe Evaluation – die ja ein starkes Instrument sein will – gerade zuerst in einem „schwachen Feld", bei Schulen, die ohnehin mitmachen wollen? Auch methodisch erscheint dies problematisch: Denn mit starken Schulen können sich leicht illusionäre Haltungen einschleichen, wie die Implementierung im Ganzen verlaufen wird. Die Sensibilität für einzelne Probleme sowie die Komplexität von Schnittstellenproblemen ist von vornherein geringer. Anders herum gesagt scheinen Lernmöglichkeiten durch die Zusammenarbeit mit „negativen Fällen" erheblich größer.

Einen weiteren Weg der Implementierung hat Eckhard Klieme vorgeschlagen[18], nämlich gleichzeitig zwei oder mehrere Designs der Einführung zu testen. Auch aus meiner Sicht beinhaltet dies mehrere Vorteile:

- Erfahrungen verdoppeln sich gleichsam, da „best" und „bad practices" gleichzeitig beobachtet werden können;
- unerwünschte Nebeneffekte, die vielleicht später auftreten, werden vorweggenommen; dies spart letztendlich Zeit und Kosten, auch wenn der Doppelversuch zunächst einmal aufwändiger ist.
- Ein weiterer Vorteil: Wenn man sich schon die Selbstlernfähigkeit der Schulen auf die Fahnen schreibt, dann lassen sich auch „best" und weniger „best-practice"-Schulen zusammenbringen, d.h. verschiedenartige Schulen können selbst voneinander lernen (plus einer unterstützenden Moderation). Dies erhöht eine Kultur der Selbständigkeit, was ohnehin das Hauptziel der

---

17 So z.B. Norbert Maritzen (mündlicher Beitrag) auf der Fachtagung „Qualitätsentwicklung durch externe Evaluation – Konzepte, Strategien und Erfahrungen", Institut für Qualitätsentwicklung (IQ), Wiesbaden, 30. Juni bis 1. Juli 2005.
18 Auf der gleichen Fachtagung (s.o.).

externen Evaluation ist. Und es werden auch die best-practice-Schulen lernen, nämlich *warum* sie gut sind, und nicht nur, *dass* sie es sind.
- Durch solche Szenarien im Rahmen von Pilotphasen werden die – ansonsten nur evolutionär vorkommenden, langsamer sich entwickelnden – Lernmöglichkeiten aller Beteiligten gewissermaßen vervielfältigt sowie beschleunigt. Auch in Niedersachsen wurden zwei Modelle der Inspektion nebeneinander erprobt. Es empfiehlt sich auch für andere Länder, das eine Jahr einer Pilotphase für das Testen von zwei Varianten zu nutzen, um daraus mehr Erfahrungen abschöpfen zu können.
- Zudem wird eine Administration von Beginn an mit einer entscheidenden Aufgabe konfrontiert, nämlich (auf Basis der Inspektionsberichte) best practices zu verallgemeinern. Dafür sollte am besten schon in der Pilotphase nach möglichst großen Unterschieden zwischen Schulen gesucht werden; die Konturen einer best practice werden durch kontrastive Vergleiche deutlicher hervortreten. Die Administration würde sich so für Differenzen sensibilisieren – und vor allem dafür, welche strategischen Entscheidungen daraus folgen müssen. So würde von vornherein auf das große Missverhältnis eingegangen, nämlich dass sehr viel Energie in den Aufbau eines Berichtswesens gesteckt wird, aber deutlich weniger in Szenarien für sich daran anschließende strategische Entscheidungen, wie man mit unterschiedlichen Schulen umgehen und ihren Unterricht fördern will. Letztlich hat das Berichtswesen jedoch nur diesen Zweck, solche Entscheidungen möglich zu machen.

Fazit

Ist eine „dialogische Implementierung" erwünscht, muss man Lehrkräften *konkrete Konsequenzen* für ihre Routinen, die Handlungspraxis aufzeigen. Entsprechend müssen die Initiatoren einer Leitidee die Implementierung mit einem gesonderten Management begleiten, darlegen, wie sie sich die „Übersetzung" der Leitidee in die bestehende Handlungspraxis denken, d.h. welche Interessen, Normen und Identitätsgesichtspunkte dabei berührt sind. Eine dialogisches Verständnis von Implementation rechnet damit, dass auch andere Akteure Interessen haben; eben deshalb muss die eigene Linie klar gemacht werden; man mutet dem anderen Akteur zu, eigene Interessen zu haben und in diesem Sinne autonom zu sein; und auf der Basis der Anerkennung von wechselseitiger Verschiedenheit lassen sich Notwendigkeiten für Abstimmungen deutlicher erkennen und vor allem konkreter bearbeiten.

6.4 Die Schulbehörde zwischen Staat und Gesellschaft
Jürgen Kussau

In diesem Abschnitt möchte ich am Beispiel der Schweizerischen Milizbehörden und dort der Schulpflegen einige Überlegungen zum Verhältnis von Staat und Gesellschaft mit besonderer Betonung politischer Ideen zur Diskussion stellen. Das Milizsystem mit seinen „zivilen Behörden" sehe ich dabei als einen Spezialfall im Kontext von Zivilgesellschaft, Non-Profit-Organisationen, freiwilligem Engagement und Gemeinnützigkeit bzw. genauer: öffentlichem Interesse, ein Begriff, der in einer pluralen Gesellschaft auf den partikulären Charakter eines Gemeinwohls verweist – „Wessen Wohl ist das Gemeinwohl?" (Offe 2001). Der hier gewählte Schwerpunkt auf Ideen wird doppelt begründet. Zum einen hat das Verhältnis von Staat und Gesellschaft eine bis ins Mittelalter zurückreichende Geschichte, die sich mit der Entstehung des absolutistischen Staates akzentuierte und in deren Verlauf die Kirche, die heute nur noch indirekt über ihre Dritte-Sektor-Wohlfahrtsverbände auftritt, vom Markt abgelöst wurde, so dass wir die Diskussion um Zivilgesellschaft heute entlang der Trias von Staat, Markt und Zivilgesellschaft führen (theoretisch verbinden sich Prozesse der Differenzierung mit Ideen von Differenzierung). Zum anderen leistet eine Berücksichtigung von Ideen einen Beitrag zur nicht funktionalistischen Erklärung bestimmter institutionalisierter Verwaltungsformen. Wenn die Kategorie der Idee betont wird, heißt das nicht, dass nicht auch (gleichsam ideenloser) sozialstruktureller Wandel, z.B. Bedeutung von Erwerbstätigkeit, soziale Mobilität, Veränderung der Lebensstile etc. daneben und zusätzlich die kommunalen Schulbehörden in Rekrutierungsnöte bringen.

Ich werde die in Vergessenheit zu geraten scheinende Ideengrundlage und die daraus resultierende Schwächung der kommunalen Schulbehörden skizzieren, die sich vor allem in Rekrutierungsschwierigkeiten für das Amt manifestieren. Die Behörde gerät in eine prekäre Lage, weil ihre Idee und die heutigen gesellschaftlichen Verhältnisse mitsamt ihren Werten und Normen nicht mehr übereinstimmen.[19] Dadurch verändert sich ihre Position auf der „Landkarte" von Staat, Markt und Zivilgesellschaft, verstärkt durch einige institutionelle Entwicklungen im Zusammenhang mit einer neuen Governance-Architektur (Schullei-

---

19 Vgl. auch Robert Walsers ironisches Zitat, schon einhundert Jahre alt: „Wir benehmen uns wie Republikaner, wie Bürger, wie Krieger, wie Menschen. Die Untertanen anderer Länder sehen oft Haustieren ähnlich. Nicht, als ob Freiheit und Stolz unter anderen Völkern nicht auch heimisch wären, aber uns sind sie angeboren. Unsere Väter, die tapferen Eidgenossen, haben uns ihren Sinn hinterlassen, und wir wären zu beklagen, wenn wir anders als treu mit einem so herrlichen Geschenk umgingen" (Walser 1985, 31).

tung, Schulsekretariate, Externe Evaluation, Monitoringsysteme), die eine neue Idee einer effektiven, effizienten und professionellen Behörde erkennen lassen, die die ältere Behördenidee ersetzen (soll). Die Schulbehörde als „Grenzorganisation" zwischen Staat und Gesellschaft wird in Richtung Staat geschoben und verliert ihre Grenzmerkmale.

6.4.1 Die Milizform der kommunalen Schulbehörden als Ausdruck der Einheit von Staat und Gesellschaft

Zum Verhältnis zwischen (Zivil-)Gesellschaft, Staat und Markt

Das Verhältnis zwischen Staat, Markt und Zivilgesellschaft ist durch ein Konstrukt (relativ) eindeutiger komplementärer Differenzierung gekennzeichnet – durch Konkurrenz freilich ständig in „Bewegung". Dabei gehören die Sphären – der Begriff ist absichtlich gewählt, weil er die undeutlichen Abgrenzungen und fließenden Übergänge dazwischen zum Ausdruck bringt – nicht nur untrennbar zusammen; eine Sphäre und die darin enthaltenen Eigenschaften (oder begrifflichen Konnotationen) weisen den jeweils anderen ihren Platz zu und konstituieren so ein (unübersichtliches) komplementäres, keinesfalls harmonisches oder gar konfliktfreies Gewebe von *Beziehungen*, das sich ausdifferenziert, aber auch ineinander übergleitet, verschmilzt, sich entdifferenziert, dabei niemals statisch ist, und durch wechselseitige Abhängigkeit gekennzeichnet; ein Beziehungsgewebe freilich, das sich vor allem im Blick auf seine Funktion der gesellschaftlichen Integration eher auf Vermutungen denn empirische Nachweise stützt (Braun 2004, 133; Levi 1996).[20] Den drei Sphären werden differente Handlungslogiken zugeordnet, dem Staat die autoritative Setzung bindender Entscheidungen, dem Markt Austauschbeziehungen entlang der Unterscheidung zahlungsfähig/nicht zahlungsfähig und der Zivilgesellschaft solidarisches, selbstbestimmtes Handeln. Das Milizsystem (Schulbehörden) bietet demgegenüber ein gegenteiliges Bild: Nicht Differenzierung, sondern die *Einheit* von Staat und Zivilgesellschaft zeichnet es aus. Strukturell stehen die Behördenmitglieder mit einem Bein im Staatssektor, mit dem anderen in der Zivilgesellschaft und auch im Markt. Für den „politischen Teil" der Exekutivbehörde ist das die Regel, für den administrativen Teil hingegen ungewöhnlich.

Mit der Charakterisierung der Schulpflege als „zivile Behörde", in der „zivilgesellschaftliche Politik und Verwaltung" eingeschlossen sind, ist eine Paradoxie bezeichnet. BürgerInnen und im Fall des Milizsystems Laien bilden alles mögliche, nur keine Behörden. Die Behörde passt nicht in die übliche sozial-

---

20 Eine Soziologie der Zivilgesellschaft müsste deshalb deren Verhältnis zum Staat und zum Markt klären.

räumliche Topographie[21] gesellschaftlicher Sphären, die sich mit der Entstehung des absolutistischen Staates in immer neuen Formen herausgebildet hat (van Gelderen 2003) und die heute Staat/Bürokratie/Organisation, Markt („commercial society") und (Zivil-) Gesellschaft umfasst. Dabei wird in der zivilgesellschaftlichen Sphäre wieder unterschieden zwischen einem informellen (Familie, sozialer Nahbereich, „Gemeinschaft") und einem organisierten Sektor (dazu Horch 1983), nochmals unterteilt in den Dritten Sektor und die freien Assoziationen, mit einem auch je (historisch begründeten) unterschiedlichen Anschluss an die Sphäre des Marktes[22] und mit hochdifferenzierten Schwerpunkten, liegen sie im Familienbereich, liegen sie im eher privaten Bereich, liegen sie im organisierten Sektor, oder liegen sie schließlich in der „Marktgesellschaft". Dort droht das Organisationsprinzip des Marktes nicht nur die Zivilgesellschaft über den Leitwert der Eigenverantwortung „aufzusaugen"[23], sondern erfasst via New Public Management auch den Staat (Schedler/Proeller 2000).

Freilich scheint mir der Begriff der Zivilgesellschaft in der Schweiz nicht unproblematisch zu sein, weil hier die Polarität von Staat und Gesellschaft nicht bzw. weniger ausgeprägt ist (vgl. Kölz 1998, 23-25[24]). Was für Deutschland als Gegensatz zwischen „bürokratische(r) Obrigkeit versus bürgerliche Gesellschaft" beschrieben wird, ist für die Schweiz in die Gegensatzformel zu fassen: „konservative Honoratiorenstruktur und freisinniges Demokratiemodell der möglichst direkten Demokratie" (Hettling 1999, 252f.). Deshalb konnte sich wohl auch der Staat nie als Gemeinwohlgarant etablieren (Münkler/Bluhm 2001; Schuppert 2004), weil unter Bedingungen „sozietaler Subsidiarität" (Rüegg 1992, 102) die „Gesellschaft" immer Vorrang besitzt, so dass „private Regierungen" als „parastaatliche" Einrichtungen, die Verbandsinteressen mit

---

21 Eine reale Fiktion (Vaihinger 1986, 25f.), weil es für diese Sphären nur partiell eindeutig angebbare Orte gibt.
22 Die Trias von Staat, Markt und Gesellschaft schließt viel eher an die europäische Geschichte und Politikdiskussion an als an die soziologische Differenzierungstheorie. Differenzierungstheoretisch ist die Sortierung deshalb interessant, weil sie, sofern sie den Sphären auch (funktions-) spezifische Handlungslogiken zuspricht (z.B. Gosewinkel/Rucht 2004, 42-48), von einem Dekompositionsschema ausgeht (Mayntz 1988, 13-17), das etwa Talcott Parsons seiner Theorie zugrundelegte: *Eine* Gesellschaft differenziert sich in bestandsnotwendige Subsysteme aus (Wirtschaft/Anpassung, Politik/Zielerreichung, gesellschaftliche Gemeinschaft/Integration, Kultur/Wertbindung. In der Luhmannschen Lesart emergieren subsystemische Differenzierungen evolutionär. „Der Begriff des Teilsystems und seiner Funktion für ein Gesellschaftsganzes muß aufgegeben werden. Wenn man von Differenzierung spricht, meint man nicht Dekomposition eines Ganzen in Teile, sondern das Entstehen von Handlungsräumen oder Lebensordnungen, innerhalb derer das Handeln nach spezifischen Kriterien geordnet wird" (Schwinn 1995, 34).
23 Ob Eigenverantwortung auch einen religiösen (protestantischen) Einschlag besitzt – individuelle Unmittelbarkeit zu Gott und: Jeder muss bei sich selbst beginnen –, wäre zu untersuchen.
24 Er setzt die Trennung von Staat und Gesellschaft, von öffentlichem und Privatrecht mit der Staatsbildung in der Helvetik an.

rastaatliche" Einrichtungen, die Verbandsinteressen mit öffentlichen (Partikular-) Interessen in sich vereinen (Farago/Ruf 1992), nicht nur aus *funktionalen* Gründen toleriert werden (vgl. auch Geser 1994, 180-188), vielmehr *konstitutiver* Bestandteil des politischen Systems sind. Das gleiche gilt für die Stellung der Gemeinden im Blick auf zivilgesellschaftliche Tätigkeiten (Wagner 2002). Eine exklusive Gemeinwohlorientierung war in der Schweiz historisch wohl auch nie beim Staat aufgehoben, vielmehr (zusätzlich) verteilt auf kommunale, kooperative (genossenschaftliche Selbsthilfe) und korporatistische Einheiten (Verbände).[25]

Der zivile Sektor wird (a) in Distanz zu und (b) Referenz auf Staat und Markt verstanden. Dieses Verhältnis wird auch mit dem Begriff der Subsidiarität in zwei Spielarten beschrieben:[26] (a) Der Staat steht subsidiär zur Gesellschaft: Alles, wozu die Gesellschaft nicht in der Lage ist, fällt in den staatlichen Aufgabenbereich („soziale Subsidiarität"); (b) die Gesellschaft steht subsidiär zum Staat. Alles, was der Staat nicht leisten kann, fällt in die (Eigen-)Verantwortung der Gesellschaft („staatliche Subsidiarität"). Sozietale Subsidiarität entspricht der Schweizer Tradition; das zweite Verständnis kehrt das Verhältnis um und hält jetzt auch Einzug in der Schweiz (als Indiz für eine Zunahme von „Staatlichkeit"?). „Private Gemeinnützigkeit vermag den Ausfall staatlicher Leistungen nicht zu kompensieren" (SGG 2005; generell auch Münkler/Fischer 2004, 113). Zivilgesellschaft wird in dieser Perspektive zum residualen Instanz, die Staats- und Marktversagen im Blick auf funktionale *und* integrative Leistungen auffangen bzw. lindern soll. Nur in diesem Denkansatz kann man von einer Renaissance der Zivilgesellschaft sprechen, die daraus ihre Bedeutung bezieht, dass Steuerungsprobleme des „sorgenden Staats" (de Swaan) und eine damit verbundene Legitimationskrise unübersehbar sind (Brunner/Sgier 1997).

---

25 Längst freilich wird auch in staatlicheren politischen Systemen die Vorstellung aufgegeben, der Staat habe die Definitionshoheit über das Gemeinwohl. In einer funktional differenzierten Gesellschaft, in der der Staat nicht mehr an der „Spitze" steht (Luhmann 1981), hat er das „Definitionsmonopol für das verloren, was als Gemeinwohl gilt" (Mayntz 1992, 32; vgl. auch Häberle 1970), muss es vielmehr mit der Zivilgesellschaft, der Sphäre der „gesellschaftlichen Gemeinschaft" (Parsons) und dem Markt teilen. Eine alternative Erklärung liegt in einem differenten Denkzugang zur Bearbeitung kollektiver Aufgaben und Probleme. Ein gesellschaftspolitischer Individualismus denkt soziale Ordnung vom Individuum her; ein gesellschaftspolitischer Kollektivismus beginnt bei kollektiven Einheiten (Staat, Kanton, Gemeinde, Verein, Kirche etc., wobei kollektive Einheiten immer schon vorausgesetzt werden müssen, die doch täglich neu zu bestätigen sind), die unabhängig vom Willen und den Intentionen der Akteure als „soziale Tatsachen" (Durkheim) bestehen. Und je nach Zugang definieren die „Gesellschaft" oder der Staat öffentliches Interesse und seine Standards.

26 Ideengeschichtlich Höffe 1994; soziologisch Geser 1994; politikwissenschaftlich Cattacin/Kissling-Näf 1997.

Das Milizsystem als republikanisches Überbleibsel in einer liberalen Gesellschaft

Um nun die Behördenform und ihre Rekrutierungsschwierigkeiten und auch Identitätsprobleme[27] zu beschreiben, nehme ich einen kleinen Rekurs auf die (hier modellierte, nicht historisch „reine"[28]) Ideenlogik des Milizsystems vor (vgl. zum Folgenden Kussau 2007a). Dabei müssen Ideen, um als solche gekennzeichnet zu werden, nicht als Text ausformuliert sein. Ideen sind auch als handlungsleitende Überzeugungssysteme (belief systems) normativ ausgeprägt und praxisrelevant (zur Bedeutung von Ideen Braun 1999; Reich 1988) und können sogar als (reale) Fiktionen mit einer Erinnerungsfunktion ausgebildet sein.

Das Milizsystem, das einer unabweisbaren „unfreiwilligen Assoziation" (Walzer 1999) vergleichbar ist, wenn man diese Verwaltungsform bewahren möchte, ist als ein republikanisches Überbleibsel im liberalen Schweizer Staat zu begreifen. Mit dem Milizsystem stellen sich die BürgerInnen in ihrer Selbstgesetzgebungskompetenz eine institutionalisierte politische Beteiligungsgelegenheit zur Verfügung – eine „herrschaftsfremde Selbstverwaltung" (Geser 1987, 16) –, die es der „Zivilbehörde" als arbeitende Behörde („arbeitender Staat") auch erlaubt, institutionelle Politik zu machen (bindende Entscheidungen zu treffen). Das Milizsystem stellt hohe Anforderungen an Partizipation, die über Wählen und Abstimmen hinausgehen, vielmehr *tätige* Beteiligung erfordern. Wenn man so will, sind die BürgerInnen im Milizsystem die *EigentümerInnen* der Behörde, die sie gleichzeitig *betreiben*. Wird Republikanismus (u.a.) als tätige Behördenbeteiligung bestimmt, so lässt sich am Milizsystem zeigen, dass ein unverbindlicher Republikanimus im Sinne einer generalisierten Leitidee nicht ausreicht, weil das Milizsystem auch ein Organisationsprinzip kommunaler Verwaltung darstellt – die Organisation *muss* bestehen und personell besetzt sein. Mit dem Milizsystem existiert eine zahlenmäßig sehr präzise Maßeinheit, an der sich ablesen lässt, wie es um den Bestand an *unverzichtbaren* aktiven (republikanischen) Beteiligungspotenzialen steht. Um das Milizsystem funktionsfähig zu halten, nützt die liberale Optionenvielfalt wenig. Wenn das Milizsys-

---

27 In der neuen Governance-Architektur ist die kommunale Schulbehörde als „strategische" Behörde gedacht, eine Aufgabe, die einen Bruch mit den bislang geltenden Handlungsroutinen beinhaltet.
28 Eine historische Rekonstruktion der Entstehung der kommunalen Schulbehörden würde vermutlich von einer funktionalen Erklärung ihrer Existenz abweichen, sie vielleicht umschließen. „In sehr kleinen Gebietskörperschaften sind Milizstrukturen aus technischen Gründen unabdingbar: Das Arbeitsvolumen würde für eine arbeitsteilige Organisation mit hauptamtlichen Funktionären nicht ausreichen. Im Allgemeinen können Kleingemeinden nicht zwischen Bürokratie und Milizstruktur wählen. Die Alternative zur letzteren bedeutet meistens, auf eine Aufgabe überhaupt zu verzichten oder die entsprechende Leistung auswärts einzukaufen" (Germann 1998, 84).

tem mangels Personal nicht mehr haltbar wäre, träte eine alternative Verwaltungsform an seine Stelle. Es besteht indes eine Diskrepanz zwischen der institutionellen Verankerung des Milizsystems als kommunales Behördensystem und seiner entsprechenden Verankerung in den Motivationsbeständen der BürgerInnen, d.h. die in den BürgerInnen inkorporierte Idee der tätigen Beteiligung an den Behörden scheint zu schwinden.

Das Milizsystem setzt *republikanische Tugenden* voraus (zum Begriff Münkler 1991), die in einer *liberalen* Gesellschaft nicht, nicht mehr oder nicht im gebührenden Ausmaß zu erwarten sind. Republikanisches Denken stellt an den Anfang der Überlegungen nicht das Individuum als Bezugspunkt politischen Handelns, sondern kollektive Bedürfnisse und Notwendigkeiten. Dazu ist die Tugend des tätigen, aktiven Engagements erforderlich. Während der Liberalismus auf der *Freiheit von* ... (vor allem vor dem Staat, der Bürokratie[29], Regelungen aller Art) pocht, beharrt ein Republikanismus auf der *Freiheit zu* ... tätiger Beteiligung an öffentlichen Angelegenheiten, so dass Staat und Gesellschaft „zusammenfallen". Liberale „negative Freiheit" antwortet auf die Frage: „What is the area within which the subject [...] is or should be left to to or be what he is able to do or be, without interference by other persons?" Republikanische „positive Freiheit" stellt hingegen die Frage: „What, or who, is the source of control or interference that can determine someone to do, or be, this rather than that?" (Berlin 1969, 121f.) Öffentliche Güter – zu denen auch öffentliche Organisationen wie die Schulbehörde zählen – sind nicht Folge von sozialen und Marktprozessen, sondern Bestandteil einer politischen Ordnung, die Beteiligungsbereitschaft voraussetzt. Die Formel lautet: Beteiligung an öffentlichen Belangen = politische Freiheit. Streng formuliert Gottfried Keller das republikanische Ideal und seine notwendigen Bestandsvoraussetzungen: „Aber wehe einem Jeden, der nicht sein Schicksal an dasjenige der öffentlichen Gemeinschaft bindet, denn er wird nicht nur keine Ruhe finden, sondern dazu noch allen innern Halt verlieren und der Missachtung des Volkes preisgegeben sein, wie ein Unkraut, das am Wege steht." Und in einem Nachtrag: „Nein, es darf keine Privatleute mehr geben!" (Keller 1996, 688) Aus liberaler Sicht muss der Satz als eine Art Tugendterror erscheinen, der die Kategorie der Privatsphäre negiert und die gesamte Lebenswelt politisiert[30], während der Republikanismus Ein- und Unterordnung

---

29 Freilich auch von Organisation. Daran zeigt sich die Ambivalenz auch von Zivilgesellschaft, weil Organisation eines ihrer Kernmerkmale ist.

30 Im selben Jahr beschreiben und prognostizieren Karl Marx und Friedrich Engels die liberalkapitalistische Gesellschaftsentwicklung illusionslos: „Alle festen eingerosteten Verhältnisse mit ihrem Gefolge von altehrwürdigen Vorstellungen und Anschauungen werden aufgelöst, alle neugebildeten veralten, ehe sie verknöchern können. Alles Ständische und Stehende verdampft, alles Heilige wird entweiht, und die Menschen sind endlich gezwungen, ihre Lebens-

in/unter Kollektivansprüche über die Beteiligungschance und -pflicht austariert, dadurch nämlich können je eigene (individuelle) Interessen in den politischen Willensbildungsprozess eingebracht werden. Individuelle Wohlfahrt wird identisch mit öffentlicher Wohlfahrt. Eigenverantwortlichkeit bezieht sich hier auf kollektive (soziale und politische) Sachverhalte und nicht auf marktvermittelte Eigenverantwortung. Partizipatives Engagement wird zum unverzichtbaren Sollwert. Das Problem des *free riding* betrifft dieses Modell idealiter nicht, während liberale Systeme ständig nach institutionellen Vorkehrungen suchen, wie man es minimieren kann.

Der Liberalismus fürchtet hingegen die tendenziell totalen (totalitären) Ansprüche von Gesellschaft und Staat – nicht nur die Interessen der BürgerInnen sind von Belang, sondern auch ihre moralische „Identität" (Sandel 1995, 55f.) – und verzichtet darauf, die BürgerInnen in „neue Menschen" zu verwandeln (vgl. dazu kritisch Fach 2003). Er belässt sie vielmehr wie sie sind – als, freilich verstandesbegabtes, „Volk von Teufeln" (Kant: Zum ewigen Frieden, zit. nach Niesen 2001, 584) – und versucht die individuellen Interessen institutionell so einzuhegen, z.B. durch eine Verfassung, dass am Ende doch ein gemeinwohlförderliches Ergebnis zu erwarten ist. Ist demnach Beteiligung im Republikanismus Bürger*pflich*t, betont der Liberalismus das Bürger*recht* (zur Entwicklung Brett 2003). Bezüglich Partizipationsbereitschaft ist der Liberalismus deshalb relativ anspruchslos; Partizipation ist vielmehr Ausdruck freier Assoziation. Wenn aus Sicht des Liberalismus freudiges, nicht nur freiwilliges Milizengagement als sozialmoralische Zumutung erscheint, ist diese Partizipationsform im republikanischen Denken Ausdruck von Freiheit als Übereinstimmung von individuellen Interessenlagen mit einem *bonum commune*. Damit ist nicht der Verzicht auf institutionelle Regulierungen verbunden, aber ohne Basierung durch Bürgertugenden werden die Institutionen nicht funktionieren (Berlin 1969; Münkler 1994; Llanque 2003; kritisch Pinzani 2003). Im Gesellschaftsmodell der liberalen Optionenvielfalt ist „freudige" Beteiligungsbereitschaft an den Schulbehörden nicht zu erwarten, sie bewegt sich vielmehr zwischen Freiwilligkeit und sozialer Verpflichtung, zwischen Lust und Last. Im Milzsystem der Schulbehörden ist Freiwilligkeit eine funktional verstandene Freiwilligkeit; sie ist erforderlich, um das Milizsystem betreiben und aufrechterhalten zu können.

In der Tabelle 5 werden die wichtigsten Differenzen dargestellt:

---

stellung, ihre gegenseitigen Beziehungen mit nüchternen Augen anzusehen" (Marx/Engels 1966 (1848), 62). Von Gottfried Kellers Ideal bleibt nichts übrig.

Tabelle 5: Liberale und republikanische Idee im Vergleich

	Beziehung Individuum/Gesellschaft*	Freiheit	Bindungen	Institutionen
Liberale Idee	Ausgangspunkt: Individuum (und sei es ein „Teufel") im Kollektiv Selbstentfaltung verbunden mit Eigenverantwortung (in marktradikalen Varianten: marktvermittelte Sozialbeziehungen) Gemeinwohl als Ergebnis individuellen Handelns („unsichtbare Hand") Strikte Trennung privat/öffentlich	Freiheit von ... Staat, Bürokratie, Regelungen → Deregulierung	Lösung von Bindungen und Chance, Optionen zu gewinnen und wahrzunehmen	Verfassung, die ein „Volk von Teufeln" bändigt Schwache Anforderungen an Partizipation
Republikanische Idee	Ausgangspunkt: Kollektiv mit Individuen mit Interesse am (sozialmoralischen) Charakter Eigennutz ist nur realisierbar, wenn ein kollektiver Nutzen mitbedient wird. Eigennutzen = Kollektivnutzen (Gemeinwohl) Eigenverantwortung ist gleichzeitig Verantwortung für das Kollektiv Privat ist (beinahe) gleich öffentlich	Freiheit zu ... in öffentlichen Angelegenheiten mitwirken zu können, freilich auch zu *müssen*. Individuelle Freiheit fällt mit kollektiver Freiheit zusammen	Bindung des Individuums an kollektive Einheiten und Wissen um die Bindung, die über die eigene Person hinausgeht	Verfassung, die von Bürgertugenden getragen wird Starke Voraussetzungen an, auch tätige, Partizipation

* Gesellschaft ist die Chiffre für eine auf abgrenzbare Einheiten heruntergebrochene Sozialstruktur (Gemeinde, Partei, Verein, Sozialorganisation, Assoziation etc.).

Eine Gesellschaft, die sich weitgehend an liberalen Leitwerten orientiert, besitzt mit dem Milizsystem ein republikanisches Verwaltungsmodell, das gerade nicht auf den sparsamen liberalen Partizipationsanforderungen beruht. Ein liberales gesellschaftliches Grundverständnis kommt dem *Miliz*system nicht entgegen; in gewisser Weise unterminiert es, unbeabsichtigt zwar, die Grundlagen des Milizsystems, weil es dem Pol *Freiheit zu ...* zuneigt. Umfasste Freiheit *von* Staat und Bürokratie auch das Milizsystem, würde im gleichen Schritt die Freiheit zur aktiven Selbstgestaltung eingeschränkt. In dieser ungleichzeitigen Koexistenz differenter Leitwerte liegen die Hauptgründe für Motivations- und Rekrutierungsprobleme. Republikanische Beteiligungsverpflichtungen befinden sich – als Ergebnis eines gesellschaftlichen Wandels, den kaum jemand missen möchte – eher in einer Defensivposition. Etwas überspitzt: Es kann unter geänderten sozioökonomischen und diskursiven Bedingungen nicht anders sein. Deshalb erscheint es müßig, das Thema nostalgisch zu moralisieren. Wer wollte schon auf die Möglichkeiten verzichten, die *Individualisierung* und *Pluralisierung* von Milieus, Werten, Bindungen, Traditionen, Handlungsmöglichkeiten mit sich bringen? Freisetzungsprozesse erfassen jedoch auch die sozialmoralischen Dispositionen selbst; sie verschwinden deswegen nicht, wie eine kulturpessimistische Lesart annimmt; sie werden jedoch aus- und umgedeutet, disponibel, veränderbar, wählbar – einschließlich einer Abkehr von institutioneller Politik.

Wenn man so will, handelt es sich um eine Konstellation, in der zwei Fliegen mit einer Klappe geschlagen werden sollen („Foifer und Weggli"- Konstellation). Einerseits: „Wer ökonomisch denkt – und das tun viele – wird es sich zweimal überlegen, ob er eine Milizaufgabe übernehmen will, wenn damit nicht auch seine berufliche Tätigkeit gefördert wird" (Klöti 1988, 9). Andererseits: Die Beteiligungsfähigkeit- und Bereitschaft soll groß genug sein, um das Milzsystem tragen zu können, ohne allerdings die individuellen Wahlmöglichkeiten aufgeben zu müssen. Letztlich geht es darum, das republikanische Tugendmodell mit dem liberalen Optionenmodell selektiv zu harmonisieren. In Projektinterviews wird häufig eine normorientierte Sichtweise eingenommen, eine Orientierung am Modell des *Homo Sociologicus*, der um seine Rollenverpflichtungen weiß und sich auch daran hält. Dass diese Verpflichtungen in den Köpfen der BürgerInnen verblassen, wird durch eine *empirische* (nicht modellhafte) Referenz auf den *Homo Oeconomicus* erklärt, den Handlungstyp, der sich durch freies Wahlhandeln auszeichnet. Der freiwillig handelnde Homo Oeconomicus, der nur seinen eigenen Vorteil sucht, ist das Übel (zu den beiden Handlungstypen Schimank 2000a, 37-106). Es ist wohl nicht nur „our sociological bias", sondern in den Deutungen der BürgerInnen tief verankert, „to see good things emerging out of sociability; bad things are more commonly associated with the behavior of homo oeconomicus" (Portes 1998, 15). In der liberalen

6.4 Die Schulbehörde zwischen Staat und Gesellschaft

Gesellschaft werden, widersprüchlich genug, Rekrutierungsschwierigkeiten dem liberalen „Menschenbild" zugerechnet. Jenseits aller neueren Governance-Entwicklungen, auf die ich noch kurz zu sprechen komme, zeigt sich, wie sehr institutionelle Muster von Ideen und einer sie tragenden sozialmoralischen Disposition abhängig sind. In seinen Ansprüchen an aktive Beteiligung ist das Milizsystem ein Beispiel dafür, wie sich aus einer ideell gespeisten (republikanischen) Praxis eine *öffentliche Aufsicht* der *Volksschule,* die einer unmittelbaren staatlichen Aufsicht entzogen ist, institutionalisiert und organisatorische Form annimmt (Kussau/Rosenmund 2005)[31]; und wie weiter solche Ideen verblassen können, die Organisation aber weiterbesteht. Was bleibt, ist *nur* noch eine *Behörde,* der die Ideengrundlage abhanden kommt und die dann *als Behörde* in ihrem Leistungsprofil und ihrer Erfolgsbilanz beurteilt wird. Die ursprüngliche Idee der öffentlichen Aufsicht durch tätige Beteiligung der Bürger und später auch Bürgerinnen erodiert und gerät in einen handlungsrelevanten (nicht bloß ideellen) Widerspruch zum vorherrschenden liberalen Gesellschaftsmodell, wie sich an den Rekrutierungsschwierigkeiten für die Teilnahme an der Behörde ablesen lässt. Die Schulbehörde wird zu einer Behörde wie jede andere, deren allfällige Defizite konventionell bearbeitet werden, die sogar zur Disposition stehen kann. Die Behördenform hat dem dann wenig entgegenzusetzen, sie ist viel eher dazu angehalten, auch wie eine Behörde zu reagieren und allfällige Defizite institutionell gemäß den neuen Leitideen zu beheben.[32]

6.4.2 Die kommunale Schulbehörde als „Grenzorganisation"

Die „zivile" Schulbehörde kann auch als „Grenzorganisation" beschrieben werden (Gieryn 1983; Guston 2000). Wenn man Kernbereiche in Teilsystemen oder -sektoren identifiziert – im politischen Institutionensystem etwa Parlamente oder Verwaltungen, in der Wirtschaft Unternehmen –, so sind Grenzorganisationen die Organisationen, die zwar zu einem Teilsystem gehören, aber aus dem Kern-

---

31 „Interessen sind ideenbezogen, sie bedürfen eines Wertbezuges für die Formulierung ihrer Ziele und für die Rechtfertigung der Mittel, mit denen diese Ziele verfolgt werden. Ideen sind interessenbezogen, sie konkretisieren sich an Interessenlagen und erhalten durch diese Deutungsmacht. Institutionen formen Interessen und bieten Verfahrensweisen für ihre Durchsetzung, Institutionen geben Ideen Geltung in bestimmten Handlungskontexten. Der Kampf der Interessen, der Streit über Ideen, der Konflikt zwischen Institutionen lassen stets neue soziale Konstellationen entstehen, die die historische Entwicklung offen halten. Aus Interessen, Ideen und Institutionen entstehen soziale Ordnungen, die die Lebensverhältnisse, die Personalität und die Wertorientierung der Menschen bestimmen." (Lepsius 1990, 7)
32 Auch um mit dem sich professionalisierenden und bürokratisierenden Umfeld der Schule mithalten zu können (im Sinne der Isomorphiethese; vgl. DiMaggio/Powell 1991).

bereich herausgerückt sind und sich an den teilsystemischen Rändern bewegen. Politik- oder Schulberatung wären solche Organisationen. Die kommunale Schulbehörde stellt eine Grenzorganisation dar, die zwischen dem Staat (Kanton) und der Schule steht und über die Herkunft der Behördenmitglieder auch „Einschübe" aus dem Markt und den sozialen Nahbezügen enthält, wobei die Schule wieder maßgeblich von zivilgesellschaftlichem Personal bevölkert ist (SchülerInnen, Eltern). Weder Schule noch SchülerInnen/Eltern noch dem Kanton tritt eine bürokratische Behörde gegenüber, sondern eine Organisation, die funktional als Behörde tätig ist, von ihren Fähigkeiten her jedoch eine Bürgerbehörde ist und von zivilen Wissensbeständen zehrt. Die Behörde verbindet Kanton und Schule, ohne dass beide i.d.R. in unmittelbarer Kommunikation zueinander stehen (müssen) und bewahrt (auch jenseits jeder Autonomiepolitik) die Autonomie beider Seiten.

Der Preis dieser Zwischenstellung ist ihre synkretistische Handlungsrationalität, der durch die zivile Herkunft der Behördenmitglieder als „Ungelernte" verstärkt wird und keineswegs unproblematisch und konfliktfrei ist, denkt man ihre teilweise mangelhafte Anerkennung durch die Profession. Die Behörde ist ständig auf der Suche nach der „richtigen" Distanz zur Schule. Das Ideal lautet: Behörde und Schule sollten eine *„Päckli"* sein. Darin drückt sich ein Selbstverständnis der kommunalen Schulbehörden aus, das freilich oft genug Wunsch bleibt, weil die Behörde nicht nur auf die Schule bzw. die LehrerInnen bezogen agieren kann, sondern weitere Gruppierungen bzw. Normen berücksichtigen muss: Die StimmbürgerInnen, die andere Vorstellungen über die Budgetverteilung haben als die Schulbehörde; den Gemeinderat; die Eltern, deren Vorstellungen von denen der StimmbürgerInnen abweichen können; und nicht zuletzt auch kantonale Regelungen, die die Behörden umsetzen müssen, ohne kantonaler Vogt zu sein. Auf die in diesen vielfältigen Bezügen angelegten Rollenkonflikte reagiert die Behörde mit einem generalisierten Handlungsmodus, der sich als *Vermittlung* beschreiben lässt (Kussau/Rosenmund 2005). Sie setzt eher auf „weiche" Instrumente, z.B. ein hohes Maß an informeller Kommunikation, denn auf bürokratischen „Zugriff", auch wenn er ihr im Einzelfall nicht fremd ist, weil die Schulbehörde bei aller Diffusität immer auch noch „Behörde" bleibt. Dieses Handlungsrepertoire entspricht auch der zivilen Herkunft der Behördenmitglieder und ihrem – im Blick auf Schulfragen – Laienwissen. Die behördliche Handlungslogik liegt in einem Herantasten an Aufgaben und Probleme, in einer kreativen Praxis (die nicht positiv konnotiert sein muss), gerade weil kein professionelles Lösungswissen parat steht, im Druck, Vertrauen als Ressource zu nutzen, weil man zu wenig „weiß". Die Behörden agieren funktional diffus, nicht an einer binären Handlungslogik, sondern eher am Maßstab des reibungslosen Funktionierens ausgerichtet, der Legitimation, Rechtlichkeit, Effektivität, Effizienz, fachliche Korrektheit, Ortsbezogenheit und kantonale Gesichtspunkte, Orientierung an der Schule, den Eltern und dem Kanton mit seinen Vorgaben berücksichtigen muss (vgl. auch Geser 2001).

Mit diesen Bemerkungen, die den Schulbehörden einen „funktionalen Dilettantismus" (Seibel 1994) attestieren, ist freilich kein Abgesang auf die kommunalen Schulbehörden verbunden, weil zwischen Leitwerten und tatsächlichem Handeln eine Differenz und kein unmittelbares (konditionierendes) Ableitungsverhältnis besteht. Nur ist im Augenblick die liberale Gesellschaft gefordert, den Gesellschaftsvertrag zu erneuern. Liberale Akteure sind zwischen Opportunismus und sozialmoralischer Verpflichtung hin- und hergerissen; eine liberale Gesellschaft handelt sich damit das free riding-Problem ein – wenn andere sich engagieren, brauche ich es nicht zu tun, mit der Folge, dass sich niemand engagiert, obwohl ein kollektiv besseres Ergebnis entstünde (soziale Dilemmasituation) –, so dass das soziale Volksvermögen der Milizbeteiligung zu schwinden droht, zumal auch Engagement mit einer „Exit"-Option versehen wird (Rücktritt vom Amt). Die republikanische Idee – und sei sie eine (reale) Fiktion – der Identität von öffentlichem und privatem Interesse zerbricht. Das liberale Modell muss deshalb auf institutionelle Vorkehrungen einschließlich von Anreizen setzen, um BürgerInnen zu tätigem Engagement zu bewegen und der Beteiligungsbereitschaft „nachzuhelfen" (Entschädigung, hauptamtliches Schulpräsidium, Schulleitungen, die die Behörde entlasten etc.; zur Logik des liberalen Instrumentariums Offe 2001, 460).

Die kommunalen Schulbehörden sind angeschlagen, weil ihre ideelle Grundlage untergraben ist. Das veränderte Wertesystem gefährdet „aus sich heraus" das soziale Volksvermögen, das eine Behördenform trägt, auf die nur wenige zu verzichten bereit sind. Dazu kommen Entwicklungen im Umfeld der Behörden, die sich unter dem Begriff der neuen Governnace-Architektur zusammenfassen lassen und mit einer synkretistischen Handlungslogik nur schwer zu vereinbaren sind, vielmehr einen neuen Typ von Behörde bedingen. Anders formuliert: Das Interesse an der Idee der öffentlichen Schulaufsicht trägt die Behörde immer weniger; an ihre Stelle tritt die Idee einer effektiven, effizienten und professionellen und vermutlich stetigeren Behörde. „Man hat nur die Wahl zwischen ‚Bureaukratisierung' und ‚Dilettantisierung' der Verwaltung, und das große Mittel der Überlegenheit der bureaukratischen Verwaltung ist: *Fachwissen* [...]" (Weber 1964a, 164; kursiv im Original). Im Umfeld dieser institutionellen Entwicklungen, die durch Ideen unterfüttert sind (Majone 1996), lassen sich weitere Erklärungen dafür finden, warum der spezifische Pfad einer „zivilen" Behörde zwischen Staat und Gesellschaft Stück für Stück verlassen werden könnte. Die Politik denkt, herausgefordert durch den internationalen Wettbewerb, zunehmend in Leistungsbilanzen (Output-Legitimierung). Entsprechend forciert sie Legitimationsmodelle einer „audit society" (Power 1997), im Schulsystem durch die Einrichtung von Schulleitungen (Profession), den Ausbau von Schulsekretariaten (Bürokratie) und den Aufbau von Systemen der Externen Evaluation, des Monitoring und der individuellen Mitarbeiterbeurteilung (MAB), zusammenzufassen unter dem Begriff der Professionalisierungsstrategie. Die historisch lokal verankerte Schule könnte empirisch, nicht formal, „unter der Hand" zentralisiert (kantonalisiert) und verstaatlicht (nicht entdemokratisiert) und dem „kommunalistischen" Kontext (Blickle 1986) einer familial gedachten Kommunikation unter Anwesenden im *„Päckli"* zwischen Behörde und Schule entzogen werden (Kussau/Oertel 2005). Professionalisierung und letztlich auch Zentralisierung sollen an die Stelle eines diffusen behördlichen „muddling through" treten.

Nun droht nicht nur die kommunale Schulbehörde ihrer tragenden Idee verlustig zu gehen. Mit der neuen Governance-Architektur, bei deren Einführung die Schweiz bzw. ihre Kantone keinen „Sonderfall" bilden, zieht Performanz als zentrales Bewertungskriterium in politisches, behördliches und schulisches (Schulqualität) Handelns ein. Damit unterliegt jetzt auch die Behörde einem *expliziten Erfolgsmaßstab*, der zwar nicht existiert, in einem multifunktionalen Behördenkontext auch nur schwer zu entwickeln sein dürfte, der als latentes Negativmaß – Leistungsdefizite – aber gleichwohl mitschwingt.

Wenn dieses diffuse Milizsystem, mindestens im Schulbereich, in die Diskussion um Professionalisierung, die sich auch als positiv konnotierte Bezeichnung des negativ besetzten Begriffs der Bürokratisierung lesen lässt[33], gerät und sogar Verberuflichung praktiziert wird (vollamtliche SchulpräsidentInnen) und auch teilweise externe Beratungsleistungen zugekauft werden, so scheint das als „Notwendigkeit eines Ärgernis" (Borchert 2003) ebenso unausweichlich wie es die Zivilgesellschaft in ihrer politischen Funktion marginalisiert, freilich in einem schleichenden, eher „reformlosen" (Czada) Wandlungsprozess, weil die Behörde tief im kommunalen Instutionensystem verankert ist.[34] Selbst wenn man die Schulbehörde als „permanently failing organization" bewertet (Meyer/Zucker 1989), kann man sie deshalb nicht offiziell abschaffen und durch effiziente Verwaltungsmodelle ersetzen. Vielmehr sind sie selbst für diejenigen, die an ihrer

---

33 Trachsler/Ulich/Inversini/Wälser/Dangel 2005, 38f., machen für den Kanton Thurgau ein mehrheitliches Begriffsverständnis von Professionalisierung aus, das in Richtung differenzierte Verberuflichung weist.

34 Die neue Schul-Governance kann man auch so lesen, dass sie um die Schulbehörden „herum" eingerichtet wird, um die Behörde selbst formal unbehelligt zu lassen. Vgl. Schindler 1992, 198f., der mit einer vergleichbaren Argumentation Zentralisierung im Verhältnis Bund, Kantone und Gemeinden als Erklärung dafür einführt, dass sowohl die Zahl der Kantone wie die Zahl der Gemeinden in ihren „übernommenen Strukturen erhalten" (ebd., 198) werden konnten.

Leistungsfähigkeit zweifeln, die noch nie untersucht wurde, (allenfalls) als „erfolgreich scheiternde Organisationen" (Seibel 1994) zu bewahren und „unter der Hand" zu professionalisieren. Es zeigt sich, dass nicht nur eine Renaissance der Zivilgesellschaft zu beobachten ist, sondern auch eine Tendenz der Verstaatlichung und Bürokratisierung, was freilich nicht als Nullsummenspiel begriffen werden muss, sondern als gegenläufige Komplementarität, abzulesen etwa an einer Entwicklung, bei der die (zivilen) Eltern Zugriff auf die Schule nehmen.[35] Aber das wäre ein neues Thema.

6.5 Eine Momentaufnahme zu den kommunalen Schulbehörden im Wandel[*]

Der folgende Abschnitt beschäftigt sich mit dem Veränderungsdruck, der die Schweizer Schulpflegen erfasst hat und greift drei ausgewählte, in diesem Zusammenhang besonders wichtig erscheinende Entwicklungen bzw. Merkmale von kommunalen Schulbehörden auf. Beobachten konnte ich diese Entwicklungen in zwei Projekten, die sich mit Schulbehörden befassten.[36] Es geht hierbei (a) um die fraglose Akzeptanz behördlicher Veränderungen durch die Behörden selbst, (b) um das Verhältnis der Schulpflege zum Schulsekretariat und schließlich (c) um mögliche Veränderungen von Verfahren, denen ich Überlegungen zu Verfahren und Verfahrenseffizienz und ihren Modernisierungspotenzialen anschließe.

Anzufügen ist sogleich, dass das Thema von (rasantem?) Wandel gekennzeichnet ist. Dies impliziert zwei Probleme:

- Die Dinge sind vielfach *nicht mehr* die Alten, aber *noch nicht* die Neuen.
- Es ist vielfach schwer zu unterscheiden, ob wir es mit einer Idee, mit Absichten, mit einem Programm zu tun haben, oder mit der Realität – und um die Sache nicht zu einfach zu machen: Auf der Ebene Schulpolitik und zentrale Bildungsverwaltung (Bildungsdirektion) sind Ideen und Absichten sehr

---

35   Vgl. dazu Geser 1994, 171, der darauf verweist, dass zwischen Zentralisierung des Gesamtsystems und Dezentralisierung in Subsysteme nicht nur ein *„substitutives*, sondern auch ein *komplementäres* Verhältnis besteht".

*   Der Beitrag beruht auf einem Referat bei der Gruppe Forschung & Entwicklung der Bildungsdirektion des Kantons Zürich am 4. Mai 2005.

36   Das eine Projekt wurde zusammen mit Eva Hug, Lutz Oertel, Moritz Rosenmund und Daniel Tröhler an der Pädagogischen Hochschule Zürich durchgeführt, das andere Projekt beschäftigte sich mit den Motiven einer Beteiligung an den Zürcher Schulpflegen (zusammen mit dem Zentrum für Organisations- und Arbeitswissenschaften der ETH Zürich (Stefan Güntert, Annina Roeck-Padrutt, Theo Wehner).

real, die auf der Ebene der Schulbehörde und erst recht der Schule keine empirische Entsprechung finden. Es handelt sich um eine je unterschiedliche Praxis.

6.5.1 Die unbefragte Hinnahme der Veränderung der Schulpflege durch den Kanton

Im Augenblick sind nicht nur die Schulen selbst in Bewegung geraten, sondern auch die kommunalen Schulbehörden. Dabei stand die Schulpflege nicht im Zentrum von Überlegungen ihrer Veränderung. Einzig die Entlastung der Behörde, vor allem durch die Schulleitungen und die Schulsekretariate stand auf dem Programm (z.B. RR Kanton Zürich 2001, 69). Allerdings zeigt sich mittlerweile, dass die Schulbehörden als unbeabsichtigte *Folge* schulischer Veränderungen ebenfalls unter Veränderungsdruck geraten. Zu nennen ist hier als prominentester Punkt die Einführung von Schulleitungen.

Weil die Behörde den Anschluss an die Veränderungen der Schule halten muss (These der Isomorphie; vgl. DiMaggio/Powell 1991; Lawrence/Lorsch 1967), unternehmen die Schulpflegen, gestützt durch ein umfangreiches kantonales Aus- und Weiterbildungsprogramm, selbst Anstrengungen, mitzuhalten und selbst dort, wo noch wenig Veränderung zu beobachten ist, besteht ein Verständnis für einen entsprechenden Bedarf, ohne immer recht zu wissen, was zu tun sei, außer Professionalisierung[37] anzumahnen und auf Strategiefähigkeit zu pochen.[38] Es besteht eine Ahnung, dass die Behörde die Schule erfolgreich leiten und beaufsichtigen muss, weil andernfalls institutionalisierte Ordnungen und Prinzipien ihre verallgemeinerte Legitimität verlieren. Nur so ist das Schicksal zu vermeiden, das als „erfolgreiches Scheitern" vor Organisationen beschrieben wird. Damit werden Organisationen bezeichnet, die trotz Leistungsdefiziten fortbestehen (Meyer/Zucker 1989; Schimank 2001b; Seibel 1994). Diese Erfolgsorientierung gilt unabhängig davon, ob Organisationen ihren Erfolg nachweisen müssen oder nicht. Durch die aktuell allgegenwärtige Nachweispflicht wird die Erfolgsausrichtung aber zweifellos verstärkt.

Wenn man sich die historische Idee vor Augen führt, die Schulpflegen als örtliche Behörden zu installieren, die die kommunale Öffentlichkeit repräsentieren, eine öffentliche Volksschule konstituieren und sie vor einer staatlichen oder regierungsrätlichen Indienststellung schützen, so scheint diese historische Idee zu verblassen und ist in der behördlichen Selbstbeschreibung kaum präsent (oder findet als historisches Relikt Erwähnung). Politisch angestoßene und beschlosse-

---

37 Dabei schillert der Begriff Professionalisierung zwischen Verberuflichung auf der einen Seite und gezielter Qualifikationssteigerung auf der anderen Seite.
38 Manche Schulpflegemitglieder „prüfen lieber Rechnungen" (Interview).

ne Funktionsveränderungen werden von den Behörden fraglos akzeptiert.[39] Wie ein Schulpräsident sagte:

> „Es kann natürlich durchaus sein, dass die Schulkommission Zuständigkeiten verliert. [...] Es kann sein, dass für die Schulkommission noch etwas Aufsicht bleibt, vielleicht einige strategische Sachen, oder sie wird auch überflüssig oder auch nicht mehr so attraktiv." [...] „Das Schulgesetz ist die Leitlinie. Wir müssen uns an das Gesetz halten. Das Gesetz beschreibt die Aufgaben korrekt. Paragraph 61: Leitung und Beaufsichtigung."

Hier werden Aufgabenverschiebungen und auch -verluste nüchtern konstatiert, nicht vor dem Hintergrund der historischen Idee, sondern als funktionaler behördlicher Wandel. Die Idee der staatsdistanzierten Volksschule scheint in Argumentationsnöte zu kommen. Funktionale Effektivitäts- und Effizienzmaßstäbe definieren neben bestimmten mit der Aufgabenstellung verbundenen Notwendigkeiten ihr Handeln. „Die Schule muss laufen". Die republikanischen Ideale und Wurzeln des öffentlichen Schulsystems verschwimmen, sind mindestens dem Risiko ausgesetzt, ihre unbefragte Selbstverständlichkeit zu verlieren und damit auch die Grundlage möglicher Widerständigkeit gegen funktional orientierte Veränderungen. (Auch wenn das im Augenblick vielleicht noch kein Thema ist, kann zumindest die Frage gestellt werden.) Outputleistungen sorgen für Legitimität – „Herrschaft *für* das Volk" –, während dem gegenüber Inputlegitimierung – Verfahren, Partizipation, „Herrschaft *durch* das Volk" – an Bedeutung einbüßen (zur Unterscheidung Input-/Output-Legitimierung: Scharpf 1999, 16-35; für das Schulsystem: Kussau 2002, 82-85). Diese Feststellung mag gerade in der Schweiz überraschen. Aber das Niveau der staatlichen Wohlfahrtsproduktion (Outputlegitimation) hat erhebliche Bedeutung, während inputlegitimierende Faktoren wie z.B. bestimmte Verfahren der Politikformulierung wegen ihrer Langsamkeit und ihrem Blockadepotenzial sichtbar in der Kritik stehen (vgl. z.B. die Föderalismusdiskussion; Braun 2002).

6.5.2 Die Schulpflege und ihr Verhältnis zum Schulsekretariat

Die Schulpflege sieht sich heute konkret zwei Herausforderungen gegenüber. Ihre Stellung wird nicht nur durch die neuen Schulleitungen, sondern auch durch Schulsekretariate dynamisiert. Verkörpern Schulpflegen das laienförmige Milizprinzip, so bilden Schulsekretariate den bürokratischen Unterbau. Ihre Einfüh-

---

39 Gesetzliche Veränderungen, ggf. mit neuen Aufgabenzuschnitten, werden auch in der Behörde nicht diskutiert, sondern sind Gegenstand von Diskussionen und Entscheidungen der Schulpflegemitglieder als BürgerInnen.

rung wird weitgehend als funktionale Notwendigkeit begriffen (vgl. auch Ammann/Malär/Wismer 2001, 41f.), ist jedoch noch nicht in allen Gemeinden eingeführt, so dass der Schulpflege zusätzlich noch die Verwaltungsarbeit obliegt. Allerdings hat sich die Einführung von Schulsekretariaten in den letzten Jahren erheblich beschleunigt. Etwa 150 Schulgemeinden im Kanton Zürich (rund 80% aller Schulgemeinden) verfügen heute über Sekretariate.

Laut Aussage eines Schulpräsidenten genießen die Schulpflegen aber immer noch zu wenig verberuflichte Verwaltungsunterstützung, während die allgemeine Gemeindeverwaltung über einen administrativen Unterbau verfügt. „Starke" Schulsekretariate, die schon deshalb stark sind, weil sie *„Konstanz"* der Arbeit, ihre *„Kontinuität"* verbürgen, die „Stetigkeit der Leitung" (Geser 1999, 455) – SchulpflegerInnen *„kommen und gehen"* –, weil sie deshalb vielfach besser informiert sind, weil sie sich zur *„Drehscheibe der Schule"*, ihrer *„Wissenszentrale"*, *„hier ballt sich alles zusammen"* wandeln[40], verändern jedoch den *Behörden*-Charakter der Schulpflege und verschieben die Gewichte zwischen Exekutivpolitik und Behörde. Wenn ein Schulsekretariat *„die Geschäfte in die Wege leitet"*, die Agenda definiert, die Geschäfte materiell vorbereitet und vor Sitzungen den Schulpräsidenten *„brieft"*, die Schulpflege auch nicht *„zu sehr in die Geschäfte des Schulsekretariats eingreift"* (Zitate aus Interviews), dann entwickelt sich das Sekretariat zur Administration mit einer vorgesetzten politischen Leitung, der „alten" Schulpflege.[41] Und je nach den örtlichen Verhältnissen wird das Schulpräsidium die Stelle der politischen Leitung besetzen oder auch, in einer ungewöhnlichen Form, die gesamte Schulpflege als kollektive Leitung. Die Schulpflege sieht sich dann dem alten und vielfältig schattierten Verhältnis zwischen politischer Leitung und Administration (wozu auch der operative „Teil"

---

40   „Die Schulsekretariate sind Dienstleistungs- und Kompetenzzentren für das Management des Schulbetriebs von Gemeinden" – nicht mehr diskrete Sekretariate (Interview). „Sie arbeiten im Auftrag der Schulpflege und sind in der Regel dem Schulpräsidium unterstellt. Die Schulsekretariate sorgen für einen verwaltungstechnisch und organisatorisch professionell geleiteten Schulbetrieb. In diesem Sinne sind sie Schulbetriebsleitungen und Dienstleistungspartner für das Schulpräsidium, die Schulpflege, die Schulleitungen, die Lehrkräfte, die Schülerinnen und Schüler, die Eltern, die Medien und die Öffentlichkeit" (VPZS 2000, 3).

41   An dieser Stelle erweist sich der Begriff der Behörde als sperrig. Vor allem in komparativer Sicht würde die Schulpflege als Administration bezeichnet, die sich freilich gegenüber anderen „Verwaltungen" durch politische (finanzielle) Handlungsspielräume und pädagogische Kompetenzen auszeichnet. Insofern besetzt die Schulpflege „eigentlich" eine politische Position auf Gemeindeebene, die umgekehrt wieder auch als Vollzugsbehörde agieren muss – wirklich ein politisch-administrativer „Sonderfall". Auch der Begriff des Handlungsspielraums bleibt freilich zweideutig. Verfügen kommunale Exekutivämter über originäre Zuständigkeiten für Entscheidungen oder über Handlungsoptionen (Hucke 1980), die eher mit dem juristischen Begriff des „Ermessensspielraums" zu erfassen sind?

der Schulleitung gehört) gegenüber.⁴² Diese Entwicklung könnte sogar dazu führen, dass Schulsekretariate zu „heimlichen Schulpflegen" mutieren, mindestens aber entsteht der Zwiespalt zwischen organisierter „Hilfe" in Form von Dienstleistungen und Abhängigkeit, der reziproke Gegenleistungen fehlen.⁴³

Die neuen Herausforderungen der Schulpflegen durch die Schulsekretariate werden bei einer begrifflichen Klärung deutlicher. Wenn zwischen Behörde und Administration/berufliche Verwaltung unterschieden wird, so bezeichnet der Begriff Behörde das *politische* Exekutivamt, das solange einzig „äußeren" Einflüssen ausgesetzt war (Kanton, Gemeinde, Eltern etc.), wie ein beruflicher Unterbau fehlte. Mit dem Aufkommen der Schulsekretariate ist jetzt eine berufliche Verwaltung in die Schulpflege einzubauen. Dazu kommt noch die Schulleitung, die der Einfachheit halber für meine Argumentationszwecke der Administration zugeschlagen wird. Es kommt zu Verschiebungen in den Aufgaben, wobei sich verschiedene Dynamiken überschneiden und kreuzen, unter dem Begriff „äußere Einflüsse" etwa: Der Legitimationsdruck, der auf die Behörden zukommt, die erwartete Rationalität ihres Handelns (Effektivität, Effizienz), in der Professionalität mit der Schule mithalten zu können – über Selbstprofessionalisierung (z.B. hauptamtlicher Schulpräsident) oder über den Einbau von Professionalität (Schulsekretariate) oder auch ihren „Einkauf" (Beratung).

6.5.3 Verfahrenseffizienz

Indem mit einem Output-„Regime" die Schwerpunkte verschoben werden, zeigt sich ein schwindendes Sensorium für die Relevanz von umständlichen und „langsamen" Verfahren, ohne dass ein Maß für Geschwindigkeit zur Verfügung stünde. *Vermittlung* ist als die zentrale Aufgabe der traditionalen Schulpflege zu beschreiben und bezeichnet dabei die vertrauensbildende Vermittlung zwischen Öffentlichkeit, Schule und LehrerInnen mit ihren unsichtbaren Grenzziehungen. Vertrauen bezeichnet die soziale Brücke zwischen Wissen und Nicht-Wissen (Giddens 1999, 43-52; 102-140; Simmel 1992, 393-395). Und in einem nicht rein instrumentellen Verständnis, das einer politikvorbereitenden Bildungsbehörde leicht fremd vorkommen mag, wird Vertrauen zumindest dann wichtig bleiben, wenn Aufsichts- und Monitorungsysteme nicht den letzten blinden Fleck der Schule auszuleuchten vermögen – und zwar institutionell gefestigtes

---

42   Gefasst z.B. im Problem des Dezisionismus in der Auseinandersetzung zwischen Expertenwissen und politischem Primat (Habermas 1969); im Problem der Principal-Agent-Beziehungen (Braun 1999, 162-164; Pratt/Zeckhauser 1985); vgl. auch die Beschreibung des „schwarzen Lochs" der Demokratie, wenn die politische Leitung nicht umfassend informiert wird, was ihre Verwaltung macht (Rothstein 1998, 80f.). Für die Schule Kussau 2002, 108-114.

43   „While reciprocal services create an interdependence that balances power, unilateral dependence on services maintains an imbalance of power" (Blau 1964, 29).

Vertrauen.[44] Transparenz transportiert Verstecken mit sich und deshalb ist die Politik gut beraten, wenn sie sich nicht nur instrumenteller Politik widmet, sondern auch den Aufbau von Vertrauen in ihr Gestaltungsrepertoire aufnimmt. Die Schulbehörde jedenfalls vermittelt zwischen den Akteuren und ihren oft widersprüchlichen Zielen, die ihren Beitrag zum Gelingen und zur Entwicklung der Schule leisten. Sie versucht die Balance zwischen den einander fremden „pädagogischen" und „außerpädagogischen" Feldern mit ihren je eigenen Gesetzmäßigkeiten herzustellen (Kussau/Rosenmund 2005; vgl. auch Maccabiani/Brizzi 2002, 37). Die traditionalen sozialen Beziehungen der Schulpflege waren (vermutlich) auch weniger durch formale Verfahren bestimmt, sondern durch ortsübliche Kommunikationsstile. Sie werden zunehmend ergänzt durch absichtsvoll gestaltete prozedurale Regeln („prozedurale Steuerung"; Offe 1975, 93-95), die sich aus materiellen Fragen heraushalten, vielmehr Verfahren, in denen Entscheidungen zustandekommen (sollen), definieren – und dafür Beteiligungsrechte festlegen. Und diese Verfahrenskonstruktionen richten sich nach (a) bestehenden Institutionen (die möglicherweise zu ganz anderen Zwecken geschaffen wurden, aber heute noch existent sind) und (b) nach Ergebniseffizienz: Wie können Verfahren ersonnen werden, die schnelle und tragfähige Entscheidungen sicherstellen?

Suche nach Verfahrenseffizienz findet auch auf der Ebene der Gemeinden statt. Hier möchte ich von einem kleinen, streng genommen sogar trivialen Beispiel berichten, das allerdings den Kern der Aufgaben, Tätigkeiten und Potenziale der Schulbehörde berührt und *eine* (mögliche, nicht *die*) Richtung der Entwicklung beschreibt (Interview in einem Schulsekretariat).

Der Fall: Eine Mutter bat eine Schulpflegerin um Auskunft in einer bestimmten Angelegenheit. Da diese nicht Bescheid wusste, versprach sie, sich im Schulsekretariat zu erkundigen. Dort konnte sie Antwort erhalten und gab die Auskunft der Mutter weiter. Damit ist ein geradezu „klassisches" Verfahren beschrieben, nämlich der Dienstweg. Aus Sicht des Schulsekretariats ist dieses Verfahren nicht effizient. Vorteilhafter wäre es, die Mutter hätte im Schulsekretariat nachgefragt und die erwünschte Auskunft direkt erhalten.

In diesem Beispiel war die Schulpflege nicht eingeschaltet. Dieselbe Verfahrenskonstellation ist im Verhältnis zwischen Schulleitung und Schulpflege angelegt. In beiden Fällen wird die Schulpflege von Informationen und damit auch Lerngelegenheiten abgeschnitten.[45] Und mit der Unterscheidung zwischen

---

44 Das nicht die Form annimmt: „*Die* in der Bildungsdirektion, obwohl ich dort mit X gut kann."
45 Dieses Effizienzmodell kann man noch weitertreiben. Die zentrale Bildungsadministration (in Zürich: Bildungsdirektion – BiD) ist Beratungsstelle der Schulpflegen. Wenn das Schulsekretariat nicht Bescheid weiß, wird es sich an die BiD wenden. Auch dieser Umweg wäre freilich vermeidbar, wenn die Mutter mit ihrer Frage gleich an die BiD gelangt. Eine kantonale Organi-

operativen und strategischen Aufgaben, die voll in das Vokabular der Schulpflegemitglieder eingegangen ist, wird die Beschäftigung der Behörde mit operativen Informationen delegitimiert; vielmehr wird diese Tätigkeit begründungsbedürftig. Eine Schulpflegerin berichtet:

> „Ich persönlich gehe gerne in der 10-Uhr Pause (in der Schule, J.K.) vorbei. Bei einem Kaffee geht das persönliche Kennenlernen leichter. Auch kann man so kleine Informationen unbürokratisch austauschen. Allerdings geben die Lehrer einem oft das Gefühl ‚Was machst du hier?' irgendwie [...] Aber dann sind sie einzeln doch nett und freundlich."

Neben der Neigung der Schule, die Behörde auf Distanz zu halten (Maccabiani/Brizzi 2002, 36-38, 50-52)[46], übernimmt auch die Schulleitung bisherige Behördenaufgaben. Dadurch könnte der paradoxe Fall eintreten, dass via Schulleitung die Schule behördlicher wird. Die Behörde wird aus der Schule „gedrängt" und wenn gleichzeitig die Behörde über die Einrichtung von Schulsekretariaten einen administrativen, professionellen (berufsförmigen) Unterbau erhält, wird der administrative, operative Bereich deutlich verstärkt. Bleibt dann nur die Alternative: Suche nach neuen (strategischen?) Aufgaben, in der Spannung zwischen originären politischen Entscheiden und Vollzugsinstanz, oder Entwicklung der Behörde zur ‚erfolgreich scheiternden Organisation'? Das Verhältnis zwischen Schulpflege, Schulleitung und Schulsekretariat muss indes nicht als Null-Summenspiel enden, wenn es der Behörde gelingt, neue Aufgabenfelder zu erschließen. Der Verweis auf strategische Aufgaben zeigt einen Weg auf, bleibt bisher aber nur Programm (das ich mit Skepsis beobachte: Wie viele strategische Themen fallen in einer Behörde an oder kann sie sich „ausdenken"?).

Daran wäre die Frage anzuschließen: Welche Sorte von Informationen benötigt eine Schulpflege, um ihrer strategischen Aufgabe gerecht werden zu können, zumal Unsicherheit darüber besteht, was strategische Aufgaben beinhalten könnten und diese Unsicherheit durch ein Managementvokabular überdeckt wird[47]? Und wieweit reichen solche Informationserfordernisse dann doch in den operativen Bereich hinein? Wieviel „Schulwissen" braucht eine Behörde, um

---

sation würde für GemeindebürgerInnen in Schulfragen verbindliche Beratungsinstanz; die Schulpflege wäre weder beteiligt noch informiert.

46 So berichtet ein Schulberater, dass er selbst in Schulen, in die er eingeladen wurde, auf spürbare Ablehnung gestoßen ist.

47 Es wäre ein reizvoller Untersuchungsgegenstand, nicht nur Management- und Politiksprache zu vergleichen, sondern auch Management- und Unternehmenspraxis und demokratische Politikpraxis. Meine These wäre, dass sich dann herausstellen würde, dass etwa ein nicht zu Unrecht positiv konnotierter Begriff wie Kooperation nicht umstandslos als demokratischer Begriff durchgehen kann.

ihre Aufgabe der Anstellung von LehrerInnen angemessen erfüllen zu können? Es ist eine Frage empirischer Beobachtung, ob ohne operative Informationen die Schule noch mehr zum *„Gärtli"* wird, zum *„eigenen Kosmos"*, zur *„Insel"*, zum *„inneren Kreis"*, wie einige Formulierungen aus Projektinterviews lauten?

Wichtig für die Interpretation des Beispiels ist, dass der Verfahrensvorschlag nicht von „bösen" Absichten geleitet ist. Das Gegenteil ist anzunehmen und der nicht nur in der Governancesicht, sondern auch für eine Bildungsdirektion spannendere Fall.

Unter Effizienzgesichtspunkten spielen Verfahren insgesamt eine weniger wichtige Rolle. Das Ergebnis zählt und an dieser Stelle zeigt sich die Durchschlagskraft der Output-Orientierung. Dabei geht dann eine Eigenschaft der Behörde verloren, nämlich der nicht-formale, „weiche" soziale Kontakt zu den Eltern und zur allgemeinen Gemeindeöffentlichkeit; Eigenschaften, über die freilich der behördliche Charakter der Schulpflege in einer „Staatsschule"[48] nicht vergessen werden sollte. Das hat, neben dem Informationsproblem, Folgen:

- Man trifft sich z.B. nicht mehr beiläufig *auf* der Straße, sondern muss *in* das Schulsekretariat, in eine Behörde.
- Alltagskommunikation wird umgeformt in eine „amtliche" Auskunft (die freilich über Prozesse der Verrechtlichung auch notwendiger werden).
- Und weiter geht die bisher selbstverständliche Funktion der Schulpflege verloren, als Ansprechpartnerin für Fragen und Problemen zu fungieren. Hier zeigen die bürokratische Form der Hierarchie und des daran gekoppelten Dienstwegs, neben ihren unbestreitbaren Nachteilen, ihre Leistungsfähigkeit. Sie etablieren eine *Adresse* (Brosziewski 2004; Fuchs 1997), bei der externe Fragen, Beschwerden und Forderungen eingehen und gebündelt werden. AbsenderInnen müssen sich nicht erst mühsam informieren, wer für was zuständig und wer über was Bescheid weiß. Eine Adresse definiert zunächst Zuständigkeit – und verhindert „im Prinzip" den „Buchbinder Wanninger"-Effekt (Karl Valentin), von einer Stelle zu nächsten verwiesen zu werden. Je differenzierter die Adresse geschnitten ist, desto mehr benötigen Informationssuchende Kenntnis über interne Organisationszuständigkeiten (die nicht vorauszusetzen sind), oder umgekehrt: je kompakter die Adresse, desto leichter ist eine Organisation zu erreichen. Für die internen Bearbeitungsprozesse einer Organisation folgt daraus nicht, dass die „Adresse" als Person oder Organisationseinheit für alle Anfragen auch kompetent und informiert ist. Die materielle Bearbeitung wird über den Modus der Delegation prozessiert. Das oben erwähnte Beispiel der Anfrage einer Mut-

---

48 „Anstelle der vom Gesetz von 1831 formulierten Pflicht ‚des Volkes und seinen Stellvertretern' trat nun der ‚Staat'" (Maccabiani/Brizzi 2002, 25).

ter würde die Adressierung tiefgreifend verändern, wenn sie unmittelbar an das Schulsekretariat gerichtet würde. Mit Adressierung ist auch Bedeutung verbunden. Und im Beispiel wäre die Ansprechpartnerin nicht mehr die Schulpflege, sondern das Schulsekretariat (oder auch die Schulleitung). Die Schulpflege büßt ihren Status als „Adresse" ein, die *zunächst* einmal „allzuständig" (nicht allkompetent) ist.

In diesem Modell existieren mehrere gleichrangige Adressen. AbsenderInnen wissen nicht mehr genau, an wen sie sich wenden sollen; und behördenintern müsste ein hohes Maß an wechselseitiger Information sichergestellt sein. Gleichzeitig muss jede Adresse wissen, bei wem die entsprechenden Zuständigkeiten und Fähigkeiten liegen – ein Erfordernis, das im Dienstwegmodell nur der Schulpflege abverlangt wird. Nur noch „Wissende" kommen mit dieser dispersen Adressenstruktur zurecht. Spielt sie sich ein, ist sie vermutlich tatsächlich effektiv und effizient. Denn die Milizform, die nicht die „Stetigkeit der Leistung" gewährleisten kann, ist mindestens relativ langsam (ohne dass wir wissen, was schnell ist). Disperse Adressen setzen allerdings Kenntnis voraus, an wen man sich wenden muss; sie entkleiden die Behörde von Verantwortung. Die Leistungsfähigkeit der Schulpflege als *einziger Adresse* liegt darin, dass sie am ehesten ihre Verantwortung sicherstellt. Verantwortung kann ihr zugeschrieben werden, wenn über sie alle Anfragen etc. laufen. Sie muss dann behördenintern die Bearbeitung organisieren. Bleibt die Behörde dagegen „außen vor", kann sie nicht einmal die *Fiktion* von *Verantwortung* gewährleisten.[49] Disperse Adressen verwischen dagegen systematisch Verantwortung, können sie nicht einmal mehr fingieren, vor allem dann nicht, wenn die Aufgabenbearbeitung nur in interdependenter Form erfolgen kann.

Worauf ist (auch in dem genannten Beispiel) Verfahrenseffizienz gerichtet? Ihr Bezugspunkt ist

- *Ergebniseffizienz*, die zudem den riesigen Vorteil der besseren Messbarkeit hat. Sie wird in dem Augenblick bedeutsam, in dem Messung zur generalisierten Bedingung für Erfolg/Misserfolg wird. Politik und Behörden sind in diesem Verständnis Problemlösungsmaschinen. Das vielleicht prominenteste Beispiel, Verfahren zu beschleunigen, ist die Diskussion um die Abschaffung/Modifizierung des Verbandsbeschwerderechts.

---

49 Aus Organisationen wird berichtet, dass auch der Email-Verkehr Hierarchie und Dienstweg unterlaufen. Das ist effizient, impliziert jedoch, dass (a) nur „Wissende" an dieser Kommunikation teilhaben und (b) die hierarchische Leitung davon ausgeschlossen sein kann, so dass ihre Verantwortlichkeit leerläuft.

- Diesem Bezugspunkt kann man freilich eine *Vermittlungs-* und *Kommunikationseffizienz* gegenüberstellen, die wiederum Voraussetzung für den verlässlichen Aufbau von Vertrauensbeziehungen ist – Politik- und Behördenhandeln als Organisierung von Mehrheiten, als Sorge um Akzeptanz und Versorgung mit Sinn.[50]
- Sofern es sich um einen Gegensatz handelt, kann man ihn auch fassen als Gegensatz zwischen materiellen Zielen, die es zu erreichen gilt und der Bedeutung der Wege, auf denen man zu diesen Zielen gelangt (vergleichbar dem Konzept prozeduraler Gerechtigkeit).

Mitarbeiterbeurteilung
Verfahren haben das Potenzial, sogar politische und soziale Beziehungen in ihrer Rationalität und Transparenz modernisieren zu können.[51] Nehmen wir z.B. den Fall des sog. ersten Eindrucks, wenn zwei sich unbekannte Personen treffen. Auch bei der Personalauswahl dürfte dieser erste Eindruck immer noch wichtig sein, wird aber mittlerweile durch *Verfahren* ergänzt und mediatisiert, z.B. Assessments. Ein solches Verfahren ist die lohnwirksame Mitarbeiterbeurteilung (MAB). Dabei werden, neben auf das Schulhaus gerichteten Qualitätssicherungsmaßnahmen, die LehrerInnen als individuelle Akteure evaluiert und ggf. durch Gehaltsaufbesserungen belohnt (sofern dafür Finanzmittel zur Verfügung stehen). Die MAB wird durch die laienförmige Schulpflege, zunehmend indes durch die Schulleitung unterstützt, durchgeführt (vgl. Kussau 2007b).

Die Mitarbeiterbeurteilung setzt gerade nicht darauf, auf den ersten Blick zu wissen wie eine Lehrperson ist und wie es in der Klasse läuft, obwohl in Interviews immer wieder zu hören ist: Ich sehe auf den ersten Blick, was das für ein Lehrer ist. Es soll eine zweite Chance für den ersten Eindruck geben. Deshalb hat man ein mehrstufiges Verfahren ersonnen, um eine Bewertung, der soziale Beziehungen zugrundeliegen, zu „objektivieren" (vgl. auch die Bedeutung von Verfahren bei der Externen Evaluation der Schulen durch die Neue Schulaufsicht; Binder/Trachsler 2002). Über Verfahren werden alltagstaugliche Bewertungsmuster rationalisiert. Und die MAB stellt über diese Verfahren höhere Anforderungen an die Beobachtungsfähigkeiten und Aufmerksamkeit. Die Rück-

---

50 Ein Beispiel ist die Kategorie „Erfreuliches" in den Protokollformularen der BiD – unter rein funktionalen Gesichtspunkten vollkommen überflüssig.
51 Verfahren können Intransparenz durchsichtiger machen und Emotionen abkühlen. Als stereotypisierte Praktiken, die an vergangene Praktiken anknüpfen – das haben wir schon immer so gemacht –, sind sie ständig dem Risiko der ritualisierten Standardisierung ausgesetzt (Giesen 2004, 2). Sie werden dann selbst „unmodern" und sind entsprechend modern anzupassen. Diese absichtsvolle Gestaltung von Verfahren koppelt sie von der Vergangenheit ab und entritualisiert sie auf diese Weise.

6.5 Kommunale Schulbehörden im Wandel 285

meldung muss s*chriftlich* erfolgen und sie ist *rekursfähig*.[52] Das Verfahren hebt die Bewertungskriterien aus der Latenz und macht sie, selbstverständlich in Grenzen, transparent. Es ist rational in dem Sinne, dass es den ersten Eindruck seiner emotionalen Eindeutigkeit beraubt (zur Differenzierung manifest/latent und rational/emotional Hondrich 1996, 30f.). Und es wirkt auch auf die Sinn- und Interessendimension – neben der Strukturdimension der dritte Modernisierungsbereich – zurück, indem es den LehrerInnen den Bewertungssinn deutlicher machen (kann) und das politisch-administrative Interesse nicht an hierarchischer Aufsicht festmacht, sondern an nachvollziehbarer Aufsicht mit dem Ziel der Unterstützung verbindet. Diese „Dialogisierung" zweier Sphären in Verfahren unterscheidet sich, weil in der Zeit verlaufend, von denselben Formeln, wie sie im Gesetz niedergelegt sind und zeigt das Potenzial auch langsamer Verfahren.[53]

Hinter diesen Bemerkungen verbergen sich allgemeinere Überlegungen zur auch in Prozessen schulischer Veränderungen eher vernachlässigten Frage: Können soziale Beziehungen und Interaktionen modernisiert werden, oder einfacher, können sie reformiert werden (Hondrich 1996)? Lassen sich politische und soziale Vermittlungsleistungen rationalisieren?

Verlässliche Verfahren verknüpfen, um noch kurz ihren Stellenwert in der Instrumentierung durch eine Bildungsdirektion anzusprechen, ein Arrangement von Zuständigkeiten und Organisationen. Zunächst sind wenigstens zwei Folgen denkbar:

- Ein neues institutionelles Arrangement kann die politischen und sozialen Beziehungen zwischen Politik, Schulpflegen und Schulen verändern. Das spannungsreiche Verhältnis zwischen der Profession und seiner Umwelt – die „unsichtbare Grenze" (Kussau/Rosenmund) – könnte entschärft werden, wenn z.B. die MAB in die Hand der Schulleitung gelegt und eine „Profi-zu-Profi"-Beziehung aufgebaut wird – zu Lasten einer öffentlichen Volksaufsicht.
- Traditionale Beziehungsmuster überdauern und unterlaufen auch neue Strukturen und zu institutionalisierende Verfahren.

Wenn nun Formen und Strukturen mit Beziehungen gefüllt werden müssen, stellt sich die Frage nach Rationalisierungspotenzialen. Wenn allein schon in der Frage Skepsis anklingt, kann die Antwort vermutlich nicht ganz eindeutig ausfallen. Sind die sozialen Beziehungen mit neuen Organisationsformen und –arrangements kompatibel? Wird das gespannte Verhältnis zwischen Politik und Schu-

---

52 Dass solche Rationalisierungen durch die Vergabe guter Bewertungen umgangen werden kann, soll hier außer Acht bleiben.
53 Eine Antwort auf die Frage, ob die MAB ein geeignetes Instrument zur Qualitätssicherung ist, ist in der Aussage nicht enthalten.

le durch Organisationsreformen aufgelockert, oder reichte dazu schon eine höhere Finanzausstattung? Wird die „unsichtbare Grenze" zwischen Profession und Politik/Behörden durch die Mitarbeiterbeurteilung oder die Neue Schulaufsicht aufgehoben oder braucht es dazu auch „Beziehungsreformen"?[54] Verfahren enthalten jedenfalls Potenziale der Transparenz und Rationalisierung sozialer Beziehungen, ohne zu übersehen, dass auf Ihrer Rückseite sowohl Latenz wie Emotionen bestehen bleiben.

---

54 An der Nicht-Kongruenz zwischen Verwaltungsumbau und sozialen Beziehungen dürften zahlreiche Verwaltungsreformen gescheitert sein.

7. Schulische Veränderung als Prozess des „Nacherfindens"
Jürgen Kussau

7.1 Schulpolitik und Implementation

Wie kommt Schulpolitik mit ihren Absichten, Zielvorgaben und Programmen in die Schule? Eine konventionelle Analyse nimmt an, dass eine bindende politische Entscheidung umgesetzt wird: Sachlich als Vollzug durch befolgungspflichtige Umsetzungsakteure in einer hierarchischen Beziehungskette, zeitlich in nacheinandergeschaltete Phasen gegliedert.[55]

Dieses Modell, dem politische Akteure (kontrafaktisch) immer noch anhängen (müssen), weil der „sorgende Staat" (de Swaan 1993) daraus seine „pastorale" (Foucault) Legitimation und Existenzberechtigung bezieht – „Es ist Pflicht der *Politik*, die Schülerinnen und Schüler auf ihre künftigen Aufgaben vorzubereiten" (Buschor, 2001, S. A 5; kursiv J.K.) –, wurde durch die zahlreichen Implementationsstudien, die den Versuchen, „politische Planung" zu etablieren, folgten (Bardach/Kagan 1982; Hasenfeld/Brock 1991; Palumbo/Calista 1990; Mayntz 1980; 1983; O'Toole 1986; Pressman/Wildavsky 1973; Rothstein 1998; als Übersicht Windhoff-Héritier 1980), gründlich zerstört. Auf eine Formel gebracht haben politische Programme mit Vollzugsdefiziten zu kämpfen, weiter mit nicht intendierten bzw. unerwünschten Nebenfolgen und schließlich mit self-fulfilling resp. self-defeating prophecies. Darin manifestieren sich die „Grenzen der Steuerung" (Luhmann 1996a, 329) – freilich mit dem Effekt, genau dadurch die „permanente Schulreform" in Gang zu setzen. Ein politischer Prozess wird in diesem Verständnis als sachliche und zeitliche Sequenzierung verhandelt – analytisch aufgefangen im Modell des „policy cycle" mit differenzierbaren Phasen der Problemidentifizierung und -definierung, der Politikformulierung und der Beschlussfassung darüber, der Politikimplementierung und schließlich der Politikevaluation (Jann 1981; Jones 1984; May/Wildavsky 1978; zur Kritik Sabatier 1993).

---

[55] Implementation kann sich beziehen auf (a) die Umsetzung in Form von Schulprojekten und -versuchen und (b) auf die Umsetzung generalisierter Programme. Im ersten Fall stellt sich das Umsetzungsproblem in der Hinsicht weniger gravierend, als mit freiwilliger Teilnahmebereitschaft gerechnet werden kann und der Faktor Ablehnung weitgehend entfällt.

Implementation – in der politischen Praxis oft als Umsetzung bezeichnet – enthält per definitionem (a) Annahmen von linearen Verläufen, die (b) die Eignung von „etwas zu Implementierendem", meist politischen Programmen, implizieren. Gerade die Frage der Eignung ist ihrerseits zwar Gegenstand der politischen Auseinandersetzungen, gilt jedoch im Fall der legitimierenden Beschlussfassung als gegeben, selbst wenn Bedenken hinsichtlich der Effekte bestehen. Aber selbst Programmeignung vorausgesetzt, können angezielte Wirkungen in vertrackten Verläufen von Implementation steckenbleiben. Es ist bei schulischen Veränderungen[56] mit nicht-linearen Entwicklungen zu rechnen, mit konflikt- und umwegreichen Prozessen, mit Unsicherheit, mit Such- und Probierphasen, mit Erfolgen und Rückschlägen, mit Verzögerungen, mit Beharrungstendenzen, mit Orientierungsverlusten und Reorientierung, mit Veränderungsabbruch, mit unvollendeten Veränderungen, mit Stagnation, mit ungleichgewichtigen Entwicklungen etc. In der zeitlichen Dimension mag schulische Veränderung politisch als „alles auf einmal und sofort" gedacht sein; als Ergebnis wahrscheinlicher sind Veränderungsprozesse, die dem „Prinzip der Allmählichkeit" folgen (Niederer 1993, 144). Das „Rad muss jedes Mal neu erfunden werden". Schulveränderung kann nicht ausschließlich auf anderweitig gemachten Erfahrungen aufbauen, also mechanisch kopiert werden[57], so dass der Gesetzgeber anordnen kann: „So wird es jetzt gemacht" (Interview). Alle Akteure, vor allem auch die LehrerInnen (über deren Veränderungsbereitschaft und -fähigkeit wir wenig wissen) müssen je für sich das politisch Gewollte „*nach*erfinden" können (Zapf 1989, 176; kursiv im Original; Whyte 1982). Das gilt für die partizipationsorientierte Organisationsentwicklung der Schule ebenso wie für die nicht partizipatorische, von oben verordnete Qualitätsentwicklung. Die LehrerInnen müssen, damit die Politik gelingt, den politischen Absichten entgegenkommen; dazu müssen sie sie verstehen und für *sich* mit Sinn versehen (und liege er nur in Nutzenvorteilen), nacherfinden, ausprobieren und schließlich als Routine ausbilden.[58] Politische Vorgaben müssen beim und vom „eigenen" Personal, den LehrerInnen (im Verbund mit den kommunalen Schulbehörden) realisiert werden (outcome); letztlich ist der Prozess jedoch erst „abgeschlossen", wenn die LetztadressatInnen, die SchülerInnen erreicht sind (impact). Gleichzeitig wird hier eine spezifische Eigenschaft von Schulpolitik angesprochen, dass nämlich nicht die Administration als

---

56 Analytisch ist der Status quo von Veränderung zu unterscheiden. Ob es sich dann um Reformen handelt, ist eine Frage politischer Bewertung.
57 Zudem widerspräche jede Kopie dem „Credo" der Schulentwicklungspolitik, die Schulen in ihr soziales und lokales Umfeld je spezifisch einzufügen.
58 In der Schweiz sind in diesen Nacherfindungsprozess auch die kommunalen Schulbehörden einbezogen. Das gilt auch (noch) formal, weil schulische Entwicklungen vielfach einem Genehmigungsvorbehalt der Behörde unterliegen.

7.1 Schulpolitik und Implementation

Implementationsakteur auftritt, sondern die LehrerInnen als Mitglieder einer „besonderen sozialen Organisation" (Rolff 1995a).

In Implementation ist Nacherfindung systematisch angelegt, wenn man die Umsetzungsakteure und PolitikadressatInnen nicht als „Steuerungsobjekte", sondern selbst als „Steuerungssubjekte" mit eigenen Handlungskapazitäten konzipiert. Dann erweist sich die Trias von Vollzugsdefiziten, nicht intendierten Folgen und self-fulfilling prophecies als weniger überzeugend. Vollzugsdefizite beruhen auf den Fähigkeiten von „Vollzugsakteuren" sachlich und zeitlich nicht (intentionsgemäß) zu handeln – mit der Folge nicht intendierter Ergebnisse. Und ob self-fulfilling/-defeating prophecies tatsächlich die Wirkungslosigkeit politischer Programme belegen, erscheint fraglich. Ankündigungseffekte sprechen eher für eine besonders wirksame Form von Beeinflussung. Wenn politische Programme eine bestimmte Adressatenschaft treffen, dann besitzt bereits ihre Ankündigung Wirkungen, z.B. über darin enthaltenes Drohpotenzial. Beispiele sind die Fluchtreaktionen auf angekündigte steuerpolitische Entscheide oder die Reaktionen auf die Programmatik einer scharfen Reduzierung des Arbeitslosengelds und der Zumutbarkeitsregeln für die Annahme von Arbeit (in Deutschland Hartz IV). Im ersten Fall handelt es sich um eher nicht intendierte negative Effekte, im zweiten um erwartete vorweggenommene Effekte, die genau die Zielerwartungen treffen. Auch politische Programme unterliegen den „Gesetzen" der doppelten Kontingenz. Die erwarteten Folgen eines politischen Programms sind von Erwartungen, Bewertungen und letztlich Entscheidungen anderer Akteure abhängig, hier: der ProgrammadressatInnen. Die genannten Folgen stellen sich in multiakteuriellen Systemen als notwendige und deshalb theoretisch triviale Folgen heraus, die mehr mit den Selbstdeutungen politischer Akteure und einem normativen Politikmodell zu tun haben. Politisch und sozial können sie freilich hochbrisant sein – als Widerspruch zwischen Absicht und Ergebnis, zwischen Anspruch und Wirklichkeit, zwischen Versprechen und Enttäuschung, als Frage von Vertrauen in die Politik (Hartmann/Offe 2001; Rothstein 2000) und als Frage an die Fähigkeit der Politik zur verbindlichen Selbstbindung (Shepsle 1991). So scheint es im Fall der qualitätsorientierten Veränderung der Schule und der dazugehörigen Regelungsstruktur längst nicht ausgemacht, ob nicht die bloße Reformdiskussion größere Wirkungen auf die schulische Veränderung hat als alle beabsichtigten Strukturumstellungen, vor allem der Tausch von Autonomie gegen systematische Schulbeobachtung. Zum einen könnte sich die in der Wahrnehmung der LehrerInnen zunächst nur behauptete Reformnotwendigkeit in eine tatsächliche Veränderungsnotwendigkeit verwandeln, die es bei vielen LehrerInnen freilich schon vorher gab, wenn auch nicht mit den politischen Absichten gleichgerichtet; zum anderen könnte die neue Sozialtechnologie und Regelungsstruktur auch antizipatorisch unterlaufen werden, was nicht heißt, dass subversiv dagegen gearbeitet wird. Wohl aber ist dann „gezielt" mit transintentionalen Effekten zu rechnen, nicht aber mit einem Scheitern schulischer Veränderung, allenfalls mit einem Scheitern der politischen beabsichtigten „Schulreform".

7.2 Implementation als Prozess des Nacherfindens

Ein Modell von Implementation als einer hierarchischen Wirkungskette ist für die Analyse schulischer Veränderungsprozesse selbst dann nicht angemessen, wenn diese maßgeblich politisch angestoßen werden (vgl. auch Abschnitt 5.4.2). Politische Vorgaben werden nicht schulpädagogisch kleingearbeitet; dazwischen schieben sich verschlungene, auch einander überlagernde vertikale (hierarchische) und horizontal-selbstbestimmte bzw. selbstorganisierte Vermittlungsprozesse, die eigenständige Strukturbildung und eigensinnige Ergebnisse hervorbringen. Implementation ist nicht nur als *durchlaufender* hierarchischer Vermittlungsprozess zu verstehen, sondern ebenso geprägt von *Unterbrechung* von Kommunikation bzw. „Interdependenz*unterbrechung*, die nicht zuletzt auf Entlastung von externer Störung zielt" (Tyrell 1998, 127f.; kursiv im Original). Auf der Ebene des Schulhauses und der je einzelnen LehrerInnen beginnt im Implementationsprozess der bereits entschiedene politische Prozess noch einmal – als „eigener" Prozess der Nacherfindung. Allerdings fängt der Prozess nicht „von vorne" an, sondern ist durch die politischen Vorgaben gerahmt[59], enthält ansonsten aber die Bestandteile eines politischen Prozesses – hier als mikropolitische Auseinandersetzungen des pro und contra, des: „Machen wir es und wie machen wir es"? Das Schulsystem besitzt nämlich die Eigenschaft, sich insoweit vom politischen System ausdifferenziert zu haben, dass es – Finanzierung vorausgesetzt – auch bei ungeeigneten oder sogar fehlenden politischen Programmen mindestens weiterläuft. Politische Programmatik und schulische Implementation sind teilweise entkoppelt, die Interdependenz der Systemebenen ist partiell unterbrochen. Die Schule vermag sich *pädagogisch* selbst zu reproduzieren (Kussau 2002). Das mag ungenügend sein, wenn es darum geht, „wie Schule am ‚besten' gemacht werden kann" (Ekholm 1997, 603), ist jedoch keineswegs selbstverständlich. Man muss nicht so weit gehen wie in der Frage anklingt: „Werden Schulen gar nicht durch Steuerung gesteuert?" (ebd., 605), um das Verhältnis zwischen Politik und Schule als widersprüchlicher zu begreifen als in einfachen Implementationsmodellen zum Ausdruck kommt. Der Zustand von Schulen bewegt sich irgendwo – dieses irgendwo ist dann empirisch zu bestim-

---

59 Ein solches Rahmungsmodell stellt in eher schulbezogener Perspektive auch das Konzept der „nested layers" dar (Purkey/Smith 1991, 15).

men – zwischen dem Selbstverständnis von Reformpolitik, dass ihre Innovationen die Schule verändern und der umgekehrten Vermutung, dass „schools change reforms" (Tyack/Tobin 1994, 478).

Die Schule, inklusive ihrer „uneinsehbaren" Einheit, dem Klassenzimmer, wird verstanden als eine nicht einheitlich politische Vorgaben implementierende Institution, sondern als in sich hochdifferenzierte Interaktionsinstanz (Kussau 2001), die funktional pädagogisch autonom ist, sich deshalb gegen politische Vorgaben sperrt – nicht intentional, sondern funktional –, in der pädagogischen Dimension ein hochroutinisiertes Eigenleben führt und sich von Schule zu Schule, von Klasse zu Klasse auf einem Kontinuum von konventionellen Routinen bis zu innovativen Unterrichts-, Interaktions- und vielleicht Organisationsformen bewegt.[60] Neuerdings indes wird die Schule unter systematische Beobachtung gestellt und den LehrerInnen damit Interdependenz ständig vor Augen geführt.

Allerdings ist in einer themenspezifischen Differenzierung hierarchisch verstandene Implementation überall dort wahrscheinlicher, wo die politischen Vorgaben sich auf formale, vorderhand sichtbare und deshalb einfach zu kontrollierende Veränderungen beziehen (Kussau 2002). Solche Veränderungen betreffen die finanziellen, organisatorisch-administrativen und personalen Aspekte der Schule. Die Einführung von Schulleitungen kann ebenso wie die Einführung von Englisch in der Primarschule hierarchisch implementiert werden. Wie die Schulleitungen allerdings agieren, wie Englisch gelehrt und gelernt wird und welche Effekte daraus entstehen, ist nicht auf formale Eigenschaften beschränkbar, sondern muss erprobt und nacherfunden werden.

Auf die Frage, wie Schulpolitik in die Schule kommt, gibt es zwei Antworten. Im Wege (a) hierarchischer formaler Implementation und im Wege von (b) lehrerschaftlicher, interaktiv mit den SchülerInnen verkoppelter Nacherfindung. Daneben dürfte das schulische Geschehen noch durch politikunabhängige, „politiklose" originäre Leistungen und sogar Inventionen der LehrerInnen geprägt sein. Denn zu vermuten ist, dass sich an den Schule, ihre Finanzierung und Organisierung vorausgesetzt, wesentlich mehr „tut" als die Politik und Außenstehende ahnen; die Schule reproduziert sich *auch* selbst. Die Frage, wie Schulpolitik in die Schule kommt, ist deshalb zu unterscheiden von der Frage: Wie und aufgrund welcher Bedingungen *wird* die Schule verändert bzw. verändert *sich* die Schule. Nacherfindungsprozesse erklären jedenfalls einen Großteil der Unterschiedlichkeit von Schulen und erst recht von Klassen. Nacherfindung erzeugt je nach Bereitschaft, Fähigkeit und Möglichkeiten der LehrerInnen im Schulhaus resp. in der Klasse Differenz und Ungleichzeitigkeit schulischer Zustände. Un-

---

60 Diese Beschreibung korrespondiert mit den Ergebnissen der empirischen Schulforschung, die eine hohe Differenziertheit zwischen den Klassen einer Schule feststellt, die teilweise größer ist als die zwischen verschiedenen Schulen (Ditton/Krecker 1995; Moser/Rhyn 1999).

bekannt ist jedoch, wie Prozesse des Nacherfindens ablaufen. Die Unterschiedlichkeit von Schulen verweist jedoch darauf, dass politische Vorgaben sehr verschieden von den Schulen aufgegriffen, gedeutet, nacherfunden werden. Noch weniger bekannt ist, ob dezentrale Innovationen von LehrerInnen den Weg zur Generalisierung finden. Haben innovative LehrerInnen überhaupt ein Interesse an der Dissemination ihrer Ideen und Praktiken? Bereits hier könnte eine Differenz in ihrer Handlungslogik gegenüber der Politik liegen, die ein zwingendes Interesse an Generalisierung hat.[61]

Implementation ist verbunden mit dem politisch beabsichtigten Generalisierungsmodus im Blick auf Organisationsformen, Verfahren, Fächer, Unterrichtsformen, die Herstellung gleicher Lernbedingungen in sämtlichen Schulhäusern. Nacherfindung bezeichnet die dezentralen Effekte von Generalisierung und beinhaltet transintentionale Effekte, die die Politik veranlassen, „post decision surprises" (Harrison/March 1984) zu bearbeiten. In Nacherfindungsprozessen ist im ohnehin schon dezentralen Schulsystem eine dezentralisierende Komponente angelegt, die – zusammen mit den originären kleinteiligen Innovationen – danach fragt, wie dezentrale Initiativen oder Routinen ihren Weg zur Generalisierung finden. Diesen Weg und diese Potenziale scheint mir die augenblickliche Schulkritik in Politik, Verwaltung, Öffentlichkeit und Wissenschaft zu unterschätzen oder gar nicht erst ins Blickfeld zu nehmen.

Indes ist der Modus der Generalisierung die demokratisch legitime Form schulischer Veränderung (wobei in Generalisierung auch enthalten sein kann, dass die Schulen different sind. Dann ist Differenz das Generalisierungsmerkmal bzw. „Einheitlichkeit in Unterschiedlichkeit"). Eine Generalisierung von Ideen, gleich ob zentral oder dezentral generiert, muss in öffentlichen/staatlichen Schulsystemen immer auf dem „Umweg" über das politische Institutionensystem und seine Verfahren erfolgen. Dabei bezeichnet „Umweg" die Perspektive der LehrerInnen und ist allein schon deshalb missverständlich, weil die Schule konstitutiv in die Zuständigkeit der politischen Institutionen fällt, es sich also niemals um einen Umweg handelt. Intervention in die Schule ist politisch geboten und funktional heikel. Schulen nehmen politische Vorgaben als *Intervention* wahr, meist im Sinn negativer externer Effekte, während die positiven externen Effekte gerne übersehen oder wie die Finanzierung in Konkurrenz mit anderen staatlichen

---

61 Wenn jetzt die viel diskutierten Marktmodelle in der Schule, wenn auch in moderater Form, Einzug halten, müsste, mindestens theoretisch, das Interesse an Generalisierung schwinden. Unternehmen streben – abgesehen von bestimmten technischen Standardisierungen – nach Differenz, sei es als Innovation, die einen Marktvorsprung verschafft, sei es als gezielte Suche nach Marktnischen. Differenz wird nur aufgegeben, wenn eine Marktführerschaft erworben werden kann oder sogar Marktbeherrschung als „Generalisierung von Produkten" in Aussicht steht.

7.3 Schulpolitik im Weg des Nacherfindens

Aufgaben für selbstverständlich gehalten werden.[62] Es ist aber zu vermuten, dass die systematische Asymmetrie – konstitutionell in öffentlichen Schulsystemen wohlbegründet – hinsichtlich von Interventionen eine wesentliche Restriktion für den Aufbau neuer Governanceformen darstellt: Während die „Politik" beinahe „beliebig" intervenieren kann, müssen alle Anregungen, Ideen, Erfahrungen „von unten" darauf warten, ob, wie und wann sie politisch-administrativ aufgegriffen und generalisiert werden. Allein schon diese Formulierung verweist auf ein eingeschliffenes Deutungsmuster, das Politik und Verwaltung „oben" und die Schule „unten" ansiedelt. Genau dieses Verständnis von „oben" und „unten" und dem notwendigen „Umweg" markiert das schulische Governanceproblem als Regelungsmodus zwischen *politischen Rechten* und *Ansprüchen* und der *Autonomie „professioneller" Akteure* – Professionalisierung als „Notwendigkeit eines Ärgernisses" (Borchert 2003). Nacherfindung betont denn auch das *funktionale* Politikproblem, während in einer *normativen* Perspektive der politische Primat (noch) außer Frage steht.

7.3 Warum gelangt Schulpolitik nur im Weg des Nacherfindens in die Schule?

Warum nun spielen Prozesse des Nacherfindens eine so große Rolle für ein Gelingen von Schulpolitik? Empirische Forschung vorbehalten, lassen sich theoretische Gründe formulieren, die Nacherfinden im Schulsektor so bedeutsam machen.

Erklärungsbündel kreisen um die im Schulsektor konstitutive Differenz zwischen lokal und zentral, schulisch und politisch und ihre kritischen Verbindungsmechanismen. An Systemzielen ausgerichtete politische Vorgaben haben für die LehrerInnen (Mikroakteure) Makroqualität. „Schulsteuerung" hat es mit einer Vermittlungsaufgabe zu tun, auf der Systemebene (Makroebene) gesetzte Programme auf der Mikroebene der Akteure „so zu steuern, dass daraus ganz bestimmte Zustände auf der Makroebene folgen" (Czada/Schimank 2000, 25). Schulpolitik wird grundsätzlich *lokal* umgesetzt. Systemrationalität muss in lokal handhabbare, sozialtaugliche Rationalität übersetzt werden, die (a) mindestens kompatibel mit der Systemrationalität sein muss und so (b) zur Erreichung der Systemziele beiträgt. Politische Programme entstehen in einem spezifisch politischen Kontext – in der augenblicklichen Schuldiskussion ausgerichtet an der

---

62 „So sieht der Lehrer seine Lehrtätigkeit typisch als eine Aufgabe, die nur er selbst eigenverantwortlich durchführen kann, und das bestätigt ihm die Erfahrung im Klassenzimmer jeden Tag. Eine ‚Einmischung' – sei es der Kultusbürokratie, sei es der lokalen Öffentlichkeit, sei es der Eltern – erscheint ihm als ‚sachfremd'" (Luhmann/Schorr 1988, 50).

nationalen und vor allem internationalen Konkurrenzsituation (mindestens Bewahrung der bisherigen Standortqualität). Werden solche Programme auf lokale Implementationsakteure übertragen, müssen sie von den LehrerInnen und den (lokalen) Schulbehörden, in ihren spezifischen Kontext, hier: ein bestimmtes Schulhaus in einer bestimmten Gemeinde übertragen werden.[63] Wenn und weil es sich nicht um Konditionalprogramme handelt, beinhaltet Nacherfinden Übersetzungsleistungen durch die LehrerInnen einschließlich möglicher Übersetzungsfehler (= Abweichung von den politischen Intentionen). Fehler lassen sich freilich korrigieren. Zu vermuten ist jedoch, dass es zu einem Wandel der Bedeutungen kommt, Sinnverschiebungen stattfinden und Unter- und Zwischentöne nicht erkannt werden (vgl. auch Czarniawska 2000).[64] Es findet eine „Umkontextuierung" (Kreissl 1993) statt: *Politisch* beschlossene Programme mit ihren administrativen Anteilen wandern in die *pädagogisch-schulische* Sphäre, werden dort nacherfunden und auch immer wieder „neu" erfunden, weil Regelbefolgung, hier: Befolgung der politischen Vorgaben, zwar einer Regel folgen muss (soll), dabei aber durch Handeln selbst die Regel anpasst und dabei auch verändern kann (vgl. auch Giddens 1997, 75-81, Zitat 77, der von der „Dualität" von Struktur spricht, wobei Struktur „sowohl Medium wie Ergebnis der Praktiken (ist), die sie rekursiv organisieren").[65]

Lassen sich also sachliche Notwendigkeiten für Interpretationsleistungen ausmachen, so wird die Unschärfe der Übersetzung durch spezifische Eigenschaften des Lehrberufs gefördert, die, gerade in Veränderungsphasen mit einem auf schulische Qualitätsverbesserung gerichteten Interesse, Nacherfinden durch die LehrerInnen – neben ihrem Kerngeschäft des Unterrichts – zu einer weiteren zentralen Aufgabe erklären. Einige dieser Eigenschaften, die oben (5.4.1 bis 5.4.3) ausführlicher als konstitutive Merkmale der Beziehung zwischen Politik und Schule dargestellt wurden, werden hier in einer veränderten Bedeutung als Bedingung für Nacherfindungsprozesse kurz aufgeführt.

Der Lehrberuf als „besondere Tätigkeit"
Schulegeben ist auf der Handlungsebene als eine „besondere Tätigkeit" (Mayntz) zu beschreiben, gekennzeichnet durch interaktive, partikuläre, situationsgeprägte und personenanhängige Aktivitäten. „Street-level"-Personal (Lipsky 1980; Weatherly/ Lipsky 1977; vgl. auch Yanow 1990), wie LehrerInnen, verfügt gegenüber politischen Vorgaben über eine situative Deutungshoheit und daraus

---

63 Diese Idee der lokalen Spezifität bestimmt auch die anfängliche Autonomiediskussion.
64 Und die Praxis bei Gerichten, die sich bei strittiger Gesetzesauslegung auch an den Intentionen des Gesetzgebers orientieren, kann von LehrerInnen kaum erwartet werden.
65 Vgl. auch Kalthoff/Kelle 2000, die auf der Mikroebene der schulischen Regelsysteme zu dem Ergebnis kommen, dass normierte Regeln immer wieder situativ adaptiert werden.

abgeleitete Handlungspotenziale, die nur schwer kontrollierbar sind. Eine Folge davon ist, dass Handeln von LehrerInnen in Unterricht und Schule vor allem für die SchülerInnen und die Eltern Schul*politik* ist, mehr als das schulpolitische Programmatik sein kann. Die für pädagogische Effekte gewichtigere Folge besteht in den nicht intendierten Effekten, die von der besonderen Arbeitsform der LehrerInnen ausgehen. Sie verunmöglichen eine Zurechnung ihrer Aktivitäten auf politische Ziele wie umgekehrt politische Vorgaben in ihren Orientierungsleistungen für die Organisation der schulischen Interaktion zu schwach bleiben. Was LehrerInnen vermitteln und die Effekte ihrer Vermittlung sind nicht per se identisch mit den in politischen Programmen intendierten Gestaltungsabsichten; vielmehr sind sie gezwungen, sich den politisch gemeinten Sinn zu erschließen und eine routinehafte Praxis daraus zu entwickeln. Genau dieses interaktive „Schulchaos" mit seinen unzähligen partikulären Aktivitäten erzeugt (in öffentlichen Schulsystemen) die „Notwendigkeit" politischer Vorgaben, weil die Interaktionen unkoordiniert verlaufen und deshalb ins „nirgendwo" führen. Der Lehrplan etwa oder insgesamt die formale „grammar of schooling" (Tyack/Tobin) stabilisieren über institutionalisierte Regeln erst ein brauchbares Maß an rationaler Verlässlichkeit der Schule, indem sie die „besondere Tätigkeit" einhegen (vgl. auch Luhmann 2002, bes. 102-110, 142-167).

Die pädagogische Autonomie der Schule
Weil die Schule ein unvollständig aus dem politischen System ausdifferenzierter Teilsektor ist, in dem die LehrerInnen anderen Rationalitätswerten folgen (*müssen*) als in den politischen Vorgaben enthalten sind, sind die LehrerInnen *pädagogisch* (relativ) autonom. Sie erbringen eine spezifische, gesellschaftliche geforderte/erwünschte, nicht substituierbare Leistung. Sowohl im institutionellen (Meyer/Rowan 1992) wie im systemtheoretischen Theoriezusammenhang (Luhmann/Schorr 1988) sind Schulen autonom; sie koppeln sich *pädagogisch* von ihrer Umwelt ab und regulieren die entsprechenden Unterrichtsaktivitäten selbst – mit staatlicher und kommunaler Kontrolle versehen, die ihre Grenze eben in pädagogischer Autonomie sowie in der Kontrollökonomie (Kosten und Instrumente) findet. Schulische Autonomie bleibt jedoch auf den pädagogischen Bereich beschränkt.

LehrerInnen besitzen die Fähigkeit, ihre intransitive Macht auszuspielen, nämlich etwas nicht zu tun bzw. anders zu tun als vorgeschrieben. In diesem Sinne verfügen sie über eine „transformative capacity" (vgl. generell Giddens 1979, 88), die ihnen Autonomie (als funktionale Macht) verschafft. Außerdem können sie gar nicht politischen Vorgaben folgen, sofern diese sich der besonderen Tätigkeit des Unterrichtens nähern – politische Vorgaben können die Interaktion nicht „steuern". Ein Unterlaufen politischer Vorgaben ist keine absichtsvolle

„Obstruktion", sondern Ausdruck der Geltung anderer, nicht politischer Rationalitäts- und Relevanzkriterien. In dieser Sicht sind Politik und Schule autonome Teilsektoren mit je spezifischen Sinndeutungsmustern, die füreinander „wechselseitig strukturelle Rahmenbedingungen darstellen [...]", die „untereinander in Beziehungen einseitiger oder wechselseitiger Begünstigung, Obstruktion oder Indifferenz stehen" (Schwinn 2003, 101f.). Politische Vorgaben können nicht mechanisch eins-zu-eins in die Schule übersetzt werden. In den Deutungsprozessen wird etwas Neues, Drittes produziert, das soweit gehen kann, dass es gemessen an den Vorgaben kaum mehr kenntlich ist. Die Frage ist, ob Schulpolitik die Schulen in Bewegung versetzt und deshalb ein Programm transformiert werden muss, oder ob sie Schulen „nur" Freiräume gibt, etwas zu tun, was sie ohnehin schon taten oder tun wollten.

Die politisch nicht majorisierbare funktionale Vetostellung der LehrerInnen
Aus pädagogischer Autonomie folgt eine *pädagogische* Vetostellung der LehrerInnen, beabsichtigten Veränderungen ihre Zustimmung, mindestens verdeckt, verweigern zu können. Die Politik benötigt zwar nicht ihre formale, wohl aber ihre faktische Zustimmung als Voraussetzung einer Programmrealisierung. Ihre Vetoposition verleiht den LehrerInnen spezifische Handlungspotenziale, die es ihnen erlauben, sich vom Modus der reinen Normbefolgung gegenüber politischen Vorgaben selektiv zu lösen.

Zum Akteurtyp der LehrerInnen
Unter den gegebenen konstellativen Bedingungen und institutionellen Beziehungsmustern sind die LehrerInnen nicht auf politische Vorgaben in einem strikt verstandenen Sinn zu verpflichten. Sie *müssen* sich als sinnsuchende und auch nutzenmaximierende Akteure beweisen, um ihren Auftrag zu erfüllen. Diese Beschreibung steht in scharfem Kontrast zu den politischen Befolgungserwartungen gegenüber den LehrerInnen als „eigenem" Personal.

Die Handlungsorientierungen und -kapazitäten von LehrerInnen bilden sich vor dem Hintergrund institutioneller Einbindung in das Schulsystem und interaktiv prozessierter Deutungen aus. Als institutionelle Akteure sind LehrerInnen gleichzeitig an Regeln gebunden wie sie diese interaktiv interpretieren und in findige Handlungsstrategien umsetzen. Es ist eine empirische Frage, wieweit sie im institutionellen „Gehäuse" eingesperrt bleiben oder es selbstbewusst und einfallsreich, wenn auch restringiert, sprengen können, also vom „role-taking" zum „role-making" befähigt sind (Turner 1962), wie sie den Spagat zwischen „Kontingenzbeherrschung" und „Erwartungssicherheit" bewältigen (Schimank 1992).

LehrerInnen müssen sich die Regelsysteme (Gebote etc.) und ihren Sinn erst aneignen und auch externe Vorteilszuschreibungen über Anreize mit eigenem Sinn ausfüllen (z.B. Nutzen von Kooperation für den Unterricht) – in Einsicht transformieren – und Vorteile selbst entdecken. Mit Sinn- und Situationsdeutungen sind jedoch sachliche Selektivität und zeitliche Dehnungen verbunden und damit Verlust der Verlässlichkeit der Rezeption und Umsetzung.

Wenn Politik um die Balance von Freiheit und Ordnung kreist, hat sie es mit Verhaltensdispositionen zu tun, deren Vielfalt und Wandel nicht zu „beherrschen", allenfalls auf einem Kontinuum zwischen bloßer Loyalität und Identifikation zu rahmen ist. Die Annahme einer sozialmoralischen Verpflichtung auf Einhaltung politischer Vorgaben ist empirisch nicht vollkommen unbegründet, bleibt jedoch vage. Die überbordende Komplexität möglicher Reaktionen kann an einem kleinen Beispiel illustriert werden. Auf die Frage an eine Lehrerin, ob sie sich durch ein Mitglied der kommunalen Schulbehörde beurteilen ließe, antwortete sie: „Ich lasse mich schon beurteilen. Die Frage ist nur, ob ich es ernst nehme" (Interview). In dieser Aussage kommen gleichzeitig mindestens formale und damit nicht sanktionierbare Regelbefolgung zum Ausdruck wie der Anspruch, eine Regelung *interpretieren* zu dürfen, zum *eigenen Entscheidungsthema* zu machen und *selektiv* zu *handhaben*.

7.4 Implementation und/oder Nacherfindung?

Die Betonung von (dezentralen) Prozessen der Nacherfindung als notwendiger Bedingung für ein Gelingen schulischer Veränderung beinhaltet keine Überlegenheit gegenüber Ansätzen einer hierarchisch verstandener Implementation („top down"- oder Gesetzgeberperspektive). Sie ist in allen Regelungsfeldern, die die Finanzierung und Organisation der Schule betreffen, empirisch sogar wahrscheinlich. Und politisch gilt nach wie vor sowohl in einem konventionellen Politikverständnis wie im New Public Management die formale Trennung zwischen Politikformulierung („Primat der Politik") und Implementation („Vollzug").[66] Implementation folgt einer Vorstellung von Umsetzung des politischen Willens (sachlich) und Zeitersparnis bzw. umgekehrt: Nacherfinden ist sachlich mit Unschärfe der Ergebnisse gegenüber den politischen Absichten und Zielen versehen und zeitlich mit der Hypothek des Zeitbedarfs belastet. Während sachliche Abweichungen durch veränderte Bedingungen zu erklären sind, so dass die Aussicht auf Zurechenbarkeit von Absichten, Zielen, Handlungen, Wirkungen und Akteuren leidet, verlangt die politische Logik, dass mit einem Programm im

---

66 Beim NPM noch zugespitzt auf eine Principal-Agent-Beziehung mit einer einseitigen Betonung von Vollzugsaufgaben durch die Verwaltung (Schedler/Proeller 2000).

vorhinein auch wenigstens einige kurzfristige positive Effekte in Aussicht gestellt werden (selbst dann, wenn allen Akteuren klar ist, dass die Wirkungen allenfalls mittel- und langfristig anfallen), um sich (a) Legitimation und (b) die aktive Teilnahmebereitschaft der Umsetzungsakteure zu besorgen. Eine Folge dieser der politischen Logik geschuldeten Notwendigkeit ist der instrumentelle Ansatz einer Politik schulischer Veränderung. Politische Programme müssen kausale Beziehungen zwischen ihren Instrumenten und zielgerichteten Ergebnissen nachweisen. Soziokulturelle („weiche") Randbedingungen, in denen der Schlüssel instrumenteller Wirksamkeit liegen könnte, z.B. das Deutungsschema der Schule als „Schonraum", geraten dann leicht ins Abseits (abgesehen davon, dass Politik auf ihn nicht unmittelbar zugreifen kann).

Allerdings reicht ein Vollzugsverständnis nicht aus, um zu erklären, warum Schulen jeweils so und nicht anders handeln. Eine Absage an die unselige Dichotomie zwischen „top down" und „bottom up" enthält methodologische Überlegungen. Eine Konzentration auf Prozesse des Nacherfindens (oder auch der dezentralen Innovationsinitiativen) legt die Aufmerksamkeit einerseits auf die *Beteiligtenperspektive*. In der Ausschließlichkeit dieser Perspektive würde jedoch eine politische Rahmung nicht mehr vorkommen. Wie Teile der Schulforschung demonstrieren, würde so getan, als ob die Schule keine politische Veranstaltung wäre, sondern „reine Pädagogik" und Interaktion. Schule (wie gesellschaftliche Ordnung) wird nicht nur (mikrosoziologisch) über interaktive Deutungs- und Aushandlungsprozesse, intentionales („strategisches") Handeln und den Aufbau sozialer Beziehungen oder durch individuelle Wahlhandlungen hergestellt, sondern durch politische Vorgaben – zum Teil sogar gegen individuelle Absichten und „hinter dem Rücken" der Akteure. Es zeigt sich, dass „Strukturen immer die anderen sind" (Sartre[67]). Das Handeln von LehrerInnen ist nicht nur selbstbestimmte, individuelle und kollektive Praxis, die eigene Regeln konstituiert, sondern auch exogen-strukturell bestimmt, eine politische Veranstaltung. Zur schulischen (und sozialen) Realität gehört eine äußere Relevanzstruktur, die sich nicht nur auf die Selbstbeschreibung der handelnden Akteure verlässt, sondern auch „objektive" Strukturen umfasst.

Die Schwäche eines mikroanalytischen rekonstruktiven Ansatzes ist seine begrenzte Reichweite, die auf der begrenzten Reichweite handelnder Akteure beruht; diese interessiert nur, was in ihrer überschaubaren und als handlungsrelevant wahrgenommenen Reichweite liegt und eine Mikrosoziologie schließt sich dieser Begrenztheit zu Lasten struktureller und funktionaler Fragestellungen an. An dieser Stelle werden die Ansätze jedoch als Ergänzung verstanden, d.h. es sollte nicht nur „statt der Funktion das real-zeitliche *Funktionieren*" der Schule

---

67 „Wenn mir aber die Geschichte entgeht, so nicht deshalb, weil ich sie nicht mache, sondern weil auch der andere sie macht" (Sartre 1964, 72).

7.4 Implementation und/oder Nacherfindung?

untersucht werden (Knorr Cetina 1992, 407, kursiv im Original; verstanden als Kritik an der Differenzierungstheorie, besonders in der Form von Luhmann), sondern Funktionieren und Funktion, denn Deutungs- und Orientierungsmuster sind nicht von Machtlagen, unentschiedenen oder hegemonialen Diskursen, institutionellen und materiellen Kontexten abgelöst zu diskutieren. Da jedoch eine Realität außerhalb der Reichweite der Akteure existiert, die sich ohne ihr explizites Zutun formt, behalten analytische Kategorien und theoretische Überlegungen, auch wenn sie den handelnden Akteuren „äußerlich" bleiben, ihre Bedeutung. Diese Mechanismen spielen im Schulsystem auf verschiedenen Ebenen eine Rolle und führen zu einem nur schwer entwirrbaren Gefüge von individuellen und kollektiven Leistungen, Interessenlagen, Sinnkonstruktionen, intendierten und nicht intendierten Folgen, die jeweils für die anderen Ebenen und Akteure Handlungsbedingungen und Folgen erzeugen (Restriktionen und Opportunitäten). In einem anderen Bezugsrahmen formuliert: Auch wenn es sinnvoll erscheint, die Mikroperspektiven der Akteure auf allen Ebenen zu rekonstruieren, handelt es sich um Beiträge im Makrogefüge Schulsystem (zum Mikro-Makro-Zusammenhang vgl. generell Alexander/Münch/Giesen/Smelser 1987; Mayntz 1999). An einem kleinen Beispiel kann der Gedanke illustriert werden. Grundlage der Politik der Schulautonomisierung ist die These, „die Probleme dort lösen zu lassen, wo sie anfallen" (Rolff 1995b, 32). Diese Grundlage hat jedoch nur Bestand, wenn mit den anfallenden Problemen auch Lösungskapazitäten (Handlungsressourcen) korrespondieren. Dieser Zusammenhang ist jedoch höchst voraussetzungsvoll; und auf das Schulsystem und seine „Produktion" bezogen, wird öffentliche Schule nicht von ungefähr als kollektive Aufgabe gefasst, weil die Aufgabe „Bildung" nicht dort bewältigt werden kann, wo sie anfällt, beim einzelnen Kind bzw. der Familie. Schule ist eben nur durch die Zusammenlegung der Ressourcen verschiedener Ebenen und Akteure möglich. Probleme können nicht nur und immer dort (intentional) gelöst werden, wo sie anfallen (dort müssten sie auf der Wirkungsseite gelöst werden); vielmehr geht es um die Identifizierung der geeigneten und/oder optimalen Handlungsebenen für je spezifische Aufgaben.

Dies schießt den Bedarf an Untersuchungen ein, die die Deutungs- und Nacherfindungsprozesse auf Schul(haus)niveau in einer „dichten Beschreibung" (Geertz) rekonstruieren und theoretisch analysieren. Denn sowohl die politisch-administrative Entwurfspraxis wie auch die Schul- und Steuerungsforschung arbeitet mit kompakten „Großbegriffen" wie Politik, Staat, Schule, Schulleitung, Schulentwicklung, Qualität(sentwicklung), Führung, Output, Wirksamkeit etc. und versucht sie (a) in eine kausale Beziehung zu bringen (Entwurfspraxis) bzw. (b) kausale Beziehungen zu analysieren. Z.B. erzeugt danach eine *Schulleitung* pädagogische *Wirksamkeit*, entweder direkt oder dadurch, dass die Schulleitung administrative Arbeit von den LehrerInnen absorbiert. In solchen objektivistischen Analysen, die die Mechanismen vernachlässigen (Hedström/Swedberg 1998), die die Schulen vom Zustand A^1 in Zustand A^2 versetzen, fehlen Wahrnehmungen, situative Deutungen und verdichtete Deutungsmuster. Zwar wird immer wieder etwa Zufriedenheit untersucht und auch mangelhafte Zufriedenheit konstatiert. Zufriedenheit ist dort aber nur eine Randbedingung, die im Kausalkonzept keinen eigenständigen Faktor bildet: sie „steigt" nicht zur unabhängigen Variable auf, sondern kann nur zu Aussagen führen wie: Wenn die Zufriedenheitswerte noch unbefriedigend sind, dann ändert das nichts an den Kausalrelationen; steigen die Zufriedenheitswerte, werden auch die Kausalrelationen eine Rolle spielen. Damit wird ausgeblendet, dass der gedachte Kausalzusammenhang selbst die Gründe für Unzufriedenheit enthält. Um noch ein Beispiel aus der Governancediskussion anzufügen: Governance beschränkt sich nicht auf die Definition von „Verfügungsrechte(n) zum Treffen von Entscheidungen" (Braun 2001, 247f.) – „altinstitutionell" als die Gestaltung einer Schulverfassung –, sondern umfasst auch die systematischen und stabilisierten Verhaltens- und Handlungsreaktionen, die in der Hand derer liegen, über die entschieden wird. LehrerInnen/Schule besitzen keine „eigenen Verfügungsrechte über substanzielle, operationale und strategische Entscheidungen" (Brüsemeister 2004a, 170), sie mobilisieren jedoch faktische Verfügungs*fähigkeiten*, in dem sie sich Verfügungsrechte „nehmen" (vielleicht auch abhängig vom Grad der Rechtsfähigkeit von LehrerInnen/Schulen). Genau diese, gemessen an der „Schulverfassung", illegitime Besetzung von faktischen Rechtspositionen, die Umwandlung erzieherischen Kapitals in politisches Kapital (Bourdieu 1983; vgl. auch Braun 2001, 245-247), müsste jedoch empirisch rekonstruiert werden, um eine gehaltvolle Theorie der Schule und ihrer Governance angehen zu können. Insofern ist es wünschenswert, wenn auch methodologisch der Objektivismus der Governancediskussion durch interpretative Theorieansätze ergänzt wird.

Politische Aktivitäten, Leistungen und Entscheide sind und werden durch die Betonung von Unterbrechung im gedachten Vollzugsstrang jedoch nicht unbedeutend. Sie definieren weiterhin (a) die „Was"-Dimension der Schule – was wird gelehrt, wo liegen die Schwerpunkte? – und sie können (b) die Schule, das pädagogische Handeln der LehrerInnen, zwar nicht direktiv steuern, wohl aber rahmen. Das heißt, lehrerschaftliches Handeln ist selbstbestimmt, aber nicht beliebig und nicht ohne den politischen und gesellschaftlichen Kontext zu verstehen. Und (c) schließlich können sie die Schule auf einen bestimmten Entwicklungspfad führen und den sich selbst verstärkenden Prozess der Pfadabhängigkeit – „mehr vom Gleichen" – brechen (vgl. allgemein Mahoney 2000; Pierson 2000). Es könnte sein, dass wir im Augenblick eine solche Pfadveränderung beobachten: Z.B. in der Schweiz den Wandel (das Ende?) der „republikanischen

Schule" zu einer an Ergebnissen/Output (jetzt: Qualifikation) ausgerichteten Dienstleistungsorganisation, die ihre Leistungsfähigkeit, durch externe Monitoringssysteme kontrolliert, permanent belegen muss.

Wenn von *schulischer Governance* gesprochen wird, geht es um die Herstellung kollektiver Handlungsfähigkeit als Fähigkeit, die Leistungsbeiträge der verschiedenen Akteure auf den verschiedenen Ebenen des Schulsystems zu integrieren und nicht um die *politische Steuerung* der Schule. Implementation schließt an politische Steuerung an und ist empirisch zweifellos zu beobachten. Governance ist jedoch umfassender als „*Regieren* in komplexen Regelsystemen" (Benz 2004c, Untertitel; kursiv J.K.) und analytisch von einem gouvernementalen Politikverständnis zu lösen, ohne deshalb dem Staat in einer Marktgesellschaft die Rolle eines Minimalstaats zuzuweisen (Rhodes 1996). Mit dem Konzept der Nacherfindung wird versucht, diesem umfassenderen Verständnis Rechnung zu tragen (vgl. auch Fox 1990; Elmore 1979/80; Recesso 1999).

„Nacherfinden"
Politisch angestoßene Veränderungen der Schule stellen lehrerschaftliche Routinen in Zweifel. Mit den neueren „Schulreformen" bricht etwas „Fremdes" über die Schulen herein (in Anlehnung an Schütz 1972). Die bewährten Muster der Aufgabenbearbeitung und der Problem- und Krisenbewältigung – typische Lösungen für typische (typisierbare) Aufgaben und Probleme – werden partiell außer Kraft gesetzt. Die Schule wird in Turbulenz gestürzt. Weder die individuellen noch die kollektiven (auf Beziehungsmuster gerichteten) Routinen passen noch – und selbst wenn sie für passend gehalten werden, sind sie ihrer Selbstverständlichkeit beraubt. Neue Routinen sind noch nicht an die Stelle der alten getreten. Das bekannte und verfügbare Rezeptwissen, die „Auslegungs- und Ausdrucksschemen" (Schütz 1972, 63)[68] als „Wissen [...], um damit die soziale Welt auszulegen und um mit Dingen und Menschen umzugehen, damit die besten Resultate in jeder Situation mit einem Minimum an Anstrengung und bei Vermeidung unerwünschter Konsequenzen erlangt werden können", wird teilweise obsolet (ebd., 58). „Habitualität, Automatismus und Halbbewußtsein" des Handelns, die es „unfraglich" machen, gehen verloren (ebd., 65). Solche Routinen sind keineswegs von vornherein irrational oder konservativ. Der traditionale Handlungstypus (Weber 1964a, 17) handelt nicht nur „dumpf", unreflektiert und wenig „sinnhaft"; diese Handlungsform stellt auch eine rationale Strategie einer brauchbaren Lebens- bzw. Arbeitsbewältigung dar (Esser 1990a, 234-238). Rezepte und Routinen kommen allerdings ins Wanken, wenn neue Ereignisse oder hier: neue politische Programme mit neuen Aufgaben und unbekannten Proble-

---

68 Vgl. dazu auch Abelson 1981; Esser 1990.

men die alten Routinen entwerten. An die Stelle impliziten Wissens treten die Mobilisierung und der Erwerb expliziten Wissens. Riskante Deutungs- und Suchprozesse müssen organisiert werden und soziale Unsicherheit – die ohnehin endemische Last des Lehrberufs (Lortie 1975, 134-138) – vervielfacht die Irritation einer fest gefügten Praxis.

Dieser – beinahe schöpferische – Zerstörungsprozess (vgl. allgemein Schumpeter 1975, 134-142) erfolgt sehr bewusst (und zudem „bürokratisch" und nicht in einem Marktprozess) und führt zu Irritationen im Schulsystem. Er „zwingt" (rahmt) die LehrerInnen, sich auf die neuen Vorgaben einzulassen. Routinen sind bei allen veränderungsorientierten politischen Akteuren negativ besetzt. Routinen hemmen Reformen, LehrerInnen im Besonderen gelten als „konservativ" (Buschor 1999). Dabei bewegt sich jede Veränderung (Innovation) in dem Zirkel, wonach das Zerschlagen von Routinen Voraussetzung von Veränderung ist, damit umgekehrt aber ein massives Veränderungsproblem entsteht, weil die Verpflichtung zur Aufgabe von Routinen Widerstand, Subversion, Abweichung etc. provoziert. An die Stelle von Routinen tritt zunächst eine Mischung aus den bestehenden und beibehaltenen Routinen und Deutungsprozessen, die die neuen Vorgaben thematisieren und für die Praxis handhabbar machen. Dieser Prozess wird hier als Nacherfindung bezeichnet und stellt neben „Innovation durch Bürokratie" und „Innovation durch Markt" eine dritte Innovationsform her: „Innovation durch Lokalität", durch autonome LehrerInnen.[69] Nacherfinden beinhaltet die Ersetzung bisheriger Routinen durch neue Routinen. Einer umstandslosen Abwertung von Routinen wäre ein „Lob der Routine" (Luhmann 1964) entgegenzusetzen (vgl. auch Oelkers 1976, 91; Oevermann 2000). Routine ist angesichts der grundsätzlich begrenzten Informationssuch- und Verarbeitungsmöglichkeiten Bedingung, um „sinnlose" Informationssuche und die damit verbundenen Selektions- und Evaluationskosten auf einem praktikablen Niveau zu halten. Routinen produzieren das Maß an Vorhersehbarkeit und Verlässlichkeit, das zur Stabilisierung sozialer Interaktion und auch Organisation unerlässlich ist.[70] In dieser Perspektive erscheint etwa auch bürokratische Routine in einem anderen Licht. Es muss in jedem Einzelfall geprüft werden, ob das beliebte „das haben wir schon immer so gemacht" nicht unter Berücksichtigung der Knappheit von Ressourcen (Zeit, Personal, Qualifikation etc.) (a) vernünftig und brauchbar ist und genau eine kollektive Erfahrung ausdrückt und (b) auf exogene Restriktionen zurückgeführt werden muss (z.B. politische Auflagen, eingespielte Regeln auf der Ebene der Gemeinde). Deutungsprozesse können

---

69 Vgl. Wiesenthal 2000 zu den sozialen Koordinationsmechanismen Markt, Organisation (Bürokratie) und Gemeinschaft.
70 Im schulischen Mehrebenensystem beansprucht die Politik, die Routinen der LehrerInnen zu verändern, ohne ihre eigenen Routinen in Frage zu stellen (Evans 1996).

zunächst jedoch nur vor dem Hintergrund des Bekannten funktionieren. Solche „alten" Deutungsmuster und -schemata führen dann etwa dazu, dass die Aufgabe „Organisation", die als Entlastung gedacht war, als „Belastung" wahrgenommen wird (Müller/Stremlow/Oggenfuss 2000) und Kooperationsgebote nicht als hilfreich für das „Kerngeschäft" des Unterrichts angesehen werden. Um neue Routinen ausbilden zu können, müssen die LehrerInnen sich (a) zunächst auf das Neue einlassen, es (b) interpretieren, für sich (c) „zurechterfinden" bzw. redefinieren und (d) als praktische Erfahrung ausbilden (die freilich auch zwiespältig bis negativ wahrgenommen werden kann und dazu führt, dass Schulen Reformen verändern). Dazu bedarf es Zeit und der entsprechenden Dispositionen und Fähigkeiten.

Die Politik verfügt über die legitimierte Zuständigkeit und tatsächliche Fähigkeit, schulische Routinen zu verändern. Prozesse des Nacherfindens sind deshalb immer politisch gerahmte, aber nicht direktiv gesteuerte Prozesse. Die bisherigen politischen Vorgaben schufen einen arbeitsorganisatorischen Rahmen, der die Klasse und den darin stattfindenden Unterricht in den Mittelpunkt stellten. Entsprechend entwickelte sich eine „grammar of schooling" (Tyack/Tobin 1994), die den Typus der „EinzelkämpferIn" mit festgefügten Unterrichtsroutinen hervorbrachte. Einzelkämpfertum beruht demnach nicht auf einer lehrerschaftlichen Präferenz, sondern auf der entsprechenden schulischen Rahmung. Die Programmatik der Autonomiepolitik einschließlich der veränderten Governanceformen vor allem im Aufsichtsbereich auf der Grundlage von Monitoringsystemen erweitert diese schulische „Funktionsgrammatik" um Zielfunktionen wie Organisation – „Wo Interaktion ist, soll Organisation werden" (Brüsemeister 2005) –, Schul- und Qualitätsentwicklung. Tätigkeiten jenseits des Unterrichts treten mindestens ergänzend neben die klassische Unterrichtsaufgabe als „Kerngeschäft" des Lehrberufs.

Schulische Veränderung benötigt Zeit, deren Dauer kaum vorausgesagt werden kann; es ist unwahrscheinlich, dass Veränderungsprozesse rasche Ergebnisse zeitigen. Häufig genug überlagern sich mehrere, „an sich" voneinander unabhängige Veränderungsimpulse in ihren kausalen Effekten. Dauert Nacherfinden einige Jahre, können in der Zwischenzeit bereits wieder neue Veränderungsanforderungen auf die LehrerInnen zukommen, die sich mit den ursprünglichen Anforderungen kreuzen. Damit steigt die Wahrscheinlichkeit interferierender Effekte, mindestens aber wird die Möglichkeit der Zurechnung von Absichten, Zielen und Wirkungen auf Akteure geschmälert. Davon ist aktuell auszugehen, weil die Vielzahl der angestrebten schulischen Veränderungen die Schulen zu etappiertem Vorgehen zwingt und sich begonnene und abgeschlossene Vorhaben in unterschiedlichen Realisierungsphasen überkreuzen.

Literaturverzeichnis

Abbott, Andrew (1988): The System of Profession. An Essay on the Division of Expert Labour. Chicago, London: University of Chicago Press.

Abelson, Robert P. (1991): Psychological Status of the Script Concept. In: American Psychologist 36, 715-729.

Abromeit, Heidrun (1995): Volkssouveränität, Parlamentssouveränität, Verfassungssouveränität: Drei Realmodelle der Legitimation staatlichen Handelns. In: Politische Vierteljahresschrift 36, 49-66.

Ackeren, Isabell van (2003): Evaluation, Rückmeldung und Schulentwicklung. Erfahrungen mit zentralen Tests, Prüfungen und Inspektionen in England, Frankreich und den Niederlanden. Münster, u.a.: Waxmann.

AG PISA-Vergleich/Arbeitsgruppe Internationale Vergleichsstudie (2003): Vertiefender Vergleich der Schulsysteme ausgewählter PISA-Teilnehmerstaaten. Kanada, England, Finnland, Frankreich, Niederlande, Schweden. Bildungsreform Bd. 2. Hg. Bundesministerium für Bildung und Forschung (BMBF). Berlin: BMBF, Referat Öffentlichkeitsarbeit.

Ahlemeyer, Heinrich W. (1996): Systemische Organisationsberatung und Soziologie. In: Heine v. Alemann/Annette Vogel (Hg.): Soziologische Beratung. Praxisfelder und Perspektiven. IX. Tagung für angewandte Soziologie. Opladen: Leske + Budrich, 77-88.

Alexander, Jeffrey C./Bernhard Giesen/Richard Münch/Neil J. Smelser (eds.) (1987): The Micro-Macro Link. Berkeley, u.a.: University of California Press.

Allmendinger, Jutta (1999): Bildungsarmut: Zur Verschränkung von Bildungs- und Sozialpolitik. In: Soziale Welt 50, 35-50.

Altrichter, Herbert (2004): Lässt sich Schulentwicklung und -qualität in der Breite steuern? Vortrag auf der Tagung der Deutschen Hochschule für Verwaltungswissenschaften Speyer: „Neue Steuerungsmodelle für Bildung und Wissenschaft", Speyer, 16.3. 2004. Ms.

Altrichter, Herbert/Martin Heinrich (2005): Schulprofilierung und Transformation schulischer Governance. In: Xaver Büeler/Alois Buholzer/Markus Roos (Hg.): Schulen mit Profil. Forschungsergebnisse, Brennpunkte, Zukunftsperspektiven. Innsbruck: StudienVerlag, 125-140.

Altrichter, Herbert/Thomas Brüsemeister/Martin Heinrich (2005): Merkmale und Fragen einer Governance-Reform am Beispiel des österreichischen Schulwesens. In: Österreichische Zeitschrift für Soziologie 30 (4), 6-28.

Altrichter, Herbert/Sophie Wiesinger (2005): Implementation von Schulinnovationen – aktuelle Hoffnungen und Forschungswissen. In: journal für schulentwicklung 9 (4), 28-36.

Altrichter, Herbert/Martin Heinrich (2006): Evaluation als Steuerungsinstrument im Rahmen eines „neuen Steuerungsmodells" im Schulwesen. In: Wolfgang Böttcher /Heinz Günter Holtappels/Michaela Brohm (Hg.): Evaluation im Bildungswesen. Eine Einführung in Grundlagen und Praxisbeispiele. Weinheim, München: Juventa, 51-64.

Altrichter, Herbert/Ulrike Prexl-Krausz/Katharina Soukup-Altrichter (Hg.) (2005): Schulprofilierung und neue Informations- und Kommunikationstechnologien. Bad Heilbrunn: Klinkhardt.

Ammann, Barbara/Reine Malär/Karin Wismer (2001): Schulpflegemitglieder im Spannungsfeld von Gesellschaft, Beruf und Politik. Gruppendiplomarbeit. Vereinigung des Personals Zürcherischer Schulsekretariate VPZS – Schweizerisches Institut für Betriebsökonomie Zürich-Stettbach SIB. Zürich.

Apple, Michael W. (1978): The New Sociology of Education: Analyzing Cultural and Economic Reproduction. In: Harvard Educational Review 48, 495-50.

Arnold, Eva/Johannes Bastian/Arno Combe/Kerstin Leue-Schack/Sabine Reh/Carla Schelle (1999): Schulentwicklung und Wandel der pädagogischen Arbeit. Arbeitssituation, Belastung und Professionalisierung von Lehrerinnen und Lehrern in Schulentwicklungsprozessen. In: Ursula Carle/Sylvia Buchen (Hg.): Jahrbuch für Lehrerforschung. Band 2. Weinheim, München: Juventa, 97-122.

Arnott, Margaret A. (2000): Restructuring the governance of schools: the impact of 'managerialism' on schools in Scotland and England. In: Margaret A. Arnott/Charles D. Raab (eds.): The Governance of Schooling. Comparative studies of devolved management. London, New York: Routledge, 52-76.

Arnott, Margaret A./Charles D. Raab (eds.) (2000): The Governance of Schooling. Comparative studies of devolved management. London, New York: Routledge.

Avenarius, Hermann (2001): Einführung in das Schulrecht. Darmstadt: Wissenschaftliche Buchgesellschaft.

Avenarius, Hermann u.a. (2003): Bildungsbericht für Deutschland. Erste Befunde. Opladen: Leske + Budrich, 89-125.

Avenarius, Hermann/Theo M.E. Liket (2000): Systems of Public Administration: Patterns of School Legislation and Management. In: Elizabeth Sherman Swing/Jürgen Schriewer/Francois Orivel (eds.): Problems and Prospects in European Education. London: Praeger, 23-28.

Avenarius, Hermann/Thomas Kimmig/Matthias Rürup (2003): Die rechtlichen Regelungen der Länder in der Bundesrepublik Deutschland zur erweiterten Selbständigkeit der Schule. Eine Bestandsaufnahme. Berlin: BWV.

Bähr, Konstantin (2006): Erwartungen von Bildungsadministrationen an Schulleistungstests. In: Harm Kuper/Julia Schneewind (Hg.): Rückmeldung und Rezeption von Forschungsergebnissen – Zur Verwendung wissenschaftlichen Wissens im Bildungssystem. Münster, u.a.: Waxmann, 127-141.

Bähr, Konstantin (2003): Die Rolle von Schulleistungstests für das Qualitätsmanagement im Bildungswesen, in Schulen und Klassenzimmern. In: Thomas Brüsemeister/Klaus-Dieter Eubel (Hg.): Zur Modernisierung der Schule. Leitideen – Konzepte – Akteure. Bielefeld: transcript, 217-224.

Bang, Henrik P. (ed.) (2003): Governance as social and political communication. Manchester, New York: Manchester University Press.
Bardach, Eugene/Robert A. Kagan (1982): Going by the Book. The Problem of Regulatory Unreasonableness. A Twentieth Century Fund Report. Philadelphia: Temple University Press.
Bauer, Karl-Oswald (2000): Konzepte pädagogischer Professionalität und ihre Bedeutung für die Lehrerarbeit. In: Johannes Bastian/Werner Helsper/Sabine Reh/Carla Schelle (Hg.): Professionalisierung im Lehrberuf. Opladen: Leske + Budrich, 55-72.
Bauer, Karl-Oswald/Andreas Kopka/Stefan Brindt (1999): Pädagogische Professionalität und Lehrerarbeit. Eine qualitativ empirische Studie über professionelles Handeln und Bewusstsein. Weinheim, München: Juventa.
Bauman, Zygmunt (1995): Moderne und Ambivalenz. Das Ende der Eindeutigkeit. Frankfurt/M.: Fischer Taschenbuch-Verlag.
Baumert, Jürgen/Gundel Schümer (2001): Familiäre Lebensverhältnisse, Bildungsbeteiligung und Kompetenzerwerb. In: Jürgen Baumert/Eckhard Klieme/Michael Neubrand/Manfred Prenzel/Ulrich Schiefele/Wolfgang Schneider/Petra Stanat/Klaus-Jürgen Tillmann/Manfred Weiß (Hg.): PISA 2000. Basiskompetenzen von Schülerinnen und Schülern im internationalen Vergleich. Opladen: Leske + Budrich, 323-407.
Beck, Ulrich (1993): Die Erfindung des Politischen. Frankfurt/M.: Suhrkamp.
Beck, Ulrich (1986): Risikogesellschaft. Auf dem Weg in eine andere Moderne. Frankfurt/M.: Suhrkamp.
Benz, Arthur (2003): Konstruktive Vetospieler in Mehrebenensystemen. In: Renate Mayntz/Wolfgang Streeck (Hg.): Die Reformierbarkeit der Demokratie. Innovationen und Blockaden. Frankfurt/M., New York: Campus, 205-236.
Benz, Arthur (2004a): Einleitung: Governance – Modebegriff oder nützliches sozialwissenschaftliches Konzept? In: Arthur Benz (Hg.): Governance – Regieren in komplexen Regelsystemen. Eine Einführung. Wiesbaden: VS, 11-28.
Benz, Arthur (2004b): Multilevel Governance – Governance in Mehrebenensystemen. In: Arthur Benz (Hg.): Governance – Regieren in komplexen Regelsystemen. Eine Einführung. Wiesbaden: VS, 125-146.
Benz, Arthur (Hg.) (2004c): Governance – Regieren in komplexen Regelsystemen. Eine Einführung. Wiesbaden: VS.
Benz, Arthur (2005): Governance in Mehrebenensystemen. In: Gunnar Folke Schuppert (Hg.): Governance-Forschung. Vergewisserung über Stand und Entwicklungslinien. Baden-Baden (WZB/Schriften zur Governance-Forschung, Band 1): Nomos, 95-120.
Berger, Johannes (2003): Neuerliche Anfragen an die Theorie der funktionalen Differenzierung. In: Uwe Schimank/Hans-Joachim Giegel (Hg.): Beobachter der Moderne. Beiträge zu Niklas Luhmanns „Die Gesellschaft der Gesellschaft". Frankfurt/M.: Suhrkamp, 207-230.
Berle, Adolf A./Gardner C. Means (1968): The Modern Corporation and Private Property. New York: Harcourt, Brace & World.
Berlin, Isaiah (1969): Two Concepts of Liberty. In: ders.: Four Essays on Liberty. London, u.a.: Oxford University Press, 118-172.

Bildungsdirektion des Kantons Zürich (2001): Verfahrensschritte der Externen Schulevaluation. Qualitätssicherung an der Volksschule des Kantons Zürich. Handbuch 1. Zürich: Lehrmittelverlag des Kantons Zürich.
Bildungsdirektion des Kantons Zürich (2000): Volksschulreform. Anerkanntes Bewahren, Erprobtes Nachführen, Notwendiges Erneuern. Vernehmlassungsentwurf des Volksschulgesetzes vom 19. April 2000 mit erläuterndem Kommentar. Zürich: Lehrmittelverlag des Kantons Zürich.
Binder, Hans-Martin/Ernst Trachsler (2002): wif!-Projekt „Neue Schulaufsicht an der Volksschule". Externe Evaluation. Luzern: Interface.
Birnbaum, Robert (2000): The Life Cycle of Academic Management Fads. In: The Journal of Higher Education 71 (1), 1-16.
Blanke, Bernhard/Henning Schridde (1999): Bürgerengagement und Aktivierender Staat. Ergebnisse einer Bürgerbefragung zur Staatsmodernisierung in Niedersachsen. In: Aus Politik und Zeitgeschichte 24/25, 3-12.
Blau, Peter M. (1964): Exchange and Power in Social Life. New York, u.a.: Wiley.
Blickle, Peter (1986): Kommunalismus, Parlamentarismus, Republikanismus. In: Historische Zeitschrift 242, 529-556.
Bohl, Thorsten (2003): Aktuelle Regelungen zur Leistungsbeurteilung und zu Zeugnissen an deutschen Sekundarschulen. In: Zeitschrift für Pädagogik 49 (4), 550-565.
Bohnsack, Fritz (1995): Widerstand von Lehrern gegen Innovationen in der Schule. In: Die Deutsche Schule 87, 21-37.
Borchert, Jens (2003): Die Professionalisierung des Politik. Zur Notwendigkeit eines Ärgernisses. Frankfurt/M., New York: Campus.
Boudon, Raymond (1982): The Unintended Consequences of Social Action. London, Basingstoke: Macmillan.
Bourdieu, Pierre (1983): Ökonomisches Kapital, kulturelles Kapital, soziales Kapital. In: Reinhard Kreckel (Hg.): Soziale Ungleichheiten. Soziale Welt Sonderband 2. Göttingen: Schwartz, 183-198.
Bourdieu, Pierre (1987): Die feinen Unterschiede. Kritik der gesellschaftlichen Urteilskraft. Frankfurt/M.: Suhrkamp.
Brägger, Gerold/Felix Oggenfuss/Anton Strittmatter (1997): Bausteine eines Steuerungskonzepts für den Bereich der Volksschule. Überlegungen zu einem neuen Verhältnis von Einzelschule, Gemeinde und Kanton. Interkantonale Arbeitsgemeinschaft „Dezentralisierung und Qualitätssicherung im Bildungswesen". Ebikon: ZBS.
Braun, Dietmar (2002): Reform- und Entscheidungsblockaden des Schweizer Föderalismus um Vergleich zu Deutschland. In: Uwe Wagschal/Hans Rentsch (Hg.): Der Preis des Föderalismus. Zürich: Orell Füssli, 319-335.
Braun, Dietmar (2001): Regulierungsmodelle und Machtstrukturen an Universitäten. In: Erhard Stölting/Uwe Schimank (Hg.): Die Krise der Universitäten. Leviathan Sonderheft 20. Wiesbaden: Westdeutscher Verlag, 243-262.
Braun, Dietmar (1999a): Der Einfluß von Ideen und Überzeugungssystemen auf die politische Problemlösung. In: Politische Vierteljahresschrift 39, 797-818.
Braun, Dietmar (1999b): Theorien rationalen Handelns in der Politikwissenschaft. Eine kritische Einführung. Opladen: Leske + Budrich.

Braun, Dietmar (1993): Who Governs Intermediary Agencies? Principal-Agent Relations in Research Policy Making. In: Journal of Public Policy 13, 135-162.
Braun, Dietmar/Fabrizio Gilardi (2006): Introduction. In: dies. (eds.): Delegation in Contemporary Democracies. London, New York: Routledge, 1-23.
Braun, Dietmar/Francois-Xavier Merrien (1999): Towards a New Model of Governance for Universities? A Comparative View. London, Philadelphia: Kingsley.
Braun, Sebastian (2004): Solidarität, Gemeinwesen, Gemeinwohl – das Assoziationswesen in aktuellen Diskursen. In: Herlmut K. Anheier/Volker Then (Hg.): Zwischen Eigennutz und Gemeinwohl. Neue Formen und Wege der Gemeinnützigkeit. Gütersloh: Verlag Bertelsmann-Stiftung, 131-146.
Brett, Annabel S. (2003): The Development of the Idea of Citizen's Rights. In: Quentin Skinner/Bo Stråth (eds.): States and Citizens. History, Theory, Prospects. Cambridge, u.a.: Cambridge University Press, 97-112.
Briggs, Kerri L./Priscilla Wohlstetter (2003): Key Elements of a Successful School-Based Management Strategie. In: School Effectiveness and School Improvement 14 (3), 351-372.
Bröchler, Stephan (2004): Kalliope im Wunderland. Orientierungen, Bedarfe und Institutionalisierung von wissenschaftlicher Politikberatung im bundesdeutschen Regierungssystem. In: Rainer Schützeichel/Thomas Brüsemeister (Hg.): Die beratene Gesellschaft. Zur gesellschaftlichen Bedeutung von Beratung. Wiesbaden: VS, 19-38.
Bröckling, Ulrich/Susanne Krasmann/Thomas Lemke (Hg.) (2004): Glossar der Gegenwart. Frankfurt/M.: Suhrkamp.
Bröckling, Ulrich/Susanne Krasmann/Thomas Lemke (Hg.) (2000): Gouvernementalität der Gegenwart. Studien zur Ökonomisierung des Sozialen. Frankfurt/M.: Suhrkamp.
Brodkin, Evelyn Z. (1990): Implementation as Policy Politics. In: Dennis J. Palumbo/Donald J. Calista (eds.): Implementation and the Policy Process. Opening Up the Black Box. New York, u.a.: Greenwood Press, 107-118.
Brosziewski, Achim (2005): Bildungsqualität, statistische Depressionen und das Gedächtnis des Bildungssystems. Pädagogische Hochschule Thurgau. Lehre – Weiterbildung – Forschung: Materialien zur Bildungsforschung, Nr. 5/2005. Kreuzlingen: Pädagogische Hochschule Thurgau.
Brügelmann, Hans (2001): Kontroversen um Schulleistungsmessung in Deutschland. Eine fiktive Diskussion über Positionen und Perspektiven in verteilten Rollen. In: Franz E. Weinert (Hg.): Leistungsmessungen in Schulen. Weinheim, Basel: Beltz, 33-44.
Brunner, Joe (1989): Plädoyer für eine integrierte Oberstufe. Oberstufenreform – eine notwendige Voraussetzung für höher qualifizierte Schulabgänger und eine Aufwertung der Realschule. In: Schweizer Schule 76, 3-14.
Brunner, Matthias/Lea Sgier (1997): Crise de confiance dans les institutions politiques suisses? Quelques résultats d'une enquête d'opinion. In: Schweizerische Zeitschrift für Politikwissenschaft 3, 105-113.
Brunsson, Nils (1982): The Irrationality of Action and Action Irrationality: Decisions, Ideologies and Organizational Actions. In: Journal of Management Studies 19, 29-44.
Brunsson, Nils (1989): The Organization of Hypocrisy: Talk, Decisions and Actions in Organizations. Chichester: Wiley.

Brüsemeister, Thomas (2005): "Wo Interaktion ist, soll Organisation werden" – Zur Einführung von Qualitätsmanagements in Schulen. In: Wieland Jäger, Uwe Schimank (Hg.): Organisationsgesellschaft. Facetten und Perspektiven. Wiesbaden: VS, 313-343.

Brüsemeister, Thomas (2004a): Schulische Inklusion und neue Governance – Zur Sicht der Lehrkräfte. Münster: Monsenstein & Vannerdat.

Brüsemeister, Thomas (2004b): Mythen der Effizienz bei der Einführung von Qualitätsmanagements in Schulen – und transintentionale soziale Effekte. Ms.

Brüsemeister, Thomas (2003): Ergebnisbericht zum Forschungsprojekt: Biographische Modernisierungsreaktionen von Lehrkräften in Deutschland und der Schweiz. Fern Universität Hagen. Fachbereich Kultur- und Sozialwissenschaften. Hagen: FernUniversität Hagen.

Brüsemeister, Thomas (2002): Transintentionalität im Bildungssystem. Bourdieus Gegenwartsdiagnose zu LehrerInnen im Neoliberalismus. In: Matthias Wingens/Reinhold Sackmann (Hg.): Bildung und Beruf. Ausbildung und berufsstruktureller Wandel in der Wissensgesellschaft. Weinheim, München: Juventa, 241-254.

Brüsemeister, Thomas/Klaus-Dieter Eubel (Hg.) (2003): Zur Modernisierung der Schule. Leitideen – Konzepte – Akteure. Ein Überblick. Bielefeld: transcript.

Buchen, Sylvia (1991): "Ich bin immer ansprechbar". Gesamtschulpädagogik und Weiblichkeit. Weinheim: Deutscher Studienverlag.

Büeler, Xaver (2006): Effektivität und Effizienz als Leitkategorien gegenwärtiger School Governance. Anmerkungen aus bildungsökonomischer Sicht. DGfE-Kongress 2006: "Bildung – Macht – Gesellschaft" in Frankfurt. Symposium 15: Bildungspolitik zwischen Anspruch und Wirklichkeit. Zug, Ms.

Buschor, Ernst (2001): Vorwort. In: Bildungsdirektion des Kantons Zürich: Verfahrensschritte der Externen Schulevaluation. Qualitätssicherung an der Volksschule des Kantons Zürich. Handbuch 1. Zürich: Lehrmittelverlag des Kantons Zürich, 5-6.

Buschor, Ernst (1999): "Jedes Fach braucht Herz". Wo über Schulen diskutiert wird, steht er im Zentrum: Ernst Buschor, Zürcher Erziehungsdirektor. Interview: Hanspeter Bundi und Kathrin Meier-Rust. In: Weltwoche, 25. März.

Buschor, Ernst (1998): Schulen in erweiterter Verantwortung – Die Schweizer Anstrengungen und Erfahrungen. In: Hermann Avenarius/Jürgen Baumert/Hans Döbert/Hans-Peter Füssel (Hg.): Schule in erweiterter Verantwortung. Positionsbestimmungen aus erziehungswissenschaftlicher, bildungspolitischer und verfassungsrechtlicher Sicht. Beiträge zur Schulentwicklung. Neuwied: Luchterhand, 67-88.

Buschor, Ernst (1997): New Public Management und Schule. In: Rolf Dubs/Richard Luzi (Hg.): Schule in Wissenschaft, Politik und Praxis. 25 Jahre IWP. Tagungsbeiträge. St.Gallen: IWP, 147-176.

Buschor, Ernst (1993): Zwanzig Jahre Haushaltsreform – Eine verwaltungswissenschaftliche Bilanz. In: Helmut Brede/Ernst Buschor (Hg.): Das neue öffentliche Rechnungswesen. Betriebswirtschaftliche Beiträge zur Haushaltsreform in Deutschland, Österreich und der Schweiz. Schriften zur öffentlichen Verwaltung und öffentlichen Wirtschaft, Bd. 133. Baden-Baden: Nomos, 199-269.

Carnoy, Martin (2000): Volkswirtschaftliche Strukturanpassungen. Das veränderte Erscheinungsbild des Bildungswesens im internationalen Vergleich. In: Frank-Olaf

Radtke/Manfred Weiß (Hg.): Schulautonomie, Wohlfahrtsstaat und Chancengleichheit. Ein Studienbuch. Opladen: Leske + Budrich, 66-94.
Cattacin, Sandro/Ingrid Kissling-Näf (Hg.) (1997): Subsidiäres Staatshandeln. Schweizerische Zeitschrift für Politische Wissenschaft. Sonderheft 3. Zürich: Seismo.
Chandler, Alfred D. (1970): Strategy and Structure. Chapters in the History of the Industrial Enterprise. Cambridge, London: MIT Press.
Chubb, John E./Terry M. Moe (1990): Politics, Markets and America's Schools. Washington: Brookings Institute.
Clark, Burton R. (1997): The Entrepreneurial University: Demand and Response. Keynote Speech presented at the 19th Annual EAIR Forum, University of Warwick (mimeo).
Coase, Ronald H. (1988): The Firm, the Market and the Law. Chicago, London: University of Chicago Press.
Coleman, James S. (1986): Die asymmetrische Gesellschaft. Vom Aufwachsen mit unpersönlichen Systemen. Weinheim, Basel: Beltz.
Coleman, James S. (1994): Foundations of Social Theory. Cambridge, London: Belknap Press.
Combe, Arno/Werner Helsper (1997): Einleitung: Pädagogische Professionalität. Historische Hypotheken und aktuelle Entwicklungstendenzen. In: dies. (Hg.): Pädagogische Professionalität. Untersuchungen zum Typus pädagogischen Handelns. Frankfurt/M.: Suhrkamp, 9-48.
Cortina, Kai S./Jürgen Baumert/Achim Leschinsky/Karl Ulrich Mayer/Luitgard Trommer (Hg.) (2003): Das Bildungswesen in der Bundesrepublik Deutschland. Strukturen und Entwicklungen im Überblick. Reinbek bei Hamburg: Rowohlt.
Covaleskie, John F. (1994): The Educational System and Resistance to Reform: The Limits of Policy. In: Education Policy Analysis Archives 2 (http://olam.ed.asu.edu/epaa).
Crozier, Michel (1970): La Societé Bloquée. Paris: Edition Du Seuil.
Crozier, Michel/Erhard Friedberg (1993): Die Zwänge kollektiven Handelns. Über Macht und Organisation. Frankfurt/M.: Verlag Anton Hain.
Czada, Roland/Uwe Schimank (2000): Institutionendynamiken und politische Institutionengestaltung: Die zwei Gesichter sozialer Ordnungsbildung. In: Raymund Werle/Uwe Schimank (Hg.): Gesellschaftliche Komplexität und kollektive Handlungsfähigkeit. Frankfurt/M., New York: Campus, 23-43.
Czarniawska, Barbara (2000): Organizational translations: From worlds to words and numbers – and back. In: Herbert Kalthoff/Richard Rottenburg/Hans-Jürgen Wagener (Guest- Editors): Facts and figures. Economic representation and practices. Ökonomie und Gesellschaft. Jahrbuch 16. Marburg: Metropolis, 117-142.
Dalbert, Claudia/Joachim Stöber (2004): Forschung zur Schülerpersönlichkeit. In: Werner Helsper/Jeanette Böhme (Hg.): Handbuch der Schulforschung. Wiesbaden: VS, 881-902.
Dale, Roger (1982): Education and the Capitalist State: Contributions and Contradictions. In: Michael W. Apple: Cultural and Economic Reproduction in Education. London, u.a.: Routledge & Kegan Paul, 127-161.

Dedering, Kathrin/Daniel Kneuper/Klaus-Jürgen Tillmann (2003): Was fangen „Steuerleute" in Schulministerien mit Leistungsvergleichsstudien an? Eine empirische Annäherung. In: Zeitschrift für Pädagogik, 47. Beiheft, 156-175.

Delwing, Dieter/Hans Windlin (1995): „New Public Management": Kritische Analyse aus staatsrechtlicher und staatspolitischer Sicht. In: Schweizerisches Zentralblatt für Staats- und Verwaltungsrecht 96, 183-203.

DiMaggio, Paul J./Walter W. Powell (1991): The Iron Cage Revisited: Institutional Isomorphism and Collective Rationality in Organizational Fields. In: Walter W. Powell/Paul J. DiMaggio (eds.): The New Institutionalism in Organizational Analysis. Chicago, London: University of Chicago Press, 63-82.

Ditton, Hartmut/Lothar Krecker, (1995): Qualität von Schule und Unterricht. Empirische Befunde zu Fragestellungen und Aufgaben der Forschung. In: Zeitschrift für Pädagogik 41, 507-529.

Döbert, Hans (2003): Neue Steuerungsmodelle von Schulsystemen in Europa? In: Hans Döbert u.a. (Hg.): Bildung vor neuen Herausforderungen. Historische Bezüge – Rechtliche Aspekte – Steuerungsfragen – Internationale Perspektiven. Neuwied: Luchterhand, 287-303.

Döbert, Hans/Hans-Werner Fuchs (Hg.) (2005): Leistungsmessungen und Innovationsstrategien in Schulsystemen. Ein internationaler Vergleich. Münster, u.a.: Waxmann.

Döbert, Hans/Gert Geißler (Hg.) (1997): Schulautonomie in Europa. Umgang mit dem Thema. Theoretisches Problem. Europäischer Kontext. Bildungshistorischer Exkurs. Baden-Baden: Nomos.

Dubs, Rolf (1996a): Schule, Schulentwicklung und New Public Management. St.Gallen: Institut für Wirtschaftspädagogik.

Dubs, Rolf (1996b): Schule und New Public Management. Beiträge zur Lehrerbildung 14, 330-337.

Dunsire, Andrew (1993): Manipulating Social Tensions: Collibration as an Alternative Mode of Government Intervention. MPiFG Discussion Paper 93/7 (Max-Planck-Institut für Gesellschaftsforschung). Köln: MPiFG.

Durkheim, Emile (1972): Erziehung und Soziologie. Düsseldorf: Schwann.

Durkheim, Emile (1977): Über die Teilung der sozialen Arbeit. Frankfurt/M.: Suhrkamp.

Easton, David (1965): A Framework for Political Analysis. Englewood Cliffs: Prentice-Hall.

Ebers, Mark/Wilfried Gotsch (1995): Institutionenökonomische Theorien der Organisation. In: Alfred Kieser (Hg.): Organisationstheorien. Stuttgart, u.a.: Kohlhammer, 185-235.

EDK (Schweizerische Konferenz der kantonalen Erziehungsdirektoren) (2003): Leitbild Lehrberuf. Thesenpapier der Task Force „Lehrberufsstand" der Schweizerischen Konferenz der kantonalen Erziehungsdirektionen (EDK). Diskussionsgrundlage. Autoren: Beat Bucher – Michel Nicolet. Bern.

Ekholm, Mats (1997): Steuerungsmodelle für Schulen in Europa. Schwedische Erfahrungen mit alternativen Ordnungsmodellen. In: Zeitschrift für Pädagogik 43, 597-608.

Elmore, Richard F. (1979/80): Backward Mapping: Implementation Research and Policy Decisions. In: Political Science Quarterly 94, 601-616.

Elmore, Richard F. (1996): Getting to Scale with Good Educational Practice. In: Harvard Educational Review 66, 1-26.
Endreß, Martin (2001): Vertrauen und Vertrautheit – Phänomenologisch-anthropologische Grundlegung. In: Martin Hartmann/Claus Offe (Hg.): Vertrauen. Die Grundlage des sozialen Zusammenhalts. Frankfurt/M., New York: Campus, 161-203.
Engel, Christoph/Jost Halfmann/Martin Schulte (Hg.) (2002): Wissen – Nichtwissen – Unsicheres Wissen. Baden-Baden: Nomos.
Epstein, Noel (ed.) (2004): Who´s in Charge Here? The Tangled Web of School Governance and Policy. Washington: Education Commission of the States.
Ernst, Christian/Hubertus Fedke (2003): Bildungsverwaltung vor neuen Herausforderungen – das Beispiel Berlin. In: Hans Döbert u.a. (Hg.): Bildung vor neuen Herausforderungen. Historische Bezüge – Rechtliche Aspekte – Steuerungsfragen – Internationale Perspektiven. Neuwied: Luchterhand, 177-186.
Esping-Andersen, Gøsta (1990): The Three Wolds of Welfare Capitalism. Princeton, New Jersey: Princeton University Press.
Esser, Hartmut (2001): Soziologie. Spezielle Grundlagen. Band 6: Sinn und Kultur. Frankfurt/M., New York: Campus.
Esser, Hartmut (2000a): Soziologie. Spezielle Grundlagen. Band 2: Die Konstruktion der Gesellschaft. Frankfurt/M., New York: Campus.
Esser, Hartmut (2000b): Soziologie. Spezielle Grundlagen. Band 5: Institutionen. Frankfurt/M., New York: Campus.
Esser, Hartmut (2000c): Soziologie. Spezielle Grundlagen. Band 3: Soziales Handeln. Frankfurt/M., New York: Campus.
Esser Hartmut (1999a): Soziologie. Allgemeine Grundlagen. Frankfurt/M., New York: Campus.
Esser, Hartmut (1999b): Soziologie. Spezielle Grundlagen. Band 1: Situationslogik und Handeln. Frankfurt/M., New York: Campus.
Esser, Hartmut (1996): Definition der Situation. In: Kölner Zeitschrift für Soziologie und Sozialpsychologie 48, 1-34.
Esser, Hartmut (1990): „Habits", „Frames" und „Rational Choice". Die Reichweite von Theorien der rationalen Wahl am Beispiel der Erklärung des Befragtenverhaltens). In: Zeitschrift für Soziologie 19, 231-247.
EvaMAB (2003): Institut für Arbeitspsychologie der ETH Zürich: Theo Wehner/Anne Legler/Markus Sigrist/Forschungsbereich Schulqualität & Schulentwicklung der Universität Zürich: Helmut Fend/Katharina Maag Merki, Pädagogische Hochschule Zürich: Judith Hollenweger/Peter Sieber (2003): Wissenschaftliche Evaluation der Mitarbeiterbeurteilung für Lehrkräfte der Zürcher Volksschule (EvaMAB). Bericht im Auftrag der Bildungsdirektion des Kantons Zürich. Zürich, 24. Februar.
Evans, Robert (1996): The Human Side of School Change. Reform, Resistance, and the Real-Life Problems of Innovations. San Francisco: Jossey-Bass.
Fach, Wolfgang (2003): Die Regierung der Freiheit. Frankfurt/M.: Suhrkamp.
Farago, Peter/Heinz Ruf (1992): Verbände und öffentliche Politik – Staatstätigkeit ausserhalb des Staates? In: Heidrun Abromeit/Werner W. Pommerehne (Hg.): Staatstätigkeit in der Schweiz. Bern, u.a.: Haupt, 71-96.

Faust, Michael (2002): Der „Arbeitskraftunternehmer" - eine Leitidee auf dem ungewissen Weg der Verwirklichung. In: Eva Kuda/Jürgen Strauß (Hg.): Arbeitnehmer als Unternehmer? Herausforderungen für Gewerkschaften und berufliche Bildung. Hamburg: VSA, 56-80.

Fend, Helmut (2006): Neue Theorie der Schule. Einführung in das Verstehen von Bildungssystemen. Wiesbaden: VS.

Fend, Helmut (2004): Was stimmt mit den deutschen Bildungssystemen nicht? Wege zur Erklärung von Leistungsunterschieden zwischen Bildungssystemen. In: Gundel Schümer/Klaus-Jürgen Tillmann/Manfred Weiß (Hg.): Die Institution Schule und die Lebenswelt der Schüler. Vertiefende Analysen der PISA-2000-Daten zum Kontext von Schülerleistungen. Wiesbaden: VS, 15-38.

Fend, Helmut (2001): Bildungspolitische Optionen für die Zukunft des Bildungswesens. Erfahrungen aus der Qualitätsforschung. In: Zeitschrift für Pädagogik, 43. Beiheft. Weinheim, Basel, 37-48.

Fend, Helmut (2000): Qualität und Qualitätssicherung im Bildungswesen. In: Andreas Helmke/Walter Hornstein/Ewald Terhart (Hg.): Qualität und Qualitätssicherung im Bildungsbereich: Schule, Sozialpädagogik, Hochschule. 41. Beiheft der Zeitschrift für Pädagogik. Weinheim: Beltz, 55-72.

Fend, Helmut (1998): Qualität im Bildungswesen. Schulforschung zu Systembedingungen, Schulprofilen und Lehrerleistung. Weinheim, München: Juventa.

Fend, Helmut (1986): „Gute Schulen – schlechte Schulen": Die einzelne Schule als pädagogische Handlungseinheit. In: Die Deutsche Schule 3, 275-293.

Fertig, Ludwig (1983): „Schulalternativen" in historischer Sicht. Anmerkungen zum Verhältnis von Familienerziehung und öffentlichem Schulwesen um 18. und 19. Jahrhundert. In: Neue Sammlung 23, 390-406.

Foerster, Heinz von (1984): Principles of Self-Organizations – In a Socio-Managerial Context. In: H. Ulrich/ G.J.B. Probst (eds.): Self-Organization and Management of Social Systems. Insights, Promises, Doubts, and Questions. Berlin, u.a.: Springer, 2-24.

Fox, Charles J. (1990): Implementation Research: Why and How to Transcend Positivist Methodologies. In: Dennis J. Palumbo/Donald J. Calista, (eds.): Implementation and the Policy Process. Opening up the Black Box. New York, u.a.: Greenwood Press, 199-212.

Franzius, Claudio (2003): Der „Gewährleistungsstaat" – Ein neues Leitbild für den sich wandelnden Staat? In: Der Staat 42, 493-517.

Fullan, Michael/Nancy Watson (2000): School-Based Management: Reconceptualizing to Improve Learning Outcomes. In: School Effectiveness and School Improvement 11 (4), 453-473.

Gambetta, Diego (ed.) (1988): Trust. Making and Breaking Cooperative Relations. Oxford: Blackwell.

Gause, Ute/Heinz Schmidt (1992): Das Erziehungssystem als soziales System. Codierung und Programmierung – Binnendifferenzierung und Integration. In: Werner Krawietz/Michael Welker (Hg.): Kritik der Theorie sozialer Systeme. Auseinandersetzungen mit Luhmanns Hauptwerk. Frankfurt/M.: Suhrkamp, 178-199.

Gelderen, Martin van (2003): The State and its Rivals in Early-modern Europe. In: Quentin Skinner/Bo Stråth (Hg.): States and Citizens. History, Theory, Prospects. Cambridge, u.a.: Cambridge University Press, 79-96.

Germann, Raimund E. (1998): Öffentliche Verwaltung in der Schweiz. Band 1: Der Staatsapparat und die Regierung. Bern, u.a.: Haupt.

Geser, Hans (2001): Demokratie oder Effizienz? Regeltreue oder Bürgernähe? Die kommunale Verwaltung im Spannungsfeld widersprüchlicher Zielorientierungen. Zürich (www.socio.ch/gem/index gem.htm).

Geser, Hans (1999): Die Gemeinden in der Schweiz. In: Ulrich Klöti/Peter Knoepfel/Hanspeter Kriesi/Wolf Linder/Yannis Papadopoulos (Hg.): Handbuch der Schweizer Politik. Zürich: Neue Zürcher Zeitung, 421-468.

Geser, Hans (1994): „Subsidiarität" im gesellschaftlichen Wandel. In: Alois Riklin/Gerard Batliner (Hg.): Subsidiarität. Ein interdisziplinäres Symposium. Symposium des Liechtenstein-Instituts, 23.-25. September 1993. Baden-Baden: Nomos, 163-191.

Geser, Hans (1987): Historische und aktuelle Aspekte nebenamtlicher Politik und Verwaltung in Schweizer Gemeinden. In: Hans Geser/Peter Farago/Robert Fluder/Ernst Gräub: Gemeindepolitik zwischen Milizorganisation und Berufsverwaltung. Vergleichende Untersuchungen in 223 deutschschweizer Gemeinden. Bern, Stuttgart: Haupt, 16-33.

Geser, Hans/Peter Farago/Robert Fluder/Ernst Gräub (1987): Gemeindepolitik zwischen Milizorganisation und Berufsverwaltung. Vergleichende Untersuchungen in 223 deutschschweizer Gemeinden. Bern, Stuttgart: Haupt.

Giddens, Anthony (1999) : Konsequenzen der Moderne. Frankfurt/M.: Suhrkamp.

Giddens, Anthony (1997): Die Konstitution der Gesellschaft. Grundzüge einer Theorie der Strukturierung. Frankfurt/M., New York: Campus.

Giddens, Anthony (1979): Central Problems in Social Theory. Action, Structure and Contradiction in Social Analysis. Berkeley: Macmillan Press.

Gieryn, Thomas F. (1983): Boundary-Work and the Demarcation of Science from Non-Science: Strains and Interests in Professional Ideologies of Scientists. In: American Sociological Review 48, 781-795.

Giesen, Bernhard (2004): Rituals and Theatre. In: Ritualbegriff und Ritualanalyse. Beiträge des Workshops vom 30./31. Oktober 2003 in Konstanz, veranstaltet in Kooperation mit SFP 447 (Berlin), SFB 496 (Münster), SFB 537 (Dresden), SFB 619 (Heidelberg). Kulturwissenschaftliches Forschungskolleg/SFB 485: Norm und Symbol. Die kulturelle Dimension sozialer und politischer Integration. Nr. 47. Konstanz, 1-15.

Glaap, Winfried (1996): ISO 9000 leichtgemacht. Praktische Hinweisen und Hilfen zur Entwicklung und Einführung von QM-Systemen. München, Wien: Hanser.

Gogol, Nikolaj (1996): Der Revisor. Komödie in fünf Akten. Stuttgart: Reclam.

Gosewinkel, Dieter/Dieter Rucht (2004): „History meets sociology": Zivilgesellschaft als Prozeß. In: Dieter Gosewinkel/Dieter Rucht/Wolfgang van den Daele/Jürgen Kocka (Hg.): Zivilgesellschaft – national und transnational. WZB-Jahrbuch 2003. Berlin: Edition Sigma, 29-60.

Gouldner, Alvin W. (1984): Etwas gegen nichts. Reziprozität und Asymmetrie. In: ders.: Reziprozität und Autonomie. Ausgewählte Aufsätze. Frankfurt/M.: Suhrkamp, 118-164.

Gouldner, Alvin W. (1960): The Norm of Reciprocity: A Preliminary Statement. In: American Sociological Review 25, 161-178.

Graf, Martin/Markus Lamprecht (1991): Der Beitrag des Bildungssystems zur Konstruktion sozialer Ungleichheit. In: Volker Bornschier (Hg.): Das Ende der sozialen Schichtung? Zürcher Arbeiten zur gesellschaftlichen Konstruktion von sozialer Lage und Bewusstsein in der westlichen Zentrumsgesellschaft. Zürich: Seismo, 73-96.

Granovetter, Mark (1985): Economic Action and Social Structure. The Problem of Embeddedness. In: American Journal of Sociology 91, 481-510.

Greshoff, Rainer/Georg Kneer/Uwe Schimank (Hg.) (2003): Die Transintentionalität des Sozialen. Eine vergleichende Betrachtung klassischer und moderner Sozialtheorien. Wiesbaden: Westdeutscher Verlag.

Guston, David H. (2000): Between Politics and Science. Assuring the Integrity and Productivity of Research. Cambridge, u.a.: Cambridge University Press.

Häberle Peter (1970): Öffentliches Interesse als juristisches Problem. Eine Analyse von Gesetzgebung und Rechtsprechung. Bad Homburg: Athenäum.

Habermas, Jürgen (1969): Verwissenschaftlichte Politik und öffentliche Meinung. In: ders.: Technik und Wissenschaft als „Ideologie". Frankfurt/M.: Suhrkamp, 120-145.

Hablützel, Peter/Theo Haldemann/Kuno Schedler/Karl Schwaar (1995): Umbruch in Politik und Verwaltung – Ansichten und Erfahrungen zum New Public Management in der Schweiz. In: dies. (Hg.): Umbruch in Politik und Verwaltung. Ansichten und Erfahrungen zum New Public Management in der Schweiz. Bern, u.a.: Haupt, 1-12.

Hanushek, Eric A. (2003): The Failure of Input-Based Schooling Policies. In: The Economic Journal 113, 64-98.

Harrison, J. Richard/James G. March (1984): Decision Making and Postdecision Surprises. In: Administrative Science Quarterly 29, 26-42.

Hartmann, Martin (2001): Einleitung. In: Martin Hartmann/Claus Offe (Hg.): Vertrauen. Die Grundlage des sozialen Zusammenhalts. Frankfurt/M., New York: Campus, 7-34.

Hartmann, Martin/Claus Offe (Hg.) (2001): Vertrauen. Die Grundlage des sozialen Zusammenhalts. Frankfurt/M., New York: Campus.

Hasenfeld, Yeheskel/Thomas Brock (1991): Implementation of Social Policy Revisited. In: Administration & Society 22, 451-479.

Hayek, Friedrich August von (1969): Die Ergebnisse menschlichen Handelns, aber nicht menschlichen Entwurfs. In: ders.: Freiburger Studien. Tübingen: Mohr, 97-107.

Hedström, Peter/Richard Swedberg (eds.) (1998): Social Mechanisms. An Analytical Approach to Social Theory. Cambridge, u.a.: Cambridge University Press.

Hega, Gunther M. (1999): Consensus Democracy? Swiss Education Policy Between Federalism and Subsidiarity. New York, u.a.: Lang.

Heidenheimer, Arnold J. (1984): Education and Social Security Entitlements in Europe and America. In: Peter Flora/Arnold J. Heidenheimer (eds.): The Development of Welfare States in Europe and America. New Brunswick, London: Transactions Books, 269-304.

Heinrich, Martin (2007): Governance in der Schulentwicklung. Von der Autonomie zur evaluationsbasierten Steuerung. Wiesbaden: VS.

Heinrich, Martin (2006): Autonomie und Schulautonomie. Die vergessenen ideengeschichtlichen Quellen der Autonomiedebatte der 1990er Jahre. Münster: Monsenstein & Vannerdat.

Helmke, Andreas (2000): Von der externen Leistungsevaluation zur Verbesserung des Lehrens und Lernens. In: Uri Peter Trier (Hg.): Bildungswirksamkeit zwischen Forschung und Politik. Nationales Forschungsprogramm 33, Wirksamkeit unserer Bildungssysteme. Chur, Zürich: Rüegger, 135-164.

Helsper, Werner (2004): Schülerbiographie und Schulkarriere. In: Werner Helsper/Jeanette Böhme (Hg.): Handbuch der Schulforschung. Wiesbaden: VS, 903-920.

Henkel, Mary (1991): The New „Evaluative State". In: Public Administration 69, 121-136.

Herrlitz, Hans-Georg/Wulf Hopf/Hartmut Titze (1998): Deutsche Schulgeschichte von 1800 bis zur Gegenwart. Eine Einführung. Weinheim, München: Juventa.

Herzmann, Petra (2001): Professionalisierung und Schulentwicklung. Eine Fallstudie über veränderte Handlungsanforderungen und deren kooperative Bearbeitung. Opladen: Leske + Budrich.

Hettling, Manfred (1999): Politische Bürgerlichkeit. Der Bürger zwischen Individualität und Vergesellschaftung in Deutschland und in der Schweiz von 1860 bis 1918. Göttingen: Vandenhoeck & Ruprecht.

Hirschman, Albert O. (1993): Zwei Jahrhunderte „reaktionären" Denkens: Die Formel von den „pervertierten guten Absichten". In: ders.: Entwicklung, Markt und Moral. Abweichende Betrachtungen. Frankfurt/M.: Fischer-Taschenbuch-Verlag, 244-269.

Hirschman, Albert O. (1970): Exit, Voice, and Loyalty. Responses to Decline in Firms, Organizations, and States. Cambridge, London: Harvard University Press.

Hitzler, Ronald (1997): Der unberechenbare Bürger. Über einige Konsequenzen der Emanzipation der Untertanen. In: Ulrich Beck (Hg.): Kinder der Freiheit. Frankfurt/M.: Suhrkamp, 175-194.

Höffe, Otfried (1994): Subsidiarität als staatsphilosophisches Prinzip? In: Alois Riklin/Gerard Batliner (Hg.): Subsidiarität. Ein interdisziplinäres Symposium. Symposium des Liechtenstein-Instituts, 23.-25. September 1993. Baden-Baden: Nomos, 19-46.

Hondrich, Karl Otto (1996): Lassen sich soziale Beziehungen modernisieren? Die Zukunft von Herkunftsbindungen. In: Leviathan 24, 28-44.

Horch, Heinz-Dieter (1983): Strukturbesonderheiten freiwilliger Vereinigungen. Analyse und Untersuchung einer alternativen Form menschlichen Zusammenarbeitens. Frankfurt/M., New York: Campus.

Hucke, Jochen (1980): Politische Handlungsspielräume. Möglichkeiten und Probleme ihre empirischen Bestimmung. Bad Honnef: Bock und Herchen.

Immergut, Ellen M. (1990): Institutions, Veto Points, and Policy Results: A Comparative Analysis of Health Care. In: Journal of Public Policy 10, 391-416.

Ingersoll, Richard M. (2003): Who controls teachers' work? Power and Accountability in America's Schools. Cambridge, u.a.: Cambridge University Press, 29-65.

Institut für Qualitätsentwicklung (2006): Qualitätsentwicklung durch externe Evaluation. Konzepte – Strategien – Erfahrungen. Dokumentation der Fachtagung des Instituts für Qualitätsentwicklung vom 30. Juni bis 1. Juli 2005 in Wiesbaden (IQ Forum 1). Wiesbaden.

IOR/Scharpf 1972: Institute for Operational Research, Fritz W. Scharpf (1972): Methoden der Problemstrukturierung: Positive Koordination in der Langfristplanung. Projektgruppe Regierungs- und Verwaltungsreform. Untersuchungsbericht. London, Konstanz.

Jach, Frank-Rüdiger (1999): Schulverfassung und Bürgergesellschaft in Europa. Berlin: Duncker & Humblot.

Jann, Werner (1981): Kategorien der Policy-Forschung. Speyer: Hochschule für Verwaltungswissenschaften.

Jann, Werner (2005): Neues Steuerungsmodell. In: Bernhard Stephan von Bandemer Blanke/Frank Nullmeier/Göttrik Wewer (Hg.): Handbuch zur Verwaltungsreform. Wiesbaden: VS, 74-84.

Jann, Werner/Kai Wegrich (2004): Governance und Verwaltungspolitik. In: Arthur Benz (Hg.): Governance – Regieren in komplexen Regelsystemen. Eine Einführung. Wiesbaden: VS, 193-214.

Jenzer, Carlo (1991): Die Schulklasse. Eine historisch-systematische Untersuchung. Bern, u.a.: Lang.

Jessop, Bob (2003): Governance and meta-governance: on reflexivity, requisite variety and requisite irony. In: Henrik P. Bang (ed.): Governance as social and political communication. Manchester: Manchester University Press, 101-116.

Jessop, Bob (1998): The Rise of Governance and the Risks of Failure: The Case of Economic Development. In: International Social Science Journal 50 (155), 29-45.

Jessop, Bob (1996): Veränderte Staatlichkeit. Veränderungen der Staatlichkeit und Staatsprojekten. In: Dieter Grimm (Hg.): Staatsaufgaben. Frankfurt/M.: Suhrkamp, 43-73.

Joas, Hans (1990): Die Demokratisierung der Differenzierungsfrage. Die Krise des Fortschrittsglaubens und die Kreativität des kollektiven Handelns. In: Soziale Welt 41, 8-27.

Jones, Charles O. (1984): An Introduction to the Study of Public Policy. Monterey: Brooks, Cole.

Jürgens, Ulrich (2005): Corporate Governance – Anwendungsfelder und Entwicklungen. In: Gunnar Folke Schuppert (Hg.): Governance-Forschung. Vergewisserung über Stand und Entwicklungslinien. Baden-Baden: Nomos, 47-71.

Kade, Jochen (1997): Vermittelbar/nicht-vermittelbar: Vermitteln: Aneignen. Im Prozess der Systembildung des Pädagogischen. In: Dieter Lenzen/Niklas Luhmann (Hg.): Bildung und Weiterbildung im Erziehungssystem. Lebenslauf und Humanontogenese als Medium und Form. Frankfurt/M.: Suhrkamp, 30-70.

Kaiser, André (1998): Vetopunkte der Demokratie. Eine Kritik neuerer Ansätze der Demokratietypologie und ein Alternativvorschlag. In: Zeitschrift für Parlamentsfragen 28 (3), 525-541.

Kalthoff, Herbert/Helga Kelle (2000): Pragmatik schulischer Ordnung. Zur Bedeutung von „Regeln" im Schulalltag. In: Zeitschrift für Pädagogik 46, 691-710.

Kappelhoff, Peter (1993): Soziale Tauschsysteme. Strukturelle und dynamische Erweiterungen des Marktmodells. München: Oldenbourg.
Keller, Gottfried (1996): Am Abend des 1ten Mai 1948 (zzgl. 2^t und 3. Mai. In: ders.: Aufsätze, Dramen, Tagebücher. Hg. Dominik Müller. Frankfurt/M.: Deutscher Klassiker-Verlag, 682-688.
Kempfert, Guy/Hans-Günter Rolff (2000): Pädagogische Qualitätsentwicklung. Ein Arbeitsbuch für Schule und Unterricht. Weinheim, Basel: Beltz.
Keuffer, Josef/Jürgen Oelkers (2001): Reform der Lehrerbildung in Hamburg. Weinheim, Basel: Beltz.
KGSt (1993): Das Neue Steuerungsmodell. Begründung, Konturen, Umsetzung (KGSt-Bericht 5). Köln: Kommunale Geschäftsstelle für Verwaltungsvereinfachung.
Kickert, Walter J.M.: (1993) Autopoiesis and the Science of (Public) Administration: Essence, Sense and Nonsense. In: Organization Studies 14, 261-278.
Kieserling, André (1999): Kommunikation unter Anwesenden. Studien über Interaktionssysteme. Frankfurt/M.: Suhrkamp.
Kjær, Anne Mette (2004): Governance. Cambridge: Malden.
Klemm, Klaus, u.a. (1990): Bildungsgesamtplan '90. Ein Rahmen für Reformen. Weinheim, München: Juventa.
Klenk, Tanja/Frank Nullmeier (2004): Public Governance als Reformstrategie. Düsseldorf: Hans-Böckler-Stiftung.
Klieme, Eckhard/Hermann Avenarius/Werner Blum/Peter Döbrich/Hans Gruber/Manfred Prenzel/Kristina Reiss/Kurt Riquarts/Jürgen Rost/Heinz-Elmar Tenorth/Helmut J. Vollmer (2003): Zur Entwicklung nationaler Bildungsstandards. Eine Expertise. Bildungsreform Bd. 1. Hg. Bundesministerium für Bildung und Forschung (BMBF). Berlin: BMBF.
Klöti, Ulrich (1988): Das Milizsystem als Merkmal schweizerischer Politik. In: ders. (Hg.): Milizverwaltungen in den Gemeinden. Tagung der SGVW vom 17. November 1987. Schriftenreihe der Schweizerischen Gesellschaft für Verwaltungswissenschaften (SGVW). Bd. 9. o.O., 3-9.
Knauss, Georg (2003): Accountability: Chance und Impuls für Schulentwicklung. In: Hans Döbert u.a. (Hg.): Bildung vor neuen Herausforderungen. Historische Bezüge – Rechtliche Aspekte – Steuerungsfragen – Internationale Perspektiven. Neuwied: Luchterhand, 129-138.
Knoepfel, Peter/Ingrid Kissling-Näf (1993): Transformation öffentlicher Politiken durch Verräumlichung – Betrachtungen zum gewandelten Verhältnis zwischen Raum und Politik. In: Adrienne Héritier (Hg.): Policy-Analyse. Kritik und Neuorientierung. Sonderheft 24 der Politischen Vierteljahresschrift. Opladen: Westdeutscher Verlag, 267-288.
Knorr Cetina, Karin (1992): Zur Unterkomplexität der Differenzierungstheorie. Empirische Anfragen an die Systemtheorie. In: Zeitschrift für Soziologie 21, 406-419.
Koch, Stefan/Cornelia Gräsel (2004): Schulreform und Neue Steuerung – erziehungs- und verwaltungswissenschaftliche Perspektive. In: Stefan Koch/Rudolf Fisch (Hg.): Schulen für die Zukunft. Neue Steuerung im Bildungswesen. Hohengehren: Schneider Verlag, 4-24.

Kolbe, Fritz-Ulrich/Heinz Sünker/Dieter Timmermann (1994): Neue bildungssoziologische Beiträge zur Theorie institutionalisierter Bildung – Markierungen zur Theorieentwicklung. In: Heinz Sünker/Dieter Timmermann/Fritz-Ulrich Kolbe (Hg.): Bildung, Gesellschaft, soziale Ungleichheit. Internationale Beiträge zur Bildungssoziologie und Bildungstheorie. Frankfurt/M.: Suhrkamp, 11-33.

Kölz, Alfred (1998): Die Bedeutung der französischen Revolution für das schweizerische öffentliche Recht und politische System. In: ders.: Der Weg der Schweiz zum modernen Bundesstaat. Historische Abhandlungen. 1789-1798-1848-1998. Chur, Zürich: Rüegger, 15-36.

Kooiman, Jan (2003): Activation in governance. In: Henrik P. Bang (ed.): Governance as social and political communication. Manchester: Manchester University Press, 79-98.

Kooiman, Jan (ed.): (1993) Modern Governance. New Government-Society Interactions. London, u.a.: Sage.

Krainz-Dürr, Marlies (2000): Wie Schulen lernen. Zur Mikropolitik von Schulentwicklungsprozessen. In: Heinz-Hermann Krüger/Hartmut Wenzel (Hg.): Schule zwischen Effektivität und sozialer Verantwortung. Opladen: Leske + Budrich, 125-140.

Krasner, Stephen (1984): Approaches to the State. Alternative Conceptions and Historical Dynamics. In: Comparative Politics 16, 223-246.

Kreckel, Reinhard (1997): Politische Soziologie der sozialen Ungleichheit. Frankfurt/M., New York: Campus.

Kreissl, Reinhard (1993): Diskurskontexte und Umkontextuierungen. In: Wolfgang Bonß/Rainer Hohlfeld/Regine Kollek (Hg.): Wissenschaft als Kontext – Kontexte der Wissenschaft. Hamburg: Junius, 95-102.

Kronig, Winfried (2001): Problem der Selektion in den Grundschuljahren. In: Schweizerische Zeitschrift für Bildungswissenschaften 23, 357-364.

Krücken, Georg (2004): Hochschulen im Wettbewerb. In: Wolfgang Böttcher/Ewald Terhart (Hg.): Organisationstheorie in pädagogischen Feldern. Wiesbaden: VS, 286-301.

Kuhlemann, Frank-Michael (1992): Modernisierung und Disziplinierung. Sozialgeschichte des preussischen Volksschulwesens 1794-1872. Göttingen: Vandenhoeck und Ruprecht.

Kuhlmann, Sabine/Jörg Bogumil/Hellmut Wollmann (Hg.) (2004): Leistungsmessung und -vergleich in Politik und Verwaltung. Konzepte und Praxis. Wiesbaden: VS.

Kula, Witold (1986): Measures and Men. Princeton: Princeton University Press.

Kuper, Harm (2005): Evaluation im Bildungssystem. Eine Einführung. Stuttgart: Kohlhammer.

Kuper, Harm/Julia Schneewind (Hg.) (2006): Rückmeldung und Rezeption von Forschungsergebnissen – Zur Verwendung wissenschaftlichen Wissens im Bildungssystem. Münster, u.a.: Waxmann.

Kurtz, Thomas (2000): Moderne Professionen und gesellschaftliche Kommunikation. In: Soziale Systeme 6, 169-194.

Kussau, Jürgen (2007a): Freiwilligenarbeit in kommunalen Schulbehörden: Zwischen persönlichen Motiven und soziopolitischen Anforderungen. Qualitative Teiluntersuchung: „Es gibt kein fröhliches Dienen mehr" und „Ich möchte dem Staat etwas zu-

rückgeben" – Tätige Beteiligung in den Schulpflegen und ihre sozialen und politischen Bedingungen. Zürcher Buchbeiträge zur Psychologie der Arbeit. Zürich, www.tda.ethz.ch.
Kussau, Jürgen (2007b): Zur Mitarbeiterbeurteilung als Instrument schulischer Qualitätssicherung. Referat auf der 68. Tagung der AEPF vom 10.-13. September 2006 in München. Symposium: Übergänge der Qualitätsentwicklung und -sicherung im Schulwesen. Ms.
Kussau, Jürgen (2002): Schulpolitik auf neuen Wegen? Autonomiepolitik. Eine Annäherung am Beispiel zweier Schweizer Kantone. Aarau: Bildung Sauerländer.
Kussau, Jürgen (2001): Zur Rekonstruktion schulischer Kooperationsbedingungen. Konstanz, Ms.
Kussau, Jürgen (2000): Zur Wirksamkeit von Schulpolitik. In: Uri Peter Trier (Hg.): Bildungswirksamkeit zwischen Forschung und Politik. Nationales Forschungsprogramm 33: Wirksamkeit unserer Bildungssysteme. Chur, Zürich: Rüegger, 289-297.
Kussau, Jürgen (1997): Schulautonomie von oben – eine Widerspruch? In: Schweizer Schule 84 (4), 3-11
Kussau, Jürgen/Lutz Oertel (2005): Schule und Aufsicht zwischen pädagogischen und politischen Anforderungen. Zur Situierung der Lehrerbeurteilung. In: Markus Sigrist/Theo Wehner/Anne Legler (Hg.): Schule als Arbeitsplatz. Mitarbeiterbeurteilung zwischen Absicht, Leistungsfähigkeit und Akzeptanz. Zürich: Pestalozzianum, 109-128.
Kussau, Jürgen/Moritz Rosenmund (2005): Die Schulpflege im Umbruch. Von der politischen zur administrativ-fachlichen Aufsicht. In: Markus Sigrist/Theo Wehner/Anne Legler (Hg.): Schule als Arbeitsplatz. Mitarbeiterbeurteilung zwischen Absicht, Leistungsfähigkeit und Akzeptanz. Zürich: Pestalozzianum, 81-102.
Lamping, Wolfram/Henning Schridde/Stefan Plaß/Bernhard Blanke (2002): Der Aktivierende Staat – Positionen, Begriffe, Strategien. Studie für den Arbeitskreis Bürgergesellschaft und Aktivierender Staat der Friedrich-Ebert-Stiftung. Bonn: Friedrich-Ebert-Stiftung.
Lange, Hermann (2003): Schulaufsicht zwischen normativen Anforderungen und faktischen Wirkungsmöglichkeiten. In: Zeitschrift für Pädagogik 49, 137-155.
Lange, Stefan (2002): Nationalstaat und Demokratie im Sog der Globalisierung: Politische Gegenwartsdiagnosen. In: Ute Volkmann/Uwe Schimank (Hg.): Soziologische Gegenwartsdiagnosen II. Vergleichende Sekundäranalysen. Opladen: Leske + Budrich, 115-154.
Lange, Stefan/Uwe Schimank (2004): Einleitung: Governance und gesellschaftliche Integration. In: Stefan Lange/Uwe Schimank (Hg.): Governance und gesellschaftliche Integration. Wiesbaden: VS, 9-44.
Lange, Stefan/Dietmar Braun (2000): Politische Steuerung zwischen System und Akteur. Eine Einführung. Opladen: Leske + Budrich.
Lassnigg, Lorenz (2000): Zentrale Steuerung in autonomisierten Bildungssystemen. In: OECD (Hg.): Die Vielfalt orchestrieren. Steuerungsaufgaben der zentralen Instanz bei größerer Selbständigkeit. Innsbruck: StudienVerlag, 107-141.

Lawrence, Paul R./Jay W. Lorsch with the Research Assistance of James S. Garrison (1967): Organization and Environment. Managing Differentiation and Integration. Boston: Harvard University.

LCH (Dachverband der Schweizer Lehrerinnen und Lehrer) (1999): Standespolitik. LCH Berufsleitbild. Verabschiedet von der LCH-Delegiertenversammlung am 19.6.1999. O.O.

Leithwood, Kenneth/Teresa Menzies (1998): A Review of Research Concerning the Implementation of Site-Based Management. In: School Effectiveness and School Improvement 9 (3), 233-285.

Lepsius, M. Rainer (1990): Vorwort. In: ders.: Interessen, Ideen und Institutionen. Opladen: Westdeutscher Verlag, 7-8.

Lepsius, M. Rainer (1995): Institutionenanalyse und Institutionenpolitik. In: Birgitta Nedelmann (Hg.): Politische Institutionen im Wandel. Kölner Zeitschrift für Soziologie und Sozialpsychologie, Sonderheft 35, Opladen: Westdeutscher Verlag, 392-403.

Lepsius, M. Rainer (1997): Institutionalisierung und Deinstitutionalisierung von Rationalitätskriterien. In: Gerhard Göhler (Hg.): Institutionenwandel. Sonderheft Leviathan 16/1996. Opladen: Westdeutscher Verlag, 57-69.

Leschinsky, Achim (1992): Dezentralisierung im Schulsystem der Bundesrepublik Deutschland. In: Arbeitsgruppe Entwicklung des Bildungswesens der Deutschen Gesellschaft für Erziehungswissenschaft: Strukturprobleme, Disparitäten, Grundbildung in der Sekundarstufe I – herausgegeben von Peter Zedler. Weinheim: Deutscher Studienverlag, 21-40.

Levi, Margaret (1997): Consent, Dissent, and Patriotism. Cambridge, u.a.: Cambridge University Press.

Levi, Margaret (1996): Social and Unsocial Capital. A Review Essay of Robert Putnam's Making Democracy Work. In: Politics & Society 24, 45-55.

Lindblad, Sverker/Thomas S. Popkewitz (eds.) (2000): Public Discourses on Education Governance and Social Integration and Exclusion: Analysis of Policy Texts in European Contexts. Uppsala Reports on Education 36. January 2000. Uppsala: Uppsala University.

Lindblad, Sverker/Thomas S. Popkewitz (eds.) (1999): Education Governance and Social Integration and Exclusion: National Cases of Educational Systems and Recent Reforms. Uppsala Reports on Education 34, Mai 1999. Uppsala: Uppsala University.

Lindblom, Charles E. (1965): The Intelligence of Democracy. Decision making through mutual adjustment. New York: Free Press.

Lipsky, Michael (1980): Street-Level Bureaucracy. Dilemmas of the Individual in Public Services. New York: Russel Sage Foundation.

Llanque, Marcus (2003): Der Republikanismus: Geschichte und Bedeutung einer politischen Theorie. In: Berliner Debatte INITIAL 14, 3-15.

Lockwood, David (1970): Soziale Integration und Systemintegration. In: Wolfgang Zapf (Hg.): Theorien des sozialen Wandels. Köln, Berlin: Kiepenheuer & Witsch, 124-137.

Lohmann, Ingrid/Rainer Rilling (Hg.) (2002): Die verkaufte Bildung. Kritik und Kontroversen zur Kommerzialisierung von Schule, Weiterbildung, Erziehung und Wissen-

schaft. Opladen: Leske + Budrich.
Lortie, Dan C. (1975): School-Teacher. A Sociological Study. Chicago, London: University of Chicago Press..
Luhmann, Niklas (2002): Das Erziehungssystem der Gesellschaft. Frankfurt/M.: Suhrkamp.
Luhmann, Niklas (2000a): Organisation und Entscheidung. Frankfurt/M.: Suhrkamp.
Luhmann, Niklas (2000b): Die Politik der Gesellschaft. Frankfurt/M.: Suhrkamp.
Luhmann, Niklas (2000c): Vertrauen. Ein Mechanismus der Reduktion von Komplexität. Stuttgart, 4. Aufl.: Lucius und Lucius.
Luhmann, Niklas (1997): Die Gesellschaft der Gesellschaft. Frankfurt/M.: Suhrkamp.
Luhmann, Niklas (1996a): Die Wirtschaft der Gesellschaft. Frankfurt/M.: Suhrkamp.
Luhmann, Niklas (1996b): Das Erziehungssystem und die Systeme seiner Umwelt. In: Niklas Luhmann/Karl Eberhard Schorr (Hg.): Zwischen System und Umwelt. Fragen an die Pädagogik. Frankfurt/M.: Suhrkamp, 14-52.
Luhmann, Niklas (1992): System und Absicht in der Erziehung. In: Niklas Luhmann/Karl Eberhard Schorr (Hg.): Zwischen Absicht und Person. Fragen an die Pädagogik. Frankfurt/M., 102-124.
Luhmann, Niklas (1989): Politische Steuerung: Ein Diskussionsbeitrag. In: Politische Vierteljahresschrift 30, 4-9.
Luhmann, Niklas (1981): Politische Theorie im Wohlfahrtsstaat. München, Wien: Günter Olzog Verlag.
Luhmann, Niklas (1975): Interaktion, Organisation, Gesellschaft. In: ders.: Soziologische Aufklärung 2. Aufsätze zur Theorie der Gesellschaft. Opladen: Westdeutscher Verlag, 9-20.
Luhmann, Niklas (1969): Legitimation durch Verfahren. Neuwied, Berlin: Luchterhand.
Luhmann, Niklas (1968): Status quo als Argument. In: Horst Baier (Hg.): Studenten in Opposition. Beiträge zur Soziologie der deutschen Hochschule. Bielefeld: Bertelsmann-Universitätsverlag, 74-82.
Luhmann, Niklas (1967): Soziologie als Theorie sozialer Systeme. In: Kölner Zeitschrift für Soziologie und Sozialpsychologie 19, 615-644.
Luhmann, Niklas (1964): Lob der Routine. In: Verwaltungsarchiv 55, 1-33.
Luhmann, Niklas/Karl Eberhard Schorr (1988): Reflexionsprobleme im Erziehungssystem. Frankfurt/M.: Suhrkamp.
Maccabiani, Cornelia/Simona Brizzi (2002): Gemeindeschulbehörde zwischen Tradition und Innovation. Aufgaben und Funktionen der Gemeindeschulbehörde in der aktuellen Schulentwicklung anhand des Projekts „Selbstevaluation der Einzelschule." Lizentiatsarbeit, Zürich.
Maeder, Christoph (2001): Der moralische Kreuzzug des „New Public Management" in der Schweiz. In: Sozialer Sinn 2, 191-204.
Mahoney, James (2000): Path Dependence in Historical Sociology. In: Theory & Society 29, 507-548.
Majone, Giandomenico (1996): Public Policy and Administration: Ideas, Interests and Institutions. In: Robert E. Goodin/Hans-Dieter Klingemann (eds.): A New Handbook of Political Science. Oxford, u.a.: Oxford University Press, 610-641.

Mangold, Max/Jürgen Oelkers (Hg.) (2003): Demokratie, Bildung und Markt. Bern: Lang.
March, James G./Johan P. Olsen (1984): The New Institutionalism: Organizational Factors in Political Life. In: American Political Science Review 78, 734-749.
Marks, Gary/Liesbet Hooghe (2004): Contrasting Visions of Multi-level Governance. In: Ian Bache/Matthew Flinders (eds.): Multi-level Governance. Oxford, u.a.: Oxford University Press, 15-30.
Martin, Wilfred B.W. (1976): The Negotiated Order of the School. Toronto: Macmillan.
Marwell, Gerald/Pamela Oliver (1993): The Critical Mass in Collective Action. A Micro-Social Theory. Cambridge, u.a.: Cambridge University Press.
Marx, Karl/Friedrich Engels (1966): Manifest der kommunistischen Partei. In: dies.: Geschichte und Politik 1. Bd. III. Studienausgabe. Hg. Iring Fetscher. Frankfurt/M.: Fischer, 59-87.
May, Judith V./Aaron B. Wildavsky (eds.) (1978): The Policy Cycle. Beverly Hills, London: Sage.
Mayntz, Renate (2005): Governance Theory als fortentwickelte Steuerungstheorie. In: Gunnar Folke Schuppert (Hg.): Governance-Forschung. Vergewisserung über Stand und Entwicklungslinien. Baden-Baden: Nomos, 11-20.
Mayntz, Renate (2004): Governance im modernen Staat. In: Arthur Benz (Hg.): Governance – Regieren in komplexen Regelsystemen. Eine Einführung. Wiesbaden: VS, 65-76.
Mayntz, Renate (1999): Individuelles Handeln und gesellschaftliche Ereignisse: Zur Mikro-Makro-Problematik in den Sozialwissenschaften. Vortrag gehalten am 19. Dezember 1998 in Berlin, MPG-Symposium „Wie entstehen neue Qualitäten in komplexen Systemen". MPIfG Working Paper 99/5. Köln (http://www.mpi-fg-koeln.mpg.de/publikation/working_papers/w99-5/index.html).
Mayntz, Renate (1996): Politische Steuerung: Aufstieg, Niedergang und Transformation einer Theorie. In: Klaus von Beyme/Claus Offe (Hg.): Politische Theorie in der Ära der Transformation. Sonderheft 26 der Politischen Vierteljahresschrift. Opladen: Westdeutscher Verlag, 148-168.
Mayntz, Renate (1993): Policy-Netzwerke und die Logik von Verhandlungssystemen. In: Adrienne Héritier (Hg.): Policy-Analyse. Kritik und Neuorientierung. Sonderheft 24/1993 der Politischen Vierteljahresschrift. Opladen: Westdeutscher Verlag, 39-56.
Mayntz, Renate (1992): Interessenverbände und Gemeinwohl – Die Verbändestudie der Bertelsmann Stiftung. In: dies. (Hg.): Verbände zwischen Mitgliederinteressen und Gemeinwohl. Gütersloh: Verlag Bertelsmann-Stiftung, 11-35.
Mayntz, Renate (1988): Funktionelle Teilsysteme in der Theorie sozialer Differenzierung. In: Renate Mayntz/Bernd Rosewitz/Uwe Schimank/Rudolf Stichweh: Differenzierung und Verselbständigung. Zur Entwicklung gesellschaftlicher Teilsysteme. Frankfurt/M., New York: Campus, 11-44.
Mayntz, Renate (1987): Politische Steuerung und gesellschaftliche Steuerungsprobleme – Anmerkungen zu einem theoretischen Paradigma. In: Thomas Ellwein/Joachim Jens Hesse/Renate Mayntz/Fritz W. Scharpf (Hg.): Jahrbuch zur Staats- und Verwaltungswissenschaft. Bd. 1. Baden-Baden: Nomos, 89-110.

Mayntz, Renate (Hg.) (1983): Implementation politischer Programme II. Ansätze zur Theoriebildung. Opladen: Westdeutscher Verlag.
Mayntz, Renate (Hg.) (1980): Implementation politischer Programme. Empirische Forschungsberichte. Königstein: Athenäum.
Mayntz, Renate/Fritz W. Scharpf (2005):Politische Steuerung – Heute? MPIfG Working Paper 05. Köln, Januar (http://mpifg.de/pu/workpap/wp05-1/wp05-1.html).
Mayntz, Renate/Fritz W. Scharpf (1995a): Steuerung und Selbstorganisation in staatsnahen Sektoren. In: dies. (Hg.): Gesellschaftliche Selbstregelung und politische Steuerung. Frankfurt/M., New York: Campus, 9-38.
Mayntz, Renate/Fritz W. Scharpf (1995b): Der Ansatz des akteurzentrierten Institutionalismus. In: dies. (Hg.): Gesellschaftliche Selbstregelung und politische Steuerung. Frankfurt/M., New York: Campus, 39-72.
Mayr, Otto (1980): Adam Smith und das Konzept der Regelung. Ökonomisches Denken und Technik in Großbritannien im 18. Jahrhundert. In: Ulrich Troitzsch/Gabriele Wohlauf (Hg.) (1980): Technik-Geschichte. Historische Beiträge und neuere Ansätze. Frankfurt/M.: Suhrkamp, 241-268.
Messner, Rudolf (2002): Das Bildungskonzept von PISA als Teil einer globalen gesellschaftlichen Neuorientierung. In: Die Deutsche Schule 94 (3), 290-294.
Meyer, John W./Brian Rowan (1992): The Structure of Educational Organizations. In: John W. Meyer/W. Richard Scott: Organizational Environments. Ritual and Rationality. Newbury Park, u.a.: Sage (updated edition), 71-97.
Meyer, John W./Brian Rowan (1977): Institutionalized Organizations: Formal Structures as Myth and Ceremony. In: American Journal of Sociology 83, 440-463.
Meyer, Marshall W./Lynne G. Zucker (1989): Permanently Failing Organizations. Newbury Park, u.a.: Sage.
Miller, Gary J. (1992): Managerial Dilemmas. The Political Economy of Hierarchy. Cambridge: Cambridge University Press.
Moe, Terry M. (1984): The New Economics of Organization. In: American Journal of Political Science 28, 739-777.
Möllering, Guido (2005): Understanding Trust from the Perspective of Sociological Neoinstitutionalism. The Interplay of Institutions and Agency. MPIfG Discussion Paper 05/13 (Max-Planck-Institut für Gesellschaftsforschung). Köln 2005 (www.mpifg.de/pu/mpifg dp/dp05-13.pdf).
Moser, Urs/Heinz Rhyn (1999): Schulmodelle im Vergleich. Eine Evaluation der Leistungen in zwei Schulmodellen der Sekundarstufe I. Hg. Bildungsdirektion des Kantons Zürich. Aarau: Bildung Sauerländer.
Müller, Stephan/Jürgen Stremlow/Felix Oggenfuss (2000): Projekt „Teilautonome Volksschulen". Evaluation TaV-Projekt. Bereich Lokale Schulentwicklung. Schlussbericht. Wolfikon, u.a., Ms.
Müller, Sebastian F./Heinz-Elmar Tenorth (1984): Professionalisierung der Lehrertätigkeit. In: Dieter Lenzen (Hg.): Enzyklopädie Erziehungswissenschaft. Bd. 5: Organisation, Recht und Ökonomie des Bildungswesens. Hg. Martin Baethge/Knut Nevermann. Stuttgart: Klett-Cotta, 153-171.
Münkler, Herfried (1994): Subsidiarität, Zivilgesellschaft und Bürgertugend. In: Alois Riklin/Gerard Batliner (Hg.): Subsidiarität. Ein interdisziplinäres Symposium. Sym-

posium des Liechtenstein-Instituts, 23.-25. September 1993. Baden-Baden: Nomos, 63-80.

Münkler, Herfried (1991): Die Idee der Tugend. Ein politischer Leitbegriff im vorrevolutionären Europa. In: Archiv für Kulturgeschichte 73, 379-403.

Münkler, Herfried/Karsten Fischer (2004): Zwischen staatlich gesteuertem Altruismus und organisiertem Voluntarismus: Dimensionen der Gemeinnützigkeit. In: Helmut K. Anheier/Volker Then (Hg.): Zwischen Eigennutz und Gemeinwohl. Neue Formen und Wege der Gemeinnützigkeit. Gütersloh: Verlag Bertelsmann-Stiftung, 113-130.

Münkler, Herfried/Harald Bluhm (Hg.) (2001): Gemeinwohl und Gemeinsinn. Historische Semantiken politischer Leitbegriffe. Forschungsberichte der interdisziplinären Arbeitsgruppe „Gemeinwohl und Gemeinsinn" der Berlin-Brandenburgischen Akademie der Wissenschaften. Hg. Herfried Münkler/Harald Bluhm/Karsten Fischer. Band I. Berlin: Akademie Verlag.

Nahamowitz, Peter (1988): Autopoiesis oder ökonomischer Staatsinterventionismus? In: Zeitschrift für Rechtssoziologie 9, 36-73.

Naschold, Frieder/Jörg Bogumil (2000): Modernisierung des Staates. New Public Management in deutscher und internationaler Perspektive. Opladen: Leske + Budrich.

Naschold, Frieder/Werner Jann/Christoph Reichard (1999): Innovation, Effektivität, Nachhaltigkeit. Internationale Erfahrungen zentralstaatlicher Verwaltungsreform. Berlin: Edition Sigma.

Neugebauer, Wolfgang (1985): Absolutistischer Staat und Schulwirklichkeit in Brandenburg-Preussen. Berlin, New York: de Gruyter.

Niederer, Arnold (1993): Bestimmungsgründe regionaler Identifikationsprozesse. Zur Problematik der Identität kleiner Gemeinden. In: ders.: Alpine Alltagskultur zwischen Beharrung und Wandel. Ausgewählte Arbeiten aus den Jahren 1956 bis 1991. Hg. Klaus Anderegg/Werner Bätzing. Bern, u.a.: Haupt, 139-146.

Niesen, Peter (2001): Volk-von-Teufeln-Republikanismus. Zur Frage nach den moralischen Ressourcen der liberalen Demokratie. In: Lutz Wingert/Klaus Günther (Hg.): Die Öffentlichkeit der Vernunft und die Vernunft der Öffentlichkeit. Festschrift für Jürgen Habermas. Frankfurt/M.: Suhrkamp, 568-604.

Nordlinger, Eric A. (1981): On the Autonomy of the Democratic State. Cambridge: Cambridge University Press.

Nullmeier; Frank (2005): Output-Steuerung und Performance Measurement. In: Bernhard Blanke/Stephan von Bandemer/Frank Nullwieler/Göttrik Wewer (Hg.): Handbuch zur Verwaltungsreform. Wiesbaden: VS, 431-444.

NZZ (2006): Neue Zürcher Zeitung: Staatsvertrag für einen Schulraum Schweiz. 17.2.2006.

OECD (2004a): Bildung auf einen Blick OECD-Indikatoren 2004. Paris: OECD.

OECD (2004b): Lernen für die Welt von morgen. Erste Ergebnisse von Pisa 2003. Paris: OECD.

OECD (1997): Managing Across Levels of Government. Paris: OECD.

Oelkers, Jürgen (2003): Wie man Schule entwickelt. Eine bildungspolitische Analyse nach PISA. Weinheim, u.a.: Beltz.

Oelkers, Jürgen (2000): Schulreform und Schulkritik. Würzburg: Ergon.

Oelkers, Jürgen (1995): Wie lernt ein Bildungssystem? In: Die Deutsche Schule 87, 4-20.
Oevermann, Ulrich (2000): Die Struktur sozialer Deutungsmuster – Versuch einer Aktualisierung. In: Sozialer Sinn 1, 35-81.
Offe, Claus (2004): Selbstbetrachtung aus der Ferne. Tocqueville, Weber und Adorno in den Vereinigten Staaten. Adorno-Vorlesungen 2003. Frankfurt/M.: Suhrkamp.
Offe, Claus (2001): Wessen Wohl ist das Gemeinwohl? In: Lutz Wingert/Klaus Günther (Hg.): Die Öffentlichkeit der Vernunft und die Vernunft der Öffentlichkeit. Festschrift für Jürgen Habermas. Frankfurt/M.: Suhrkamp, 459-488.
Offe, Claus (1986): Die Utopie der Null-Option. In: Johannes Berger (Hg.): Die Moderne – Kontinuitäten und Zäsuren. Soziale Welt, Sonderband 4, Göttingen: Schwartz, 97-117.
Offe, Claus (1975): Berufsbildungsreform. Eine Fallstudie über Reformpolitik. Frankfurt/M.: Suhrkamp.
Oliver, Christine (1991): Strategic Responses to Institutional Processes. In: Acadamy of Management Review 16, 145-179.
Olson, Mancur, Jr. (1968): Die Logik des kollektiven Handelns. Kollektivgüter und die Theorie der Gruppen. Tübingen: Mohr.
Ortmann, Günther (2003): Regel und Ausnahme. Paradoxien sozialer Ordnung. Frankfurt/M.: Suhrkamp.
Osterwalder, Fritz (1993): Markt, Staat, Öffentlichkeit und Bildung. In: Philipp Gonon/Jürgen Oelkers (Hg.): Die Zukunft der öffentlichen Bildung. Bern, u.a.: Lang, 55-76.
O'Toole, Laurence J. Jr. (1986): Policy Recommendations for Multi-Actor Implementation: An Assessment of the Field. In: Journal of Public Policy 6, 181-210.
Ozga, Jenny (1995): Deskilling a Profession: Professionalism, Deprofessionalism and the New Managerialism. In: H. Busher/R. Saran (eds.): Managing Teachers as Professionals in Schools. London: Kogan Page, 21-38.
Palumbo, Dennis J./Donald J. Calista (eds.) (1990): Implementation and the Policy Process. Opening up the Black Box. New York, u.a.: Greenwood Press.
Papadopoulos, Yannis (2004): Governance und Demokratie. In: Arthur Benz (Hg.): Governance – Regieren in komplexen Regelsystemen. Eine Einführung. Wiesbaden: VS, 215-237.
Parsons, Talcott (1972): Das System moderner Gesellschaften. Weinheim, München: Juventa.
Parsons, Talcott/Edward A. Shils/Gordon W. Allport/Clyde Kluckhohn/Henry A. Murray/ Robert R. Sears/Richard C. Sheldon/Samuel A. Stouffer/Edward C. Tolman (1951): Some Fundamentals Categories of the Theory of Action: A General Statement. In: Talcott Parsons/ Edward A. Shils (eds.): Toward a General Theory of Action. Cambridge: Harvard University Press, 3-29.
Pelizzari, Alessandro (2001): Die Ökonomisierung des Politischen. New Public Management und der neoliberale Angriff auf die öffentlichen Dienste. Konstanz: UVK.
Petrat, Gerhardt (1987): Schulerziehung. Ihre Sozialgeschichte in Deutschland bis 1945. München: Ehrenwirth.
Pierson, Paul (2000): Increasing Returns, Path Dependence, and the Study of Politics. In: American Political Science Review 94, 251-267.

Pinzani, Alessandro (2003): Brauchen wir Bürgertugenden oder demokratischere Institutionen? Gegen einige Irrtümer des Republikanismus. In: Berliner Debatte INITIAL 14, 34-44.

PISA (2002): Bundesamt für Statistik (BFS) – Schweizerische Konferenz der kantonalen Erziehungsdirektoren (EDK) (Hg.) (2002): Für das Leben gerüstet? Die Grundkompetenzen der Jugendlichen – Nationaler Bericht der Erhebung PISA 2000. Neuchâtel: BFS.

Plotke, Herbert (1994): Bildung und Schule in den kantonalen Verfassungen. In: Beiheft zur Zeitschrift für Schweizerisches Recht. Heft 17: Strukturen des schweizerischen Bildungswesens. Basel, Frankfurt/M.: Helbing und Lichtenhahn, 5-117.

Popkewitz, Thomas S./Sverker Lindblad/Johanne Strandberg (1999): Review of Research on Education Governance and Social Integration and Exclusion. Uppsala Reports an Education 35. May 1999.

Portes, Alejandro (1998): Social Capital: Its Origins and Applications in Modern Sociology. In: Annual Review of Sociology 24, 1-24.

Powell, Walter W. (1990): Neither Market nor Hierarchy: Network Forms of Organization. In: Research in Organizational Behavior 12, 295-336.

Power, Michael (1997): The Audit Society. Rituals of Verification. Oxford, u.a.: Oxford University Press.

Pratt, John W./Richard J. Zeckhauser (eds.) (1985): Principals and Agents: The Structure of Business. Boston: Harvard Business School Press.

Pressman, Jeffrey L./Aaron Wildavsky (1973): Implementation. How Great Expectations in Washington are Dashed in Oakland. Or, Why It's Amazing that Federal Programs Work at All. This Being a Saga of the Economic Development Administration as Told by Two Sympathetic Observers Who Seek to Build Morals on a Foundation of Ruined Hopes. Berkeley, u.a.: University of California Press.

Przeworski, Adam (1986): Methodologischer Individualismus als Herausforderung der marxistischen Theorie. In: Prokla 16 (62), 120-143.

Purkey, Stewart C./Marshall S. Smith (1991): Wirksame Schulen – Ein Überblick über die Ergebnisse der Schulwirkungsforschung in den Vereinigten Staaten. In: Kurt Aurin (Hg.): Gute Schulen – Worauf beruht ihre Wirksamkeit. Bad Heilbrunn: Klinkhardt, 13-45.

Quack, Sigrid (2005): Zum Werden und Vergehen von Institutionen. Vorschläge für eine dynamische Governanceanalyse. In: Gunnar Folke Schuppert (Hg.): Governance-Forschung. Vergewisserung über Stand und Entwicklungslinien. Baden-Baden: Nomos, 346-370.

Rammert, Werner (2003): Zwei Paradoxien einer innovationsorientierten Wissenspolitik: Die Verknüpfung heterogenen und die Verwertung impliziten Wissens. In: Soziale Welt 54, 483-508.

Recesso, Arthur M. (1999): First Year Implementation of the School to Work Opportunities Act Policy: An Effort at Backward Mapping. In: Education Policy Analysis Archives 7 (http://epaa.asu.edu/epaa/v7n11.html).

Reich, Robert B. (ed.) (1988): The Power of Public Ideas. Cambridge: Harvard University Press.

Rein, Martin/Donald Schon (1991): Frame-reflective Policy Discourse. In: Peter Wagner/Carol Hirschon Weiss/Björn Wittrock/Hellmut Wollmann (eds.): Social Sciences and Modern States. National Experiences and Theoretical Crossroads. Cambridge u.a.: Cambridge University Press, 262-289.
Rhodes, R.A.W. (1996): The New Governance: Governing without Governnment. In: Political Studies 44 (4), 652-667.
Rhodes, R.A.W. (1997): Understanding Governance. Policy Networks, Governance, Reflexivity and Accountability. Buckingham, Philadelphia: Open University Press.
Richter, Ingo (1994): Entscheidungsstrukturen für Bildungsfragen in offenen Gesellschaften. In: Zeitschrift für Pädagogik 40 (2), 181-191.
Richter, Ingo (1996): Die Öffentliche Schule im Umbau des Sozialstaates. In: Zeitschrift für Pädagogik: Die Institutionalisierung von Lehren und Lernen. Beiträge zu einer Theorie der Schule. 34. Beiheft. Weinheim, Basel: Beltz, 107-118.
Rieger, Reinhard (2005): Dienstrechtsreform. In: Bernhard Blanke/Stephan von Bandemer/Frank Nullmeier/Göttrik Wewer (Hg.): Handbuch zur Verwaltungsreform. Wiesbaden: VS, 235-242.
Rigotti, Francesca (1994): Die Macht und ihre Metaphern. Über die sprachlichen Bilder der Politik. Frankfurt/M., New York: Campus.
Ritter, Ernst-Hasso (1987): Staatliche Steuerung bei vermindertem Rationalitätsanspruch? Zur Praxis der politischen Planung in der Bundesrepublik Deutschland. In: Thomas Ellwein/Joachim Jens Hesse/Renate Mayntz/Fritz W. Scharpf (Hg.): Jahrbuch zur Staats- und Verwaltungswissenschaft. Bd. 1. Baden-Baden: Nomos, 321-352.
Röber, Manfred (2005): Wandel der Verwaltung zwischen Erneuerungselan und Reformmüdigkeit. In: Bernhard Blanke/Stephan von Bandemer/Frank Nullmeier/Göttrik Wewer (Hg.): Handbuch zur Verwaltungsreform. Wiesbaden: VS, 473-481.
Rolff, Hans-Günter (1995): Autonomie als Gestaltungs-Aufgabe. Organisationspädagogische Perspektiven. In: Peter Daschner/Hans-Günter Rolff/Tom Stryck (Hg.): Schulautonomie – Chancen und Grenzen. Impulse für die Schulentwicklung. Weinheim, München: Juventa, 31-54.
Rolff, Hans-Günter (1992): Die Schule als besondere soziale Organisation – Eine komparative Analyse. In: Zeitschrift für Sozialisationsforschung und Erziehungssoziologie 12 (4), 306-324.
Rolff, Hans-Günter (1970): Bildungsplanung als rollende Reform. Eine soziologische Analyse der Zwecke, Mittel und Durchführungsformen einer reformbezogenen Planung des Bildungswesens. Frankfurt/M., u.a.: Diesterweg.
Rose, Nikolas (2000): Tod des Sozialen? Eine Neubestimmung der Grenzen des Regierens. In: Ulrich Bröckling/Susanne Krasmann/Thomas Lemke (Hg.): Gouvernementalität der Gegenwart. Studien zur Ökonomisierung des Sozialen. Frankfurt/M.: Suhrkamp, 72-109.
Rosewitz, Bernd/Uwe Schimank (1988): Verselbständigung und politische Steuerbarkeit gesellschaftlicher Teilsysteme. In: Renate Mayntz/Bernd Rosewitz/Uwe Schimank/Rudolf Stichweh: Differenzierung und Verselbständigung. Zur Entwicklung gesellschaftlicher Teilsysteme. Frankfurt/M., New York: Campus, 295-329.
Rothstein, Bo (1998): Just Institutions Matter. The Moral and Political Logic of the Universal Welfare State. Cambridge, u.a.: Cambridge University Press.

Rothstein, Bo (2000): Trust, Social Dilemmas and Collective Memories. In: Journal of Theoretical Politics 12, 477-501.
RR Kanton Zürich (2001): Antrag des Regierungsrates vom 9. Mai 2001. 3858: A. Kantonsverfassung (Änderung), B. Volksschulgesetz. Zürich.
Rüegg, Erwin (1992): Die „Milizverwaltung" des Bundes: Politikgestaltung durch Interessenten? In: Heidrun Abromeit/Werner W. Pommerehne (Hg.): Staatstätigkeit in der Schweiz. Bern, u.a.: Haupt, 97-119.
Rueschemeyer, Dietrich (1986): Power and the Divison of Labour. Cambridge, Oxford: Polity Press.
Ruf, Urs/Peter Gallin (1998): Dialogisches Lernen in Sprache und Mathematik. Band 1: Austausch zwischen Ungleichen. Grundzüge einer interaktiven und fächerübergreifenden Didaktik. Band 2: Spuren legen – Spuren lesen. Unterricht mit Kernideen und Reisetagebüchern. Seelze-Velber: Kallmeyer.
Rumpf, Horst (1966): Die administrative Verstörung der Schule. Drei Kapitel über den beamteten Erzieher und die verwaltete Schule. Essen: Neue Deutsche Schule Verlags-Gesellschaft.
Sabatier, Paul A. (1993): Advocacy-Koalitionen, Policy-Wandel und Policy-Lernen: Eine Alternative zur Phasenheuristik. In: Adrienne Heritier (Hg.): Policy-Analyse. Kritik und Neuorientierung. Sonderheft 24 der Politischen Vierteljahresschrift. Opladen: Westdeutscher Verlag, 116-148.
Sandel, Michael J. (1995): Liberalismus oder Republikanismus. Von der Notwendigkeit der Bürgertugend. Wien: Passagen Verlag.
Sanders, James R. (Hg.): Handbuch der Evaluationsstandards. Die Standards des „Joint Commitee on Standards für Educational Evaluation". Opladen: Leske + Budrich.
Sartre, Jean-Paul (1964): Marxismus und Existenzialismus. Versuch einer Methodik. Reinbek bei Hamburg: Rowohlt.
Scharpf, Fritz W. (1999): Regieren in Europa. Effektiv und demokratisch? Frankfurt/M., New York: Campus.
Scharpf, Fritz W. (1997): Games Real Actors Play. Actor-Centered Institutionalism in Policy Research. Boulder: Westview Press.
Scharpf, Fritz W. (1993): Positive und negative Koordination in Verhandlungssystemen. In: Adrienne Héritier (Hg.): Policy-Analyse. Kritik und Neuorientierung. Sonderheft 24 der Politischen Vierteljahresschrift. Opladen: Westdeutscher Verlag, 57-83.
Scharpf, Fritz W. (1989): Politische Steuerung und Politische Institutionen. In: Politische Vierteljahresschrift 30, 10-21.
Scharpf, Fritz W. (1988): Verhandlungssysteme, Verteilungskonflikte und Pathologie der politischen Steuerung. In: Manfred G. Schmidt (Hg.): Staatstätigkeit. International und historisch vergleichende Analysen. Opladen: Westdeutscher Verlag, 61-87.
Schedler, Kuno/Isabella Proeller (2000): New Public Management. Bern, u.a.: Haupt.
Schelsky, Helmut (1979): Der Mensch in der wissenschaftlichen Zivilisation. In: ders.: Auf der Suche nach Wirklichkeit. Gesammelte Aufsätze zur Soziologie der Bundesrepublik. München: Goldmann, 449-499.
Schimank, Uwe (2005): Die akademische Profession und die Universitäten: „New Public Management" und eine drohende Entprofessionalisierung. In: Thomas Klatetzki/Veronika Tacke (Hg.): Organisation und Profession. Wiesbaden: VS, 143-164.

Schimank, Uwe (2002a): Neue Steuerungssysteme an den Hochschulen. Förderinitiative des BMBF: Science Policy Studies. Abschlussbericht, 31.5. 2002. Hagen. Ms.

Schimank, Uwe (2002b): Organisationen: Akteurkonstellationen – korporative Akteure – Sozialsysteme. In: Jutta Allmendinger/Thomas Hinz (Hg.): Organisationssoziologie. Sonderheft der Kölner Zeitschrift für Soziologie und Sozialpsychologie 42, Wiesbaden: Westdeutscher Verlag, 29-54.

Schimank, Uwe (2001a): Teilsysteminterdependenzen und Inklusionsverhältnisse. Ein differenzierungstheoretisches Forschungsprogramm zur System- und Sozialintegration moderner Gesellschaft. In: Eva Barlösius/Hans-Peter Müller/Steffen Sigmund (Hg.): Gesellschaftsbilder im Umbruch. Soziologische Perspektiven in Deutschland. Opladen: Leske + Budrich, 109-130.

Schimank, Uwe (2001b): Festgefahrene Gemischtwarenläden – Die deutschen Hochschulen als erfolgreich scheiternde Organisation. In: Erhard Stölting/Uwe Schimank (Hg.): Die Krise der Universitäten. In: Leviathan, Sonderheft 20/2001. Wiesbaden: Westdeutscher Verlag, 223-242.

Schimank, Uwe (2000a): Handeln und Strukturen. Einführung in die akteurtheoretische Soziologie. Weinheim, München: Juventa.

Schimank, Uwe (2000b): Arbeitsgruppe 'Erweiterte Autonomie' der Österreichischen Rektorenkonferenz und der Vorsitzenden der Obersten Kollegialorgane. Teilprojekt 7: Welche Chancen und Risiken können unterschiedliche Modelle erweiterter Universitätsautonomie für die Forschung und Lehrer der Universitäten bringen? Abschlussbericht, 25. Januar 2000. Ms.

Schimank, Uwe (1996): Theorien gesellschaftlicher Differenzierung. Opladen: Leske + Budrich.

Schimank, Uwe (1992): Erwartungssicherheit und Zielverfolgung. Sozialität zwischen Prisoner's Dilemma und Battle of the Sexes. In: Soziale Welt 43, 182-200.

Schimank, Uwe (1988): Gesellschaftliche Teilsysteme als Akteurfiktionen. In: Kölner Zeitschrift für Soziologie und Sozialpsychologie 40, 619-639.

Schimank, Uwe/Ute Volkmann (1999): Gesellschaftliche Differenzierung. Bielefeld: transcript.

Schimank, Uwe/Manfred Glagow (1984): Formen politischer Steuerung: Etatismus, Subsidiarität, Delegation und Neokorporatismus. In: Manfred Glagow (Hg.): Gesellschaftssteuerung zwischen Korporatismus und Subsidiarität. Bielefeld: AJZ, 4-28.

Schindler, Dietrich (1992): Schweizerischer und Europäischer Föderalismus. In: Schweizerisches Zentralblatt für Staats- und Verwaltungsrecht 93, 192-223.

Schlegel, Jürgen (2003): Die Zukunft von Bildung und Arbeit – zu den Aufgaben des Bildungswesens in einer alternden und schrumpfenden Gesellschaft. In: Hans Döbert u.a. (Hg.): Bildung vor neuen Herausforderungen. Historische Bezüge – Rechtliche Aspekte – Steuerungsfragen – Internationale Perspektiven. Neuwied: Luchterhand, 91-101.

Schmidt, Daniel (2000): Der pädagogische Staat. Die Geburt der staatlichen Schule aus dem Geist der Aufklärung. Baden-Baden: Nomos.

Schneewind, Julia/Hans Merkens/Harm Kuper (2005): Erprobung eines Rückmeldeformats an Berliner Grundschulen. In: Hans Döbert/Hans-Werner Fuchs (Hg.): Leistungsmessungen und Innovationsstrategien in Schulsystemen. Ein internationaler Vergleich. Münster, u.a.: Waxmann, 79-94.

Schneider, Volker/Patrick Kenis (1996): Verteilte Kontrolle: Institutionelle Steuerung in modernen Gesellschaften. In: Patrick Kenis/Volker Schneider (Hg.): Organisation und Netzwerk. Institutionelle Steuerung in Wirtschaft und Politik. Frankfurt/M., New York: Campus, 9-43.

Schneider, Volker/Marc Tenbücken (2004): Einleitung. In: dies. (Hg.): Der Staat auf dem Rückzug. Die Privatisierung öffentlicher Infrastrukturen. Frankfurt/M., New York: Campus, 15-26.

Schneider, Volker/Raymund Werle (1989): Vom Regime zum korporativen Akteur: Zur institutionellen Dynamik der Europäischen Gemeinschaft. In: Beate Kohler-Koch (Hg.): Regime in den internationalen Beziehungen. Baden-Baden: Nomos, 409-434.

Schrader, Friedrich-Wilhelm/Andreas Helmke (2003): Evaluation – und was danach? Ergebnisse der Schulleiterbefragung im Rahmen der Rezeptionsstudie WALZER. In: Schweizerische Zeitschrift für Bildungswissenschaften 25, 79-110.

Schratz, Michael (2006): Qualität als Machtwort – EVA wird´s schon richten. In: Institut für Qualitätsentwicklung (Hg.): Qualitätsentwicklung durch externe Evaluation. Konzepte – Strategien – Erfahrungen. Dokumentation der Fachtagung des Instituts für Qualitätsentwicklung vom 30. Juni bis 01. Juli 2005 in Wiesbaden. Wiesbaden, 210-222.

Schroer, Markus (2006): Räume, Orte, Grenzen. Auf dem Weg zu einer Soziologie des Raumes. Frankfurt/M.: Suhrkamp.

Schümer, Gundel/Klaus-Jürgen Tillmann/Manfred Weiß (Hg.) (2004): Die Institution Schule und die Lebenswelt der Schüler. Vertiefende Analysen der PISA-2000-Daten zum Kontext von Schülerleistungen. Wiesbaden: VS.

Schumpeter, Joseph A. (1975): Kapitalismus, Sozialismus und Demokratie. München, 4. Aufl.: Franke.

Schuppert, Gunnar Folke (2005): Governance im Spiegel der Wissenschaftsdisziplinen. In: Gunnar Folke Schuppert (Hg.): Governance-Forschung. Vergewisserung über Stand und Entwicklungslinien (WZB/Schriften zur Governance-Forschung, Band 1). Baden-Baden: Nomos, 371-469.

Schuppert, Gunnar Folke (2004): Ein Kompass für Reformen. Der Gewährleistungsstaat – ein Leitbild auf dem Prüfstand. In: WZB-Mitteilungen 104. Berlin, 7-10.

Schütz, Alfred (1972): Der Fremde. Ein sozialpsychologischer Versuch. In: ders.: Gesammelte Aufsätze II: Studien zur soziologischen Theorie. Hg. Arvid Brodersen/Alexander von Baeyer. Den Haag: Nijhoff, 53-69.

Schütz, Alfred (1971): Über die mannigfaltigen Wirklichkeiten. In: ders.: Gesammelte Aufsätze I. Das Problem der sozialen Wirklichkeit. Hg. Aron Gurvitsch/H.L. van Breda. Den Haag: Nijhoff, 237-298.

Schwinn, Thomas (2003): Makrosoziologie jenseits von Gesellschaftstheorie. Funktionalismuskritik nach Max Weber. In: Jens Jetzkowitz/Carsten Stark (Hg.): Soziologischer Funktionalismus. Zur Methodologie einer Theorietradition. Opladen: Leske + Budrich, 83-109.

Schwinn, Thomas (1995): Funktionale Differenzierung – wohin? Eine aktualisierte Bestandsaufnahme In: Berliner Journal für Soziologie 5, 25-39.

Schwippert, Knut (2005): Zur gewandelten Akzeptanz von Schulrückmeldungen. In: Hans Döbert/Hans-Werner Fuchs (Hg.): Leistungsmessungen und Innovationsstrategien in Schulsystemen. Ein internationaler Vergleich. Münster, u.a.: Waxmann, 63-78.
Scott, W. Richard (1971): Konflikte zwischen Spezialisten und bürokratischen Organisationen. In: Renate Mayntz (Hg.): Bürokratische Organisation. Köln, Berlin: Kiepenheuer & Witsch, 201-216.
Seibel, Wolfgang (1994): Funktionaler Dilettantismus. Erfolgreich scheiternde Organisationen im „Dritten Sektor" zwischen Markt und Staat. Baden-Baden: Nomos.
Selznick, Philip (1966): TVA and the Grassroots. A Study in the Sociology of Formal Organization. New York: Harper & Row.
Sennett, Richard (1998): Der flexible Mensch. Die Kultur des neuen Kapitalismus. Berlin: Berlin-Verlag.
SGG 2005: Schweizerische Gemeinnützige Gesellschaft: Startseite der Homepage (www.sgg-ssup.ch/home.html).
Shepsle, Kenneth A. (1991): Discretion, Institutions, and the Problem of Government Commitment. In: Pierre Bourdieu/James S. Coleman (eds.): Social Theory for a Changing Society. Boulder, u.a.: Westview Press, 245-263.
Siegenthaler, Hansjörg (2000): Arbeitsmarkt zwischen Gleichgewicht und Ungleichgewicht im Zeitalter modernen Wirtschaftswachstums. In: Jürgen Kocka/Claus Offe (Hg.): Geschichte und Zukunft der Arbeit. Frankfurt/M., New York: Campus, 88-109.
Simmel, Georg (1992): Soziologie. Untersuchungen über die Formen der Vergesellschaftung. Frankfurt/M.: Suhrkamp.
Simmel, Georg (1989): Philosophie des Geldes. Frankfurt/M.: Suhrkamp.
Simon, Herbert A. (1991): Organizations and Markets. In: Journal of Economic Perspectives 5, 25-44.
Sproule-Jones, Mark (1989): Multiple Rules and the "Nesting" of Public Policies. In: Journal of Theoretical Politics 1, 459-477.
Standaert, Roger (2000): Inspectorates of Education in Europe. A Critical Analysis. Utrecht. (wwww.sici.org.uk/reports/index.html#publications).
Stichweh, Rudolf (1994): Wissenschaft, Universität, Profession. Soziologische Analysen. Frankfurt/M.: Suhrkamp.
Stichweh, Rudolf (1992): Professionalisierung, Ausdifferenzierung von Funktionssystemen, Inklusion. Betrachtungen aus systemtheoretischer Sicht. In: Bernd Dewe/Wilfried Ferchhoff/Frank-Olaf Radtke (Hg.): Erziehen als Profession. Zur Logik professionellen Handelns in pädagogischen Feldern. Opladen: Leske + Budrich, 36-48.
Stichweh, Rudolf (1988): Inklusion in Funktionssysteme der modernen Gesellschaft. In: Renate Mayntz/Bernd Rosewitz/Uwe Schimank/Rudolf Stichweh: Differenzierung und Verselbständigung. Zur Entwicklung gesellschaftlicher Teilsysteme. Frankfurt/M., New York: Campus, 261-29.
Stiglitz, Joseph E. (1991): Symposium on Organizations and Economics. In: Journal of Economic Perspectives 5, 15-24.
Stoker, Gerry (1998): Governance as theory: five propositions. In: International Social Science Journal 50 (155), 17-28.

Stolleis, Michael (2004): Das Auge des Gesetzes. Geschichte einer Metapher. München: Beck.
Strauss, Anselm (1978): Negotiations. Varieties, Contexts, Processes, and Social Order. San Francisco, u.a.: Jossey-Bass.
Strittmatter, Anton (2003): Fünf Handlungsfelder der Qualitätspolitik. Biel. Ms.
Surace, Samuel J. (1992): Incomplete Differentiation: New Forms. In: Paul Colomy (ed.): The Dynamics of Social Systems. London, u.a.: Sage, 93-119.
Svallfors, Stefan (2002): Political Trust and Support for the Welfare State: Unpacking a Supposed Relationship. In: Bo Rothstein/Sven Steinmo (eds.): Restructuring the Welfare State: Political Institutions and Policy Change. New York, Basingstoke: Palgrave Macmillan, 184-205.
Swaan, Abram de (1993): Der sorgende Staat. Wohlfahrt, Gesundheit und Bildung in Europa und den USA der Neuzeit. Frankfurt/M., New York: Campus.
Sztompka, Piotr (1999): Trust. A Sociological Theory. Cambridge, u.a.: Cambridge University Press.
Sztompka, Piotr (1988): Trust, Distrust and Two Paradoxes of Democracy. In: European Journal of Social Theory 1, 19-32.
Tenorth, Heinz-Elmar (1989): Die Last der Autonomie. Über Widersprüche zwischen Selbstbeschreibungen und Analysen des Bildungssystems seit dem 19. Jahrhundert. In: Karl-Ernst Jeismann (Hg.): Bildung, Staat, Gesellschaft im 19. Jahrhundert. Mobilisierung und Disziplinierung. Im Auftrage der Freiherr-vom-Stein-Gesellschaft. Stuttgart: Steiner, 423-431.
Terhart, Ewald (2001): Zwischen Aufsicht und Autonomie. Geplanter und ungeplanter Wandel im Bildungsbereich. Essen: Klartext.
Terhart, Ewald (2000): Qualität und Qualitätssicherung im Schulsystem: Hintergründe – Konzepte – Probleme. In: Zeitschrift für Pädagogik 46 (6), 809-829.
Terhart, Ewald (1997): Berufskultur und professionelles Handeln bei Lehrern. In: Arno Combe/Werner Helsper (Hg.): Pädagogische Professionalität. Untersuchungen zum Typus pädagogischen Handelns. Frankfurt/M.: Suhrkamp, 448-471.
Terhart, Ewald (1987): Kommunikation im Kollegium. In: Die deutsche Schule 79, 440-450.
Terhart, Ewald (1986): Organisation und Erziehung. Neue Zugangsweisen zu einem alten Dilemma. In: Zeitschrift für Pädagogik 32 (2), 205-223.
Teubner, Gunther/Helmut Willke (1984): Kontext und Autonomie: Gesellschaftliche Selbststeuerung durch reflexives Recht. In: Zeitschrift für Rechtssoziologie 6, 4-36.
Thompson, James D. (1967): Organisations in Action. Social Science Bases of Administrative Theory. New York, u.a.: MacGraw-Hill.
Tillmann, Klaus Jürgen/Witlof Vollstädt (Hg.) (2001): Politikberatung durch Bildungsforschung. Das Beispiel: Schulentwicklung in Hamburg. Opladen: Leske + Budrich.
Tiryakian, Edward A. (1985): On the Significance of De-Differentiation. In: S. Eisenstadt/H.J. Helle (eds.): Macro-Sociological Theory. Perspectives on Sociological Theory. Band 1. London, u.a.: Sage, 118-134.
Trachsler, Ernst (2004): Konsequenter Umbau der Schulaufsicht in der Schweiz. Schulautonomie und Qualitätssteuerung am Beispiel der Kantone Thurgau, Zürich und Aargau. Pädagogische Hochschule Thurgau. Lehre – Weiterbildung – Forschung: Be-

richte und Materialien zur Bildungsforschung. Nr. 1/Februar 2004. Kreuzlingen: Pädagogische Hochschule Thurgau.

Trachsler, Ernst/Eberhard Ulich/Simone Inversini/Marc Wülser/Corinne Dangel (2005): Arbeitsbedingungen, Belastungen und Ressourcen in der Thurgauer Volksschule – Teilstudie Schulbehörden. Ergebnisse der Analyse der ersten Teilstudie. o.O., Kreuzlingen, Zürich.

Tsebelis, George (2002): Veto Players. How Political Institutions Work. New York, Princeton: Russell Sage Foundation.

Türk, Klaus (1995): „Die Organisation der Welt". Herrschaft durch Organisation in der modernen Gesellschaft. Opladen: Westdeutscher Verlag.

Turner, Ralph H. (1962): Role-Taking: Process versus Conformity. In: Arnold M. Rose (ed.): Human Behavior and Social Processes. An Interactionist Approach. London: Routledge & Kegan, 20-40.

Tyack, David/ William Tobin (1994): The „Grammar of Schooling": Why Has it Been so Hard to Change? In: American Education Research Journal 31, 453-479.

Tyrell, Hartmann (1978): Anfragen an die Theorie der gesellschaftlichen Differenzierung. In: Zeitschrift für Soziologie 7, 175-193.

Tyrell, Hartmann (1998): Zur Diversität der Differenzierungstheorie. Soziologiehistorische Anmerkungen. In: Soziale System 4, 119-149.

Vaihinger, Hans (1986): Die Philosophie des Als Ob. System der theoretischen, praktischen und religiösen Fiktionen der Menschheit auf Grund eines idealistischen Positivismus. Mit einem Anhang über Kant und Nietzsche. Aalen: Scientia-Verlag.

Vanberg, Viktor (1982): Markt und Organisation. Individualistische Sozialtheorie und das Problem korporativen Handelns. Tübingen: Mohr.

Veröffentlichungen der Kultusministerkonferenz (2005): Bildungsstandards der Kultusministerkonferenz. Erläuterungen zur Konzeption und Entwicklung. Neuwied: Luchterhand.

Voelzkow, Helmut (1993): Staatseingriff und Verbandsfunktion: Das verbandliche System technischer Regelsetzung als Gegenstand staatlicher Politik. MPIfG Discussion Paper 93/2 (Max-Planck-Institut für Gesellschaftsforschung). Köln: MPIfG.

VPZS (Vereinigung des Personals Zürcherischer Schulsekretariate) (2000): Das Schulsekretariat als Institution des Bildungswesens. o.O.

Wagner, Antonin (2002): Der Nonprofit Sektor in der Schweiz. In: Christoph Badelt (Hg.): Handbuch der Nonprofit Organisation. Strukturen und Management. Stuttgart, 3. überarbeitete und erweitere Aufl.: Schäffer-Poeschel, 45-62.

Wagner, Gerhard (1996): Differenzierung als absoluter Begriff? Zur Revision einer soziologischen Kategorie. In: Zeitschrift für Soziologie 25, 89-105.

Walford, Geoffrey (ed.) (1996): School Choice and the Quasi-market. Wallingford: Triangle.

Walser, Robert (1985): Fritz Kochers Aufsätze. Sämtliche Werke in Einzelausgaben. Bd. 1. Hg. Jochen Greven. Zürich, Frankfurt/M.: Suhrkamp.

Walzer, Michael (1999): Unfreiwillige Assoziation. In.: ders.: Vernunft, Politik und Leidenschaft. Defizite liberaler Theorie. Frankfurt/M.: Fischer-Taschenbuch-Verlag, 11-38.

Walzer, Michael (1992): Zivile Gesellschaft und amerikanische Demokratie. Berlin: Rotbuch-Verlag.
Weatherly, Richard/Michael Lipsky (1977): Street-Level Bureaucrats and Institutional Innovation: Implementing Special-Education Reform. In: Harvard Educational Review 47, 171-197.
Weber, Max (1964a): Wirtschaft und Gesellschaft. Grundriss der verstehenden Soziologie. 2 Halbbände, Köln, Berlin (Lizenzausgabe Tübingen 1956): Kiepenheuer & Witsch.
Weber, Max (1964b): Vom inneren Beruf zur Wissenschaft. In: ders.: Soziologie – Weltgeschichtliche Analysen – Politik. Hg. Johannes Winckelmann. Stuttgart: Kroner, 311-339.
Weber, Susanne (2000): „Fördern und Entwickeln". Institutionelle Veränderungsstrategien und normalisierendes Wissen. In: Zeitschrift für Erziehungswissenschaft 3 (3), 411-428.
Weick, Karl E.: (1976) Educational Organizations as Loosely Coupled Systems. In: Administrative Science Quarterly 21, 1-19.
Weishaupt, Horst (1998): Die Situation des Schulwesens im Kontext der veränderten Wahrnehmung öffentlicher Aufgaben durch den Staat. In: Heike Ackermann/Jochen Wissinger (Hg.): Schulqualität managen. Von der Verwaltung der Schule zur Entwicklung von Schulqualität. Neuwied: Luchterhand, 23-33.
Weiß, Manfred (2002): Quasi-Märkte als Steuerungsregime im Schulbereich. Vortrag auf dem Kongress der Deutschen Gesellschaft für Soziologie, Sektion Bildung und Erziehung, am 11. Oktober 2002 in Leipzig. (http://www.soziologie.de/sektionen/b01/beitraege1.pdf.).
Werle, Raymund/Uwe Schimank (Hg.) (2000): Gesellschaftliche Komplexität und kollektive Handlungsfähigkeit. Frankfurt/M., New York: Campus.
Westerhoff, Maria (2005): Die offene Ganztagsgrundschule in NRW. Zwischen Servicebetrieb und Bildungseinrichtung. Münster: Monsenstein & Vannerdat.
White, Harrison C. (1981): Where do Markets Come From? In: American Journal of Sociology 87, 517-547.
Whitty, Geoff/Sally Power (2000): Devolution and Choice in Education. The Research Evidence to Date. Paper presented at an international symposium on „Futures of Education". Zürich, 28.-30. März.
Whyte, William Foote (1982): Social Inventions for Solving Human Problems. In American Sociological Review 47, 1-13.
Wiesenthal, Helmut (2003): Beyond Incrementalism – Sozialpolitische Basisinnovationen im Lichte der politiktheoretischen Skepsis. In: Renate Mayntz/Wolfgang Streeck (Hg.): Die Reformierbarkeit der Demokratie. Innovationen und Blockaden. Festschrift für Fritz W. Scharpf. Frankfurt/M.: Campus, 31-70.
Wiesenthal, Helmut (2000): Markt, Organisation und Gemeinschaft als „zweitbeste" Verfahren sozialer Koordination. In: Raymund Werle/Uwe Schimank (Hg.): Gesellschaftliche Komplexität und kollektive Handlungsfähigkeit. Frankfurt/M., New York: Campus, 44-73.
Williamson, Oliver E. (1979): Transaction Costs Economics: The Governance of Contractual Relations. In: Journal of Law and Economics 22, 233-261.

Williamson, Oliver E. (1983): Markets and Hierarchies: Analysis and Antitrust Implications. A Study in the Economics of Internal Organisation. New York, London: Free Press.
Willke, Helmut (1996): Systemtheorie II: Interventionstheorie. Grundzüge einer Theorie der Intervention in komplexe Systeme. Stuttgart, 2. bearbeitete Auflage: Lucius & Lucius.
Windhoff-Heritier, Adrienne (1980): Politikimplementation. Ziel und Wirklichkeit politischer Entscheidungen. Königstein: Hain.
Wissinger, Jochen (2000): Rolle und Aufgaben der Schulleitung bei der Qualitätssicherung und -entwicklung von Schulen. In: Zeitschrift für Pädagogik 6, 851-865.
Wissinger, Jochen/Stephan G. Huber (Hg.) (2002): Schulleitung – Forschung und Qualifizierung. Opladen: Leske + Budrich.
Wissinger, Jochen/Ute Clement (2004): Implementation von Eigenverantwortung an beruflichen Schulen in Baden-Württemberg. In: Wolfgang Böttcher/Ewald Terhart (Hg.): Organisationstheorie in pädagogischen Feldern. Analyse und Gestaltung. Wiesbaden: VS, 221-234.
Yanow, Dvora (1990): Tackling the Implementation Problem: Epistemological Issues in Implementation Research. In: Dennis J. Palumbo/Donald J. Calista (eds.): Implementation and the Policy Process. Opening up the Black Box. New York, u.a.: Greenwood Press, 213-227.
Zapf, Wolfgang (1989): Über soziale Innovationen. In: Soziale Welt 40, 170-183.

Neu im Programm
Bildungswissenschaft

Bernd Dollinger
Klassiker der Pädagogik
Die Bildung der modernen Gesellschaft
2006. 376 S. Br. EUR 26,90
ISBN 978-3-531-14873-1

Von Rousseau bis Herbart, über Diesterweg, Natorp, Nohl und Mollenhauer bis Luhmann werden in diesem Band die Grundlegungen der Pädagogik der modernen Gesellschaft dargestellt.

Neben einer biografischen Orientierung im jeweiligen soziokulturellen Kontext werden die zentralen Aussagen der klassisch gewordenen pädagogischen Akteure dokumentiert. Ergänzt werden die Portraits um die Perspektiven, wie sie jeweils zur sozialen Erziehung entwickelt wurden.

Wissenschaftlich aktuell wird das Buch durch die Berücksichtigung von Foucault, Bourdieu und Luhmann als pädagogische Klassiker der modernisierten Moderne. Eine kommentierte Literaturauswahl am Ende jeden Beitrags leitet zu einer vertiefenden Arbeit an.

Christian Palentien / Carsten Rohlfs / Marius Topor (Hrsg.)
Kompetenz-Bildung
Soziale, emotionale und kommunikative Kompetenzen von Kindern und Jugendlichen
2008. ca. 280 S. Br. ca. EUR 28,90
ISBN 978-3-531-15404-6

Erhältlich im Buchhandel oder beim Verlag.
Änderungen vorbehalten. Stand: Januar 2007.

Norbert Ricken
Die Ordnung der Bildung
Beiträge zu einer Genealogie der Bildung
2006. 383 S. Br. EUR 39,90
ISBN 978-3-531-15235-6

Dass Bildung und Macht miteinander zusammenhängen und einander bedingen, ist offensichtlich; wie aber das Verhältnis beider genauer justiert werden muss, ist weithin umstritten und oszilliert meist zwischen Widerspruch und Funktionsbedingung. Vor diesem Hintergrund unternehmen die Studien zur Ordnung der Bildung eine machttheoretische Lektüre der Idee der Bildung und eröffnen einen irritierenden Blick in die Macht der Bildung.

Kernstück ist dabei eine Auseinandersetzung mit den Überlegungen Michel Foucaults, in der Bildung als eine spezifische Strategie der ‚Führung der Führungen' (Foucault) gelesen und insofern als eine der zentralen modernen Mechanismen der Formation von Subjektivität analysiert wird.

Marius Topor / Christian Palentin / Carsten Rohlfs (Hrsg.)
Perspektiven der Bildung
Kinder und Jugendliche in formellen, nicht-formellen und informellen Bildungsprozessen
2007. ca. 270 S. Br. ca. EUR 29,90
ISBN 978-3-531-15335-3

www.vs-verlag.de

VS VERLAG FÜR SOZIALWISSENSCHAFTEN

Abraham-Lincoln-Straße 46
65189 Wiesbaden
Tel. 0611.7878-722
Fax 0611.7878-400

Basiswissen Erziehungswissenschaft

Helmut Fend
Entwicklungspsychologie des Jugendalters
3., durchges. Aufl. 2003. 520 S.
Br. EUR 24,90
ISBN 978-3-8100-3904-0

Detlef Garz
Sozialpsychologische Entwicklungstheorien
Von Mead, Piaget und Kohlberg bis zur Gegenwart
3., erw. Aufl. 2006. 189 S. Br. EUR 19,90
ISBN 978-3-531-23158-7

Heinz Moser
Einführung in die Medienpädagogik
Aufwachsen im Medienzeitalter
4., überarb. und akt. Aufl. 2006. 313 S.
Br. EUR 22,90
ISBN 978-3-531-32724-2

Jürgen Raithel / Bernd Dollinger / Georg Hörmann
Einführung Pädagogik
Begriffe, Strömungen, Leitfiguren und Fachschwerpunkte
2., durchges. und erw. Aufl. 2005.
330 S. Br. EUR 16,90
ISBN 978-3-531-34702-8

Christiane Schiersmann
Berufliche Weiterbildung
Eine Einführung.
2007. ca. 276 S. Br. ca. EUR 19,90
ISBN 978-3-8100-3891-3

Bernhard Schlag
Lern- und Leistungsmotivation
2., überarb. Aufl. 2006. 191 S.
Br. EUR 14,90
ISBN 978-3-8100-3608-7

Agi Schründer-Lenzen
Schriftspracherwerb und Unterricht
Bausteine professionellen Handlungswissens
2., erw. Aufl. 2007. 252 S. Br. EUR 19,90
ISBN 978-3-531-15368-1

Peter Zimmermann
Grundwissen Sozialisation
Einführung zur Sozialisation im Kindes- und Jugendalter
3., überarb. und erw. Aufl. 2006. 232 S.
Br. EUR 16,90
ISBN 978-3-531-15151-9

Erhältlich im Buchhandel oder beim Verlag.
Änderungen vorbehalten. Stand: Januar 2007.

www.vs-verlag.de

Abraham-Lincoln-Straße 46
65189 Wiesbaden
Tel. 0611.7878-722
Fax 0611.7878-400

Educational Governance

Herbert Altrichter / Thomas Brüsemeister / Jochen Wissinger (Hrsg.)
Educational Governance
Handlungskoordination und Steuerung im Bildungssystem
2007. ca. 180 S. Br. ca. EUR 24,90
ISBN 978-3-531-15279-0

In den Bildungssystemen Europas sind gravierende Umbauten institutioneller Regelungsstrukturen zu verzeichnen: In den Schulen werden beispielsweise im Kontext von PISA schulische Gestaltungsspielräume erhöht, Bildungsstandards und externe Evaluations- und Beobachtungsverfahren eingeführt. Diese Veränderungen der Steuerungs- und Koordinations-Praxis führen in jüngster Zeit zu einer Reihe von wissenschaftlichen Beiträgen, die mit dem Governance-Begriff analytisch arbeiten, um die institutionellen Umbauten nachzuvollziehen, ihre vielfältigen Wirkungen zu erfassen und Orientierungswissen zu bieten.

Der Band stellt das Konzept „Governance im Bildungswesen" vor und liefert aus verschiedenen sozialwissenschaftlichen Bezugsdisziplinen neue Perspektiven für Steuerungsprozesse im Bildungswesen.

Jürgen Kussau / Thomas Brüsemeister
Governance, Schule und Politik
Zwischen Antagonismus und Kooperation
2007. ca. 350 S. Br. ca. EUR 34,90
ISBN 978-3-531-15278-3

Aus der Perspektive sozialwissenschaftlicher Governanceforschung werden in diesem Band ausgewählte Teilthemen der Beziehung zwischen staatlicher Politik und Schule untersucht. Diese Beziehung wird als antagonistisch und doch kooperativ verstanden und entsprechend auf der Grundlage des sozialwissenschaftlichen Modells der antagonistischen Kooperation untersucht. Gleichzeitig werden neue Absichten der Bildungspolitik problematisiert, die darauf zielen, den Koordinationsrahmen enger zu ziehen, „dichtere" Beziehungsformen zu etablieren, die Schulen fester an politische Vorgaben anzubinden.

Martin Heinrich
Governance in der Schulentwicklung
Von der Autonomie zur evaluationsbasierten Steuerung
2007. ca. 350 S. Br. ca. EUR 39,90
ISBN 978-3-531-15339-1

Der Band rekonstruiert den Paradigmenwechsel von der Autonomie zur evaluationsbasierten Steuerung anhand aktueller Reformprogramme und empirischer Analysen zur administrativ verordneten Schulprogrammarbeit. Die sozialwissenschaftliche Basis für diese Analysen bildet ein im Rahmen dieser Arbeit entwickeltes Konzept der School-Governance.

Erhältlich im Buchhandel oder beim Verlag.
Änderungen vorbehalten. Stand: Januar 2007.

www.vs-verlag.de

VS VERLAG FÜR SOZIALWISSENSCHAFTEN

Abraham-Lincoln-Straße 46
65189 Wiesbaden
Tel. 0611.7878-722
Fax 0611.7878-400

Printed and bound by PG in the USA